本书是2019年度教育部人文社会科学研究规划基金
项目"中国现代译学视域下的刘宓庆译学思想研究"
（批准号：19YJA740079）的结项成果

刘宓庆
译学思想研究

张思永 著

武汉大学出版社
WUHAN UNIVERSITY PRESS

图书在版编目(CIP)数据

刘宓庆译学思想研究 / 张思永著 . -- 武汉 ：武汉大学出版社，
2025.1(2025.5 重印). -- ISBN 978-7-307-24614-0

Ⅰ. H059

中国国家版本馆 CIP 数据核字第 2024LH8696 号

责任编辑:许子楷　　　责任校对:汪欣怡　　　版式设计:马　佳

出版发行：**武汉大学出版社**　（430072　武昌　珞珈山）
（电子邮箱：cbs22@whu.edu.cn　网址：www.wdp.com.cn）

印刷:武汉邮科印务有限公司

开本:720×1000　1/16　印张:21.25　字数:343 千字　插页:1

版次:2025 年 1 月第 1 版　　2025 年 5 月第 2 次印刷

ISBN 978-7-307-24614-0　　定价:96.00 元

目　录

第一章　绪　　论

从 20 世纪 80 年代初开始，中国的译学研究进入了一个新的阶段，在短短三十多年的发展中，涌现出了一批又一批学人，他们著书立说，为中国新时期译学建设作出了贡献。其中刘宓庆属于新时期较早从事翻译研究的一代人，他接受过新旧两个时期的教育，经历过"文革"与改革开放新时期的学术熏陶，具有承上启下的关键作用。本书是关于刘宓庆译学思想的个案研究。

围绕翻译这一话题的主体研究主要分为翻译家研究和翻译理论家研究。在国内，翻译家研究应该说是研究的主流，并且以研究中国的翻译家为主。早年的翻译家研究有的是零散的、隐含的，多出现在翻译史的撰写中，如马祖毅的《中国翻译通史》(2006)；有的是比较集中的，如《中国翻译家辞典》(1988)。这些大多是对翻译家译史的介绍，研究缺少系统性。近些年的翻译家研究呈系统化趋势，有文章，有专著，也有编著，研究多集中在近现代的翻译家，如林纾、严复、鲁迅、胡适、巴金、周作人、梁实秋、傅雷、杨宪益、许渊冲等。编著方面，早年如 1997 年穆雷出版的《通天塔的建设者——当代中国中青年翻译家研究》，最近如方梦之、庄智象主编的三卷本《中国翻译家研究》(2017)。相比翻译家研究，国内以当代翻译理论家为个案的专门研究较少，且多集中于对外国几个主要的翻译理论家，如奈达、韦努蒂、罗宾逊等人的介绍和评论上，而对当代国内翻译理论家的研究多是一些综述性的文章或访谈或研究论文汇编，尚未见较系统的专著性质的研究。由于有些翻译家兼做翻译理论研究，因此，在有些翻译家研究中也会涉及其理论研究，但总的来说，理论不是主要论述的对象，且研究多以某某翻译家的"翻译思想研究"为主题，而非其"译学思想"。这一方面体现出国内以人为主体的译学研究多集中在翻译实践主体身上，另一方面也反映了国内翻译研究的某种窘境，即当前国内译学研究虽然蒸蒸日上，但尚缺乏国际上较有影响力的翻译理论家，这也必然会影响到中国现代翻译学的建设。当然造成这种现状的原因是多方面的，既有历史的原因，也有群体性研究惯习等原因，需要我们认真反思。鉴于这一现状，本研究选择刘宓庆译学思想进行专题研究，系统探讨刘宓庆译学思想的形成和发展，可视为是对当前国内翻译理论批评领域个人译学系统研究的一个发端。

选择刘宓庆译学思想作为研究对象，还有以下几点考虑：首先，刘宓庆的学术生涯基本上横跨从 20 世纪 70 年代末至今的整个新时期，具有时间上的覆盖性和学术活动的典型性，既可以从新时期的整个学术环境，包括翻译研究的整体语境来探讨刘宓庆的译学思想，反过来又可以通过此项专题研究，对新时期四十多年的翻译研究状况进行整体性梳理和反思，便于从中发现问题，并寻找进一步发展和探索的方向。其次，刘宓庆翻译研究所涉及的领域广泛，囊括了传统译论、西方译论、汉英对比、翻译美学、语言哲学、文化翻译学、翻译教学以及翻译学体系构建等领域，具有跨学科研究的典型性，通过此项研究，可以对相关学科之于翻译研究的适用性进行反思，从中发现有益的认识和线索。最后，刘宓庆是迄今为止国内第一个出版翻译论著全集的学者。他的十一本著作集成《刘宓庆翻译论著全集》，于 2005 年到 2007 年由中国对外翻译出版公司出版，2012 年开始出版《刘宓庆翻译论著全集》第二版，2019 年出版《刘宓庆翻译论著精选集》。另外，他的《当代翻译理论》一书也被收入"中国文库"，在国内产生了较大的影响。对其进行系统研究，可以窥见中国当代翻译理论研究之一斑，有望带动其他重要翻译理论家的专题研究，并促进中国当代翻译学建设的总体研究。本章是这项研究的铺垫性工作，主要介绍刘宓庆译学思想形成的背景、论著出版和评价情况及其译学思想的体系构成。

第一节　刘宓庆其人

刘宓庆（1939—2023），湖南新宁人，国内翻译理论界著名学者，1955 年夏入北京大学西方语言文学系英语专业学习，1960 年夏毕业。曾在美国纽约州立大学研究生院主修语言及语言教学理论。历任北京大学、厦门大学及北京几所外语院校的副教授、教授和客座教授，并在联合国组织机构任翻译。后在香港大学、香港中文大学及台湾师范大学翻译研究所执教，2006 年受聘于上海同济大学外语学院担任特聘教授及博士生导师。

中国哲学历来重视对主体的关注，孟子的"知人论世"说就是典型代表。在文学研究中，"知人"就是了解作家的生平和创作道路，"论世"就是把作家、作品放到其得以产生的社会、时代、事件等周遭世态中去考察。以下将本着这种传统从家学渊源、重要师友、地域文化环境等因素来探究刘宓庆译学思想形成的奥秘。

1. 家学渊源

家庭背景虽然不是影响一个人学术成就的唯一因素，却是极为重要的因素，特别是在属于人文学科的传统国学领域。纵观中国古今有成就的学人，有许多是在家学的浸润下成长起来的。刘宓庆在翻译理论界取得的成就离不开其家学渊源的熏陶。

1939 年，刘宓庆出生在湖南新宁的一个书香世家。曾祖父刘长佑曾做过清朝的直隶、云贵总督，但其一直保持着读书人的家风。祖父刘思谦就只在广东、云南等省做过几任知县，因为不能随波逐流，而弃官归隐了。父亲刘永湘是知名的文字学家，著有《文字学》一书，影响较大。刘宓庆在后来的翻译理论研究中一直强调中国翻译理论的特色或价值，其中中国特色的表现之一就是汉字独特的审美性，他认为汉字是一种极富感性的语言，汉字形体富于结构美和符号美，这就不同于西方的形态语言的文字，因此中国翻译理论必须十分重视翻译审美在汉外互译中的作用，只有这样才能凸显中国译学的鲜明特色。由此可以看出父亲的汉语文字学研究给刘宓庆带来的潜移默化的影响。

伯父刘永济是我国现代著名的古典文学专家，1916 年毕业于清华大学语文系。曾任沈阳东北大学教授，武汉大学教授兼文学院院长，浙江大学、湖南大学语文系教授，湖南文联副主席，《文学评论》编委。其治学严谨，博通精微，研究涉及中国古典文学之诗、词、曲及文论等诸多领域，对屈赋和《文心雕龙》的研究颇有成就，著有《文学论》《十四朝文学要略》《文心雕龙校释》等。刘永济属于民国后出现的一批从西式学校毕业或留学英美，同时又兼顾中国传统文化的新式学者。他与陈钟凡、郭绍虞、罗根泽、朱东润等人是 20 世纪早期中国古代文论研究学科的奠基者，所著《文学论》，"其特点是以中国传统文艺学为主干，时时参照着域外的文艺观念"。"作者的哲学意识颇强，重视把中国的文艺思想放在一个总体的文化背景中来考察的。"（陆海明，1988：12）伯父在中国古典文论和古典美学方面的造诣以及沟通古今、中西的治学方法无疑在刘宓庆日后对中国传统译论的把握和批评、翻译美学以及中国翻译学学科建构等方面的研究中起了重要的作用。据刘宓庆回忆，其少年时期就在伯父的指导下学习《文心雕龙》，跟着父亲研读《庄子》。这些对他日后的学术研究产生了较大的影响，比如刘宓庆在 1986 年出版的《文体与翻译》一书中就非常重视中国古代文论特别是传统文体学的介绍和运用，书中多次提到汉代文论家刘勰的文体观，显然受了伯父的影响。

总之，深厚的家学，特别是父亲刘永湘和伯父刘永济分别在汉语言文字和古典文论、美学等方面对刘宓庆"相济相融"的熏陶，为他日后从事学术研究培养了兴趣并打下了坚实的基础。

2. 重要师友的影响

除了儿时得天独厚的家学渊源的熏陶，在 20 世纪 50 年代末 60 年代初北京大学求学期间与大师的交往，也对青年刘宓庆的学术方向和学术品格产生了极大的影响。据他在《四十年学术人生》一文中所述，有三位大师对他影响较大。他们是朱光潜、王力和高名凯。朱光潜和高名凯是他的授业老师，王力是朱光潜介绍他认识的。

朱光潜是我国现代美学的开拓者之一。他成名于中华人民共和国成立前，早年留学于英国和法国，服膺于克罗齐美学，在文艺心理学、诗学、西方美学史等领域有极深的造诣，中华人民共和国成立后在历次的美学讨论中扮演了重要的角色。朱先生早年对翻译问题也发表过精辟的见解，如对翻译标准的看法，他认为绝对的"信"只是一个难以实现的理想；认为直译与意译并无根本的分别，理想的翻译是文从字顺的直译等。可以看出，朱光潜的译论还未脱离传统译论的范围，但其深厚的中西学术修养及对翻译的深邃见解使其能够站在足够的高度对他人产生深远影响。朱光潜对刘宓庆的影响体现在两个方面。一个方面是翻译与美学。1964 年，朱光潜在回复刘宓庆关于"中国翻译的特点"的问题时，认为中国语文素来注重辞章之学，即语言之美学，这与西方语文注重语法逻辑的传统形成鲜明区别。朱光潜鼓励刘宓庆好好研究翻译与美学的关系。这次学术问道成为刘宓庆四十多年学术生涯的起点，形成了他今后挥之不去的翻译美学情结，早年的《翻译美学导论》（1995）和近年的《翻译美学理论》（2009）正是这一情结的体现。朱光潜对刘宓庆影响的另一个方面是关于中国翻译理论的特色问题。朱光潜认为，相对于西方理论对形式对应的重视，中国的翻译理论应以意义研究为主轴，提出一套翻译与意义的理论。受此观点影响，"意义研究"后来成了刘宓庆研究翻译学基本理论的切入点，通过对意义的研究他构筑了自己的基本理论研究框架。《翻译与语言哲学》（2001）便是这方面的成果，此后其在《中西翻译思想比较研究》（2005c）一书中重点转向了维特根斯坦后期的语言意义观，实现了其功能观的重要转向。

　　王力是我国现代著名的汉语语言学家，早年师从赵元任先生，在汉语语法、汉语音韵、汉语史等多个汉语研究领域有极高的造诣，学术生涯的主要贡献在现代汉语语法研究方面。王力对刘宓庆的影响主要体现在两个方面。一个方面是汉英语对比研究，另一个是对实践经验的强调。中国传统语言学又称"小学"，注重文字、音韵和训诂的研究，语法研究十分薄弱，近代以来的中国学术深受西方学术的影响，向西方学习成为许多传统学术发展的主流方向。汉语研究方面，19世纪末的《马氏文通》开启了现代汉语语法研究的先河，同时也开启了比附、模仿西方语法的大门。因此，《马氏文通》以来汉语语法研究一直笼罩在模仿西方语法的阴影下，从20世纪30年代起，汉语语法学界掀起了"反模仿"的浪潮，陈承泽（1922）、胡以鲁（1923）和黎锦熙（1933）等人都反对模仿西方语法，强调汉语个性。王力作为清华国学研究院的研究生，虽师从赵元任，但似乎受另一位导师——陈寅恪的影响更大，在强调汉语特点的路上走得最远，他的《中国语法理论》发掘出的"汉语特点"及提出的新概念、新术语、新理论超过了同辈和后来的许多人，其著作与吕叔湘、高名凯的著作同被誉为中国语法研究史上的高峰。中西语言的比较是中华人民共和国成立前汉语语法研究的主要方法，比较方法可以侧重共性，也可以侧重差异，侧重点不同会产生不同的汉语研究体系。显然，《马氏文通》属于前者，王力等人则强调后者，即通过对比来自汉藏语系的汉语和来自印欧语系的西方语言来发掘汉语的特点，揭示汉语语法的真面目。显然，刘宓庆在与王力先生的交往中，受到了其语言比较观的影响。王力从"国家有需要"的角度鼓励刘宓庆进行汉英比较研究，显然是从寻求汉语的特点出发来谈比较的。由此出发，王力在谈到比较的方向时认为，比较不是简单地拿来类比，"比较"要有主次，汉语是主，外语是次，这是"立场"问题，必须站在汉语的立场、汉语的角度观察问题。王力的语言对比思想对刘宓庆影响的直接结果就是《汉英对比研究与翻译》(1991)的出版，以及其一直强调的汉语的"异质性"、"汉语本位"观及"本位观照、外位参照"的翻译研究方法论。

高名凯是国内与吕叔湘、王力齐名的老一辈语言学家，早年致力于汉语语法研究，中华人民共和国成立后转向普通语言学理论的研究。早在 1941 年，他就批驳了汉语没有语法的错误见解，认为汉语语法是在结构里，在词的功能上表现出来。他提出语法是研究关系、研究结构形式的，这一观点已为多数学者所接受并成为语法研究中一条重要原则。如果说朱光潜和王力主要是在学术方面，特别是日后的具体研究领域为刘宓庆指点迷津，那么，高名凯对刘宓庆的影响除了在学业上的语言学理论启蒙外，还体现在两个方面：一是对待学术的态度，二是对待西方理论的方法。

对于第一个方面，据刘宓庆回忆(刘宓庆，2006d：xxxiv)，高名凯对语言学的专注追求，可以说是废寝忘食。对学生来说，老师的言传身教比传授具体的知识更重要。受高先生影响，刘宓庆日后对学术的热爱和执着追求从他一本本著作的出版和不断修订中可以看出来。这种影响还可以从一件小事看出来。2006 年，刘宓庆以特聘教授的身份在同济大学外语学院任教，带领一些从事翻译研究和翻译教学的老师一起编写翻译教材和撰写翻译著作。据其在同济大学的同事章艳回忆，为写作《翻译美学理论》，"他每天夜以继日、日以继夜地工作，说他'废寝忘食'一点儿不算夸张"。"记得一个寒冷的雨天，我打电话过去，随口说了句：'这么糟糕的天气，真没劲！'结果他说：'天气不好，不能出门，正好可以写东西。'"(刘宓庆、章艳，2011：xxiv)此外，高先生对他人批评甚至无端责难的超然态度，也深深地影响了刘宓庆。刘宓庆继承了高先生的遗风，在其学术观点和治学风格受到他人批评的情况下，如关于中国特色翻译理论的观点被他人指责为"狭隘的民族主义"等，也表现出了一种超然的态度，在访谈或著作的自序中或解释或回应，坚定地表明自己的态度和立场。

在对待西方理论方面，刘宓庆也明显受到高名凯的影响。当时(20世纪六七十年代)国外的语言学研究似乎出现了以韩礼德为代表的系统功能语言学和乔姆斯基的转换生成语法两相对峙的局面，后者更是出现如日中天的发展势头。刘宓庆问高先生如何看TG Grammar(转换生成语法)，并说对TG Grammar很好奇，高先生告诫他，搞学问不能靠出奇制胜，不要赶时髦，要一以贯之。并指出TG Grammar是以西方形态语言为依据和依归产生的，对汉语不适用；另外，高先生认为西方语言研究的中心从欧洲转向美国，是美国文化咄咄逼人的高压态势造成的，应该坚持"语言研究欧洲中心论不可动摇"。如果我们现在站在客观的立场上分析，高先生的上述部分观点可能受到时代的制约和意识形态的影响，如把对TG Grammar的态度和对美国文化的态度联系起来，可能与六七十年代中国的意识形态对美国文化(美帝国主义)的负面态度有关，同时高先生对欧洲语言学的维护和情有独钟可能与他曾在法国留学学习语言学及翻译索绪尔的《普通语言学教程》的经历有关。另一方面，中国重意义、重功能的语言研究传统和风格使得形式语言学研究直到现在也未能处在主流地位。因此从学术传统讲，高名凯对形式语言学的贬低也在情理之中了。美国翻译理论家奈达将转换生成语法理论运用到翻译研究中，但中国对其理论的接受并不关注其是否运用了转换生成语法，而是钟情于其从信息接受角度提出的"功能对等"概念，也反映了中国语言研究的传统。然而，不管怎样，高名凯对美国语言学的实用主义和美国文化的偏见、学人的专断等的批评意见对刘宓庆的影响很深。这从刘宓庆翻译理论研究过程中表现出的对待西方译论的谨慎态度可以看出。

最后需要指出一点，以上三位大师中，朱光潜和王力均对刘宓庆产生了较为隐含的一点影响，就是对实践经验的重视。朱光潜告诉他毕业后应先干四五年的翻译，积累一定的实践经验。王力也鼓励他这样做，认为年轻人不应过早地进入理论研究，翻译研究的理想情况应是基于自己的直接经验。从刘宓庆对翻译学是经验科学的认识、对墨家思想的推崇以及在翻译教学等领域表现出的致用倾向，都可以看到两位大师在这方面对他的影响。

如果说极好的家庭背景对儿时和少年刘宓庆的影响还是影影绰绰，那么，三位大师对青年刘宓庆的影响则相当直接和明显了。可以说，刘宓庆日后的主要学术路向和治学品格都留下了这三位学术大师的影子。

3. 湖湘文化的熏陶

18 世纪法国启蒙思想家孟德斯鸠提出了"地理环境决定论"，认为地理位置对一个民族文化的形成有重要作用。法国史学家和文学批评家丹纳认为，要了解一个艺术家，必须正确地设想他所属的时代的精神和风俗概况，并提出了著名的"三要素"说，即种族、环境和时代，强调这三种因素对伟大艺术家成长所起的作用。这里谈的虽是艺术家的成长，对理论家的成长也同样适用。这一部分就从地理文化环境的角度来探究刘宓庆译学思想形成的渊源。

刘宓庆生于湖南，长于湖南，湖湘文化对他的影响是不言而喻的。"湖湘文化"中的"湖"是洞庭湖，泛指湖南和湖北地区，而"湘"指湘江流域。因此，"湖湘文化"主要是以洞庭湖和湘江为中心发展起来的地域性文化，与近世以来的中国历史关系密切。"湖湘文化"有广义和狭义之分，广义的湖湘文化指从远古时代在湖湘地区孕育发展起来的文化，包括荆楚文化。狭义的湖湘文化特指唐宋以来湖南地区形成的历史文化。本章的讨论侧重于狭义的湖湘文化。这种独特的地域文化是由两种不同层面的文化组合而成。在思想文化层面，南下的中原儒学是湖湘文化的思想来源，岳麓书院讲堂所悬的"道南正脉"的匾额，显示着湖湘文化所代表的儒学正统。在社会心理层面，如湖南人性格中的刚烈、霸蛮、倔劲，则主要源于本土文化传统。这两个层面是相互渗透的，因此，考察和研究一个湖南学者，要同时考虑这两方面的因素。具体来讲，湖湘文化的以下三个重要特征在刘宓庆身上表现较为明显。其中，第一个、第二个体现了地域化的儒家思想，第三个体现了本土文化传统。

（1）忧国忧民的爱国情怀

湖湘文化中忧国忧民的爱国情怀，主要体现于对民族国家的"迸发于脑筋而不能自已"的使命感。从古代屈原的"长叹"、贾谊的"痛哭"、宋代湖南抗金，到魏源的"师夷长技以制夷"的疾呼，左宗棠收复伊犁，谭嗣同的"我自横刀向天笑"的壮举，以至中国近代民主革命家黄兴、蔡锷，及毛泽东等老一辈无产阶级革命家，都在各自所处的时代表现了强烈的爱国主义情怀。

刘宓庆是个具有强烈爱国主义精神的学者，强调中国人必须爱自己的祖国，爱祖国的文化。他在《中西翻译思想比较研究》一书中写道：

中国人的精神世界中存在一个不灭的"集体无意识"王国，一个擦不掉的文化胎记。……中国人从胎儿时期起血脉里就渗透着数以亿计的同胞代代相传的意志基因；从母体隆生以后又被放在一个960万平方公里国土和五千年历史文化时空坐标上。这是最根本的中国人的文化自我，中国人的精神家园中那枝不谢的花。(刘宓庆，2005c：vi)

刘宓庆在学术研究中也表现出了比较明显的爱国情怀或民族本位意识，主要体现在三个方面：第一，对待西方翻译理论的态度；第二，汉英对比研究中的"汉语本位"；第三，中国翻译理论要有"中国特色"。比如刘宓庆认为"文化自我"有个很重要的功能就是决定一个人的价值观，而价值观又必然浸透在他(她)的思想感情中。价值观是一个系统，包括道德的、伦理的、宗教的、政治的、审美的，等等。它们的共性是"文化性"，因为一个人的个性总是在特定的人文环境中造就的。因此，"文化自我"决定一个人的文化价值观，这就与翻译和翻译研究有了很密切的关系。(刘宓庆，2005c：vii)从这里可以看得很清楚，中国翻译学要不要有"中国特色"实际上是一个文化价值观取向问题。中国人应该构建具有自己文化特色的翻译理论体系。西方先进的东西应该学习和吸收，但中国的翻译理论必须以中国的文化为核心。另外，刘宓庆发表自己的译学观点或论述自己的治学经历时多次提到楚文化对自己的影响，一方面表明了他对湖湘文化的地域身份的认同，同时也表达了自己对中国文化的身份认同。

(2)经世致用的古朴学风

从湖湘文化产生的文化源头看，魏晋之前中国湘江一带属于南蛮之地，经济文化不发达，中国文化的中心在北方，东晋以后由于北方一些游牧民族不断骚扰，中国的经济和文化重心开始南移，两晋的"永嘉之乱"、唐代的"安史之乱"、宋代的"靖康之难"使得中原地区战火不断，中原地区人民纷纷南下，南方在经济文化方面逐步崛起，到了两宋时期，中国文化重心的南移完成，儒学出现地域化现象，与湖湘之地的本土文化相结合，形成了独具地方特色的湖湘文化。同时，儒学的地域化现象开启了新儒学——宋明理学的发展历程。作为湖湘文化卓越代表的周敦颐首先打破了孔孟之后"道统幽暗"的局面，将儒、释、道三教合一，提出"无极而太极"的宇宙生成论，使儒家的仁义道德学说有了更可靠的基础，把孔孟儒学发展成一种"心性义理"之学，成为宋代理学的开山鼻祖。此后，湖南一跃成为理学重镇，被人们称为"理学之邦"。此后数百年间，除了宋明理学的开创者周敦颐和总结者王船山是湖南人外，南宋时期还形成了与闽学(朱熹)、赣学(陆九渊)并称的"湖湘学派"(胡安国、胡宏、张栻)。强调经世致用是湖湘文化的一大特征。早在两宋时，湖湘文化就出现了经世致用的价值取向。当时的胡安国持《春秋》经世说，通过注释《春秋》宣传康济时艰、抗金复国的政治主张。胡宏的《知言》也以重济世为特色。湖湘学派的这种经世致用的特色发展成一种区域性的学术传统。明清之后的湖湘人才层出不穷，多以经世致用的主张和成就闻名于世，如王夫之、魏源、曾国藩等人。当然，中国传统文化中一直存在一种经世致用的思想，如早期儒家的"入世"思想、宋明理学中的致用思想、晚明兴起的实学思想及清朝兴起的今文经学思潮，而作为地域文化的湖湘文化的致用思想表现尤为突出。

受湖湘文化的熏陶，刘宓庆的译学思想中也表现出了明显的经世致用倾向，如重视实务翻译、翻译教学和翻译理论的实际应用等。需要指出的是，反映在湖南人情感方式中的爱国主义和经世思想往往联系密切，不能截然分开，特别是在激烈的社会转型时期，两者更是难以分开，这时爱国主义往往表现为一种积极的民族主义，比如在晚清和五四时期，爱国主义和经世思想就表现得较为明显。也正是在这些关键时期，翻译对一个民族文化的新陈代谢起到了极为重要的作用。当今中国仍处在社会转型期，即始于19世纪中期的中国的现代化进程直到今天仍在进行中，在21世纪，中华民族的伟大复兴更需要翻译承担起以往所起的重要作用，"文化战略考量"的提出正是刘宓庆爱国情怀和经世致用思想的综合体现。"中国文化如何走出去，外来文化如何输进来"等问题应该受到当前翻译研究学者的关注。关于刘宓庆的"文化战略考量"观，在后文将有较详细的讨论。

(3)霸蛮倔强的"血性"品格

与历史形成的民族非理性特征有关，湖南人这种性格和精神集中体现为历史形成的"霸蛮"和"倔强"性格。湖南位于中国的南部，远离繁华富庶的江南地区，与中原地区肥沃的土地、丰足的食物相比，古代湖南地区居民的生活条件要艰苦得多。据司马迁《史记·货殖列传》记载，直到西汉中期，湖南农业还是很不发达。由于山高林密，土地贫瘠，且常有猛兽出没，他们不得不每天冒着生命危险为了取得基本的生活资料而奔波。古老的民风民俗对湖湘文化的形成产生了巨大的影响，形成了古代湖南人剽悍的民风和勇敢好斗的尚武精神，又进一步发展成勇往直前、勇于献身的精神品质。陈独秀在一篇《欢迎湖南人底精神》文章中写道："湖南人底精神是什么？若道中华国果亡，除非湖南人尽死。"毛泽东在青年时期也主张充分发挥湖南人的奋斗精神，他在《奋斗自勉》一诗中说："与天奋斗，其乐无穷；与地奋斗，其乐无穷；与人奋斗，其乐无穷。"这种精神不仅在拯救民族危难时起到了关键作用，在今天的现代化建设中，包括现代学术研究中，仍然发挥着作用。

刘宓庆的"血性"品格表现在他对中西方理论的态度上。针对中国当代译论中贬低中国传统译论、紧跟西方译论的现象，刘宓庆批评中国译论缺少阳刚之气和锐气，呼吁中国翻译理论家要唤起自己灵魂深处的血性，敢于潜入理论的深水区，与外国人一较高低，不能处处顺从他人，人云亦云。刘宓庆从20世纪60年代一边从事翻译实践一边开始思考翻译理论问题，到80年代初毕几十年之功研究翻译理论，步入老年仍对过去的著作进行不断的修订，是他那一代人中坚持在翻译理论界辛勤耕耘的为数不多的学者之一。他做学问并非看重个人成就，而是将整个中国翻译理论装在胸中加以考虑，视中国翻译学的发展为民族复兴的标志之一。

影响一个人的因素构成了一个综合体，除了智力等内部条件外，家庭环境、师友、地域文化也是重要影响因素，此外，其他因素如时代背景、受教育的经历以及个人职业等也会对一个人的成就产生作用。就教育经历来说，除了少时家学渊源和青年时在北京大学受到的良好的教育外，60年代大学毕业以来刘宓庆一直在学习中成长，他毕业后首先做了五年的专职翻译，丰富的翻译实践为他以后从事翻译理论研究和翻译观的形成起了重要的奠基作用。80年代末起在欧美各国和中国香港、中国台湾等地的游学和工作经历也使刘宓庆开拓了自己的研究视野，特别是1989年到1990年，他在法国、比利时等国听哲学课，对维特根斯坦的语言哲学观产生兴趣，并用之于翻译研究，开始了以语言哲学功能观为取向的译学研究。1998年到1999年，他在爱尔兰作了一次七个月的文化翻译考察之旅，回来后写成《文化翻译论纲》。

第二节 刘宓庆其著

刘宓庆的学术研究主要以著作的形式出现，文章也发表了一些，主要是在早期。文章的主要观点也都体现在其著作中。因此，这一节主要对其著作进行概述，包括著作的内容简介、他人对这些著作的评价及著作产生的影响。简介以《刘宓庆翻译论著全集》（第一版）（2005—2007）为准。

1.《文体与翻译》（2007a）

该书共七个单元，选取了新闻报刊、论述、公文、描述及叙述、科技和应用等文体进行了英汉翻译的探讨。其中，作者指出了各个文体所包含的范畴、文体特点以及汉译要点。除了第七个单元主要是论述理论之外，其他所有六个单元都有专门的翻译方法论的探讨。该书摆脱了"以实践代替一切""为实践而实践"的偏向，开创了重理论带实践的探索之路，并初步形成了英汉翻译应用研究的大体的教学框架，是一部具有鲜明时代特征的理论与实践相结合的翻译著作，对提高我国高校翻译教学水平起了良好的促进作用，对普及翻译知识和技能，提高翻译工作者的翻译水平和译作质量也起了良好的促进作用。

《文体与翻译》1986年首次出版，是刘宓庆的第一本翻译学专著，注重翻译教学和翻译实践，出版后受到学界欢迎，获1987年北京市哲学和社会科学科研优秀成果奖，但专门的评论直到四年后才出现。珂云（1989）分析了著作的三个特点：重视理论研究；重视汉英对比研究；重视翻译实践。指出此书的一大缺陷是未将某些重要的翻译论题列入，如被动语态的翻译等。连淑能（1990）从翻译教学的角度指出了该著的三大特点：功能语言学观，翻译理论如何实践，对比研究的重要性。也对该书的缺点进行了分析，认为该书对应用翻译理论的研究缺乏严谨的科学性与系统性，过于强调与中级教程的衔接及避免重复，因而出现残缺。连氏同时认为，高级教材应有严谨的系统性和科学性，不能削足适履。连氏长期从事英汉语对比研究与翻译教学，对刘氏著作的评论整体上讲可谓高屋建瓴，角度独特。

该书出版后，影响较大。连淑能谈到了该著的影响：

《文体与翻译》一书自发行以来深得读者好评，各大学研究生几乎人手一册，影响扩及新加坡、中国香港与台湾地区，对汉英翻译教学质量和水平的提高起了积极的作用。(连淑能，1990)

珂云认为：

该书在国内已被很多大学采用为研究生教材或本科高年级教材，社会上也有很多人用来作翻译自学参考书，有许多省市及部委已指定该书为翻译考试必读书。(珂云，1989)

杨晓荣在总结新时期翻译标准研究时说：

这一时期(指20世纪70年代末到80年代中后期——笔者按)具有整理性、初始性的翻译标准研究还有一个特点：与现代文体学自70年代末逐步引入我国几乎同步，翻译界许多学者开始按照文体分类的思路整理不同文体的翻译标准。这方面的研究成果主要体现在许多翻译教程中，时至今日，按文体讲翻译标准的思路仍然可以在许多教材中看到。专著方面最突出的代表是刘宓庆的《文体与翻译》(1985[版权页为1986]/1998)，这本书也是作为教材撰写的，但其明确而独特的理论内涵使其在80年代的翻译类著述中独树一帜。(杨晓荣，2012：4)

2.《英汉翻译技能指引》(2006a)

该书分八部分：第一部分"立志做个翻译大师"分析了我国翻译大师的特点；第二部分"怎样自学翻译"提出了翻译可以自学以及自学的途径；第三部分"用欣畅的汉语翻译外文——兼论翻译审美"提出了做到用"欣畅"的汉语翻译的三个原则；第四部分"译文操控的理论与实践"指出翻译培训(或自学)的中后期必须学会如何操控译文；第五部分"启发性点评练习"指出了目前我国翻译质量存在问

13

题的原因，并对一些实例作出了点评；第六部分"英汉翻译顺译练习"进一步阐发了作者翻译研究方法论的思想，指出"顺译"就是"顺着原文的语序翻译"；第七部分"英汉翻译分项单句练习"和第八部分"文体篇章练习"为大量的有针对性的翻译练习。

3.《新编当代翻译理论》(2005a)

该书是一本适于通用的翻译理论引论，主要着眼于翻译的共性，同时也提纲挈领地触及中国翻译理论的特性。该书由其前身《当代翻译理论》改写而成，着重论述了在作者看来属于当代翻译中最重要的几个问题：第一，文化战略考量：当代中国最基本的翻译思想；第二，翻译学意义理论的核心：把握"交流中的意义"；第三，翻译理解理论要旨；第四，作为重要的中国译论特色之一的翻译美学；第五，中国翻译理论对策论核心思想："功能带偿"；第六，译文操控的取向理论；第七，翻译学宏观架构和整体性整合研究的重要意义。

该书的前身《现代翻译理论》于 1990 年在大陆出版，后改名为《当代翻译理论》于 1994 年在台湾出版，1999 年，以《当代翻译理论》为名再次在大陆出版。就内容讲，《现代翻译理论》和《当代翻译理论》没有差异，这一点李林波(2007)作过分析。

陈直(1991)首先对《现代翻译理论》作了"试评"，从宏观上指出了它的开创性：立起了范畴研究的框架；拓展了理论命题的深度和广度；改进了翻译理论研究的方法论。陈文同时也指出了《现代翻译理论》的两点不足：忽略对形式问题的探讨；翻译思维的"逆向运动"问题。应该说，陈氏对《现代翻译理论》的宏观把握基本上是到位的，特别是对形式问题的意见，可能导致刘宓庆后来对"还形式以生命"命题的提出。

陈直发表书评后的第二年，当时的译坛新秀穆雷(1992)以"锐意创新　立志开拓"为题阐述了《现代翻译理论》出版的时代意义，论述了其中的主要观点，并对"中国翻译学"和翻译教学问题提出了自己的看法。穆雷这样评价《现代翻译理论》："我们中国学者写的现代翻译理论系统专著终于跟这些洋著并肩而立了。"(穆雷，1992)

《现代翻译理论》改名为《当代翻译理论》后，由于内容没变，译界反响不大。

《新编当代翻译理论》增添了一些观点和内容，出版后，王建国（2008b）作了述评。侯林平（2009）等也发表书评，重点阐述了新旧本的变化，指出了著作中的一些细节性错误，并提出了一些商榷性意见，如过度强调经验会跌入经验主义深渊等。此书评述的成分较多，商榷性意见没有展开论述。

杨自俭曾说过，中国现代翻译学已基本建构起来，其中标志之一就是刘宓庆的《现代翻译理论》的问世。他说：

> 中国的翻译学理论体系已于 1988—1989 两年间初步构建问世。笔者孤陋寡闻，只能举出两个证据。一是黄龙的《翻译艺术教程》（1988），二是刘宓庆的《西方翻译理论概评》（1989）和《现代翻译理论》（1990）。……1990 年《现代翻译理论》一书问世，标志着他的译学理论体系正式在中国这块土地上诞生了。（杨自俭，1993）

另外，杨先生将刘宓庆在 1983 年到 1992 年发表的五篇重要论文收进其选编的《翻译新论》一书中，并对每篇文章作了积极的评价，从所选文章的篇数可以看出刘宓庆在当时的影响力。

方梦之（1997）认为刘宓庆的《现代翻译理论》将翻译理论的结构体系及各主要理论范畴的框架总其成，译界耳目为之一新。但其外部体系过分庞杂，译学要旨不明显，学科交叉领域分散，体系结构负荷过大，系统的层次也不尽合理。

谭载喜对该著也给予了高度评价：

> 如果说马祖毅 1984 年出版的《中国翻译简史》是完成了董秋斯所提出的两大著书任务之一，那么刘宓庆 1990 年出版的《现代翻译理论》，则是完成了董秋斯所说的第二大著书任务。它的问世，可视为我国近十年译学研究史上一个重要的里程碑，它标志着翻译学作为独立学科的地位在我国已经确立。（谭载喜，1995）

李林波在梳理中国新时期翻译研究时认为：

这本书(指《现代翻译理论》)的时代功绩应该至少有两个方面,一是运用了西方语言学理论,完成了中国第一本真正意义上的语言学模式的翻译理论专著;第二是提出了一个较为健全的翻译学理论体系。(李林波,2007:47)

张经浩则表达了相反的观点:

随着时间的推移和大量翻译专著的出版,那3本书[指黄龙的《翻译艺术教程》(1988)、刘宓庆的《西方翻译理论概评》(1989)和《现代翻译理论》(1990)]受到的关注更是越来越小。(张柏然、许钧,2002:205)

4.《新编汉英对比与翻译》(2006b)

该书以汉语为本位,遵循"本位观照、外位参照"的原则,采取"相对可比"的态度,研究非常系统、描写非常细致。第一章探讨汉英对比研究方法论与翻译问题;第二章为汉英语法特征比较;第三章、第四章和第五章分别探讨了汉英主语、谓语和宾语之间的差异以及进行双语转换的问题;第六章是汉英短语比较;第七章对汉英句子基本特征、现代汉语基本句型进行了分析,并参照汉语句型探讨了汉英句型的对应问题;第八章是汉英语段比较,探讨汉译英中的句子组织问题;第九章探讨了语序问题;第十章探讨了被动语态;第十一章关注汉英时体差异,解决翻译的时体转换问题;第十二章探讨汉英"虚拟"表示法差异;第十三章为汉英表现法比较;第十四章、第十五章为汉英词的比较与翻译,从词语结构与语义的关系来分析;最后,第十六章为汉英思维方式比较,重点考察了支配表现法的深层因素:思维方式、思维特征和思维风格。

《汉英对比研究与翻译》是刘宓庆的又一力作,与《现代翻译理论》几乎同时出版。《新编汉英对比与翻译》书名将"研究"去掉,增补了一些内容,但基本格局未有大的变化。旧新版分别由陈建平和王建国做了书评。陈建平(1992)的《一本好书:〈汉英对比研究与翻译〉》从理论性、实践性、实用性三方面对刘著作了介绍。陈文只有述,没有评,这从文章名可以看出。王建国(2009a)的书评着重介绍了书中的增补部分,指出其主要特色,并对书中的主要观点、存在的一些问题及当前汉英对比与翻译的研究现状进行了分析。王文对《新编汉英对比与翻译》的评论能够抓住重点，有述有评，但评论没有进一步展开。

潘文国在不同的著作中对该著进行了积极评价：

> 从历史的角度看，为汉英对比建起了第一个比较成熟的研究框架。(潘文国，2002：405)

> 但在中国内地英语界和翻译界真正产生影响的，还是始于刘宓庆的这本书。……他而且最早构筑了一个完全不同于以往表层形式对比的汉英对比研究体系，产生了非常积极的影响，第二年就得以修订重版，在同类书中是罕见的。(潘文国、谭慧敏，2006：150)

5.《翻译美学导论》(修订本) (2005b)

该书大力阐述了中华文化(侧重论述中译英)和中国美学思想。作者认为，美学对翻译理论具有特殊的意义，中国美学对中国翻译理论具有特殊的意义。而翻译与美学的联姻是中国翻译理论的重要特色之一。在中国人的语言观中，语言功能与审美判断是密不可分的，在这一点上有别于西方。该书的宗旨在于说明汉语是一种很感性的语言：感性强调经验，强调经验提升，相关性不足的理论是不可取的。

翻译美学是刘宓庆翻译理论的重要组成部分，他前后出版过两本著作：《翻译美学导论》和《翻译美学理论》(下称《导论》和《理论》)。《导论》于 1995 在台湾出版，笔者没有找到相关的书评。2005 年《导论》修订版在大陆出版，王建国(2009b)作了述评。王文主要对《导论》作了概述，然后对书中的一些细节提出商榷，如对"功能"的界定。由于此书评是述评，对刘氏翻译美学的观点没有进行实质性讨论，商榷的深度不够。2011 年刘宓庆与人合著出版《理论》一书，明确提出翻译教学要"回归美学"，尚未出现书评，只有《理论》一书的合著者章艳撰写了"导读"，对《理论》的主要内容作了梳理，没有做建设性的评论工作。

毛荣贵在其《翻译美学》一书的前言中认为："在翻译美学方面，贡献最多的是刘宓庆教授。"(毛荣贵，2005)

6.《翻译与语言哲学》(修订本) (2007b)

该书是一部根据西方语言哲学意义观对翻译意义理论等重要翻译课题的研究进行探讨的专著。作者从译学的本位出发借鉴西方语言哲学研究翻译，在对西方语言哲学进行了细致考察的基础上，探讨了翻译理论研究的方法论、翻译理论的哲学视角、翻译的价值论等问题，重点审视了翻译主体与客体之间的关系、翻译的意义理论、翻译思维、语言价值观和翻译以及翻译批评等问题，构建了翻译学的意义理论框架，提出了"本位观照、外位参照"的翻译研究指导准则和新的翻译观、翻译批评的基本原则以及翻译研究科学化的具体任务。

20世纪90年代，刘宓庆去欧洲游学，开始接触并钻研西方的语言哲学，2001年出版《翻译与语言哲学》，2007年出版修订版。笔者对新旧两版进行过对照，新版除了增加一篇修订版序外，其余别无二致。遗憾的是，该著自2001年出版以来虽影响较大，但一直未见单篇好的书评发表，李勇梅等(2006)的书评只是对刘著的简介，意义不大。

王建国对该书的评价是：

> 该书是我国第一部系统地、科学地根据西方语言哲学意义观对翻译意义理论等重要翻译课题的研究。本书的出版标志着我国译界对意义翻译理论进行科学系统研究的开始。(王建国，2003)

7.《文化翻译论纲》(修订本) (2007c)

该书共分八章，包括翻译学视角中的文化、语言中的文化信息、文化翻译观念探新、文化与意义、语义的文化诠释、文本的文化解读、翻译与文化心理探索、文化翻译的表现论。宏观上探讨了文化翻译理论的四大课题：语义的文化诠释、文本的文化解读、文化翻译的表现论、翻译与文化心理探索；微观上对文化意义进行了层次性的分级，结合语言对语言文化的异质性进行了探源，探讨了文化意义的获得形式。

《翻译文化论纲》是刘宓庆于1998年到1999年在爱尔兰做了一次七个月的文

化考察之旅后写成的，是从文化人类学角度探讨文化翻译的著作。2006 年出版修订本，章艳（2008）发表书评，对刘著的"文化翻译新观念"和"文化翻译的四大课题"进行了论述，并作了评价和展望，指出著作的特色和缺陷。总之，这是一篇介绍性的书评，对文化翻译的研究范围、文化翻译与翻译的文化转向的关系评论得不够深入。她认为：

> 文化翻译是一个奥妙无穷的研究领域，没有人能够妄言穷尽，但刘宓庆教授的《文化翻译论纲》无疑在这一领域，尤其是在探讨翻译中的语言和文化方面为后学者指明了继续探索的方向。（章艳，2008）

另外，王建国（2010）对刘宓庆文化翻译理论从主要思想、理论特色、理论地位等方面进行了简评，基本上还是对内容的介绍和梳理，理论建设意义不大。需要提及的是，《文化翻译论纲》初版序言由刘靖之撰写，刘序虽未对刘著直接评价，但通过对中国翻译史上的文化翻译论的梳理肯定了文化翻译理论研究的重要性，并对《文化翻译论纲》给予了积极的肯定。

许钧（2002）认为刘宓庆的《文化翻译论纲》从翻译学视角中的各方面对文化翻译的理论构架及基本范畴、基本问题进行了系统的探索，从某种意义上表明了文化视界中的翻译研究逐步走向了成熟。

8.《翻译教学：实务与理论》（2007d）

翻译教学一直是刘宓庆关注的领域。该著第一章"翻译与翻译教学"提出了翻译教学的基本原则、翻译教学思想、翻译教学的任务；第二章"翻译实务教学"从"作为基本功训练组成部分的翻译教学"和"作为专业技能训练的翻译教学"两个方面论述了翻译教学的途径和方法；第三章"翻译理论教学：初级阶段"提出了翻译理论教学的基本原则和主要课题；第四章"翻译理论教学：中级阶段"提出了翻译学学科架构，并对文化翻译和翻译与审美进行了探讨；第五章"翻译理论教学：高级阶段"则从传统译论、释义学、符号学、传播学的角度对翻译理论教学进行了阐述。

穆雷（2004）发表《翻译教学：翻译学建设的重要组成部分——兼评刘宓庆

〈翻译教学：实务与理论〉》一文，文章并非一篇一般意义上的书评，没有对刘著作全面的介绍，仅围绕一个话题发表自己对翻译教学的看法，即翻译教学研究首先要解决的是对翻译教学的认识，特别是需不需要区分"教学翻译"和"翻译教学"这两个概念。穆雷认为需要区分这两个概念，刘宓庆则不赞成"教学翻译"的提法。穆文通过与刘宓庆等人对此问题的看法进行比较阐发了自己的观点，同时也间接地对刘宓庆的相关观点进行了评论，是一篇别样的有观点、有深度的书评。王建国（2005）则从辩证思维的角度对该著进行了分析。胡晓姣（2009）对刘著中翻译理论对实践的作用的观点进行了思考，也是一篇以某一观点展开的书评。这样的评论虽有"醉翁"之意，却会使问题更加集中，讨论更加深入。周中天在为该书所作的序言中，认为这部"以教学为纲、实务与理论兼顾的著作则是一项创举"。（刘宓庆，2003：v）

9.《口笔译理论研究》（2006c）

口译理论一直以来不是刘宓庆的关注对象，此著是应读者要求撰写的，具有探索的性质，但仍不乏理论的深度。书中的口译理论建构和拓展主要借助于维特根斯坦的语言观（即"语言游戏"论）和理论思想，以及语用学、传播学、符号学和认知科学的新发展，着眼于强化口译跨语言文化的社会传播功能。全书按照"特征描写—机制描写—实施描写—效果描写"的程序模式展开对口译理论的探讨，集中于话语结构、话语意义、话语效果和话语机制四个核心问题，采取了一种有合有分的叙述、阐发方式。该书为翻译研究，特别是口译研究开拓了新路，即翻译研究的多维化、整体化格局。

夏伟兰、文军（2006）对此著进行了评介。评者首先将刘著的主要内容进行了概述，然后提出了两点不足之处：笔译内容少；有印刷或编辑错误。另外，王建国（2008）从该书的宏观理论构架和口译理论的范畴研究两个方面介绍了该书，并作出了简要的评价。

10.《中西翻译思想比较研究》（2005c）

此著是刘宓庆对中西翻译思想的深入思考和总结。全书共分十四章，第一章为"从不要误会严复谈起——兼论翻译思想研究"，第二章为"论中国翻译传统"，

第三章为"论中国翻译理论的特色"，第四、五、六章为"翻译学呼唤新的传统观：翻译学与墨家思想；反思·超越·重构：还形式以生命"，第七章为"西方当代译论的三个源头"，第八章为"西方当代翻译思想及流派述略"，第九章为"论西方当代译论的局限性"，第十章为"维特根斯坦的意义观与翻译研究"，第十一章为"翻译是一种'语言游戏'"，第十二章为"本杰明（本雅明）翻译观试析"，第十三章为"论翻译的原创性"，第十四章为"翻译是对原语的超越"。全书对中西翻译思想进行了深入的比较研究。

　　王建国（2006a）撰文介绍了刘著的基本观点，并通过刘著的启发提出了译学学术创新的四点启示，即学贯中西的理论素养、选择译学学术创新的基本价值观、明确译学学术创新的目的和保证论证的科学性。王文从学术创新的角度出发进行评论，是一次好的尝试。此外，鲁伟、李德凤（2010）认为提倡有中国特色的翻译学，并不是让我们走进误区，而是中国翻译研究者必然的努力方向，刘宓庆的著作可以为探寻中国翻译学建设的动力之源提供方法上的指导。

11.《刘宓庆翻译散论》（王建国编，2006d）

　　该书包括刘宓庆未发表过、最新的论文和各个时期学者对刘宓庆的译学思想进行论述的论文。书中回顾了他的四十年学术人生，其研究基本上可以分为三个阶段。第一阶段始于对传统的研究，即20世纪80年代以前，强调传统译论，对文本重视不够。第二阶段，即80年代以后，主要关注文本研究，但是以结构主义语言学为取向；80年代末90年代初开始研究维特根斯坦，开始了以功能主义为取向的译学研究。第三阶段，即90年代末到21世纪初，采取了以功能主义为主，兼顾结构主义的综合取向。这个时期的思想发展突出表现在：意义观的大改进，形式观的大改进和对策论核心思想的推进。

12.《翻译美学理论》（刘宓庆、章艳，2011）

　　该著是《翻译美学导论》（2005b）的姊妹篇。全书对翻译美学理论进行了全面的论述，特点是以语际语言审美及表现为主轴展开翻译美学课题的理论描写，其中包括对汉语美与英语美的概括论述、中西方翻译美学思想的发展概略、语言审美的方法论和价值论、语言审美与文化研究、语际语言审美表现对策论和方法论及风格翻译研究等，还深入探讨了不同文体语际转换的种种翻译美学理论基本课题。刘宓庆在书中倡导中国翻译教育必须进行改革，翻译学要"回归美学"，认为这是提高翻译和翻译教学质量的根本途径。

13.《翻译基础》(2008，主编之一)

《翻译基础》是刘宓庆与他人主编的一套翻译教材，由华东师范大学出版社出版。汪丽、贺爱军(2012)作了述评，认为这套教材以完整的翻译理论体系为主线，以提高翻译实务为目标，以激发学术思想和翻译研究为使命，拓宽了翻译教材的编写视野，融理论、实务与学术研究于一体，是综合性翻译教材编写的典范之作。

以上是刘宓庆主要著作的内容简介以及他人的评价。下面是学界对于刘宓庆及其著作的整体述评和评价。

最早的述评是雷祎在1993年发表的《开拓与创新——刘宓庆的翻译理论研究述评》，文章从翻译学的研究、翻译美学、翻译教学、汉英对比语言学四个方面总结了刘宓庆的翻译理论。很明显，当时刘宓庆的翻译研究尚在进行中，文化翻译、翻译与语言哲学等方面的研究还没有展开，因此，该述评具有时代的局限性，不能全面地展现刘宓庆翻译研究的其他方面。

王建国是《刘宓庆翻译论著全集》第十一集《刘宓庆翻译散论》的编者，其在该书的序言部分撰有《承前启后，继往开来——刘宓庆翻译思想研究》，就笔者所知，此文是目前最全面最详细介绍刘宓庆翻译思想的文章。文章由四部分组成：刘宓庆翻译思想发展脉络；翻译学理论研究的整体观；维特根斯坦哲学观照下的功能主义翻译观；刘宓庆翻译思想试评。应该说，此文涉及了刘宓庆翻译思想的方方面面，但从文章的整体结构来看，各部分之间的逻辑关系不很清楚，"为述评而述评"的味道较浓，也没有对"翻译思想"与"译学思想"作区分，因为两者是有明显不同的。另外，王建国(2006b)在《英语研究》第2期上发表了《刘宓庆翻译论著全集》的内容概要。

《中国译学大辞典》(2011)有贺爱军写的"刘宓庆"词条，将刘宓庆译学思想分成五个方面：翻译学性质和学科架构；翻译的"文化战略观"；口译理论；翻译美学理论；译学比较研究。从整体看，同样不能看出刘宓庆译学思想的清晰线索，与王建国的研究有基本相同的问题。另外，《中译翻译文库》(2011)序言部分有刘宓庆的《期待与展望》，序言附有刘宓庆的概括性介绍，此介绍基本上也没有摆脱以上所提的缺陷。

曾力子、范武邱(2013)从刘宓庆的翻译研究方法出发，整合他翻译理论的内外体系，探讨了其翻译思想的内涵。

目前能查到的，还有两篇有关刘宓庆翻译研究的硕士论文：广西师范大学金玲的《刘宓庆的翻译理论研究》与山东大学孙丽的《当代西方文化相关流派对刘宓庆翻译理论形成的影响》。金玲的论文对刘宓庆翻译理论涉及的六大板块和"中国特色"理论进行了论述，并指出刘宓庆理论的三个特点，基本上是一篇叙述性文章，缺少研究的观点和论述的深度。孙丽的论文论述了结构主义、分析哲学和功能主义对刘宓庆翻译理论形成的影响，具有一定的深度，但所述对刘宓庆理论产生影响的相关因素的有效性尚存疑。

2023 年，由王建国、侯林平、张思永、贺爱军、张举栋、章艳合著的《刘宓庆翻译理论研究》出版，评述了刘宓庆在翻译哲学、翻译文化、翻译美学、翻译教学、汉英对比等方面的成就。

对于刘宓庆的译学成就，杨自俭的评价是这样的：

> 刘宓庆先生是对我国译界有重大贡献的学者、翻译家、翻译理论家。……刘先生在译论建设上辛勤耕耘，立志开拓。他在精心研究了我国传统译论和西方译论的基础上创建了翻译理论体系的基本框架。……凡认真读过他文章的人，无不对他开阔的视野、敏锐的学术眼光、深邃的理论思维、严谨的论证、文字的优美所倾倒。他是我们译界的光荣和骄傲。(杨自俭、刘学云，2003：322)

王建国认为：

> 他在 1985 年出版了《文体与翻译》①，撒下了第一粒以科学精神和方法研究实务和理论的译学思想种子，最后长成了十棵'血脉相连'的大树，宏

---

① 因《文体与翻译》一书第一版版权页上出版时间为 1986 年，故本研究在论述时以 1986年为准。

观与微观，传统与现代，中学与西学，无所不及，犹如编织成了一张大网，几乎总能让译学学者在网上找到自己的位置，为中国译学和世界译学的发展方略绘制了蓝图。(刘宓庆，2006d：iv)

《刘宓庆翻译论著全集》(第二版)出版前言这样评价说：

其前期学说建立在传统译论及结构主义语言学的基础上；后期的功能理论观以维特根斯坦的语言哲学为导向，在国际学术界备受重视。(刘宓庆，2012a：1)

方梦之在2019年的《刘宓庆翻译论著精选集》发布会上评价说："刘宓庆是我国研究翻译迄今为止最全面，最系统、最深刻的学者。"

下面以表格的形式说明刘宓庆著作出版、修订(见表1.1)和收录(见表1.2)的情况。

表1.1　　　　　　　　　　　刘宓庆著作出版、修订情况表

原版名称、出版年(带＊者为《刘宓庆翻译论著全集》第一版)	过渡版(出版年、修订内容)	《刘宓庆翻译论著全集》第一版(出版年、修订内容)	《刘宓庆翻译论著全集》第二版(出版年、修订内容)
《文体与翻译》(1986)	1998(修订版)；对术语和内容作了微调	2007；未修订	2012；增加第一章"理解与翻译"
《英汉翻译技能指引》＊(2006)	无	2006	
《现代翻译理论》(1990)(江西教育出版社)	1994年台湾版改书名为《当代翻译理论》；1999年中国对外翻译出版公司再版，仍称《当代翻译理论》；未修订	2005；改书名为《新编当代翻译理论》；增：出版前言、第十二章"建设有中国特色的翻译理论"、"翻译理解理论"、附录"汉外互译中的汉语功能代偿词"等。删(黑体内容)："中国翻译理论基本模式"等。改：原第三章改名为"翻译的意义理论和理解理论"，原第四章改名为"翻译过程解析"等	2012；增：罗进德序"本位　本分　本色"、第二版出版说明、语言的互补互释性、翻译接受理论、文化翻译导论。改：将2005年版中的"建设有中国特色的翻译理论"一章改名为"关注翻译理论的中国价值"

续表

原版名称、出版年（带＊者为《刘宓庆翻译论著全集》第一版）	过渡版（出版年、修订内容）	《刘宓庆翻译论著全集》第一版（出版年、修订内容）	《刘宓庆翻译论著全集》第二版（出版年、修订内容）
《汉英对比研究与翻译》（1991）（江西教育出版社）	《汉英对比与翻译》（1992，繁体版、修订本）（江西教育出版社）对一些术语做了调整	2006；改书名为《新编汉英对比与翻译》；增加：新版序"汉英对比研究应该维护汉语的话语本位观"、引论"了解汉语，理解汉语"、第一章的"汉英对比研究方法论"、第五章"汉英宾语差异及转换问题"、第六章"汉英短语比较"、两个附录（"现代汉语词类表""汉语主语的确定"）	
《翻译美学导论》（1995）（台湾出版）	无	2005（修订本）增修订版前言	2012；增加"怎样学习和研究翻译美学"（2011）
《翻译与语言哲学》（2001）	无	2007（修订本）增修订本前言"翻译学需要怎样的意义观？"正文无变化	
《文化翻译论纲》（1999）（湖北教育出版社）	无	2007（修订本）改原第三章"文化翻译新概念探讨"为"文化翻译观念探新"，内容无变化	
《翻译教学：实务与理论》（2003）	无	2007；未修订	
《口笔译理论研究》＊（2006）	无	2006	
《中西翻译思想比较研究》＊（2005）	无	2005	2012；增加"新'翻译答问'"
《刘宓庆翻译散论》＊（2006）	无	2006	

　　说明："过渡版"指"初版"与"全集"第一版之间的版本。除特别标明外，均由中国对外翻译出版公司（或中国对外翻译出版有限公司）出版。有些著作标记为"修订本"，但从内容上看，几乎没什么变化，只是增加了一个序言。如《翻译与语言哲学》的2001年版和2007年版正文的内容差别不大。本研究以《刘宓庆翻译论著全集》最后一集《刘宓庆翻译散论》最后一页上标注的各集出版年为准。2019年中译出版社出版的《刘宓庆翻译论著精选集》收录了刘宓庆的六本著作——《文体与翻译》《文化翻译论纲》《新编当代翻译理论》《中西翻译思想比较研究》《翻译美学导论》《翻译与语言哲学》，除了新增一个序言，内容无修改，故不在上表中单独列出此版的情况。

表 1.2   刘宓庆著作收录情况表

刘宓庆文章或著作	收入的文集或文库
《当代翻译理论》(1999)(专著)	《中国文库》第二辑，2005 年，中国对外翻译出版公司
《试论英汉词义的差异》(1980)(论文)	《英汉对比研究论文集》(杨自俭、李瑞华编，上海外语教育出版社，1990)；《结构·解构·关系——英汉微观对比研究》(邵志洪主编，上海外语教育出版社，2008)
《英语口语语体研究》(1986)(论文)	《语言与翻译》(北京第二外国语学院，旅游出版社，1992)
五篇论文：《论中国翻译理论基本模式》(1989)、《西方翻译理论概评》(1989)、《翻译美学基本理论构想》(1986)、《翻译的风格论》(1990)、《论翻译的技能意识》(1987)	《翻译新论》(杨自俭、刘学云编，湖北教育出版社，1994)
两篇论文：《汉英对比研究的理论问题(上、下)》(1991)、《汉英句子扩展机制对比研究》(1992)	《英汉语言文化对比研究》(李瑞华主编，上海外语教育出版社，1996)
《文化翻译探索——兼评 David Hawkes 译屈原〈天问〉》(1998)(论文)	《面向 21 世纪的译学研究》(张柏然、许钧主编，商务印书馆，2002)
《论中国翻译理论基本模式》(1989)(论文)	《中国翻译研究论文精选》(严辰松主编，上海外语教育出版社，2006)
11 部著作(《文体与翻译》《英汉翻译技能指引》《新编当代翻译理论》《新编汉英对比与翻译》《翻译美学导论》《翻译与语言哲学》《文化翻译论纲》《翻译教学：实务与理论》《口笔译理论研究》《中西翻译思想比较研究》《刘宓庆翻译散论》)	《刘宓庆翻译论著全集》(第一版)(2005—2007，中国对外翻译出版公司)；《刘宓庆翻译论著全集》(第二版)(2012，中国出版集团公司/中国对外翻译出版有限公司)

第三节　刘宓庆其论

作为后面章节的铺垫，本节从历时和共时两个方面对刘宓庆的译学理论作一简要的预设。历时方面涉及刘宓庆译学思想的分期，共时方面涉及刘宓庆译学思想的体系构成。这两方面具有一定的互动性。

1. 刘宓庆译学思想的分期

刘宓庆的译学研究大致始于 20 世纪 80 年代初，其近四十年的翻译研究生涯几乎贯穿中国整个新时期译学研究的过程，他的研究虽然有自己的路数，但并不能脱离开整个时期译学发展的背景。因此，在对刘宓庆译学思想进行分期之前，有必要对中国新时期的翻译研究历程作大概的阐述。

王国维曾这样概括有清三百年学术："国初之学大，乾嘉之学精，道咸以降之学新。"中国新时期翻译理论研究可以概括为：80 年代之论"新"，90 年代之论"大"，新世纪之论"多"。

80 年代之论"新"表现在三个方面：一是西方语言学派翻译理论的引进使中国翻译理论研究步入了发展的新纪元。二是翻译研究开始重视研究方法，包括自然科学方法在内的新的研究方法被应用到翻译研究中来。三是出现新的成果，如在翻译史、翻译教学等领域的研究有新的突破。

90 年代之论"大"表现在三个方面：一是在经历了 90 年代初期的"沉寂期"后，从中后期开始，文化学派逐步实现了翻译研究从内部向外部，从微观向宏观，从语言向文本，从结构向功能的转向。另外，第二代语言学途径的翻译研究也将视野扩大到语篇、文化等层面上。二是翻译研究出现多元化趋势，各种翻译流派纷纷登场亮相，并不断有新的视角或范式出现，翻译研究呈现出一派繁荣发展的景象。90 年代以来南北两家外语出版社对大量西方翻译理论原著的引进，为研究提供了大量的第一手外文资料。三是国内围绕翻译学的大讨论，包括翻译学能否建立，是否已经建立，学科性质、特色问题、如何建设等一系列学科建设问题，是在元翻译研究的宏观视野内讨论问题。

新世纪之论"多"表现在："转向"多，"范式"多，实证研究开始增多。西方翻译的"文化转向"引入中国后，运用文化学派的各种理论对霍尔姆斯翻译学框架内的各分支学科进行了深入、细致的研究，特别是从文化视角对中国翻译史（包括断代翻译史、翻译现象）的重新梳理和阐释。相应的各种翻译研究范式依次登场，呈现多元化研究局面。另外，运用实证方法对翻译过程的研究取得进展。

当然，以上对这三个时期的概括只是大体而言，各时期也会出现交叉的情况，如 90 年代中后期的文化学派也属于一种"新"，21 世纪初的翻译学大讨论尚未结束等。在此基础上，我们将刘宓庆译学思想的发展分为三期：1980 年到1992 年；1993 年到 2002 年；2003 年至今。三个关键点分别是 1980 年《试论英汉词义的差异》、1993 年《中国现代翻译理论的任务》和 2003 年《中国翻译理论研究的新里程》的发表。

2. 刘宓庆译学思想的体系构成

刘宓庆译学思想的体系是本研究以刘宓庆的译学思想为研究对象进行构架的结果，因此既有较大的主观性，又有内在的逻辑性。我们认为，刘宓庆的译学思想体系分别由微观、中观和宏观三个层面构成，每个层面又由不同的部分构成。下面分而述之。

首先是微观层面。徐盛桓曾将翻译研究分成三个层面："面对具体翻译活动的技巧层、研究翻译基本理论的原理层、研究翻译学自身发展的元科学理论层。"（徐盛桓，1989）借鉴此分类，本书将刘宓庆的译学研究分成三类：应用翻译研究、理论翻译研究和元翻译研究。这三类构成了刘宓庆译学思想的微观层面。这一层面具体表现为刘宓庆的"译学板块"。

不同于主要以翻译文本类型是否为应用文体为标准的应用翻译研究，本书的应用翻译研究主要是指向翻译实践的研究，包括语言对比研究、翻译技巧研究、翻译教学、翻译批评、机器翻译等领域。刘宓庆的应用翻译理论研究主要在汉英对比与翻译、翻译教学研究两个领域，所涉著作有《汉英语对比与翻译》《文体与翻译》《翻译教学：实务与理论》《英汉翻译技能指引》《翻译基础》《高级翻译》等。刘宓庆在《翻译与语言哲学》中有对翻译批评的讨论，但未展开。他在这两个紧密相关的领域所做的研究在中国新时期的翻译研究中都是具有开创性的。

理论翻译研究是对翻译经验、翻译现象的理论提升，或是从其他学科汲取理论营养，对翻译进行的跨学科研究等。刘宓庆的理论翻译研究主要体现在他在《现代翻译理论》和《新编当代翻译理论》（第一版、第二版）各章的内容，如翻译思维、翻译风格论、文化翻译、翻译美学、翻译的意义理论、翻译的接受理论等。他的理论翻译研究在三个方面用力最多，即翻译美学、文化翻译、翻译与语言哲学。

元翻译研究是指对翻译理论本身的研究，又有两种：内部研究和外部研究。内部研究主要涉及翻译学或翻译理论的体系、框架、学科性质、何种翻译学等问题，属于对翻译理论的共时研究、静态研究。外部研究主要涉及理论的生成、传播、影响等问题，属于对翻译理论的历时研究和动态研究。对内部研究内容的历时研究也属于外部研究，如围绕翻译学的争论的研究、翻译理论史的研究都属于外部研究。刘宓庆的元翻译研究既有内部研究，也有外部研究。内部研究如他对翻译学体系框架的研究，外部研究如他对中西翻译思想的比较和评价、对中国特色翻译理论的论述等。总的来说，刘宓庆的元翻译研究包括中西翻译思想比较研究和翻译学的学科体系建构两个方面。

其次是中观层面。如果说微观层面是致力于翻译的具体领域的研究，那么，中观层面就是在微观层面研究的基础上总结出的译学观点，其通常贯穿于微观层面的具体研究中，需要研究者的提炼，有时也可以是被研究者主动表明的观点。刘宓庆在近四十年的研究中，形成了许多译学观点，如功能观、中国译学特色观、描写观、文化战略观等，构成了他独特的译学体系的重要组成部分，成为连接微观层面和宏观层面的桥梁。这一层面具体表现为刘宓庆的"译学观"。

最后是宏观层面。一个学者的研究行为和学术观点的形成总是受其所处时代和地域的思想文化的潜移默化的影响，从而形成自己的内在的学术风格，这就是更宏观层面上的哲学思想。刘宓庆的译学板块研究和其译学观的形成，也必然受其长期形成的哲学思想的影响。通过研究发现，他在长期的翻译研究中体现出多种指导思想，如民族本位、经世致用、经验主义、无我无待等，这些都可以归结为三种类型，即儒家思想、墨家思想和道家思想。这一层面具体表现为刘宓庆的"译学研究思想"。

从结构上讲，这三个层面不是并列的，而是有层次的，其中"译学板块"在内层，"译学观"在中间层，"译学研究思想"在外层。从内到外形成一种包蕴关系。从功能上讲，越往内越具体，越往外越抽象，但三个层面相互影响、相互渗透，形成一个整体，共同形成了刘宓庆译学思想研究的主体体系。如图1.1所示：

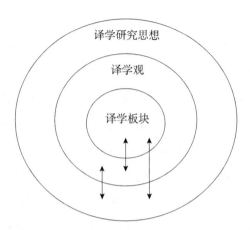

图 1.1　刘宓庆译学思想三个层面关系示意图

　　最后有必要交代的是，这种从微观到中观到宏观体系也构成了本研究的基本思路，即不只在微观层面讨论刘宓庆的译学思想，而是将其放在一个更为宏观的学术视野中，探究其形成的内外因素，并以此个案带动对中国新时期译学研究的回顾和反思，因此具有一定的学术史的意义。本著作主体部分的撰写也基本上按照这三个层面进行。当然，在本书的第五章也会对刘宓庆译学思想形成的方法论进行梳理，并在最后一章对刘宓庆译学思想进行总结和评论，形成其译学思想的价值论。这样，本书对刘宓庆译学思想的整个研究就可以形成一个由本体论、方法论和价值论构成的刘宓庆译学思想研究体系。

第二章 刘宓庆译学思想的跨学科基础

本章拟从共时的视角探究刘宓庆译学思想的跨学科基础。翻译学的跨学科性一方面催生了一系列的翻译学分支学科，如生态翻译学、社会翻译学等；另一方面决定了任何翻译研究都需要以一定的跨学科理论为基础，如奈达的翻译理论是基于乔姆斯基的转换生成语言学和社会语言学等，德国功能目的派译论基于行为理论等。刘宓庆的译学思想亦然。讨论其译学思想需要较全面地梳理形成其思想的理论基础。刘宓庆的译学思想的理论基础是多元化的，这与他译学研究的跨学科和多学科性质有密切关系。概括起来主要有四个方面：哲学基础、语言学基础、美学基础和心理学基础。下面分而述之。

第一节 哲 学 基 础

哲学基础是一切好的翻译理论的元基础，处在所有理论基础的最上层，也最能体现一个学者进行学术研究的根本观点。刘宓庆译学思想的哲学基础体现在现代西方哲学和中国古典哲学两个方面。两个方面是刘宓庆译学思想的哲学之"源"，引导或操控了其译学思想的各个"支流"。具体而言，前者主要包括维特根斯坦后期语言哲学和现代阐释学，后者主要包括儒家思想、墨家思想和道家思想三个方面。

一、现代西方哲学

1. 维特根斯坦后期语言哲学

刘宓庆早年是非常赞赏索绪尔的结构主义的，但后来发现结构主义具有极大的局限性，不利于翻译学理论的开拓和发展。正值 20 世纪 80 年代末 90 年代初去欧洲游学，他开始研读西方的现代语言哲学，最后在众多西方哲学家中，选择了维特根斯坦。当然这种选择与其说是有意为之，毋宁说是一种偶遇，因为维特根斯坦的后期哲学的批判性和哲学观本身都深深地吸引了刘宓庆，或许产生了某种心灵上的契合。更重要的是，刘宓庆认为维特根斯坦的后期语言哲学对翻译学，特别是中国翻译学的建设关系密切，具有重要的指导意义。这使他的译学思想产生了重要的转向，即从语言学上的结构主义转向了哲学上的功能主义。刘宓庆后期的两本重要著作《中西翻译思想比较研究》（2005c）和《口笔译理论研究》（2006c）设专章论述维特根斯坦的语言观和意义观及其与翻译的关系，可见其译学思想理论基础的重要变化。

众所周知，维特根斯坦的哲学思想分为前后两个时期，前期的思想可归入西方英美分析哲学一派，他们探求语言与世界的同构关系，认为语言元素与现实世界的实在元素是一一对应的，语言的意义是静止的，可以通过对命题是否具有真值来判断。显然，这种形而上学的语言观与索绪尔的结构主义语言观有异曲同工之妙，正是刘宓庆后来所批评的。维特根斯坦后期的思想对前期的形而上学思想进行了批判，提出了一系列不同于前期的思想，概括来说集中在两个问题上：一是语言性质，二是意义问题。与翻译教学研究密切相关的四个观点——语言游戏说、意义即使用、生活形式、规则性与非规则性，其中"语言游戏说"是统领性观点，其他三个观点都在其观照下。

维特根斯坦扬弃了前期的"逻辑原子论"，从经验上考察语言，在其后期的《哲学研究》（1945）中提出了著名的"语言游戏说"（language game），将语言和游戏进行了类比，认为语言的使用如同游戏一样，具有类似的内容、特征和规则。维特根斯坦认为，翻译作为一种语言活动，是发出和服从命令、编写和朗读故事、描述事件这五种语言游戏类型之一种。对此，刘宓庆进一步认为，就翻译而言，维特根斯坦的"语言游戏"论从以下三个方面对于理解翻译行为具有拨云见日的启发作用。

一是"生活形式"。"生活形式"是语言的依据，也是意义使用及推理的基本依据。意义和意向蕴含在表达式中，通过把握原语意义和意向是翻译重要的意义认知手段。刘宓庆认为，维特根斯坦的"生活形式"在两个方面对翻译具有启示作用：其一，"生活形式"是语言游戏的本体论基本原则，这种本体论性质就是指某一事物的本源、本质、实质。维特根斯坦提出事物之间的"家族相似性"，认为每个家族成员具有相似性，都是"生活的某种形式"，但都必然要依附于其本质特征中。这一观点对于我们在翻译中准确把握意义具有重要作用，在翻译的理解过程中，就是要把握相似性，演绎出相似性，分析出特征和个性，从而扩大意义转换的对应幅度。（刘宓庆，2005c：396）其二，"生活形式"是语言游戏的价值论基本原则。在维特根斯坦看来，语言游戏是我们生活的一部分，游戏重在参与，重在互动，需要天下人的"普遍参与"和"全程互动"。翻译正是由译者、作者和读者参与的互动活动。

二是意义观问题。维特根斯坦在其后期哲学思想中提出了"意义即使用"或"意义取决于使用"（meaning is use）的功能主义意义观，这是哲学上产生的一场意义观革命，从静止的意义观转向了动态的意义观，在这一点上维特根斯坦与欧陆语言哲学的意义观逐渐合流，也为语言学的分支学科——语用学提供了哲学基础。维特根斯坦强调意义产生于语言的"使用"或"用法"中，而使用必然会被置于某一特定的语境中，这样，"语境—用法—意义"之间就有了互为条件的联系。（刘宓庆，2005c：385）意义问题是翻译学中绕不开的话题，从某种意义上讲，持什么样的意义观会直接影响人们的翻译观，自然也会影响到包括翻译教学在内的翻译行为。西方早期的语言学派翻译理论也谈翻译的意义问题，如奈达的"翻译即译意"，但终究属于静态的意义观。刘宓庆在其早期的著作《现代翻译理论》（1990）中也谈到了翻译的意义问题，但也只是在第三章"翻译的实质和任务"的主题下进行讨论的，且基本按照语义学的意义分类将意义分成概念意义、语境意义、形式意义、风格意义、形象意义和文化意义六种。从撰写《翻译与语言哲学》（2001）开始，刘宓庆逐渐将译学思考的重点放在了翻译的意义观上，开始架构中国的翻译学意义理论，作为其建构中国特色翻译理论的一部分，这与维特根斯坦意义观的变化对刘宓庆的影响是分不开的。到其出版《中西翻译思想比较研究》（2005c）一书时，专辟一章"维特根斯坦的意义观与翻译研究"。另外，《新编当代翻译理论》（2005a）也将原先《现代翻译理论》中的"翻译的实质和任务"一章标题改为"翻译的意义理论与理解理论"，并增加"意义的静态观和动态观"小节。另外，《翻译与语言哲学》（修订本）（2007b）的修订本前言"翻译学需要怎样的意义观?"重申了"翻译学需要的是动态的意义观,强调要在语言交流中把握意义"。(刘宓庆,2007b:i)当然,动态的意义观需要动态的语境观,即"交流中的语境",这与西方早期语言学派译论的静态的语境观(如奈达的语境观)是有本质区别的。

三是游戏的规则性。维特根斯坦认为,游戏有规则,语言游戏亦有规则,有了规则,语言游戏才能进行下去。"生活形式"的无限性导致语言规则的无限性,翻译游戏也不例外。与游戏的规则性相关的三个话题与翻译有密切关系。首先是遵守规则的经验性。人的语言行为是一种经验行为,对规则的遵守总是从不自觉到自觉的经验性认知过程,由此,刘宓庆认为,翻译实践和理论也必须重实践、重经验,这是他认为"翻译学是一门经验科学"的哲学基础。然后是语言游戏的自由度问题。人的语言行为具有一定的自由度,而自由度的前提条件是基本的规则性或约定性。刘宓庆(2005c:362)认为:"以社会约定和依归的规则性应该是我们做翻译和翻译研究的基本规则之一。"最后是遵守规则与驾驭规则的悖论问题。维特根斯坦将游戏中的"遵守规则"和"驾驭规则"称为"悖论":一方面需要遵守规则,另一方面又需要对规则作出新的诠释,用新的遵守规则形式取代另一种遵守规则形式,这体现了维特根斯坦的辩证思维,即遵守规则是为了驾驭规则,从遵守规则的限定性到达驾驭规则的描写性。刘宓庆认为,就翻译而言,也应该有一系列关于双语转换的规则、规范。但不能被规则所纠缠,而是要不断地修改规则,主动地顺应规则乃至超越规则,从而实现翻译从体验到体认,再到体悟的过程。(刘宓庆,2006d:xlviii)

关于"语言游戏""生活形式""语言即使用"和语言行为之间的关系,刘宓庆在2003年的《翻译教学:实务与理论》中绘制了下面的示意图:

从图2.1中的箭头指向可以看出存在两个"核心":"语言游戏"和"应用"。"语言游戏"奠基于"生活形式",同时通过"应用"途径实现意义的获得。对于"理解""意义""应用"和"语言游戏"之间的关系,刘宓庆作了说明:"理解"与"意义"之间无直接通道,必须通过"应用"(或"使用""运用")方可到达;"理解"是指向"应用"的状态;"理解"通过"应用"参与"语言游戏";"意义"体现在"应用"中,同时"理解"必须通过"应用"才能达至"意义"。(刘宓庆,2003:41)但此图也存在两个问题:一是没有完全体现出"翻译是一种语言游戏"的观点,因为翻

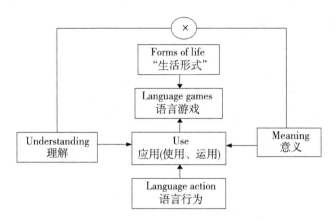

图 2.1 维特根斯坦的语言观和翻译观示意图(刘宓庆，2003：41)

译毕竟涉及两种语言的转换，"理解"阶段知识翻译活动的一个方面；二是维特根斯坦语言观中存在两个核心，在逻辑上似乎有些不通，也不符合刘宓庆所强调的"意义即使用"的动态意义观。或许正因为此，刘宓庆在 2006 年出版的《口笔译理论研究》中将此图作了微调：一是把标题改为"维特根斯坦的语言观示意图"，但既强调维特根斯坦的语言观也体现了他的翻译观；二是把"应用"指向"语言游戏"的箭头颠倒过来，使"应用"或"使用"成为维特根斯坦语言观的核心。(刘宓庆，2006c：37) 从中也可以看出刘宓庆思想轨迹的变化。

刘宓庆在《翻译教学：实务与理论》中明确将维特根斯坦后期哲学思想作为其翻译教学理论的指导思想，当然，这种指导思想的存在并非总是显性的，大部分是隐性的，如此书中"翻译实务教学"部分的翻译意义理论、"翻译理论教学：中级部分"的翻译的语境论和翻译的意向论等。当然，也有刘宓庆直接运用这一指导思想对翻译课堂教学进行的探讨。如他根据维特根斯坦的"语言游戏说"和"翻译是一种语言游戏"的观点，认为翻译教学也是一种"语言游戏"。(刘宓庆，2003：236) 他认为，语言游戏的特征是参与，翻译的课堂教学是师生共同参与的"语言游戏"的形式之一，也是翻译教学作为一种"语言游戏"的特殊形式的集中表现。在课堂教学中，师生的互动是很重要的，应该摒弃"教师中心"和"学生中心"的片面做法，翻译课堂教学应该是教学相长式的"互动性合作"。他进一步认为，翻译课堂教学只是学生的翻译操作全程中的一个重要环节，这个环节会不断地复现，每次复现都在不同的平台上，一个平台高过一个平台，这样学生的翻译能力会不断地提高。翻译教学的"语言游戏"模式如图2.2：

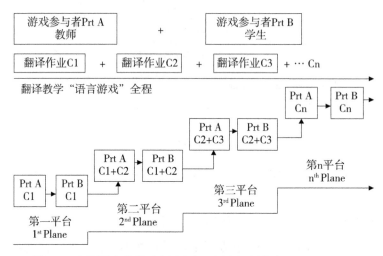

图 2.2　翻译课堂教学"语言游戏"示意图（刘宓庆，2003：237）

另外，维特根斯坦后期哲学思想中还有一个重要的概念——"家族相似"论，这是刘宓庆语言对比研究的哲学基础，也是其翻译对策论的哲学依据。刘宓庆的某些译学观点的提出就是基于这一哲学思想，如刘宓庆提出的"功能代偿"这一翻译对策论核心思想正好可以用"家族相似"论来进行论证。"家族相似"论强调家族成员间的相似性和相异性，而语言之间既是同质的又是异质的，在关注语言间的相似性的同时，更应该看到其相异性。同质语言观与异质语言观导致不同的翻译策略，前者以对应为策略，后者以代偿为策略。刘宓庆的翻译对策论经历了从"对应"到"代偿"的转变，这一点将在后文关于刘宓庆的翻译教学观部分中作进一步阐述。

2. 现代阐释学

根据狭义的翻译过程的步骤或阶段划分，翻译实践或教学中译者或学生面对原文本的首要任务就是对原文本进行解读，在转换和表达阶段又要考虑译文读者的接受。不同的理解观和接受观对翻译实践和翻译教学的影响是不同的，因此，翻译中的理解和接受问题变得非常重要。同翻译的意义观一样，刘宓庆将翻译（学）的理解理论（又称为"文本解读理论"）和"接受理论"作为一个整体的译论话题进行研究，并将之放入其译学体系中重要的位置，成为其"中国翻译学理论"中的"基本理论研究"（刘宓庆，2006d：lv）或"基础理论"（刘宓庆，2005a：300）的一部分，并将其列为他建构的中国特色翻译理论的组成部分，可见刘宓庆对此话题的重视。

如果说维特根斯坦的后期哲学思想是刘宓庆译学思想的主要理论基石，那么现代阐释学则是其哲学基础中的辅助基础，这样说主要是基于以下几点考虑：其一，维特根斯坦的后期哲学思想与现代阐释学思想有许多相通之处，如都强调意义的游移性和不确定性；其二，现代阐释学本身的哲学品格与刘宓庆后期思想中所反拨的结构主义的"同质语言观"相符合；其三，两种理论哲学基础不同之处就是，维特根斯坦的后期哲学思想更是从源头上去探究翻译中对文本的理解和接受，而现代阐释学的思想源头则可追溯到胡塞尔的现象学（刘宓庆早年在欧洲游学时对胡塞尔的现象学哲学进行过研读）。由此可以看出，刘宓庆在众多与翻译研究有关的西方现代哲学流派中首先选择了维特根斯坦后期思想所体现出来的理论洞见。总之，如果说维特根斯坦后期哲学为刘宓庆的意义理论提供了重要的理论支撑，那么现代阐释学则成为其理解理论和接受理论的直接理论来源。

现在意义上的阐释学是在西方产生和发展起来的。阐释学被称为"理解的理论"，在西方经历了古典阐释学、浪漫阐释学、哲学阐释学和后现代阐释学四个阶段。（杨柳，2009：97）其中后现代阐释学即常说的接受美学或接受理论，理解问题与接受问题通常是一个硬币的两个面。按照是否强调对文本原意的关注，我们可以进一步将阐释学分为两种类型——传统阐释学和现代阐释学，前者包含古典阐释学和浪漫阐释学，后者包含哲学阐释学和后现代阐释学。传统阐释学是规定性的，强调对古典文献、特别是宗教文本的忠实解读，后者则是描写性的，关注意义解读的多样性。因此，本文的现代阐释学是广义的，既包括开创于施莱尔马赫，经哲学阐释学代表人物海德格尔、伽达默尔等人发展而来的哲学阐释学，也包含最终完成于姚斯等人的接受理论。

在西方，由于《圣经》翻译是翻译实践的一条主线，从西塞罗到泰特勒的西方传统翻译理论一直贯穿了传统阐释学的研究路径。将现代阐释学用于翻译研究的主要代表是施莱尔马赫和乔治·斯坦纳，前者区分了两种阐释原文的方法，后者则提出了"理解即翻译"的观点。而中国传统译论奠基于中国古典文论—美学，强调翻译主体"人""悟""化"的唯主体意识，具有传统文章学的特征，这与西方关注客观性的译论传统有相当大的不同。作为翻译过程的重要组成部分，文本的理解及接受问题在中国传统译论和西方语言学派译论中都有涉及，但都是在讨论翻译过程（狭义上的）或翻译阶段时提及的，并没有系统的研究。到了 20 世纪 90 年代，伴随着中国经济、社会、文化、学术等大环境的变化，中国的翻译研究在经历了对西方语言学派译论的压缩式接受后，渐渐出现了两个大的转向，一是从语言对比转向对文本意义的关注，二是研究的视角从内部语言转换研究转向外部的文化研究。前者就是阐释学路径的译学研究，后者则是文化路径的译学研究，并且后者的研究规模和影响力远远超过了前者，以致发生了所谓的翻译研究的"文化转向"。这两个路向的翻译研究都源自西方，有着共同的理论旨趣，都是对以结构主义为主要范式、以"逻各斯中心主义"为特征的西方早期语言学派的反拨。引进中国后，都对中国国内的翻译研究产生了影响，特别是后者更是推进了中国翻译学的现代化和学科建设。现代阐释学凸显主体性的观点倒是与中国译论传统具有某种程度的理论视野上的契合性，这或许可以部分解释从 90 年代中后期到新世纪中期近十年时间中现代阐释学译论何以在国内比较流行。对于阐释学译学在中国的译介和发展情况，杨柳（2009）专门作过梳理，但并没有谈及阐释学哲学对刘宓庆理解理论的影响。

在以上所述中国译学的大背景中，刘宓庆早年也没有从阐释学角度专门讨论过翻译的理解理论和接受理论，如《现代翻译理论》（1990）中并没有设专章进行讨论。在始于 90 年代的中国译学界的所谓"文化转向"时期，文化学派译论对刘宓庆也并没有产生大的影响，反而成为其对当代西方译论的主要批判对象，这从其《中西翻译思想比较研究》（2005c）第九章中可以看出。在现代阐释学的影响下，刘宓庆首先构建了其理解理论，他在《翻译与语言哲学》（2001、2007b）中将其"理解理论"置于"论翻译思维"一章中，介绍了现代西方哲学和文论中的"理解理论"，并在此基础上系统建构了翻译学的"理解理论"：首先划分了翻译过程中在表层、浅层和深层的理解障碍，然后分析了理解障碍的成因，最后提出了五点翻译中的理解对策。在《新编当代翻译理论》（2005a、

2012a）中增加了《现代翻译理论》中所没有的"翻译的理解理论"，对翻译理解的原则、理解与表现作了阐述。在新版的《文体与翻译》（2012d）中，刘宓庆提出了贯穿全书的四个基本原则，其中之一就是"重理解"。他认为，翻译教学进入高级阶段以后，难度增加，翻译必须首先对原文材料进行全面透彻的理解，同时，教师要引导学生透过语言的表层结构探明语言的深层结构。为此，刘宓庆增加专章"理解与翻译"，从解构意义、语境对意义复杂性的强化、超文本意义、理解的文化障碍以及翻译理解的对策论五个方面有针对性地对高级阶段翻译中的理解问题进行了剖析。

从时间上看，刘宓庆对其接受理论的系统建构要晚于理解理论。其实，刘宓庆对翻译接受理论的建构经历了一个过程。在早年的《英语可读性刍议》一文中就对英语的 Grammaticality、Idiomaticness、Adaptability、Clarity 和 Organization 从读者接受的角度进行了关注。在 1990 年的《现代翻译理论》中，刘宓庆在"翻译的实质和任务"一章中从目的语的可读性原则、文风时尚性原则和文体适应性原则讨论了"翻译的社会效益观"；在 2003 年的《翻译与语言哲学》中提出了新的翻译理论观，其中讨论了"充分关注读者的接受"，倡导关注新形势下读者对译文的多层次、多维度的审美诉求（刘宓庆，2003：506-508）。之后，他对翻译接受理论的建构意识逐渐增强，这与他对中国翻译学基础理论的建构思路有关，也与对中国翻译实务的现实考量有关。刘宓庆认为，翻译的生产方式自古至今经历了三种形式或三个阶段：书斋式（Study Mode）、作坊式（Workshop Mode）和产业式（Industrial Mode）。他认为，当前正处于第三个阶段中，在这个阶段，涉及原作（者）—翻译（者）—接受（者）的三维关系链发生了明显的变化，即"接受者"的功能逐渐强化和译者职能的复杂化，在新的翻译形式下，译者必须从只顾"原汁原味"转到顾及"多汁多味"的多维审美取向（刘宓庆，2012a：11）。因此，刘宓庆认为，面对新情况，必须系统建构翻译的接受理论。在 2012 年的《新编当代翻译理论》中增加了"翻译的接受理论"一章，提出"失去了读者就失去了一切"，对读者的"话事权"、读者接受的价值标准等话题做了系统、深入的探讨。翻译的接受理论也成为他建构的中国翻译学理论基础研究十个维度之一。（刘宓庆，2012a：263）他在《翻译美学教程》（2016）中运用接受美学的基本观点探讨了翻译审美中的接受问题，认为翻译必须进行"接受调节"（刘宓庆，2016：394）。

　　翻译过程的复杂性决定了将接受理论用于翻译研究的复杂性。因为翻译过程中的"读者"至少有译者和译文读者两个，如果将原文读者（群）也考虑进去，情形会更复杂。仅就译者和译文读者而言，将接受理论用于翻译研究有三个方面：一是译者对原作的接受；二是译者在转换和表达过程中对译文读者的考虑；三是译作读者对译作的接受和理解。国内早就有学者将西方的接受美学用于翻译研究，如 1990 年穆雷就发表《接受理论与翻译》进行了讨论。就截至目前的接受美学翻译研究来说，主要集中在第一个方面和第二个方面，分别带有描写和规定的特点。而对第三个方面的研究由于涉及译作的接受问题，已与译者和原作了无关系，实际上已经进入了译作的传播和影响研究，属于文化学派描写译学研究的领域。刘宓庆的翻译接受理论主要涉及第二个方面，因为其翻译理解理论实际上类似于第一个方面的研究。当然，刘宓庆强调读者的重要性，并不是忽视对原作意义的把握，一方面，他认为，译者本身正是原作理想的读者，译者作为翻译的主体，其"权力"是有范围和限度的；另一方面，他的理解理论正是针对原作（者）意义和意图的。可见，刘宓庆的理解理论和接受理论具有相通之处，只是其理解理论指向了原作，是基于现代阐释学的哲学阐释学，而接受理论指向了译作，因为在这两种接受活动中起中枢作用的就是译者。

　　对原文的理解是翻译至关重要的一步，翻译界历来有"轻理解，重表达"的传统，认为理解过程要比表达过程更容易，这可能是受到了语言运用中阅读和写作体验的影响，因为在人们的直觉中，作为信息输入的阅读总是比作为信息输出的写作容易些。然而，这种认知用于翻译中却是比较有害的。其一，作为一种语际交流的翻译的理解与表达不同于语内交流的阅读和写作，前者明显受到原作的语言文化环境的更大制约。更确切地说，这种认知是结构主义的静态语言观的体现。其二，翻译中的理解和表达是个统一体，既没有无理解的表达，也没有无表达的理解，况且理解和表达之间还有个非常重要的过渡环节——转换。其三，翻译还涉及一个很现实的问题，即译者的双语能力问题，这是翻译能力的重要组成部分。理想的情况是，一个译者的母语和外语水平同等熟练，但现实情况并非如此。一般情况是母语水平要高于外语水平，如果翻译方向是逆翻译，则理解问题显得尤为重要；如果是顺翻译，似乎理解不成问题，但就目前国内的翻译现状看，好多译文的问题就出在理解问题上，特别是对中国古典文献的翻译，国内译者的古汉语水平并不足以承担典籍翻译的重任，这与国内这些年的语文教育息息相关。其实，关于中国文化典籍的"译入"和"译出"以及译者身份问题（即应由谁来译），其实都具有"伪命题"的性质，因为不管是"译入"和"译出"，也不管是由外国人译还是中国人译，译者对所涉双语的把控能力才是最重要的，这更体现出当前提高翻译教学水平的必要性和急迫性。由此可见，刘宓庆的翻译"理解理论"看上去是个老话题，但无疑与当前中国的"文化走出去"战略关系密切，这也可视为刘宓庆"文化战略考量"的一种体现。

从整体来看，刘宓庆的翻译研究兼具理论翻译学和应用翻译学的特征，但更具有后者的特征，其理论总是指向翻译实践或翻译教学（包括实务教学和理论教学）。在集中体现刘宓庆翻译教学思想的《翻译教学：实务与理论》（2003）一书中，刘宓庆除了明确指出其翻译教学理论的指导思想是维特根斯坦的"语言游戏说"和"意义即使用"外，其对翻译实务教学和理论教学的论述都与上述的这些哲学理论息息相关，比较直接的讨论如在第二章的"英译汉实务教学重要课题提示"中就有"意义-意向获得的操作指引""翻译中的理解与文本解读问题"等；在第四章"翻译理论教学：中级阶段"中有"意义对翻译学的意义""翻译的语境论""翻译的意向论"等。

最后，对于刘宓庆的译学思想的语言哲学基础，进行以下几点总结。第一，刘宓庆的翻译"意义（意向）理论"和"理解理论""接受理论"都是以西方语言哲学为基础的，其中翻译的"理解理论"和"接受理论"可看作刘宓庆对其翻译意义理论的进一步延伸，或者说是为其"意义理论"服务的。另外，刘宓庆也有选择地接受了西方解构主义译论，特别是其源头——本雅明的译论思想。他一方面对人们对本雅明的误解进行了澄清，另一方面认为本雅明基于"纯语言"和语言互补论的文本解读理论可以用来提升和完善翻译中语言间的互补性，而本雅明的"来世"观则从译作接受的角度探讨了译作和原作的关系。正是经过这样的理论建构，刘宓庆翻译研究范式形成了一个转向，即从早期的语言学范式转向了语言哲学范式，正如张思永（2017）所言："对刘宓庆的个人研究情况来说，后期维特根斯坦和欧美语言哲学的主流——现代阐释学可以共同形成一个翻译研究范式，我们不妨称之为'语言哲学范式'。"第二，刘宓庆对维特根斯坦后期哲学思想和现代阐释学的接受与其译学思想的自然转变产生了某种程度的契合使然。因为，从刘宓庆的治学理路和风格看，他会直接从西方的包括哲学在内的其他可以利用的学科汲取理论的思想和方法，而不是对西方译论的盲目推崇、照搬和应用。当然，对少数西方翻译理论家如斯坦纳、本雅明等，刘宓庆是非常推崇的，或许是因为这些学者首先是作为哲学家立足于学界的。而这种"工夫在诗外"的治学理路，一直是中国翻译研究所欠缺的，值得译学界反思。第三，虽然刘宓庆的翻译意义理论、理解理论和接受理论是基于现代西方哲学建构起来的，但这些翻译理论的出现无一不是刘宓庆对中国翻译实务和翻译研究现状考量的结果，这与国内某些从理论到理论的翻译研究思路是不同的。这体现了刘宓庆关注中国翻译现实的一贯原则，也是其所坚持的"翻译学是一门经验科学"的反映。第四，西方语言哲学只是刘宓庆译学思想形成的理论基础和手段，其更深层的动机则是来自对中国的人文-哲学传统的考量。例如，刘宓庆认为，中国的翻译理论必然而且必须具有中国特色，而中国特色的建构不可忽视中国特有的语言文化现实，其中中国悠久的人文-哲学传统历来重视"意"，这深深影响了中国传统译论中的意义观。支谦的"勿失厥义"、道安的"案本"、玄奘的"圆满调和"、严复的"信达雅"、傅雷的"神似"、钱锺书的"化境"等无不遵循着这条重意义的主脉。这一现实决定了中国翻译理论必须十分重视意义研究以及与之紧密相连的文本理解理论，并将译学意义理论建筑在广泛的基础研究，包括语言哲学、认知科学、现代传播学的深入研究上。（刘宓庆，2006d：2-3）由此可见，刘宓庆的译学研究总是指向一个目标——中国特色翻译理论，他践行着自己所倡导的"本位观照、外位参照"的译学研究方法论原则。另外，刘宓庆也主张从中国传统哲学流派中汲取理论营养来建构中国特色翻译理论，如他认为翻译界应该师法墨家，墨家重视直接经验，提倡逻辑思维，主张实用性，这些思想无疑是与刘宓庆的译学思想（包括翻译教学思想）相通的，也有助于中国译学界建立多元互补的价值观。

二、中国古典哲学

一个人总是生活在一定的文化中并受其熏染。总的来说，儒、释、道作为中国传统文化的主流，必然对每个中国人的文化心理产生影响。但先秦时期的墨家、法家等对中国人的影响也不能忽视。可以说，每一个中国人都或多或少地倾向于某一家的思想，或是几种思想的结合。本研究通过对刘宓庆译学思想的研究，发现刘宓庆身上受中国传统文化中三大家的影响颇深。这三种文化可以大体对应于西方所讲的真、善、美或知、意、情。下面分别对这三种文化在刘宓庆翻译研究过程中呈现出来的具体思想进行简要分析。

1. 儒家思想

儒家思想发端于先秦时期的儒家，汉朝将其定于一尊，途经魏晋南北朝玄学和隋唐佛家，到宋朝逐渐融合道家、佛家等思想，重新成为中国的主流思想。从整体看，其基本思想没有大的变化，如重视家庭伦理、"天人合一"、"经世致用"、"和合"等。儒家思想在刘宓庆身上也有较为明显的表现，主要体现在几个方面。第一，经世致用思想。儒家提倡"修身、治国、平天下"，其经世致用思想在儒家发展的各个时期都有表现，特别是在社会转型时期，如明清之际、清末；在各地的表现又有不同，以湖湘文化最为明显。湖湘文化是中国理学研究的重镇，其经世思想对刘宓庆的影响很大，主要表现在：注重实务翻译，重视翻译教学，注重翻译的文化战略考量。第二，"民族本位"思想。儒家是一种伦理本位的思想，"家"的意识比较浓厚。对本民族和国家的忠诚和热爱形成了这种"民族本位"思想。近现代中国与西方相遇后，这种思想表现得尤为明显。刘宓庆的"民族本位"思想主要表现在他对中西译论的态度上，特别是他坚持的"中国翻译理论应有自己的特色"的思想。第三，政治关怀。这里的政治不是狭义上的政治概念，而是指儒家所提倡的一种"入世"情怀，就是中国传统士大夫所身体力行的"人间情怀"。刘宓庆在研究实践中表现出对中国命运的关怀。其实，前面所提两点也与此有关。除了以上三点外，儒家"和"的思想也在刘宓庆身上有所体现，如他对西方理论也并非持一概排斥的态度，其研究在很大程度上正是在西方理论的启发和影响下进行的。

2. 墨家思想

墨家是中国先秦时期与儒家、道家、法家齐名的主要思想派别之一，在秦之后趋于没落，有兼爱、非攻、尚贤、非乐、节用等主张。刘宓庆对墨家的论述主要在其《翻译十答》中，他认为，中国翻译学界应该师法墨家，墨家在三个方面对译学建设有帮助。其一，墨家的认识论。墨家重视直接经验，这与刘宓庆认为翻译学是经验科学以及维特根斯坦后期哲学注重对日常语言的研究是一脉相承的。其二，墨家的逻辑思想。先秦时期的百家争鸣促进了各家学术思想的发展，也为中国传统的逻辑理论和方法创造了发展的机会，名家和儒家都为先秦名辩逻辑的形成和发展作出了贡献。后期墨家建立了中国古代比较完备的逻辑思想体系，主要经典《墨经》是中国古代最重要的逻辑学著作，其中的逻辑学说又集中反映在《小取》中。刘宓庆认为，墨子提出的"故""推"等概念，与译学息息相关。"故"就是"缘故"，在翻译研究中就是刘宓庆提倡和重视的从源头上探究中西方翻译思想的差异。"推"就是"推断"，刘宓庆在研究中提倡和运用的"比较法"就是要求在审慎地观察和比较后进行合理的推断。其三，墨家的实用主义。墨家提倡"用"和"节用"，重功效，反对花把式，主张关注现世中的实用性问题。这与儒家的致用思想有相似之处，但又不同。在刘宓庆译学思想中的表现就是重实用、"意义即使用"等观点。此外，刘宓庆还提议中国译学界师法墨家，希望建立多元互补的价值观，既重视儒家学说，又重视墨家学说，以应译学整体性研究之需。这是他的"整体性整合研究"的思想来源之一。

3. 道家思想

道家是中国本土思想，与后来从印度传来的佛家有差异，但也有相近之处，如道家的"无"与佛家的"空"。因此，道家在某种程度上讲既是"入世"的，也是"出世"的。每个中国人的性格中或多或少存有道家的思想，刘宓庆也不例外。刘宓庆在翻译研究中表现出的道家思想主要是庄子的思想。他在少年时就在父亲、伯父的影响下研读《庄子》，庄子思想对他在做人和做学问方面的影响很大。刘宓庆在《四十年学术人生》中引用庄子《大宗师》中有关"有待"和"无待"的命题，认为人生的痛苦就来源于"待而无果"。因此，要摆脱痛苦，就要超越"待"（期待），摆脱有限和无限的矛盾，走向"自化"的、神游于物外的审美境界。正是这种恬淡虚静的最佳心理平衡状态，使他能够完成复杂的理论建构和论证。他在《富贵于我如浮云》一文中表达了他这种超脱的人生态度。另外，刘宓庆的翻译美学研究虽然直接受到恩师朱光潜先生的影响，但从思想渊源上看，与他的道家思想是相关联的。中国美学思想的哲学来源之一就是庄子的思想，与康德的

"无功利"美学思想比较吻合。刘宓庆认为，中国传统译论主要根植于中国传统的哲学—美学思想，受道家影响较大，因此，刘宓庆对翻译美学的格外关注多少受了道家思想的影响。

第二节　语言学基础

刘宓庆的译学思想具有明显的语言学特征，与刘宓庆个人的教育背景和时代学术背景有密切关系。刘宓庆20世纪50年代求学于北京大学西语系，师从王力、高名凯等语言学家学习语言学，80年代初去美国纽约州立大学研究生院主修西方语言学及欧美语言教学理论，为他日后从事翻译研究打下了坚实的语言学基础。另外，西方早期的以结构主义为主要特征的语言学派译论的引进对刘宓庆的早期学术研究也产生了一定的影响。刘宓庆早期的研究主要集中在汉英对比和翻译研究两个领域，可以说，这两个领域的研究都是围绕着语言学进行的，其后的翻译美学、翻译哲学、文化翻译等研究都没能脱离开语言学这条或明或暗的线索。具体来讲，其译学思想的主要语言学基础是对比语言学。

对比语言学不同于比较语言学，后者主要指19世纪西方兴起的历史比较语言学，旨在通过历时的研究方法，描述和探究世界各语言的亲属关系，为世界语言构建语言谱系，划分语言的类型等。而对比语言学作为一门学科是20世纪中后期在西方发展起来的，具有极强的应用性，最初是为外语教学服务的，后来用于翻译研究中。中国的对比语言学是受西方对比语言学的影响产生的，但也体现出自己独特的研究特征。与西方相似，中国的对比语言学也主要用于两个领域：外语教学和翻译研究。但在中国，用于语言教学的对比语言学除了外语教学外，还包括对外汉语教学，80年代早期的汉外对比研究都是为此服务的。其实，在中国，语言对比研究还有另外一个目标——汉语研究，即《马氏文通》问世后中国的语言学家运用汉外对比的方法尝试建构汉语的现代语言体系。从整体来看，虽然不断有学者试图摆脱这种印欧语言观照下的汉语研究藩篱，建立体现汉语特点的中国现代语言学，但20世纪的整个现代汉语研究基本上走的是语言对比的路子。

中西方都有以翻译（翻译研究）为指向的语言对比研究路线。中国的语言对比研究从 20 世纪 70 年代末开始进入了一个崭新的阶段，各种目标的对比研究悉数登场，在对比语言学的学科意识逐步增强的同时，应用对比研究也蓬勃发展起来，其中以翻译为指向的语言对比研究成为新时期对比研究的一支重要力量。刘宓庆早期就是致力于此。他最早的一篇汉英对比研究的文章便是发表于 1978 年的《试论英语与汉语的词类优势》。在这篇文章中，刘宓庆以"词类"为对比中间项，对英语和汉语的"词类优势"进行了对比研究。刘宓庆在对比了汉英词类优势后，将研究指向了汉英词类转换的对策论上，即如何在翻译中处理这种词类优势的差别。他提出了两条翻译对策：第一，英语倾向于多用名词和介词，汉语倾向于多用动词，因此在英译汉中应视情况将英语名词和介词转化成汉语动词；第二，在汉译英和英语写作中，我们应该努力摆脱汉语的用词表意习惯，特别是不能墨守汉语原句的词类，把自己套在汉语的框框里。可以视情况将汉语动词或动词词组转化为英语的名词或介词词组，以顺应英语的特点。（刘宓庆，2006d：452-454）1980 年刘宓庆发表的《试论英汉词义的差异》一文，研究了汉英词义的差异，以及产生差异的原因。同前一篇文章一样，该文在最后提出了在翻译中处理词义差异的五种手段：引申、揉合、融合、拆译、增补。

从以上两篇文章可以看出，刘宓庆一开始就将汉英对比研究的最终归宿指向翻译，他在此后的对比研究中一直坚持这一原则。他在 1986 年发表的《汉英对比研究概论》中对汉英对比研究进行了初步的理论思考，从宏观的视角对汉英语的同一性和差异性进行了阐述。整个 80 年代，刘宓庆在汉英对比研究和翻译理论研究两个领域左右开弓，在 1990 年出版了《现代翻译理论》后，1991 年又推出《汉英对比研究与翻译》。这是两部具有开创性的著作，在翻译理论界和汉英对比界都产生了较大的影响，两部著作都与翻译有关，可以看出刘宓庆翻译应用研究和理论研究并进的努力。在该著的前言中，刘宓庆指出："对比语言学的任务就是在语言共性的总体观照下，探索研究和阐明对比中的双语特征或特点，以此作为参照性依据，提高语言接触的深度、广度以及语际转换的效率和质量。"（刘宓庆，1991：iv）继《汉英对比研究与翻译》之后，刘宓庆对汉英对比研究的理论问题进行了专门论述，《汉英对比研究的理论问题（上、下）》（1991）连载于当年的《外国语》第 4 期和第 5 期上，提出了两个重要的理论观点，即语言的异质性问题和语言对比的层次观。这是刘宓庆在大量的对比实践基础上的一次理论总结，为中国对比语言学提供了一种可能的方法论。在第三篇微观对比研究的文章《汉英句子扩展机制对比研究》（1992）中，刘宓庆认为，所谓"扩展"，指基本句结构随着思维的发展而呈现的线性延伸。句子的线性延伸通常有两种形式：一是顺线型延伸，即从左到右的延伸，称为 LR 延伸；二是逆线型延伸，即从右到左的延伸，称为 RL 延伸。《新编汉英对比与翻译》（2006b）是时隔十四年，刘宓庆利用出版《刘宓庆翻译论著全集》第一版的机会对《汉英对比与翻译》进行的一次较大的修订，主要是增补了部分内容。在这次修订中，刘宓庆保留了大部分汉英比较的内容，另外提出了以汉语为本位进行汉英对比研究的观点，并对汉语的特征进行了进一步的描述，认为汉语是极富审美感性的语言，这为其讨论翻译教学中的审美问题作了理论上的铺垫。

　　除了以上文章和著作外，刘宓庆在其他几乎所有著作中都涉及了语言对比的问题，如在早期的《文体与翻译》（1986）中，刘宓庆以汉英对比作为出发点，组织了这本高级阶段翻译教程的体系和内容，阐明了贯穿其中的四个原则，其中第二项就是"重对比"，他认为："对比汉英语法及用法对于翻译理论工作和实践的意义是毫无疑义的。"（刘宓庆，1986：18）并指出对比的意义的双重性：获得双语转换中的对应信息，以使用双语转换的契合或平行模式；获得非对应信息以使译者寻求各种有效的意译途径。（刘宓庆，1986：18）在《文体与翻译》的配套教材《英汉翻译技能训练手册》（1987）中他介绍了几种翻译教学法，其中第一种就是"对比分析"，包括英汉语言结构及表达法对比、英汉文化对比、正误对比等。（刘宓庆，1987：30-35）在《翻译教学：实务与理论》（2003）中，刘宓庆论述的主要内容还是关于汉英对比方面的，如在"翻译实务教学"中对汉英词汇、句法、被动语态、虚拟语气、主谓、表现法等方面进行了对比，并在 TTPS 教学法的若干基本原则中，特别强调注重汉英比较的重要性："作为专业技能-技巧训练的翻译教学其所以比 TTBS 复杂，正是因为 TTPS 必须对可译性从语言学视角并以语言科学为依据引导学生进行分析，才能达到 TTPS 所标举的使学习者'既知其然，又知其所以然'的目的。"（刘宓庆，2003：235）其实，刘宓庆的《现代翻译理论》（1990）、《新编当代翻译理论》（2005a、2012a）也具有翻译教材的性质，他在论述翻译学的基本理论原则时，指出要重视语际对比研究，为方法论提供理论依据。在翻译的程序论、方法论等章节中，更是运用了语言对比的方法。在教材

《翻译基础》(2008)中的翻译的对策论、程序论、方法论等部分中也同样如此。由此可见，语言对比已然成为刘宓庆翻译教学的重要手段之一，这与他深厚的语言学修养是分不开的。

刘宓庆的汉英对比研究就是指向翻译的，从他的整个语言对比研究过程看，他的语言对比研究主要是在70年代末到90年代初完成的，在2006年出版的《新编汉英对比与翻译》中作了一些修订，但变化不大。中国新时期的语言对比研究繁荣于90年代初，刘宓庆的《汉英对比研究与翻译》(1991)具有开创性作用。综观刘宓庆的语言对比研究，它兼有理论对比语言学和应用对比语言学的性质。他对理论对比语言学的贡献就是提出了"异质性"理论和"汉语本位"思想，但他并没有进一步朝向理论语言学的方向研究，而是以指向应用为主要目标，更确切地说，是以翻译实践和翻译教学为旨趣的汉英对比研究。可以说，语言学无疑是其汉英对比研究的理论基础。

需要指出的是，对比语言学虽然当前已发展成一门语言学学科，但其学科属性并不像语用学或认知语言学那样明确，因此，很难将之归入语言学的内部或跨学科研究中，其自身的发展离不开各个语言学派为其提供的理论框架，如结构主义语言学、功能语言学等。根据刘宓庆本人的观点，从整体上看，他早期的汉英对比研究是以结构主义为主、功能主义为辅，后期则转向以功能主义为主，结构主义为辅。这从其提出的从对应功能代偿的翻译策略论的转变可以看出来。关于这一点，后文会有进一步的讨论。综上所述，如果说刘宓庆的翻译哲学、翻译美学、文化翻译研究是从更宏观的研究视角讨论问题，那么其将语言学用于翻译研究就回归到一种微观的视角，并且做到了微观和宏观研究的紧密结合。近年来，有学者呼吁翻译研究的本体回归，即回归到语言层面上来。刘宓庆语言学视角的翻译研究可以提供很好的参照和启示。

总之，语言学是刘宓庆译学研究的重要理论基础，特别是对比语言学。但如上所述，对比语言学也是以某一语言学分支或流派为基础的。事实上，刘宓庆在进行翻译研究时，也直接从语言学的一些分支学科中获得理论资源或方法论支持，如文体学、功能语言学、转换生成语法、社会语言学、语义学、语用学、认知语言学等，这些语言学理论渗透在其翻译研究的方方面面，与对比语言学一起共同形成了其译学思想的理论基础。

第三节 美 学 基 础

刘宓庆在其近四十年的翻译研究生涯中一直对翻译美学情有独钟，是中国较早关注翻译与美学结合研究的学者之一。刘宓庆对翻译美学的研究主要受下面几个因素的影响。一是来自其恩师的影响。其中对他研究翻译美学影响最大也是最直接的是朱光潜先生。"翻译不能绕开美学"，这是朱先生对刘宓庆说过的一句话，可以说，刘宓庆在翻译美学领域的每一个研究成果无不是对朱先生那句话的诠释。另外，刘宓庆的伯父刘永济和父亲刘永湘对其从美学角度研究翻译产生了潜移默化的影响，因为正是两位亲人给年幼时的刘宓庆打下了坚实的中国文字学和文艺美学基础。二是来自社会和时代精神的影响。刘宓庆坚持从事翻译美学研究，中国一个世纪以来形成的美学情结对他有着潜在的影响。自从20世纪初王国维开创中国现代美学以来，美学一直是中国现代学人开展人文学科研究的热门，而50年代的美学大讨论和80年代的美学热进一步强化了这种美学情结。正如张柏然在谈到国内翻译美学研究时说："当代中国美学在经历了《手稿》热、心理学热、方法论热而头脑渐趋冷静地步入'大文化研究'的宏观视野之后，'翻译美学'便在美学研究'冷思考'的学术背景中，成为'美学自救'的一种补课，人们开始告别膜拜西方而努力要还文化自尊于东方，转换了视角也就端正了心态。于是，翻译美学便成为'建设有中国特色的美学格局'口号下美学复兴的增温话题。"（张柏然，2001）另外，刘宓庆对翻译美学的深入、系统思考产生于90年代初在香港的大学执教期间，针对当时香港回归前的社会政治氛围，刘宓庆认为，社会需要中国美学的熏陶和净化。三是中国翻译学学科建设的考量。刘宓庆认为，美学对翻译理论具有特殊的意义，翻译和美学的联姻是中国翻译理论的重要特色之一。在其最初建构的翻译学理论框架外部系统（1990）和最新的翻译学框架和多维共同体（2012a）中都给翻译美学留有了重要的位置。当然，翻译学学科建设也包括翻译教学的理论建构。这方面，刘宓庆也一直将翻译教学列为翻译学的重要组成部分。另外，他将审美能力列为翻译能力的重要构成成分，可谓独树一帜，也是其建构中国特色的翻译教学思想的尝试。

刘宓庆的翻译美学研究大体上可划分为三个阶段：20世纪80年代、20世纪

90 年代、21 世纪初，即起步于 20 世纪 80 年代，建构于 90 年代，成熟于 21 世纪初。早在 20 世纪 80 年代初刘宓庆就开始思考翻译与美学的联姻问题，1986 年发表《翻译美学基本理论构想》一文，在其后的著作《现代翻译理论》(1990) 中设专章"翻译美学概论"，初步搭建了翻译美学的基本理论框架。90 年代刘宓庆出版专著《翻译美学导论》(1995)，并发表多篇文章讨论翻译中的美学问题。在 1996 年的《翻译的美学观》中提出翻译学的三足鼎立的总体结构，翻译美学为其中一个维度(其他两个是翻译语言学和翻译文化学)。进入 21 世纪后，刘宓庆对翻译美学的思考更进一步，他除了 2005 年对《翻译美学导论》进行了修订外，在 2011 年的《翻译美学理论》中明确提出了中国的翻译教育需要改革，即需要回归到美学。这是刘宓庆翻译教学思想的重大变化。

从 20 世纪 80 年代中期撰写的几篇有关翻译美学框架的文章，到 90 年代中期《翻译美学导论》的出版，再到 2005 年《翻译美学导论》的修订版，最后到 2011 年的《翻译美学理论》和《翻译美学教程》(2016)，一路走来，我们可以看到刘宓庆对翻译美学的思考从未中断过，多年来孜孜以求，从来没有懈怠。那么，他用于翻译研究的是什么样的美学呢？刘宓庆曾引用过汉学家傅德先生的话："德国人发现美学，中国人创造了美学，法国人欣赏美学。"(刘宓庆，1995)刘宓庆深以为然。显然，这句话中有三个"美学"，但含义不尽相同。作为一门独立学科，是西方人发现并创立了美学；但作为一种审美行为，中西方都有悠久的历史，只是各自显现出不同的形态。刘宓庆一贯重视对传统的审视，同时立意于开拓，这是其翻译学的基本理论原则之一。据此，笔者认为，刘宓庆翻译美学研究的理论基础既有中国美学，也有西方美学。前者主要指中国传统美学，后者主要指西方现代美学。下面分而述之。

其实，不管是西方还是中国，翻译与美学的结合可谓源远流长，在中国更是如此。刘宓庆早年就认为，中国传统译论的几乎所有的理论命题基本上来源于我国古典哲学—美学，这是他受罗新璋编的《翻译论集》(1983)启发对中国传统译论的一个基本判断，也是国内较早对中国传统译论进行美学定位的学者。从某种意义上讲，刘宓庆的翻译美学正是在传统译论基础上的"接着讲"。具体来讲，刘宓庆翻译美学的中国美学基础包括两个方面：一是文化美；二是语言美。所谓文化美是指刘宓庆对中国文化的整体审美认识，特别是以儒家和道家为代表的中国文化的"仁美"和"唯美",这两种美相济相融,共同构成了中国人的伦理道德观、治学创业观、为人处世观等。刘宓庆认为,这种文化美对中国人、中国文化、中国译论产生了极为深刻而重要的影响。中国传统译论的理论品格正是这种影响的结果。这是刘宓庆20世纪90年代初对翻译美学的基本认识。到了2007年后,刘宓庆思考的重心转向了语言审美,更加靠近翻译操作实践中的审美考量。刘宓庆认为:"对翻译学而言,探求语言美却是一项绕不开的基本任务——甚至可以说是一项必须认真从事的首要任务。"(刘宓庆、章艳,2011:18)他在《翻译美学理论》(2011)和《翻译美学导论》(2012b)中均设专章讨论语言审美和语言审美的价值论问题,具体描述了汉语和英语之美、语言美的普遍价值标准等。另外,本着"本位观照、外位参照"的研究方法论原则,刘宓庆在新世纪更加关注汉语之美,在《新编汉英对比与翻译》(2006b)中新增一个引论"了解汉语、理解汉语",详述了汉语的特征:汉极富感性、重意念、重以意役形、寓"理"(语法)于"意"。他在《翻译美学导论》(2005b)的修订版前言中对汉语审美作了类似的论述。这是刘宓庆在汉英对比研究和翻译美学领域的新认知,无疑也是他针对翻译实务和翻译教学现状重新思考的结果。

从理论渊源上看,如果说刘宓庆翻译美学的中国传统美学基础主要来自其伯父和父亲的熏陶,那么其翻译美学的西方美学理论基础主要来自他的恩师朱光潜先生的影响。朱先生是中国现代美学的奠基人,一生致力于西方美学著作的译介和中国现代美学的建构。刘宓庆早年求学于朱光潜,此后也一直关注西方美学的发展,可以说对西方美学了然于心。也正是朱光潜的谆谆教导和殷切希望,使刘宓庆下决心在翻译美学领域有所作为。西方美学对刘宓庆的翻译美学研究的影响主要体现在两个方面:一个是其翻译美学体系的建构;一个是对西方现当代美学的选择性利用。刘宓庆认为,翻译美学的任务就是运用美学的基本原理,分析、阐释和解决语际转换中的美学问题,包括翻译中的审美客体、审美主体以及审美关系、审美体验、审美再现等的探讨。显然这些美学范畴都来自西方美学。他的翻译美学体系的建构主要体现在两本专著中:《翻译美学导论》(1995、2005b、2012b)和《翻译美学理论》(2011)。但笔者对照了这两本翻译美学著作的体系和内容,发现两本翻译美学著作的体系不尽相同,即使是同一话题,内容也不完全一致,这使读者很难把握翻译美学的基本理论框架,不能不说是一个遗憾。或许也正说明刘宓庆对翻译美学的思考在不断进行中，其翻译美学的理论框架在不断完善中，但其翻译美学的基本理论精神还是很明确的。刘宓庆对西方美学的选择和借鉴是以中国传统美学为参照点的，即，是否符合中国传统美学的理论精神。刘宓庆认为，西方古典美学长期执着于美的本体论、认识论、价值论研究，陷入了形而上学思辨，是一种本质主义的"认知论美学"。而中国美学避开对美的本质追求，更关注人的审美体验，形成了重直觉、重感悟、重整体和互动的主体性实践美学品格。1750 年鲍姆嘉登以 Aesthetics 命名"美学"，其本意是研究人的感官认识到的美，因此审美应该是美学的主要研究对象。与开启于现象学的西方现代哲学的反本质主义转向相契合，西方现代美学也经历了一场反本质主义转向，从认知论美学转向对审美直觉、审美态度、审美价值的探究。因此，审美成为西方现代美学的主题。从这个意义上说，中国传统美学与作为一门学科的西方现代美学是相通的。在"本位观照、外位参照"的原则下，刘宓庆借鉴和选择的也正是西方现代美学的"他山之石"，来攻中国翻译美学这块"玉"。据此，他提出了几个重要的命题：情和情感、感觉和感知、直觉和理性直觉、内容与形式的辩证关系、模仿和原创。刘宓庆的几乎所有翻译美学的论题都是围绕"翻译审美"进行的。他认为，西方美学家（包括哲学家）鲍桑葵、克罗齐、布洛、柏格森、立普斯、科林伍德、海德格尔、维特根斯坦、苏珊·朗格、谷鲁斯等人的美学思想都可以用来建构中国的翻译美学。除了传统美学和西方现代美学外，刘宓庆在翻译美学研究中还吸取了某些中国现代美学的理论资源，如朱光潜的文艺心理学和李泽厚的"主体性实践美学"等。当然，中国现代美学也是在西方美学的参照下建立起来的。

综上，刘宓庆正是以中国传统美学为观照，以西方现代美学为参照建构了他的翻译美学大厦。刘宓庆翻译美学研究的三个阶段都与刘宓庆的翻译教学思想密切相关。翻译审美离不开审美客体和审美主体，在最早的翻译美学文章《翻译美学的基本理论构想》中，他分析了原文的美学表现要素和非表现要素，以及译者作为审美主体的条件构成：文化素养、审美意识和审美经验。并指出了翻译中审美体验的一般规律：对审美客体的审美构成的认识→对审美认识的转化→对转化结果的加工→对加工结果的再现。（刘宓庆，1986）这种注重对策研究的翻译美学研究为刘宓庆的翻译教学研究提供了理论基础。90 年代的《翻译美学导论》以大量的翻译实例为基础，旨在建构一个翻译美学的理论体系。2003 年的《翻译教学：实务与理论》在"翻译理论教学：中级阶段"探讨了"翻译与审美"和"翻译审美探讨"两个话题。他在《英汉翻译技能指引》(2006a)中提出"用欣畅的汉语翻译外文"，并指出了"欣畅"的翻译审美三原则。2011 年的《翻译美学理论》更是将翻译美学与翻译教育结合，提出了国内翻译教育必须回归美学的主张，在课程设置方面建议本科四年应该有一半的课程属于美学及语言审美课程，研究生课程则应该有近三分之二属于美学和语言审美课程。2012 年的《翻译美学导论》第二版增加"怎样学习和研究翻译美学"，从翻译实践和教学的角度进一步讨论翻译中的审美问题。2016 年的《翻译美学教程》则是翻译美学思想用于翻译教学的具体实践。

翻译美学属于翻译的跨学科研究，跨学科研究的一个误区就是容易从理论走向理论，即刘宓庆所说的"空对空"理论，导致理论空洞，徒增理论的神秘感，可操作性不强。刘宓庆一贯坚持翻译学是一门经验科学，理论最终要应用到实践中去，当然这种应用包括对实践的认知、解释、预测等，且有直接应用和间接应用之分。他的翻译美学将中国美学和西方美学与翻译实务进行了较好的结合，既有理论的深度和学科的体系性、科学性，又使得在翻译实践和翻译教学中不好把握的美学问题变得具有较强的可操作性，这与刘宓庆进行译学研究所一贯秉承的"理论要建立在经验基础上"的实用性研究路向是分不开的，也是刘宓庆对翻译的科学性和艺术性的辩证统一关系的认知体现。

第四节　心理学基础

翻译既指语际转换的过程，也指转换的结果。由此，翻译研究可有过程研究和结果研究之分。林语堂在早年的《论翻译》一文中就提到了翻译中的心理问题，在当代中西方译学界，从心理和认知的视角研究翻译过程已然成为翻译研究的热点之一。虽然刘宓庆没有写过翻译心理学方面的文章或著作，但心理学问题无疑是其译学思想的理论基础之一。其实，刘宓庆在进行翻译美学研究时已经涉及了心理问题，即翻译审美中的心理问题，如翻译审美意识、审美心理结构、翻译中的想象等。但翻译中的心理问题并不止这些，这里我们只简要讨论刘宓庆涉及的其他两个与翻译密切相关的心理学问题，一是翻译思维，一是翻译的认知。

1. 思维心理学

思维是人的一种心理现象，是人类对客观事物间接的、概括的反映，产生于感知又高于感知。思维在翻译过程中无疑具有重要的作用。早在 20 世纪 80 年代，翻译的思维问题就受到译学界的关注，董史良提出从思维科学角度研究翻译应该是翻译研究的一个极为重要、基本的途径（董史良，1988）。阎德胜认为翻译活动不是单纯的语言活动，更是思维活动的过程，是逻辑分析的过程。（阎德胜，1989）许钧（1989）在讨论翻译的三个层次时将思维看作翻译活动的基础层次。另外，关于翻译思维，学界关注的焦点之一是翻译中的抽象思维和形象思维哪个更重要的问题，这是当时"翻译是科学还是艺术"之争的一个引申话题。由于当时中国翻译学正进行一场现代化和科学化变革，认为翻译是科学的观点似乎占上风，学者们普遍认为翻译的抽象思维更重要。刘宓庆对翻译思维的论述主要有四篇文献：1985 年的文章《论翻译思维》、1990 年的《现代翻译理论》第五章"论翻译思维"、《新编当代翻译理论》（2005a）第五章"翻译思维简论"和《新编当代翻译理论》（2012a）第五章"翻译思维简论"。其中 1985 年的文章《论翻译思维》是基础，其他都是在此基础上的修改或补充。在《论翻译思维》（1985）中，刘宓庆将思维分为抽象思维（后改为逻辑思维）和形象思维，认为"翻译属于以概念、判断、推理的手段反映客观事物的运动规律，以获得对事物本质特征和内在联系的认识的抽象思维"（刘宓庆，1985）。但他同时认为翻译思维不是一般的抽象思维，其过程和特点是："翻译者所接收到的'直接现实'是 SL 的语言信息系统，是 SL 的语言表层，而不是 SL 深层的概念。翻译者的任务，是以 SL 的表层信息系统为依据，通过自己的头脑的判断与推理，解决词语语义系统中的各项（语法的、逻辑的、修辞的）关系，进入概念系统，即 SL 的深层结构。"（刘宓庆，1985）但这只是翻译理解阶段的翻译思维，翻译思维还有一个表达阶段，表达阶段就是将 SL 的深层概念系统转换为 RL（译作语言）的深层概念系统，再推进到 RL 的表层语言信息系统。这就形成了翻译思维的全过程。从这一表述不难看出乔姆斯基的转换生成语言学和奈达所描述的翻译过程的影子。

刘宓庆在首先肯定翻译从主体上说属于逻辑思维的前提下，并不否认翻译中形象思维的作用，相反，他认为"不能排斥重感性的形象思维对翻译思维的补充、验证或校正作用"（刘宓庆，1985；1990：88；2005a：92；2012a：53）。这是刘宓庆一直坚持的观点。在 2012 年的《新编当代翻译理论》中他更是强调翻译思维具有很强的双重性：重理性的逻辑思维和重感性的形象思维，并增加一部分——"以语言审美与表现为特征的形象思维"。究其原因，一方面，刘宓庆一贯坚持"翻译是科学，同时也是艺术"的观点；另一方面，他最近十年对翻译教育现状和翻译学学科归属进行了重新思考："对翻译学而言，它的'本体论归属'不是语言学而是美学，语言学只是翻译学不可或缺的认识论和方法论工具之一，它不能解决翻译学的深层理论问题。"（刘宓庆，2011：vii）"从本质属性上看，翻译学属于既重理性分析—综合又重感性的美学。"（刘宓庆，2012a：52）刘宓庆观点的变化似乎有点极端，但不得不说，这是他长期以来对中国的翻译学和翻译教育不断观察和思考的结果，具有极强的辩证特征。这也与他一贯服膺的维特根斯坦的"生活形式"的思想特征相契合。

需要指出的是，刘宓庆在《翻译与语言哲学》（2001，2007b）中也有"论翻译思维"一章，并提出了翻译思维的两个结构和三个平面。两个结构指认知心智结构和审美心理结构，三个平面分别是语义平面、逻辑平面和审美平面。其中认知心智结构对应语义平面和逻辑平面，审美心理结构对应审美平面。但从整个内容看，这一章并没有涉及逻辑平面和审美平面，而主要讨论了语义平面所涉及的翻译的"理解理论"，属于前面我们所说的哲学基础。因此，这一章的标题比较宽泛，与他在其他著作中对翻译思维的讨论似有部分冲突。另外，这三个平面与许钧在《翻译层次论》（1992）中提出的翻译的思维、语义和审美三个层次类似，但也不同。显然，许钧的思维是指逻辑思维，且指出不同类型和目的的翻译具有不同的层次要求，而刘宓庆的三个平面并没有相对应的文本类型和翻译目的的要求。

2. 认知心理学

认知科学关注的是人的心智机制，集中于"knowing and understanding"，与翻译关系非常密切。据此，刘宓庆认为，翻译学是一门基于认知科学的经验科学，他的翻译学理论框架中的"跨学科理论"部分就有"翻译与认知科学"一项。

在《英汉翻译技能指引》(2006a)中的"立志做个翻译大师"中，刘宓庆提到瑞士心理学家皮亚杰的人类认知发展的四个阶段特征，据此可以对七八岁儿童进行口语语际转换的教学活动，并认为他们在十五岁左右就会表现出一定的"译才"。认知心理学的研究成果无疑对翻译人才的选材和培养提供了科学的依据。

刘宓庆真正把认知心理学用于翻译研究的领域是口译研究。中西方口译研究的起步较晚，但发展很快，口译过程的认知心理是口译研究的一个重要维度。刘宓庆在2006年出版《口笔译理论研究》，从书名看，该书似乎同时关注口译理论和笔译理论，但事实上以研究口译为主。不过刘宓庆研究口译有个参照点，就是笔译。因此，从这个意义上说，这是一本口笔译相比较的著作。他在该书中主张口译研究的理论基础主要是认知科学，包括认知语言学和认知心理学，特别是第三章"口译传播的认知论证"以认知心理学的理论对口译中的听觉解码、口译反应论、同声传译的"游戏规则"、口译理解理论、口译中的记忆等重要口译话题进行了论证，为口译的对策论和方法论提供了理论上的支撑。

以上主要从哲学、语言学、美学和心理学四个视角梳理了刘宓庆译学思想的理论基础，可以看出，理论基础呈现多元性，这是刘宓庆译学思想跨学科性的体现，也显示了其深厚的理论修养和广阔的学术视野。应该指出的是，在这四个理论基础中，其哲学基础统领全局的核心基础，而在这一核心基础中，维特根斯坦的后期哲学思想又是核心思想。或许我们也可以从另外一个角度诠释刘宓庆的这四个主要的理论基础之功用。如果将翻译过程的主要阶段分为理解、转换和表达，其哲学基础中的维特根斯坦后期哲学思想可以阐释翻译作为一种语言游戏的整个过程；哲学基础中的现代阐释学可以用于对原文的理解和接受；语言学和心理学则用来解决翻译转换过程译者的思维和认知过程以及转换的方法和策略问题；美学则主要强调表达中对译文的审美要求。

第三章　刘宓庆译学思想之微观层面：译学板块

刘宓庆译学思想的微观层面——译学板块可分成三种类型，即应用翻译研究、理论翻译研究和元翻译研究。刘宓庆在不同时期的译学研究的侧重点是不同的，因此，其译学思想的三个时期与其译学思想微观层面三种类型之间存在一种对应关系。见表 3.1：

表 3.1　刘宓庆翻译研究三个时期对应于三种研究类型研究成果分布表

分类　　分期	应用翻译研究	理论翻译研究	元翻译研究
第一期： 1980 年 至 1992 年	文章： 《试论英汉词义的差异》(1980) 《汉译英教学中的若干问题》(1984) 《汉英对比研究概论》(1986) 《论翻译的技能意识》(1987) 《汉英对比研究的理论问题(上、下)》(1991) 《汉英句子扩展机制对比研究》(1992) 著作： 《文体与翻译》(1986) 《英汉翻译技能训练手册》(1987) 《汉英语对比研究与翻译》(1991)	文章： 《交际语法的意义层次论与翻译理论的探讨》(1984) 《论翻译的虚实观》(1984) 《论翻译思维》(1985) 《翻译美学基本理论构想》(1986) 《翻译美学概述》(1986) 《翻译的风格论（1、2）》(1990) 著作： 《现代翻译理论》(1990)	文章： 《西方翻译理论概评》(1989) 《论中国翻译理论基本模式》(1989) 《中国翻译理论的基本模式问题》(1989) 著作： 《现代翻译理论》(1990)

续表

分期＼分类	应用翻译研究	理论翻译研究	元翻译研究
第二期：1993 年至 2001 年		文章：《思维方式、表现法和翻译问题》(1993) *Aesthetics and Translation*(1995)《翻译的美学观》(1996)著作：《翻译美学导论》(1995)《文化翻译论纲》(1999)《翻译与语言哲学》(2001)	文章：《中国现代翻译理论的任务》(1993)《关于中国翻译理论的美学思考》(1995)《翻译理论研究展望》(1996)
第三期：2002 年至今	文章：《从"对应"到"代偿"——中国翻译理论对策论核心思想的发展》(2005)著作：《翻译教学：实务与理论》(2003)《英汉翻译技能指引》(2006)	文章：《中国翻译界要树立文化战略观》(2006)著作：《口笔译理论研究》(2004)《翻译美学理论》(2011)（与章艳合著）《翻译美学教程》(2016)（与章艳合著）	文章：《中国翻译理论研究的新里程》(2003)《关于翻译学性质与学科架构的再思考》(2004)《中国翻译理论要不要有"中国特色"》(2006)《中西翻译文化对话录》(2006)《流派初论——迎接中国译坛流派纷呈的时代》(2006)著作：《中西翻译思想比较研究》(2005)

刘宓庆译学思想发展分期与其三大研究类型的互动情况见图 3.1。

从图 3.1 可以看出，第一时期是中国引进西方语言学派译论的时期，西方译论对刘宓庆的影响也较大。刘宓庆的应用翻译理论研究、基础翻译理论研究和元翻译理论研究陆续展开，但仍以汉英对比为主要研究对象的应用翻译研究为主。这一阶段可看作刘宓庆译学思想的开创期。

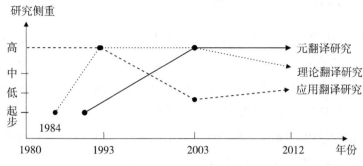

图 3.1　刘宓庆三类研究类型在不同时期的研究侧重示意图①

在第二时期，国内从翻译研究的调整期慢慢走出来，开始引进西方文化学派译论，同时对翻译学进行了大讨论。刘宓庆以理论翻译研究为主，辅以元翻译理论研究，应用翻译研究基本处于阙如状态。这一阶段可看作刘宓庆译学思想的发展期。

第三时期是中国翻译研究逐步走向多元化的时期，刘宓庆在这段时期以元理论研究为主，应用研究和理论研究为辅。从 2012 年开始，《刘宓庆翻译论著全集》第二版陆续出版，基本上是在以前研究的基础上的修订，理论观点没有太大的变化。这一阶段是刘宓庆译学思想的成熟期。

第一节　应用翻译研究

刘宓庆翻译研究的一大特征就是应用性。这种应用性体现在两个方面，一个是注重理论指导翻译实践的指向性，以其《汉英对比研究与翻译》为代表；另一个是对翻译教学的探究，以其《文体与翻译》和《翻译教学：理论与实务》为代表。下面分别展开讨论。

---

①　此图为刘宓庆三类研究类型在不同时期的研究侧重示意图，横坐标为时间轴，标出了其译学发展中的几个关键点；纵坐标为研究侧重轴，起步、低、中、高分别为侧重的程度；三种不同的线条分别代表其译学板块层面的三种研究类型。

一、指向翻译的语言对比研究

按照研究目的的不同，语言对比研究可以分为四种类型：一是指向外语教学的对比研究；二是指向语言学（国别语言学或普通语言学）的对比研究；三是指向对比语言学本身的对比研究；四是指向翻译实践和翻译理论研究的对比研究。刘宓庆的语言对比研究有一个特点，就是与翻译密切相关，可以说，他的汉英对比研究就是他的应用翻译理论研究的一部分。因此，他的汉英对比研究基本上属于第四种类型，或称作"指向翻译的语言对比研究"。本节拟将刘宓庆的语言对比与翻译研究放在中西同一类型的语言对比研究，即指向翻译的语言对比研究的背景中，考察其在中国指向翻译的语言对比研究中的位置。在进一步研究之前，首先对中西方指向翻译的语言对比研究做一简要的考察，然后以此为背景讨论刘宓庆的指向翻译的汉英对比研究，并对语言对比研究与翻译的相关话题，如对比语言学与翻译的关系进行延伸式讨论。

1. 西方指向翻译的语言对比研究概述

从严格意义上讲，西方语言对比研究是从 19 世纪开始的。在此之前的语言研究主要是在古希腊古罗马发展起来的、以解经为目的的语文学和中世纪以拉丁语为研究对象的传统语法或思辨语法，以及从文艺复兴到 18 世纪沿着中世纪思辨语法学派路子发展的普遍唯理语法。本章将 19 世纪以来西方的语言对比或比较研究分为以下四类。第一类为旨在建立语言亲属关系和揭示语言演变规律的历史比较语言学，第二类为旨在建立普通语言学或理论语言学的语言对比研究，第三类为旨在为二语教学或学习服务的语言对比研究，第四类为指向翻译的语言对比研究。本章重点论述第四类。

西方指向翻译的对比语言学研究可以分为两种情况。一是以对比语言学家为研究主体的研究，二是以翻译理论家为研究主体的研究。两者的共同点是，都强调语言对比与翻译的密切关系，翻译是语言对比的目的和应用。但两者的侧重点有所不同，前者的重点在语言对比研究，翻译是其研究成果的应用或研究内容的一部分；后者的研究重点在翻译，语言对比是为翻译服务的。从对翻译的重视程度看，我们将前者称为弱式型指向翻译的对比语言学研究，后者称为强式型指向翻译的对比语言学研究。下面分别进行讨论。

第一，弱式型指向翻译的对比语言学研究，主要出现在一些对比语言学家的著作中。如波兰人克尔采斯左斯基（Tomasz. P. Krzeszowski）在 1984 年第四届国际对比语言学大会提交的《对比中立项》一文中提出了七项"对比中立项"，其中就有"翻译对等"一项。芬兰学者恩克维斯特（Nils Erik Enkvist）1984 年发表《对比语言学与篇章语言学》一文，提出了篇章研究的四种模式和相对应的四种对比语言学研究模式，其中与基于述说的篇章研究模式（Predication-based text models）相对应的是篇章内句子的划界问题，翻译中常发生需要打乱原文的句子界限并在译文中进行重组的问题。这体现了对比研究与翻译的密切关系。（潘文国、谭慧敏，2006：42）

德籍英国学者哈特曼（Reinhard R. K. Hartmann）是国际著名的词典学专家，精于双语词典、词典翻译研究。他于 1980 年出版《对比篇章学：应用语言学中的话语对比分析》一书，书中不但提出新术语"翻译中的篇章语法"，还用了一半的篇幅讨论了篇章对比的三个应用层面：翻译与比较文学、语码转换与语言学习、双语词典的编纂。值得一提的是，当前颇负盛名的翻译研究专家哈蒂姆就是哈特曼培养出的一批颇有成就的学生之一，其《跨文化交际：翻译理论与对比篇章语言学》（1997）既师承了哈特曼对比篇章学的衣钵，也将语言对比研究与翻译研究紧密结合起来。不同的是，哈蒂姆的研究似乎更倾向于翻译理论研究，确切地说，是通过语言对比研究翻译，属于强式型指向翻译的对比语言学研究了。

这里要特别介绍的是芬兰学者切斯特曼（Andrew Chesterman）的研究。切氏是国外少有的兼对比语言学家和翻译理论家双重身份的学者，这一身份本身也反映了对比语言学与翻译研究的内在联系。切斯特曼早年从事对比语言学研究，后来专注于翻译理论研究。但其早年的对比语言学研究已经将语言对比研究与翻译联系起来。1998 年他的《对比功能分析》一书出版，书中从类（type）和例（token）的关系探讨了作为对比研究和翻译研究基础的"相似性"（similarity）问题：由类到例是"分的相似"（divergent），由类到例是"合的相似"（convergent）。翻译理论主要运用前一种方法，而对比研究主要运用后一种方法。切斯特曼的语言对比研究有两个特点，一是功能视角，二是意义视角。这两个特点正是与翻译的本质相联系的。如他指出了他的功能对比分析所能服务的四个方面，其中之一就是翻译。该书第一次将对比研究与翻译理论进行了完美的结合。对比研究中"相似性"本质上就是翻译研究中的"可译性"。把翻译与对比放在一起，改变了西方对比语言学始终关注二语教学的单一眼光，大大拓宽了对比研究的理论视野和应用范围。切斯特曼不但关注语言对比中的翻译问题，还对翻译问题有专门的研究，如其提出的翻译模因论和对翻译规范的探讨。本章将切氏的对比研究归入弱式型指向翻译的对比语言学研究，一方面是因为他的《对比功能分析》一书主要是一本语言对比研究的专著，翻译问题在其中只占了较小部分。另一方面是因为，切氏虽然也是翻译理论家，但他的翻译理论研究已脱离了语言对比研究的范围，基本上属于文化学派译论的领域。这与强式型指向翻译的对比语言学研究有所不同。

第二，强式型指向翻译的对比语言学研究，主要是指西方语言学派翻译理论的语言对比研究，即主要是以奈达、雅克布逊、纽马克、卡特福德、穆南、费道罗夫、巴尔胡达罗夫等人为代表的早期语言学派翻译理论家和以哈蒂姆（Basil Hatim）、豪斯（Julian House）、斯奈尔-霍恩比（Snell-Hornby）、莫娜·贝克（Mona Baker）等为代表的新一代语言学派翻译理论家的研究。他们的翻译理论都或明或暗、不同程度地运用了语言对比的方法或思想。语言学派译论承认语言间可译的限度，但普遍相信语言的共性，这构成通过语言对比进行翻译研究的基础。早期的语言学派翻译理论家，不管是奈达，还是卡特福德、纽马克等人，强调翻译的等值、对等、等效，认为语言间存在某种对应关系，许多翻译转化法归根结底源于翻译过程中两种语言在功能结构上的差异，翻译就是要通过语言的对比研究认识两种语言在语音、词汇、语法、文化等方面的差异，并努力克服这些差异，以达到译文与原文的一致状态。因此，在较长一段时间内，翻译研究被认为是对比语言学的一个分支。[①]

罗曼·雅克布逊是布拉格学派的代表人物，他在1959年发表著名论文《论翻译的语言学问题》，从语言学的角度对翻译中的一些基本问题进行了分析和论述，其中就非常重视语言对比研究对翻译的重要作用。他说："任何两种语言的比较

---

① 潘文国、谭慧敏（2006：150）认为："西方在开始时一直强调对比研究对教学的意义，在用于教学遭到挫折后隔了很长时间才认真考虑对比研究对翻译的意义和作用。"显然，这一观点是对弱式型指向翻译的对比语言学研究而言的。因为从上文的分析可以看出，二语教学中的对比分析从1968年开始失势，而哈特曼对语言对比中翻译问题的关注在1980年，切斯特曼从语言对比进行翻译研究则要到1998年。

都暗含着对它们相互之间可译性的一种考察；对于广泛进行的语际交流实践，尤其是翻译行为，语言科学必须进行持续的考察。"（谢天振，2008a：8）他认为，一旦出现词汇的空缺，就会通过外来词或外来词的翻译、新造词、意义转换，甚至冗长的解释来增加和修饰原有的词汇，而不会影响交流。他还对翻译中出现语法空缺时的情况进行了讨论。他认为，如果在特定语言中缺少某种语法范畴，这种语法范畴的意义在翻译中可以用词汇方法表达。词汇空缺和语法空缺都是通过语言对比发现的结果。

据许钧的介绍，法国的许多高校使用的翻译教材基本上都得益于现代语言学的成果，并特别强调进行具体语言转换的理论研究。其中有些成果是从两种语言的对比，如修辞对比、结构对比等入手，研究翻译的具体转换规律与技巧。如吉勒明·弗莱舍（Guillmin Flesher）的《法英句法比较——翻译问题》（1981）就从法国名著和其译本中抽取大量例句，对法英两种语言的语法结构和这些结构在不同的上下文语境中的转换进行了分析，找出了一些具有普遍性的法英转换规律，为翻译教材的编写提供了参考。（许钧，2004：10）

费道罗夫认为，翻译学是一门专业性很强的语言学学科，它研究两种语言的对比规律。对比是就其广义而言，也包括修辞手段的对比。任何一种翻译，无论是应用文、新闻报道、科技、政治、历史、口语或文艺翻译，它们都要靠两种语言学的对比。（中国对外翻译出版公司，1983：76）

巴尔胡达罗夫认为，翻译理论为了反映翻译中的重要规律，必须首先明确原作语言和译作语言中表示同一意义的方法的异同，并在此基础上找出克服不同之处的最典型的方法（翻译技巧）。因此，对比语言学是翻译理论的直接理论基础，但翻译的语言学理论又并不等于对两种语言进行对比研究，对翻译理论来讲，重要的是对比的语言单位意义上相同，即内容上一致。巴氏根据现代语言学从研究语言的抽象体系转向研究语言在言语中的功能的发展趋势，提出翻译的研究对象并不是语言体系，而是话语。由此认为，翻译的语言学理论是"对比话语语言学"，即对不同语言语义相同的话语进行对比研究。（中国对外翻译出版公司，1983：87）

卡特福德认为，翻译理论以语言之间的某种关系为研究对象，因此属于比较语言学范畴的一个分支。他提出的两种翻译转换——层次转换（level shifts）和范畴转换(category shifts)就是通过对比原文与译文中的语言单位的等值关系得出规律。他以英语和法语的冠词互译为例，作出了极为细致、科学的描述性研究。

奈达在结构主义成分分析法的基础上，对词项的语义进行了深入的探讨，分析出同一个词在各层次中的词义差异。这种对比分析把语义学和翻译结合起来，对翻译中如何根据词的联立关系进行词义辨析具有重要的实践意义。当然，奈达的对比分析只是他翻译理论大厦的一小部分，谭载喜就认为，奈达翻译理论的不足之处之一就是他没有强调在翻译时对两种语言从语音、语法到语义等方面进行系统的对比分析(中国对外翻译出版公司，1983：61)。

20世纪90年代以后西方的语言学派译论进入一个新的发展阶段，谢天振称之为"第二代语言学派"译论(谢天振，2008a)。豪斯、梅森、哈蒂姆、贝克等人是其代表人物。这一阶段的语言学派译论摆脱了早期语言学派静态的、微观的、注重转换规律的翻译研究，转向更为系统的语篇语域特征、语篇功能、语篇类型的宏观研究，他们借鉴话语分析、社会语言学、语用学、认知语言学等分支学科的成果，将功能、语篇、语境与翻译研究有机地结合起来①。

另外，受翻译研究文化转向的影响，新一代语言学派翻译理论在从宏观语言层面探索翻译研究的同时，也开始将社会、文化等非语言因素纳入研究的视野，试图在探讨翻译语篇问题的同时揭示世界观、意识形态或权力运作对翻译和行为的影响。(陈浪，2011：43)由此可见，新一代语言学派的翻译研究已经有向文化学派靠拢的趋势。谢天振认为，翻译研究的文化转向并不仅仅局限于我们所说的文化学派，最近二三十年发展起来的第二代语言学派(即新一代语言学派)的翻译研究在一定程度上也同样透露出向文化转向的迹象和特征。② (谢天振，

---

① 其实，某些早期语言学派翻译理论家如奈达、纽马克、巴尔胡达罗夫已经注意到文化、语境、语言功能、话语等方面与翻译研究的关系，只是从整体上看，他们还是更关注语言间的转换等更为微观的研究。

② 不只在翻译研究领域，20世纪下半叶现代语言学的发展除了在语言层面上向功能、语境、语篇、语用、社会等宏观方面发展外，似乎也在进行一场外部的"文化转向"。20世纪80年代发轫于英国的"批评语言学"(critical linguistics)通过分析语篇的语言特点和它们生成的社会历史背景来考察语言结构背后的意识形态意义，并进而揭示语言、权力和意识形态之间复杂的关系。(辛斌，2005：前言)"批评语言学"是否对新一代语言学派译论研究产生影响，尚不清楚。但可以肯定的一点是，不管是文学研究、比较文学研究、翻译研究还是语言学研究等领域的文化转向，都受了60年代起源于英国的文化研究思潮的共同影响。

2008a：5-6)新一代语言学派和文化学派的这种对翻译研究的共同研究旨趣似乎可以说明语言学派和文化学派并不存在不可逾越的鸿沟，因为它们都指向一个共同的基础，就是语言和由语言构成的文本。① 这也提醒我们，任何对语言学派译论和文化学派译论的反思都要考虑到双方的这种共同基础和融合趋势。

　　与早期语言学派译论将语言对比研究看作翻译研究的重点，甚至是对比语言学的分支相比，新一代语言学派译论研究虽然发生了很大的变化，但始终没有脱离以产品描写为导向的语言对比研究，如豪斯的基于语域分析的翻译评估模式是一种非量化、以对等为核心、诊断性的质量评估模式，其实质就是一套详尽的语言-文本对比分析流程。该模式关注原文和译文在语篇概貌特征上的系统对比，考虑译文在语言功能和文本功能上与原文的匹配情形以突出"错配"(mismatch)和"错误"(error)现象，对翻译质量评判的最终依据就是列出的错误列表以及有关功能成分对应的说明。(陈浪，2011：45)哈蒂姆(1997)的研究有明显的文化、功能研究倾向，他在《跨文化交际——翻译理论与对比篇章语言学》一书中明确指出他的研究就是"把翻译理论、对比语言学和话语分析结合起来进行研究"(陈浪，2011：6)。20世纪90年代中期兴起的语料库翻译研究运用语料库语言学特别是对比语料库的研究成果对翻译进行研究。不同的是，由于强调译文并非完全是语言规则的产物而是典型的译语文化的语篇表现形式，对比语料库的译学研究不是进行双语之间的比较，而是对同属一种语言(译入语)、语域相近的原创文本和翻译文本进行比较。对比语料库翻译研究虽然起步较晚，但在探索特定历史文化环境中的翻译功能、翻译文本的性质、译者的个人风格、原语对文本类型的影响以及对译语的影响方面取得了重大的成果。(陈浪，2011：23、75)贝克在语料库翻译研究领域作出了开创性的突出贡献。

　　需要指出的是，语言对比可以在多个层面上进行，但并非所有语言对比的结果都可以用来指导翻译实践。这里涉及对比语言学与翻译理论的关系问题。奈达说过，翻译即译意。从传统的翻译观点看，翻译就是保持意义不变的情况下改变

---

　　① 文化学派译论和新一代语言学派译论由于对社会文化因素的共同关注，有时会出现难以区分的情况。如英格兰学者斯奈尔-霍恩比试图调和翻译研究各派各持一端的极端观点，以格式塔原理提出了翻译研究的综合法。谢天振将斯奈尔-霍恩比的译论看作语言学派(谢天振，2008a：82)，而陈浪则将其看作语言学途径译论之外的其他途径(陈浪，2011：166)。

形式，按照索绪尔的"能指"与"所指"二元观，翻译就是保留所指不变，改变能指。所指即意义，能指即形式。因此，翻译中语言对比的基点或共同对比项应该是语言的意义或功能，而不是形式或结构，即在同一意义的基础上对比两种语言在形式或结构方面的异同。

2. 中国指向翻译的语言对比研究概述

从时间上看，西方（主要指欧洲）比中国先一步进入近代社会，西方是在文艺复兴之后，中国则在19世纪中叶。这在一定程度上导致了中国的"比较意识"比西方的"比较意识"产生得晚，受此影响，中国的语言对比研究也要比西方的语言对比研究晚一些。

中国对比语言学研究从一开始就带有强烈的中西文化比较意识，这是与西方对比语言学研究开始于历史比较语言学这种较纯粹的语言研究不同的地方。在某种意义上，中国的语言对比研究表现为一种文化伦理研究。因此，在中国，语言研究本来作为一种纯学术的活动，却带上了浓厚的非学术因素。当然，这种非学术因素主要是民族本位意识和西方学术之间的一种张力，意识形态、政治、权力等非学术因素对学术研究的影响也时有表现，特别是1949年以后的一段时间内体现较为明显。中国整个20世纪的对比语言学研究、汉语语言学研究一直未能摆脱这种治学的风格。模仿与反模仿此起彼伏，许多争论也由此引起。

与西方对比语言学的分类一样，我们将中国的语言对比研究分为四类：一是以建立汉语自身的语言学为目的的对比研究；二是为二语教学服务的对比研究；三是旨在对所对比的两种语言进行详细描写的对比研究；四是以翻译为指向的语言对比研究。本章重点论述第四类。其中第一类又分为基于"模仿"的对比研究和旨在寻找"汉语特色"的对比研究两个小类，都以汉语语言学的建构为目的。由于第四类与第二类产生的时代背景比较相近，这里也简要阐述一下第二类，即为二语教学服务的对比研究。

这一类的语言对比研究同西方对比语言学中旨在二语教学的对比研究比较相似。但这里的二语教学既指国内的外语教学，也指对外汉语教学，而西方的二语教学主要指对外英语教学。王力先生在1985年就指出外语教学"最有效的方法就是中外语言的比较教学"。在经历了中华人民共和国成立后俄语教学的一枝独秀和十年"文革"的封闭后，20世纪70年代末，随着中国与世界各国的文化交流广泛深入地展开，国内的外语教学、对外汉语教学和汉外翻译（特别是英汉翻译）领域出现了空前兴旺的局面。汉外对比研究首先在对外汉语界展开，1977年吕叔湘在北京语言学院作了《通过对比研究语法》的演讲，强调在对外汉语教学中注重对汉语和外语的比较研究，以提高教学的效率。王还、万惠洲、熊文华、赵永新等人都来自对外汉语界。外语教学界的汉外对比研究也在80年代开展起来。理论方面，西方50年代发展起来的对比分析也在这时引入中国，运用到对外汉语教学和外语教学中，但命运不济，很快因为与其在西方一样的致命的缺陷被偏误分析和中介语理论所取代。到80年代末，对比分析已渐渐淡出对外汉语教学界。由此可见，这一时期的语言对比研究受西方的影响比较深，或者说，中国基本没有产生自己的用于二语教学的语言对比理论。但指向二语教学的微观的汉外对比研究还是取得了一些成果，以文章居多，这一点从杨自俭、李瑞华编的《英汉对比研究论文集》（1990）和潘文国（2002）对从1977到1989年间发表的汉英对比论文中的分析中可以看出。内容涉及语音、语义、词汇、语法、语用、修辞、文化等方面。专著方面，1981年就出版了四部：张今、陈云清的《英汉比较语法纲要》、任学良的《汉英比较语法》、吴洁敏的《汉英语法手册》和赵志毅的《英汉语法比较》。四部著作各有特色，王菊泉（1982）曾撰文进行了评价。可以看出当时对汉英语法比较的重视。许多文章和专著，不管内容涉及哪方面，都或多或少体现出了为语言教学和学习服务的研究目的。

指向翻译的汉外对比研究同第二类一样，在新时期早期（大约从20世纪70年代末到90年代初）的对比研究中比较明显。第一类中的基于"模仿"的对比研究和旨在寻找"汉语特色"的对比研究都以汉语语言学的建构为目的，并不是严格意义上的语言对比研究，也不可能涉及翻译问题。中国新时期早期的指向翻译的对比研究受两方面因素的影响：国内对比语言学的影响和国外语言学派译论的影响。此章在上文中将西方指向翻译的对比研究分为弱势型和强势型两类，以上两点导致了中国的情况与西方的情况有所不同。一是早期的对比语言学者除理论对比学者和二语教学领域的对比学者外（如赵世开、王还、王菊泉等），大多兼有翻译研究学者的身份，或者后来转向翻译研究，如张今、刘宓庆、杨自俭、潘文国、刘英凯、连淑能、邵志洪等。后来活跃于语言对比领域或翻译研究领域的许多学者也多兼有语言对比研究和翻译研究的学科背景，中国英汉语比较研究会的许多会员便是如此①。二是新时期早期的翻译研究由于受西方语言学派译论的影响，也非常重视语言对比研究，但这一时期的国内翻译理论界在引进和讨论西方语言学派译论的术语和观点方面用力较多，落实到具体的汉外对比研究的成果并不多。中国严格意义上的语言对比研究是从 70 年代末开始的，具体来讲，吕叔湘 1977 年发表的《通过对比研究语法》吹响了新时期汉外对比研究的号角，1979 年赵世开的《浅谈英语和汉语的对比研究》则进一步强化了学界语言对比研究的意识，并指明语言对比研究在理论和应用两方面的研究价值。总之，新时期的语言对比研究的学科意识不断增强，理论对比语言学、宏观对比语言学全面展开，应用对比研究、微观对比研究以及为二语教学和翻译服务的对比研究也几乎同时进行。

　　杨自俭、李瑞华编的《英汉对比研究论文集》（1990）中收录的从 1977 年到 1989 年发表的 43 篇文章中，刘宓庆、谭载喜、吕叔湘、许余龙、林同济、袁昌明等人的文章都是用来指导翻译的对比研究。专著方面，前面提到的 1981 年出版的四本英汉比较语法著作也都不同程度地以翻译为比较研究的目的之一。其他的如张培基的《习语汉译英研究》（1979）、陈定安的《英汉比较与翻译》（1991）、刘宓庆的《文体与翻译》（1986）和《汉英对比研究与翻译》（1991）、连淑能的《英汉对比研究》（1993）等都是新时期早期比较明显的指向翻译的语言对比研究成果。另外，最初的几本翻译著作或教材如张培基和喻云根的《英汉翻译教程》（1980）等，由于出版于西方语言学派译论引进之前，其中出现的某些汉英比较，显然是受到了本土语言对比研究的影响。王佐良的《翻译中的文化比较》（1984）、朱文振的《翻译与语言比较》（1985）、吕俊的《也谈翻译中的语言对比问题》（1991）等文章明确提出了比较在翻译中的作用。1993 年柯平的《英汉与汉英翻译教程》虽运用了社会符号学的观点，但从其中的对比研究仍然可以看到其受语言

---

　　①　不过，从中国英汉语比较研究会全国学术研讨会出版的名为《英汉语比较与翻译》的论文集中，又可以看到语言对比研究和翻译研究各自为政的现象。特别是后来的纯翻译研究文章比例越来越大，与英汉语比较研究中作为为翻译实践提供理论指导的应用对比研究的宗旨越来越远。2002 年萧立明编著的《英汉比较研究与翻译》便是将语言对比与翻译完全分开来讨论，这在某种程度上反映了近些年来人们对指向翻译的语言对比研究的误解或忽略。

学派译论中的语言对比思想的影响。不管怎样，可以说，国内语言对比研究的兴起和西方语言学派译论引进的双重影响共同促成了新时期早期指向翻译的语言对比研究。在为二语教学服务的对比研究失势后，指向翻译的对比研究在中国一直存在，一直是翻译研究的一部分，在许多翻译教材中常常可以看到语言对比的影子，有些著作还是专为翻译进行的语言对比研究，如邵志洪的《汉英对比翻译导论》（2005）等。但随着翻译领域的"文化转向"，翻译研究转向纯理论研究，指向翻译的对比研究也逐渐从早期的中心走向边缘。

3. 刘宓庆指向翻译的语言对比研究

以上用了较大篇幅对中西方语言对比与翻译研究的发展脉络进行了梳理，旨在为刘宓庆的汉英对比思想研究作一背景铺垫。因此，我们的研究思路是按照从宏观到微观、从面到点的逻辑顺序来进行的。大体上，中国对比语言学的研究是以西方对比语言学的研究为背景的，刘宓庆的语言对比研究又是以中国语言对比研究为背景的。这样，在一个大的学术背景下，可以更清楚、更深刻地考察研究对象。如刘宓庆的语言对比在中国语言对比研究中占什么样的位置？他的语言对比研究的学术背景是什么？与其他语言对比研究有何异同？等等。这一节将对刘宓庆具体的汉英对比领域的理论观点展开讨论。

（1）刘宓庆汉英对比研究概述

对刘宓庆的语言对比研究产生影响的因素可以概括为三个方面：一是源自他的老师王力先生的思想，这在第一章已经交代；二是响应1977年吕叔湘先生的号召，是吕先生吹响了中国新时期语言对比研究的号角；三是受80年代西方语言学派译论的影响。从刘宓庆整个学术研究历程来看，他对研究领域和学术观点的塑造纵然受到同时代学术风气的影响，但主要的因素可以归结为以下两点：一方面，他对学术领域的选择和他的学术观点更多的是听从他自己内心的声音，这与他具有的较强的批判精神是相关的。另一方面，几位学术大师对他一生学术兴趣的影响是至关重要的。下面按其论著出版的时间顺序对其在英汉对比研究领域的研究作一梳理和分析。

1)《试论英语与汉语的词类优势》（1978）

从刘宓庆发表的文章的题目看，如果说其最早的一篇翻译研究文章是1984

年的《交际语法的意义层次论与翻译理论的探讨》，那么，他最早的一篇汉英对比研究的文章便是发表于 1978 年的《试论英语与汉语的词类优势》。但他的对比文章都是指向翻译的。在 1978 年的这篇文章中，刘宓庆以"词类"为对比中间项，对英语和汉语的"词类优势"进行了对比研究。"'词类优势'就是指某种词类使用于该语言中的优势。"（刘宓庆，2006d：439）文章认为，汉语和英语各有"词类优势"，用一句话总结就是：现代汉语以动词占优势，现代英语以名词和介词占优势。汉语"动词优势"的典型表现就是汉语中的"连动式"和"兼语式"多，动词在句子中的语法功能很丰富。英语动词由于受形态的变化而在使用上受到很大的限制。英语的名词优势表现在：广泛将名词代替动词来表意；广泛将名词用作形容词等。英语的介词优势一方面在其数量比汉语介词多，另一方面是与名词的优势相辅相成。刘宓庆在对比了汉英词类优势后，将研究指向了汉英词类转换的对策论上，即如何在翻译中处理这种词类优势的差别。他提出了两条翻译对策：一是英语倾向于多用名词和介词，汉语倾向于多用动词，因此在英译汉中应视情况将英语名词和介词转化成汉语动词。二是在汉译英和英语写作中，我们应该努力摆脱汉语的用词表意习惯，特别是不能墨守汉语原句的词类，把自己套在汉语的框框里。可以视情况将汉语动词或动词词组转化为英语的名词或介词词组，以顺应英语的特点。（刘宓庆，2006d：452-454）

2)《试论英汉词义的差异》（1980）

1980 年刘宓庆在《外国语》第一期发表的《试论英汉词义的差异》一文，成为中国新时期微观对比研究的经典，分别被《英汉对比研究论文集》（杨自俭、李瑞华，1990）和《结构·语义·关系——英汉微观对比研究》（邵志洪，2008）收录。该文研究了汉英词义的差异，以及产生差异的原因。刘宓庆认为，英语的词义较灵活，含义较广，变化比较丰富，对上下文的依赖较大；而汉语的词义较严谨，含义范围较窄，变化少，对上下文的依赖性小。导致这种差异的原因是，汉语历来有讲求词义精确、规范、严谨的传统，单音节词向多音节词的发展缩小了词义的范围，汉语的表意文字使造词法有时寓新义于旧词；英语词汇经历了漫长的演变史，词义演变的结果是使词义范围越来越宽，然后通过引申、比喻等手段寓新义于旧词。同前一篇文章一样，该文在最后提出了在翻译中处理词义差异的五种手段：引申、揉合、融合、拆译、增补。

当然,从现在的眼光看,刘宓庆以上两篇文章不是没有可商榷之处。如汉语的词类问题一直是个悬而未决的问题,《试论英语与汉语的词类优势》以汉英词类作为对比中间项,其研究的可靠性是值得怀疑的。《试论英汉词义的差异》所总结的英语词义对上下文的依赖性大,而汉语词义对上下文的依赖性小,其实不尽然,而相反的情况更为常见。语言对比研究可以以某种现有的语言学理论作为对比研究的框架,如转换生成语言学、功能语言学等,但具体的对比研究必须是在双语语料描写的基础上进行,所得的结论往往具有相对性,做出任何绝对的论断都是不可取的。

另外,从以上两篇文章可以看出,刘宓庆一开始就将汉英对比研究的最终归宿指向翻译,他在此后的对比研究中一直坚持这一原则。在 80 年代中国的语言对比研究主要以指向外语教学或对外汉语教学为目的时,刘宓庆的这一目标明确的研究指向成为他的语言对比研究的特征,也是他在 1991 年将著作命名为《汉英对比研究与翻译》的原因。

3)《汉英对比研究概论》(1986)

如果说以上两篇文章是刘宓庆在微观领域的具体对比研究,那么,他在 1986 年发表的《汉英对比研究概论》就对汉英对比研究进行了初步的理论思考。在这篇文章中,刘宓庆从宏观的视角对汉英语的同一性和差异性进行了阐述。他认为,语言的同一性体现在两个方面,一是认识体系的同一性,二是语义基本结构的同一性。认识体系的同一性指人的感知、思维和想象是同一的,这就保证了语言的共性,是语言间转换的共同基础。语义基本结构的同一性指操不同语言的人对同一认识所指所获得的概念或意义在整体上大致相同,这是实现以直译为基础的双语转换的基础。汉英语的差异性主要是语义表现的差异性,即表达方式的差异性。语义表现的差异性由心理与意识倾向、受制于某一语言本身的内部特征与基本属性、约定俗成等因素构成。总之,这篇文章虽然只是刘宓庆对语言对比研究的初步理论思考,但已经上升到了宏观的层面。这些微观研究和宏观思考为他全面进行语言对比研究奠定了基础。

4)《汉英对比研究与翻译》(1991)

整个 80 年代,刘宓庆在汉英对比研究和翻译理论研究两个领域左右开弓,在 1990 年出版了《现代翻译理论》后，1991 年又推出《汉英对比研究与翻译》。这是两部具有开创性的著作，在翻译理论界和汉英对比界都产生了较大的影响。两部著作都与翻译有关，可以看出刘宓庆翻译应用研究和理论研究并进的努力。《汉英对比研究与翻译》出版后，陈建平 1992 年在《现代外语》发表书评，从理论性、实践性、实用性三方面进行了评介。潘文国认为此著"从历史的角度来看，为汉英对比建起了第一个比较成熟的研究框架"（潘文国，2002：405）。在 2006 年的《对比语言学：历史与哲学思考》一书中，潘文国将"1990 年至今：瞄准普通语言学的汉外对比研究"划为中国对比语言学史的第五期，并将刘宓庆 1991 年《汉英对比研究与翻译》的出版与许余龙的《对比语言学概论》(1992)和"中国英汉语比较研究会"的成立(1994)并称为对第五期产生重要意义的三件事。他认为"在中国内地英语界和翻译界真正产生影响的，还是始于刘宓庆的这本书"（潘文国、谭慧敏，2006：150）。

在该著的绪论中，刘宓庆就开门见山地点出了此书的目的："本书是一本以对比语言学为基本理论导向和基本理论依据来研究翻译（汉译英与英译汉但以汉译英为主）、在研究中理论与实践并重的著作。"（刘宓庆，1991：1）这样看来，刘宓庆是将语言对比研究作为其翻译理论研究的组成部分，他将翻译理论分为两个部分：基本理论研究和应用理论研究，汉英对比研究就是着眼于翻译应用理论的研究。刘宓庆认为，翻译学是一门综合性很强的学科，如果不借鉴其他学科，翻译学就很难建构起来，而与汉英翻译应用理论关系最密切的是对比语言学。在这里，将刘宓庆的语言对比研究归为以翻译为指向的语言对比研究这一类型，已经比较明确了。该著的正文分为十三章：

第一章　汉英语法特征比较

第二章　汉英主语的差异及转换问题

第三章　汉英谓语差异：汉译英中的主谓定位问题

第四章　汉英句式差异：汉译英中的句子组织问题(一)

第五章　汉英语段比较：汉译英中的句子组织问题(二)

第六章　语序问题

第七章　被动语态

第八章　汉英时、体差异：汉英时、体转换问题

第九章　汉英"虚拟"表示法差异

第十章　汉英表现法比较

第十一章　汉英词的比较与翻译（一）

第十二章　汉英词的比较与翻译（二）

第十三章　汉英思维方式比较

从以上各章名称以及实际所论内容来看，刘宓庆的对比研究有几个特点。第一，对比的层次有了区分。如第十章和第十三章分别讨论了表现法和思维方式问题，其余各章都是语言表层的对比。这样的对比层次三分法正是刘宓庆"层面透视法"方法的运用。对此，下文会有进一步的讨论。第二，在语言表层的对比研究中，主要对语法层面进行研究，语义、语音层面涉及较少。在第一、五、十章分别对"形合"和"意合"进行了讨论，足见其对语法比较的重视。第三，该著书名一改学界以往以"英汉"为顺序的对比，以"汉英"为对比的顺序，初步体现了其语言对比的"汉语本位"观，但在实际对比中，并没有完全摆脱印欧语系语法范畴的影响，如以主语、谓语等为对比中间项的对比研究。

5)《汉英对比研究的理论问题（上、下)》(1991)

这是继专著《汉英对比研究与翻译》之后，刘宓庆对汉英对比研究的理论问题进行的专门论述，文章连载于当年的《外国语》第4期和第5期上，后被李瑞华主编的《英汉语言文化对比研究》(1996)收录。在这篇文章中，刘宓庆提出了两个重要的理论观点，即语言的异质性问题和语言对比的层次观。这是刘宓庆在大量的对比实践基础上的一次理论总结，为中国对比语言学提供了一种可能的方法论。对于这两个理论，将在下文进行讨论。

6)《汉英句子扩展机制对比研究》(1992)

这是继《试论英语与汉语的词类优势》和《试论英汉词义的差异》后，刘宓庆的第三篇微观对比研究的文章，对比中间项为"句子扩展机制"。刘宓庆认为，所谓"扩展"，指基本句结构随着思维的发展而呈现的线性延伸。句子的线性延伸通常有两种型式：一是顺线型延伸，即从左到右的延伸，称为LR延伸；二是逆线型延伸，即从右到左的延伸，称为RL延伸。

汉语句子是RL延伸，即逆线型延伸，句首是开放的。如下面的句子：

有条有理。

干得有条有理。

一切干得有条有理。

他把一切干得有条有理。

没想到他把一切干得有条有理。

她没想到他把一切干得有条有理。

她说她没想到他把一切干得有条有理。

英语句子是 LR 延伸，即顺线型延伸，句尾是开放的。如：

This is the cat.

This is the cat that killed the rat.

This is the cat that killed the rat that ate the malt.

This is the cat that killed the rat that ate the malt that lay in the house.

This is the cat that killed the rat that ate the malt that lay in the house that Jack built.

刘宓庆认为，汉英句子的这两种迥然不同的扩展类型，是由两种语言的句法规范造成的。英语的句法规范是：第一，英语修饰语的 LR 语序；第二，英语基本句 SV(SVO)提挈功能的普遍性及对后续语句的衍生潜势都很强。汉语的句法规范是：第一，汉语是文字系统形态稳定、自足的语言，不具备曲折形态发生学上的机制；第二，汉语修饰语一般不能取后置式而必须前置。刘宓庆认为，正是这些不同的基本结构机制使汉英形成了迥然不同的、源远流长的语言传统和语感。

按照刘宓庆一贯的做法，文章的最后讨论了汉英句子扩展机制的差异对汉英翻译的启示，他指出：应当将语段作为基本的转换单位，即翻译不是词与词之间的对译，也不是句与句之间的对译，而是语段与语段之间的动态对译。（刘宓庆，2006d：199）

这篇文章发表后，蒋国辉在 1993 年《现代外语》第 1 期发表《"汉英句子扩展机制"管见》（下文简称《扩展》）提出商榷。商榷的内容主要有以下几点。

第一，《扩展》中所指的扩展，是"指基本句结构随着思维的发展而呈现的线性延伸"。蒋文认为，《扩展》立论基础的这一论点，是对言语行为一个最本质特征的误解，这个本质的特征就是："能指属听觉性质，只在时间上展开，而且具有借自时间的特征：a. 它体现一个长度，b. 这长度只能在一个向度上测定：它是一条线。"言语行为的这种线性特征，决定了言语中的要素没有空间上的延展性，即不可能在同一时刻出现两个以上的要素。它们只能一个换一个，依出现时间的先后排列在言语链上。照此，《扩展》论述的句子扩展形式，至少从两个方面是经不起推敲的。一方面，左、右这样的空间概念，没有足够的理由可以引进迄今为止的关于语言和思维的理论中，因为这种空间概念是绝不能同言语"在一个向度上线性延伸"的性质相容。另一方面，由于人不能倒着说话这一显而易见的事实，使得 RL 型不可能是言语承载思维的线性延伸。

第二，如果始终如一地坚持言语是承载思维的形式，而且言语和思维都只能有一个向度，那么，就两者同步发展而言，任何语言中的句子都只可能有一种"扩展"形式，即随着思维发展在时间上的线性延伸，不可能有逆思维过程而反向延伸的句子。另外，言语既然承载思维作线性延伸，那么，思维不断地发展时，言语也就不断地延伸下去。还有，以思维的发展来定义句子的扩展，还需说明以什么作为一个完整思维过程的形式标准。任何长度的语篇，都可以是一个完整的思维过程的表述，但显然不能说任何长度的语篇都是一个基本句的扩展形式。

第三，汉语句子中的定语和状语只能前置，这是事实，但前置的定语和状语并不是汉语中唯一的、最重要的修饰名词和动词的手段。

对上引的两个例子，蒋文认为，两者都不是句子的扩展，只是意义的延伸，因为后一个句子在结构上不相当于前一句中的成分。而汉英句子的全部区别，仅在于英语中的 that 既是指代前一句中的 the cat，又是将两个句子联系起来的关联词。汉语中没有这样的关联词，但却有其他联系手段：重复名词（前边可加"这""那"），用代词"他（它）"等，同样可以将意思无限地延续下去。这只是两种语言在语法手段上的区别，而不是能否延伸的区别。（蒋国辉，1993）

7)《新编汉英对比与翻译》(2006b)

这是时隔十四年，刘宓庆利用出版《刘宓庆翻译论著全集》（第一版）的机会对《汉英对比与翻译》的一次较大的修订，主要是增补了部分内容。增补的内容有：汉英对比研究应该维护汉语的话语本位观（新版代序）、了解汉语，理解汉语(引论)、汉英对比研究方法论(第一章第一节)、汉英宾语差异及转换问题(第五章)、汉英短语比较(第六章)、句子组织的"意念主轴"和"形式主轴"(第八章第一节第一条)、汉语流水句(第八章第一节第五条)、汉英思维方式差异中的顺序和逆序(第十六章第一节第六条)、摆脱思维方式对翻译的影响(第十六章第二节)。

在这次修订中，刘宓庆提出了以汉语为本位进行汉英对比研究的观点，并对汉语的特征进行了进一步的描述，认为汉语是极富审美感性的语言，是一种重意念、重以意役形的语言，它的语法呈隐性。汉语的这些特色成为他的翻译理论中国特色观的有力事实支撑。关于汉英对比的方法论，他提出了"相似性"和"非相似性"并重的原则、"描写主义"原则和体用原则。

除了以上文章和著作外，刘宓庆在《文体与翻译》(1986)和《现代翻译理论》(1990)等著作中也有汉英对比的研究，主要是为其对翻译方法、翻译策略的研究服务的。

(2)刘宓庆汉英对比研究的主要理论观点

刘宓庆在汉英对比研究中提出了一些理论观点，如语言的异质性问题、层面透视法、"汉语本位"观、功能代偿。它们分别是对语言差异性的认识(语言异质性)，涉及语言对比的方法(层面透视法)，语言对比的出发点问题("汉语本位"观)，从对比研究得出的翻译策略(功能代偿)。下面对这四个观点分别进行讨论。

1)语言异质性

在《汉英对比研究的理论问题》(1991)一文中，刘宓庆提出了语言的"异质性"概念(heterology)。他认为，人类的语言都具有共性，即所指的同一性，如果缺乏同一性，人们就无法进行有效的交流。语言之间虽然广泛存在所指的同一性，但是对所指的描写，每一种语言却各有千秋。语言对比研究最基本的问题就是要抓住对比中的双语或多语的不同基本素质，即"异质"，语言的许多形式问题其实只是基于其特定素质而发之于外在的表象。必须更关注内在的、支配言语行为表现的各种内在机制，考察它们以何种形式作用于语言结构，而使一种语言有别于另一种语言。(刘宓庆，2006d：201-202)

在此认识的基础上，刘宓庆认为，汉语的异质性表现在六个方面：文字体系、语音体系、句法结构体系、句法关联体系、思维认知系统、语言审美系统。（刘宓庆，2006c：vi）汉语的这些异质因素是他对汉语与印欧语系语言进行对比研究的结果。

以下是刘宓庆的语言异质性所引发的几点说明或思考。

第一，刘宓庆对语言间的同质性和异质性是持辩证态度的，他认为语言间的差异并不是绝对的，而是在语言同一性前提下的差异。同质是本质性的，异质也是本质性的，正如维特根斯坦的"家族相似性"和"非相似性"，我们正是通过"非相似性"使语言的事实清楚地显现出来。因此，对对比语言学来说，揭示语言的异质性应该是它的主要任务。（刘宓庆，2006c：v）刘宓庆对语言的同和异的认识，与潘文国的认识有所不同。潘文国认为，"同"是相对的、暂时的、有条件的、简单的、抽象的、静态的、客观的，而"异"是绝对的、永恒的、无条件的、复杂的、动态的、主观的；另一方面，"同"具有"统一、提挈、联系、形而上"的优点，"异"则难免"分别、离散、孤立、形而下"的缺点。（潘文国、谭慧敏，2006：245）可见，潘文国的语言异同观是本质主义的，而刘宓庆则表现出了某种非本质主义的倾向。

第二，这里涉及的问题是：语言对比研究是重"同"还是重"异"？这是一个学术问题，也是一个立场问题，更是一个方法论问题。不同的立场和方法必然会导致不同的研究结果。从上一节的历史梳理看，自马建忠以来的中国语言对比研究史在重"同"还是重"异"的问题上出现过交替现象，但总的倾向是朝重"异"的方向发展。到了 20 世纪 90 年代，刘宓庆更旗帜鲜明地提出了语言对比研究中重视语言的"异质性"问题，对对比语言学界的"异同"观影响较大。如丁金国认为：

> 具体语言对比的最终目的与其说在于觅"同"，不如说在于寻"异"，即寻找两种语言间的特殊性（heterology）。（丁金国，1996）

潘文国在其新的对比语言学的定义中也强调求"异"：

> 对比语言学是在哲学语言学指导下的一门语言学学科，具有理论研究和应用研究的不同层面，旨在对两种或两种以上的语言或方言进行对比研究，

描述其中的异同特别是相异点，并从人类语言及其精神活动关系的角度进行解释，以推动普通语言学的建设和发展，促进不同文化、文明的交流和理解，促进全人类和谐相处。（潘文国、谭慧敏，2006：252-253）

第三，同是持"语言异质性"观点的学者，其研究目标是有差异的。如潘文国语言对比的目标是寻求汉语的特点，建立中国特色语言学，他的"字本位"汉语研究就是重"异"的结果。刘宓庆的语言对比研究与翻译关系密切，而强调汉语的异质性对汉外翻译实践是没有积极作用的，因为翻译的本质是求"同"的。因此，他的语言异质性观点导致的是翻译理论的特色观，他强调汉语的异质性就是强调翻译理论的中国特色。关于刘宓庆的特色观，将在下一章中进一步讨论。

第四，过分强调语言间的异质性可能会产生几个问题。一是导致不可译性。这与刘宓庆以翻译为指向的语言对比研究的宗旨是相悖的。二是对有些所谓的汉语异质性的描述正是在语言同质性的基础上进行的，这也形成一个悖论。如对比项"主语""宾语"本身就是西方语法术语。因此，这种对比本身就没有摆脱模仿西方语法的窠臼，仍旧是一种同质研究。三是某些对比项在汉语中本身存在身份上的不确定性，如汉语的主语和宾语问题。下面是刘宓庆举例说明汉语主语、宾语的异质性：

　　a. 主语：（刘宓庆，2006c：85-86）

　　我们盖了一栋房子。（施事主语）

　　房子盖在西院。（受事主语）

　　房子我们改好了。（受事、施事并列主语）

　　去年又盖了一栋房子。（时间主语）

　　东院又盖了一栋房子。（地点主语）

　　这些材料只够盖一栋房子。（与事主语）

　　这些材料我们只能盖一栋房子。（与事、施事并列主语）

　　b. 宾语：（刘宓庆，2006c：156-157）

　　花园占地18公顷。（数量短语）

　　我买了一块黄色的。（"的"字短语）

　　你要学会关心人、尊重人。（联合结构）

　　请给我们 11 套。（双宾语）

　　今天下午学射击。（动词）

　　他觉得很辛苦。（形容词）

　　应该强调关心群众。（动宾短语）

　　他要往东，他要往西。（介宾短语）

　　从以上语料看，与英语的主语、宾语相比，汉语的主语、宾语确实表现出某种异质性。这里可以作进一步讨论。西方语言有狭义的形态变化，词类和句子成分的划分都依据形态，因此不会出现混乱。汉语无狭义的形态变化，词类问题和句子成分问题不能依据形态划分，因此会出现标准的不统一，划分比较混乱，必然引起争论。继 20 世纪三四十年代中国文法革新后，50 年代又出现了几次大的语法大讨论，著名的有汉语词类大讨论和汉语主语宾语讨论。词类讨论在前，主语宾语讨论在后，这是势所必然。因为词类划分的目的就是为句法分析服务，词法讨论必然引向句法，而主语宾语是句法研究的基础和起点。

　　词类问题暂且不谈，仅讨论一下主语宾语的问题。从语法学史看，存在两种分析主语宾语的方法：一种是根据意义（施事、受事）确定主语宾语，一种是根据结构（位置先后）确定主语宾语。1949 年之前的语法著作大都按照第一种方法，即意义确定主语宾语，但也参考一下位置。1949 年之后情况则比较复杂。50 年代初，丁声树等人的《现代汉语语法讲话》在《中国语文》上连载，主张按位置先后划分主语宾语。这种标准可操作性强，发表后引起热烈反响。总的来说，讨论的前期倾向于以结构确定主语宾语，后期则结构、意义两种标准都有。讨论最后没有达成一致的意见。

　　很明显，刘宓庆是按照结构或位置确定主语和宾语的。应该说，以这种标准确定的主语宾语确实能体现出汉语不同于西方语言的异质性，但也必然带有片面性。特别是在汉语词类尚存在不确定的情况下，以上宾语的例子中将"动词""形容词"标记为相应句子的宾语，是有商榷的余地的。另外，刘宓庆在《新编汉英对比与翻译》（2006b）中增加两个附录，其中一个题目是"汉语主语的确定"，此文并非刘宓庆所做，而是摘自高顺全的专著《三个平面的语法研究》（2004：120-

151）。此文为汉语语法专家所作，对鉴别主语的标准以及在一些典型的句式主语情况分析方面作了探讨。与 20 世纪 80 年代之前不同，进入新时期，特别是 90 年代以来，国内语言对比研究主体多是外语学者，普遍存在的问题即所谓的"两张皮"现象，特别是汉语语言研究基础不足。这可能与语言对比的目的有关，目的不同，"两张皮"的程度则不同。从现有的事实看，以建立中国语言学为目的的对比研究，对双语研究的独立性的要求较高；以外语教学（包括对外汉语教学）为目的的对比研究次之；而以翻译为目的的对比研究最弱。语言对比研究整体水平的提高需要各方的共同努力。

2）层面透视法

刘宓庆非常重视语言对比研究方法的创新，在《汉英对比研究的理论问题》（1991）一文中，刘宓庆认为，语言对比研究不能仅停留在语言表层结构的机械类比分析上，而是要透过表层，把语言看作有纵深层次的透明体，向语言的纵深地区推进对比研究。他认为，语言是一种由三个层面构成的结构体，即语言表层、表现法层和思维层。语言表层是由语言的异质性决定的，不同的语言有不同的语言表层；表现法是语言表层结构模式化表现手段，表现法层是思维层和语言表层之间的中介层，是思维赋形为特定的语言形式时的异质性实现手段。思维层则是语言的深层，是基础结构层，起着支配性作用。总之，对比语言研究就在这样三个层级结构中进行，如图 3.2 所示：

语言表层——语言表层结构：形式结构层，表现法的基本形式手段和句法
　　　　　　　　　　　　　　形式手段

中　介　层——表现法系统：中介层，思维赋形为语言时的模式化表现手段

语言深层——思维形态：基础结构层，语言的哲学机制

图 3.2　语言对比研究的三层级结构示意图（刘宓庆，2006d：213）

刘宓庆的这种三层级结构对比研究被称为"层面透视法"或"层次透视法"，是他在语言对比研究方法论上的重要成果。刘宓庆认为，语言表层结构对比包括基本形式手段的对比和句法形式手段的对比。前者的对比集中在语言系统、文字系统和词语系统，后者集中在句法成分系统、句型结构系统和语序分布系统。表

现法是一个系统，是已形成定势的、优化了的有效表现式。思维形态的对比要把握两个基本原则：一个是语言发展的人文性；二是思维和语言的辩证关系，即思维支配语言，语言对思维又有反作用。（刘宓庆，2006d：213-220）

刘宓庆的"层面透视法"提出后，产生了较大的影响：

其一，潘文国在刘宓庆三层级结构研究的基础上，提出了汉英对比研究的三个层次，并提出这三个层次分别适应不同的要求：

> 第一个层次是语音及语法表层上的对比，其目的是为初学外语者提供一个简便的拐杖。第二个层次是语言表达法的对比。其对象是外语已有了一定水平而又经常需要在两种语言之间进行转换（如第二语言教学或翻译）的人，帮助他们更地道地使用语言。第三个层次是语言心理上的对比。这是更深层的对比，企图推导出隐藏在不同表达法后面的心理和文化背景，进行一种哲学式的思考，目的是最终为了建立中国的语言哲学。（潘文国，1997：358）

2003 年，潘文国在《对比研究与对外汉语教学》一文中对这三个层面进行了进一步的讨论，提出了新的想法：

> 如果我们再换一个角度去看这个问题，我们还会发现，第一层面的对比是用自然科学的方法去研究语言，第二个层面是用社会科学的方法去研究语言，而第三个层面是用人文科学的方法去研究语言。这也体现了语言研究发展的大趋势。（潘文国，2003）

2006 年，他进一步将这三个层面最适用的翻译类型分别表述为：教学翻译、实用翻译和文化翻译。（潘文国、谭慧敏，2006：235）本章这里不拟对他的这些观点进行评述，但可以看出他对刘宓庆的"层次透视法"的发展。

其二，语言对比研究从过去的微观研究转向微观、宏观研究并重，甚至更关注宏观对比研究。这里的微观和宏观不是对语言单位而言的，即句子以下为微观研究，句子以上为宏观研究；而是指语言结构研究为微观研究，语言之外因素的研究为宏观研究。刘宓庆提出三个层面的研究之后，刘重德也认为：

英汉对比研究应分三个层次：第一个层次是语言表层结构，第二个层次是语言表达方法，第三个层次是语言哲学。我这里说的宏观研究，就是这第二、三两个层次的研究。表达法表现一个民族认知世界的方法和规则。要考究这种语言的表达法是怎样形成的，那就要寻求其心理、文化和哲学上的依据。（刘重德，1998：序）

可见，按照刘重德的看法，刘宓庆的"语言表层"属于微观研究，"中介层"和"语言深层"属于宏观研究。其实，在刘宓庆之前，就有学者提到或暗示过对比研究的微观方面和宏观方面。早在 1985 年，赵世开在《英汉对比中微观和宏观的研究》一文中就区分了语言对比的微观研究和宏观研究，并倡导加强宏观方面的研究。1990 年，吕叔湘为杨自俭、李瑞华编的《英汉对比研究论文集》（1990）的题词是："指明事物的异同所在不难，追究它们何以有此异同就不那么容易了。而这恰恰是对比研究的最终目的。"这个题词既指涉了微观研究，也指涉了宏观研究。

刘宓庆的三层级结构本身，需要进一步讨论。刘宓庆在讨论表现法的对比时，举例作了一个说明表层语言结构—表现法—深层思维内涵三个层级的关系图：

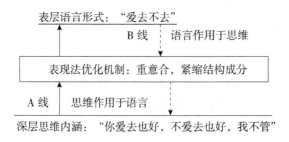

图 3.3　表层语言结构—表现法—深层思维内涵三个层级关系图（刘宓庆，2006d：218）

这里的问题是：在思维和语言表层之间，是否真正存在一个表现法层？这个表现法层是实际存在的还是人为归纳的？这两个问题需要作进一步分析。其一，我们知道，关于语言和思维的关系，通常存在两种观点，一种是思维决定语言，一种是语言决定思维。前者是通常的理解，后者是洪堡特或沃尔夫-萨丕尔假说的主要观点。不管是前者还是后者，两者都持二元论的观点。从上图的 A 线和 B 线看，刘宓庆也持着一种二元观，即认为语言和思维是相互作用的，只是他更倾向于思维对语言的作用。其二，刘宓庆认为："表现法是一个系统，是已形成定势的、优化了的有效表现式。"（刘宓庆，2006d：217）按照这一界定，图中用例"爱去不去"就是一种"已成定势的、优化了的有效表现形式"，因此可以推断，刘宓庆说的表现法就是语言表层形式。同时，刘宓庆认为，表现法是一个系统，它的表现形式就是思维方式与风格。（刘宓庆，2006b：49）由此看来，在刘宓庆那里，表现法既是语言表层，也是思维方式。其三，刘宓庆认为，在思维和语言形式之间，不一定非有一个中介的装置连接两者。如他讨论了汉英两种语言从思维到语言形式之间的不同投射模式：汉语采用的是直接投射模式，英语是间接投射模式。如图 3.4 所示。

另外，其他学者将这三个层次压缩为微观研究和宏观研究，将表达法归入宏观研究。表达法与思维何以处在同一个宏观的层面上，是需要进行论证的。

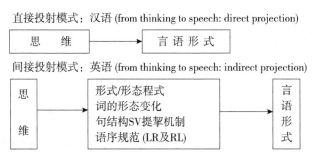

图 3.4　汉英从思维到语言形式之间不同投射模式（刘宓庆，2006d：207）

综合以上讨论，笔者认为，刘宓庆提出的"表现法层"，其存在的合理性是值得商榷的。所谓的"形合/意合""重叠""动态/静态""词类优势""形态/非形态"等其实都是"对比中间项"，是对比的共同基点，在此基础上不同的语言有不同的语言表层表现。这些对比中间项本身是中立的，是在语言材料的基础上归纳出来的范畴项，因此是描写的，而不是预设的。连淑能 1993 年出版的《英汉对比研究》各章标题如"刚性与柔性""形合与意合""繁复与简短""物称与人称""被动与主动""静态与动态""抽象与具体""间接与直接""替换与重复"等其实都是对比中间项，而不是表达法。这些对比中间项之所以成对地出现，只是提前显示了某种对比的结果，如汉语倾向于柔性、意合等，英语倾向于刚性、形合等。1999年赵世开主编的《汉英对比语法论集》选取"指称、方所、时间、比较、数量、正反、关系"等范畴进行了对比研究。这些范畴也是对比中间项，而不是表达法。

那么，在思维层与语言表层之间是否没有中介层了呢？我们认为是有的。关键要区分两个概念：思维内容和思维方式。简言之，思维内容指语言表达的内容，属于意义的范畴；思维方式指语言表达的形式，属于形式的范畴。我们认为，在思维内容和语言表层之间的中介层就是思维方式层。三者的关系可用"思维内容→思维方式→语言表层"表示。同一思维内容通过不同思维方式的"过滤"就形成了不同的语言表层结构。乔姆斯基认为，同一深层结构在不同参数的中介作用下就可以达到不同的表层结构，这正是世界上存在不同语言的原因。刘宓庆在图 3.3 所示的"表层语言结构—表现法—深层思维内涵"三个层级关系主要就是在这个意义上讲的，他的"表现法"起到了"思维方式"的中介作用。因此，语言对比的层次可以在思维方式和语言表层两个层面上进行，这种二元层面也可以形成一种层面透视法。

3)"汉语本位"观

王菊泉在谈到语言比较的出发点时说：

> 比较从哪一方出发的问题，通常有两种做法。一是从英语出发，看英语里有个什么现象，汉语里跟它相当的是什么？二者在哪些方面相同？在哪些方面不同？也可以从汉语出发，以汉语语法现象为纲，在英语里找可以比较的现象。（王菊泉，1982）

因此，语言对比有个立足点或方向问题。立足点就是本位，在语言对比中以汉语为立足点就是汉语本位，以英语为立足点就是英语本位。刘宓庆持"汉语本位"观。

在其早期的语言对比中，如《试论英语与汉语的词类优势》(1978)和《试论英汉词义的差异》(1980)，刘宓庆还没有本位意识。1991 年的著作《汉英对比研究与翻译》及文章《汉英对比研究的理论问题》将原先的"英汉"改为"汉英"，初显汉语本位意识，但还不明显。1996 年在《翻译理论研究展望》一文中首次提出"本位观"，主要是谈以中国翻译理论为本位的问题，但已提到从汉语的异质性出发进行翻译研究。2001 年的专著《翻译与语言哲学》提出"本位观照、外位参照"的研究方法论，认为中国的翻译理论研究必须以中国为本位，其中对汉语做通体的本位观照，是研究汉外语际转换的最基本的依据和依归。(刘宓庆，2001：42)2006 年在《新编汉英对比与翻译》的"新版代序"中强调汉英对比研究应该维护汉语的话语本位观。同年发表的《四十年学术人生》一文认为：

> 现在的很多比较研究是英汉比较，而不是汉英比较。……我们需要的是汉英对比，以汉语为本位，以英语为外位，必须以汉语的语法本位为纲，否则肯定削足适履、主次不分……(刘宓庆，2006d：liii-liv)

由于刘宓庆的语言对比研究与翻译研究的相关性，他的"汉语本位"观既是汉英对比的立足点问题，也是其翻译理论中国特色观的立论依据之一。

在国内，主张以汉语为本位进行汉外对比研究的学者还有潘文国。不过，他谈论的不是对比的本位问题①，而是对比的方向性问题，即以汉语为出发点进行汉外对比研究。他在 1996 年的英汉语比较研究会青岛会议上宣读《换一种眼光何如？——关于汉英对比研究的宏观思考》一文，在总结以往对比研究以西方语言（主要是英语）为出发点的弊端后，主张从英汉对比的观点和方法转到汉英对比的观点和方法，认为这不只是方向的转变，更反映了两种不同的语言观和不同的对比研究方法论。他在 2006 年的《对比语言学：历史与哲学思考》一书中重申了这一观点。在这一点上，他与刘宓庆提倡的"汉语本位"观是相通的。两人同时在 20 世纪 90 年代中期开始关注对比研究中的汉语本位问题，不能不说是一种历史的巧合，但考虑到中国从 90 年代以来对传统文化的回归倾向，也不能不说是历史的必然。

---

① 潘文国也谈本位问题，即"字本位"。他的"字本位"研究与他强调从汉语出发进行对比研究是有密切关系的。刘宓庆的"汉语本位"则是针对语言对比研究的。

4）功能代偿

刘宓庆的汉英对比研究属于应用翻译理论研究，而翻译对策论是应用翻译理论的重要组成部分。"功能代偿"就是刘宓庆提出的中国翻译理论对策论的核心思想。这一思想正是在他的汉英对比研究和汉英转换的实践中提出的。

关于"功能代偿"，刘宓庆在《从"对应"到"代偿"》（2006d：11-28）一文中进行了详细的讨论。刘宓庆认为，西方语言之间具有同质性，因此，"对应"（equivalence，对等、等值、等同）是其互译的主要对策。但"对应"是一个结构主义的语言观概念，是静态的，不强调交流，没有将意义放在动态话语的交流框架中考察。因此，在中国的翻译语境中，应该对"对应"进行功能主义的改造，从"对应"推进到更加广为使用、更加适用的"代偿"（compensation）。（刘宓庆，2006d：12）以下是几点评论。

第一，刘宓庆对"功能代偿"表现出了两种不同的态度。一方面，他认为"对应"和"代偿"并非决然对立。刘宓庆反对的是结构主义的对应观，倡导的是功能主义的对应观。刘宓庆认为："'功能代偿'既有结构主义的初始考量，又有功能主义的动态把握。"（刘宓庆，2006d：xxiii 注释②）在这一点上，此论与奈达的"功能对等观"很相似。另一方面，他又将对应和代偿对立起来，在表述上，这不能不说是一个矛盾，因为即使是西方语言学派的对应观也不是绝对的，而是相对的。另外，在《新编当代翻译理论》（2005a）第八章"翻译方法论"中，刘宓庆讨论了作为常规手段的"对应"，但"代偿"只是作为变通手段的一种，与他将"代偿"作为中国翻译理论对策论核心的观点有出入。

第二，按照刘宓庆对"功能代偿"的阐述，他似乎强调译文的通顺，但在文学翻译中，一味强调通顺可能会适得其反，对应式翻译可能效果更好。这就涉及文学语言的常规和变异的关系。有些表达在原文中是常规的，直译过来可能还是常规的，也可能变成变异的；有的在原文中是变异的，直译过来可能就是常规的，更多的情况是变异的。王佐良说：

> 某些词在一个语言里有强烈的情感力量，而其等同词在另一语言里却平淡无奇。……反过来，也有某一词在原文里近乎套语，而照字面直译到另一语言却显得生动、新鲜。（罗新璋、陈应年，2009：930）

　　王佐良指的是词的翻译。句式的翻译有时也需要一定程度的对应式翻译，如西方某些现代主义文学非常重视文学的形式，文学形式就是文学的意义，将形式进行对应式翻译，本身就是一种功能对应。

　　第三，功能代偿作为刘宓庆提出的翻译对策，其应用如何？这涉及理论的应用问题。理论的应用问题比较复杂，既涉及理论与实践的关系问题，也涉及理论在多大层面上讲具有应用性这一问题。刘宓庆早年曾论述过翻译理论的职能问题，认为理论具有认知、执行和校正三大职能。张南峰认为中国传统译论和西方语言学派译论都已走入"死胡同"，就是从理论的适用性或应用性上讲的。他认为西方文化学派的翻译理论能够有效地解释中国的翻译现象，因此是普遍适用的理论。然而，他只是从文化社会等外部环境方面讨论翻译理论的应用问题。赵彦春提出的"翻译学归结论"则走向了另一个极端。而理论的应用是多层面的，既有外部描写层面的应用研究，也有内部实践层面的应用研究。按照一般的理解，主要还是实践层面上的译论比较受关注。

　　其实，不管中国传统译论还是西方语言学派译论，其理论的应用价值主要体现在实践层面上。事实上，人们已经在运用这些理论进行翻译研究和翻译实践。从国外理论在中国的运用来看，德国的目的功能派、语用学译论（特别是关联顺应理论）、描写学派的三要素理论运用得较广泛。相比之下，运用当代国内学者自创的理论进行应用翻译研究的情况还不是很多，胡庚申的"翻译适应选择论"似乎被应用得较多，如刘雅峰的博士论文《译者的适应选择论——外宣翻译过程研究》就是以其为理论基础进行的应用研究。国内的变译理论与德国的功能目的论有许多相似之处，但似乎前者在国内的应用不如后者，个中原因可作分析。

　　对刘宓庆翻译理论的应用主要集中在他的翻译美学、翻译风格等方面，如马会娟（1999）以刘宓庆对文学作品中美的表象要素和美的非表象要素两种划分为依据，通过译例分析，探讨了霍译《红楼梦》如何成功地再现原作的美学价值。刘宓庆提出"功能代偿"理论已有十余年，我们分别以"关键词"和"篇名"为维度查阅了中国知网上有关"功能代偿"的文章，发现该词主要是一个医学术语，指人体器官的修复功能，相应的以此为关键词的医学研究文章较多，尚未见应用"功能代偿"讨论翻译的文章。刘宓庆的"功能代偿"理论的应用前景怎样，如何从一个"医学术语"转向一个"译学术语"，尚需实践的检验。

(3)与其他对比语言学者的比较

从上文对中国对比语言学史的梳理看，中国的语言对比研究从 20 世纪 70 年代末开始进入了一个崭新的阶段，各种目标的对比研究悉数登场，在对比语言学的学科意识逐步增强的同时，应用对比研究也蓬勃发展，其中以翻译为指向的语言对比研究成为新时期对比研究的一支重要力量。刘宓庆的汉英对比研究就是指向翻译的，这里拟选择其他两位涉及翻译研究的对比语言学者——张今和潘文国，与刘宓庆进行简要的比较，以期对刘宓庆的学术思想有更深入的了解。

1)与张今的比较

张今是国内较早从事翻译研究的学者，也是较早从事英汉对比研究的学者。其翻译研究的代表作是 1987 年出版的《文学翻译原理》，英汉对比研究的代表作是他与陈云清合著的《英汉比较语法纲要》(1981)。后者是 80 年代初几乎同时出版的四本英汉语法比较著作的一本①。该著的目录是：序言、第一章(导论)、第二章(独立语结)、第三章(半独立语结)、第四章(非独立语结)、第五章(思维反映现实的方式)、第六章(英汉语语法中的否定方式和比较方式)、第七章(汉语词类)、第八章(汉语动词)、附录(关于原始动词的假说)。该著集中于语法的比较研究，著者在序言中指出，比较的目的是对英汉语的学习和掌握有所裨益，但该著通篇用了大量的翻译实例。因此，该著直接谈翻译的地方并不多，都是通过翻译实例体现语法的比较。该著有一个显著的特点，即语法比较体现在两个方面：语内比较和语际比较。语内比较就是英语内部或汉语内部的比较，语际比较就是英语和汉语之间的比较，这可能是该著名为"英汉比较语法纲要"而不是"英汉语法比较纲要"的原因。如果书名为前者，可以涵盖语内比较和语际比较，如果为后者，则主要指语际比较。

语内比较的例子如：

He planted trees in the garden. 他在花园里种了树。
He planted the garden with trees. 他把花园种了树。

语际比较如该书第 30 到 35 页对英汉强调句的比较，此处举例从略。

---

① 其余的三本是《汉英比较语法》(任学良，中国社会科学出版社，1981)、《汉英语法手册》(吴洁敏，知识出版社，1982)、《英汉语法比较》(赵志毅，陕西人民出版社，1981)。

刘宓庆的对比研究不只局限在语法方面，但在语内比较方面阙如。

刘宓庆和张今的学术研究比较可以作一总结。就研究领域来讲，两人都在两个相同的领域作出了突破性的贡献，一是汉英对比研究领域，二是翻译理论领域。可能由于年龄的差距或其他原因，张今（1929 年生）在这两个领域的研究都要早于刘宓庆（1939 年生）。张今于 1981 年与陈云清合作出版《英汉比较语法纲要》，是自吕叔湘先生 1977 年号召通过对比研究语法以后，新时期出现较早也是学术含量较高的语言对比著作之一。该著对英汉对比研究在翻译中的应用也有精辟的论述，王菊泉（1982）对此著给予了较高的评价。张今在 1998 年又与他的弟子张克定合作出版《英汉语信息结构对比研究》。刘宓庆则于 1991 年出版《汉英对比研究与翻译》，并于 2006 年出版其新编版。

翻译研究领域，张今早在 60 年代就已完成《文学翻译原理》的写作，但由于历史的原因直到 1987 年才出版。刘宓庆则从 80 年代开始他的翻译研究，在 1990 年出版他的重要著作《现代翻译理论》，此后一直笔耕不辍，已出版著作十余部，涉及翻译研究的多个领域。就研究方法来讲，两人都比较注重运用辩证法，或辩证唯物主义和历史唯物主义的方法，张今在这方面的表现尤甚。另外，两人都非常重视哲学，具有较强的思辨能力，善于进行理论的建构和理论创新。张今的《思想模块假说——我的语言生成观》（1997）是其代表作。刘宓庆对西方语言哲学的研读对他的功能主义翻译意义观的形成影响较大。在对待中西译论的态度上，两者的态度基本相同。张今认为：

> 中国的学问，包括中国译论，是在东方这块神奇的土地上成长起来的，世世代代薪尽火传。它具有中国的气派、中国的风格、中国的特色，在世界上独树一帜。我们完全不必唯西方的学问（包括西方的译论）马首是瞻。（张今、张宁，2005：修订版序言）

刘宓庆则明确提出建立中国特色的翻译理论。对于西方译论，两人都表现了较为辩证的态度，并不完全反对引进和学习西方的理论，都强调有所区别地对待西方译论，但必须以本国的译论为本位。两位都是从 20 世纪五六十年代走过来的学者，从中我们可以看出那个时代的人对待西方文化的普遍态度。

2）与潘文国的比较

潘文国的语言对比研究主要体现在两本著作中：1997 年出版的《汉英语对比纲要》和 2006 年与谭慧敏合作的《对比语言学：历史与哲学思考》。他的对比思想在上文中已有涉及，可以看出，刘宓庆与潘文国的研究有许多相似和相异之处，这里不妨作简要总结。

第一，两人都涉足语言对比研究和翻译研究，都强调翻译理论的中国特色。但潘文国更倾向于汉英对比研究领域，他的翻译研究并不是以语言对比研究为基础的。或者说，他的语言对比研究与翻译研究是分开的，虽然他对对比语言学和翻译的关系有过思考。

第二，两人都强调语言异质性、对比研究的三个层次、宏观层面的对比研究以及以汉语为本位的对比研究。在前三个方面，潘文国受刘宓庆的影响较大。但潘文国对上述观点进行了纵深的研究，如由三个对比层面引出了三种翻译类型的讨论：教学翻译、实用翻译和文化翻译。另外，潘文国更关注对比研究中概念的区分，如"对比"与"比较"、"异"与"同"等，使得语言对比研究理论表述得更清晰。

第三，潘文国的对比研究具有明确的终极指向，即指向中国特色的语言学，如他的"字本位"汉语研究。刘宓庆在早期思考过对比语言学的方法论等带有普遍性的问题，如提出了语言对比研究的三个层面，但从整体来看，刘宓庆基本上把对比研究放在翻译应用理论研究的范围之内，将对比研究的成果作为翻译理论建设的依据之一，所以他很注重对比研究的对策性。在这一点上，刘宓庆与其他学者如赵世开、王还等人的语言对比研究也是不同的，如赵世开的研究更注重为语言学理论建设服务，王还的语言对比研究则是为对外汉语教学服务。应该说，这些不同的研究方向或研究目标都是语言对比研究所需要的。

第四，潘文国学术史的意识更强，擅长于中外对比语言学史的梳理。另外，他的对比研究有明确的哲学基础，即洪堡特的语言世界观，因此他的研究更趋于宏观。刘宓庆的研究则更关注微观的对比研究。刘宓庆是国内较早意识到宏观对比研究重要性的学者，但他本人在这方面的研究并不是很多。从《新编汉英对比与翻译》（2006b）的内容看，他的微观对比研究仍旧占大部分。潘文国等将刘宓庆的语言对比研究归入到宏观研究（潘文国、谭慧敏，2006：158），主要是出于刘宓庆提出的"层面透视法"包括了宏观的对比研究方法的考虑。

最后还要指出一点，刘宓庆的汉英对比研究主要集中在语言层面，文化层面的对比研究不多。另外，句子以上的对比研究，如篇章的对比研究也是欠缺的。他的《新编汉英对比与翻译》(2006b)没有在这些方面有所补充，是比较遗憾的。

4. 语言对比研究的理论思考

前文讨论过，刘宓庆的语言对比研究有着明确的翻译指向，这一翻译指向主要是指刘宓庆将语言对比研究看作一种应用翻译理论研究，同时也构成了基础翻译理论研究的基础。对于这种指向翻译的语言对比研究，本节拟就对比语言学与翻译的关系作进一步的理论思考。

按照研究目的的不同，语言对比研究可以有多种指向，如指向外语教学、指向翻译、指向语言类型研究等。其中指向翻译的语言对比研究体现了对比语言学与翻译的天然的密切关系。但这种关系又体现出一种复杂性，对这种关系的探讨无疑对进一步认识语言对比研究与翻译的关系具有一定的理论和实际意义。需要说明的是，这里的"翻译"既指翻译实践，也指翻译理论。本研究拟从两个层面对两者的关系作进一步的讨论，一个是实践层面，一个是理论层面。

(1)实践层面：语言对比研究与翻译实践互为手段和目的

从实践层面看，语言对比研究与翻译的关系就是一种理论与实践的关系。可以区分为两种不同方向的类型，一是对比研究指导翻译实践，二是通过翻译实践来进行对比研究。两种类型中的前者和后者是手段与目的的关系。

1)对比研究指导翻译实践

这种类型是将语言对比作为手段，将语言对比研究的成果应用到翻译实践中。如刘宓庆的汉英对比研究具有较为明显的指向性，即属于本研究讨论的指向翻译的语言对比研究。潘文国(1997：10)也认为只有对比研究才能提供关于双语异同的比较准确的认识，从而使翻译研究减少盲目性。

但是语言对比是在多个层面进行的，有些对比并不直接有助于翻译的实践。对比语言学的语言对比与翻译理论的语言对比的主要区别在于它们对比的性质不同。对于对比语言学来说，文本语义一致性并不是一个必要条件，所以用来进行对比的文本不必是原作和相应的译作。在对比语言学中，对比分析是为了揭示两个文本或两种语言在结构上的异同，揭示词汇、语法、成语和语体等方面的不同和相同之处。这种对比通常是静态的，没有寻找翻译等值物的目的。而翻译理论涉及的对比分析，所选取的文本是原作和译作，二者存在所谓的等值关系。巴尔胡达罗夫谈论过翻译理论中的语言对比："在翻译理论中对语言单位进行对比的前提是它们表达相同的内容，也就是相同的意义，换句话说，各语言单位的词义必须相同，而不问其究竟属于语言等级系统的同一层次，还是不同层次。"（巴尔胡达罗夫，1985：16）

另外，如果说对比语言学是系统比较两种语言结构单位的形式和意义，那么翻译理论除了考虑原文和译文，还要注意到操不同语言的交际者在社会文化和心理上的差别以及决定翻译过程的其他诸多社会文化因素与心理因素；并且认为翻译不是语言代码的简单替换，更是一种文化适应。

2）通过翻译来进行对比

这种类型涉及对比研究的方法或出发点问题，这是作为学科的对比语言学的讨论主题。对此，中国两位著名语言学家王力和吕叔湘持有截然相反的看法。王力否定通过翻译进行对比研究："但是，我们这里所要指摘的，是有意识地或无意识地，把西洋某词'译'成中国话，再把这中国话认为和西洋那一个词同一性质。……所以语法只该就一时一地的语言作个别的观察，一切的对译都是不能帮助词性或用途的确定的。"（王力，1984：4-5）

吕叔湘则主张可以通过翻译比较两种语言，他认为应该探究一句中国话，翻成英语怎么说；一句英语，中国话里如何表达。表面上看，这两位精通中西语言的语言学大师的观点迥异，然而，仔细分析，不难发现，两位的观点并不悖，都赞成通过翻译进行语言对比。这里要区分两种不同方法的翻译，即直译和意译。显然，王力否定的是通过直译的翻译进行对比研究，因为通过这样的翻译所得到的比较语料多是即时性的，真实性难以得到保障，比较的结果也是可预料的，即"同"。吕叔湘赞同的是通过意译法得到的比较语料，这样的语料由于是语言的真实、自然状态，因此，比较的效果会较为理想，比较的结果也会相对客观。这样看，两人的观点就殊途同归了。另外，王力主张"就一时一地的语言作个别的观察"，说明他并不反对通过直译法翻译到汉语里并已经成为汉语一部分的欧化汉语的合法性，他在《中国语法理论》中就设专章讨论汉语"欧化的语法"（王力，

1951）。我们知道，现代汉语发轫于五四时期的白话文运动，中间融合了古代文言、现代白话、方言及欧化的表达多种成分，经过多年的发展，已经逐渐成熟。进行汉外语言的对比，仅就汉语方面讲，汉语语料就有两种选择，一是所谓的"纯汉语"，特指未受西方语言影响之前汉语，包括古代文言和现代白话文；一是受到西方语言特别是印欧语影响的欧化的汉语，这种影响多是通过翻译进行的。选择哪种汉语语料与外语进行对比，要视对比的目的而定。如果是以构建汉语语法学为目的，就选第一种语料，如马建忠的《马氏文通》和赵元任的《中国话的文法》。即使这样，马氏和赵氏的研究模仿西洋语法的痕迹还是很重，特别是马氏。看来，语料只是前提，还与语言对比的出发点有关。如果是以外语教学或翻译为目的，我们认为，两种语料都可以使用，这就要视更具体的情况来定了。其实，这里涉及这样一个问题，即语言对比的"异"与"同"是发明的还是发现的？"发明""异同"具有明显的规定性和主观性，倾向于演绎法；"发现""异同"则具有明显的描写性和客观性，倾向于归纳法。两者各有优缺点，应该相互结合，共同成为语言对比的原则。

（2）理论层面：语言对比研究与翻译理论的生成性互动

语言对比研究与翻译的关系并不止体现为一种理论与实践的关系。从理论层面看，语言对比研究与翻译理论具有互相影响、相互生成的关系。体现在以下两个角度。

1）理论生成的角度

从理论生成的角度来看，语言对比研究是翻译理论的基础，翻译理论反过来促进语言对比研究。从历史上看，许多翻译理论家进行对比语言学研究，而一些对比语言学研究者又是翻译研究者，国外的如奈达、切斯特曼、哈蒂姆等人，国内的如刘宓庆、陈定安、谭载喜、潘文国等人。

刘宓庆于 20 世纪 80 年代几乎同时进行翻译研究和汉英对比研究，是新时期外语界较早在这两个领域同时进行研究并取得成就的学者，其代表作就是 1990 年出版的《现代翻译理论》和 1991 年出版的《汉英对比研究与翻译》，在学界影响较大，其中他对现代翻译理论的研究就是以对比语言学理论为指导的。

陈定安认为英汉语言对比是翻译理论的核心。"因为英汉互译的理论、方法和技巧都是建立在英汉两种语言异同对比的基础上的。正因为有了"同"，才可以互译；正因为有了"异"，才产生了不同的方法与技巧。"（陈定安，1991：1）显然，他是将翻译技巧和翻译方法看作翻译理论的。

谭载喜区分了对比语言学的对比研究与翻译研究的对比研究："翻译研究中所要求的对比是动态的对比，它不仅关心有关的各种语言之间究竟存在哪些异同，为什么存在这些异同，而且更关心怎样跨越语言障碍，把两种不同的语言联系在一起，使原文信息在译文语言中具有同样或类似的价值。"（谭载喜，1988）

潘文国是国内对对比语言学和翻译的关系讨论较多的学者，他曾根据所有学科从理论到实践都可以分为四个层级的观点论述了对比语言学和翻译学之间的关系。他说的对比语言学的四层级体系是语言哲学、理论对比语言学、应用对比语言学、语言对比实践，翻译学的四层级体系是语言哲学（翻译哲学）、翻译理论、翻译技巧、翻译实践。他认为：对比语言学对翻译的指导作用并不是全方位的，它只能在第三、第四层级，不能直接指导翻译学理论的建设。如果想对之有所作为，也必须通过影响语言哲学来曲折地实现。（潘文国、谭慧敏，2006：233）另外，他在 2007 年发表的《翻译与对比语言学》一文专门探讨了对比语言学与翻译的关系，他指出，对比语言学所说的"相似性"是翻译理论探讨的"可译性"（潘文国，2007）。

切斯特曼对两者的关系作了深入的探讨，他认为翻译研究和语言对比研究有许多共同的基础，如翻译研究的"对等"与语言对比中的"对比中立项"，甚至"对比分析"和"翻译理论"这两个术语在某种程度上可以互换。

2）学科发展的角度

从学科发展的角度看，早期的西方语言学派译论就是将翻译学看作对比语言学的一个分支。这种学科上的关系可以通过分析语言学派译论产生的原因看出某些端倪。造成语言学派翻译理论产生的因素较为复杂，总的来说，主要有三点。

其一，翻译学科发展的需要。不论在西方还是在中国，传统翻译研究一直处于一种零散、不系统的前学科状态，20 世纪西方随着已有学科的继续发展，新学科不断兴起，翻译研究的学科意识也在不断增强，急需翻译研究的现代化。这是现代翻译理论产生的内在需求。

其二，语言学与翻译研究的天然盟友关系。翻译涉及两种语言的转换，语言问题一直是翻译研究的中心之一或重要维度，中外皆然。西方传统翻译研究中更是有一条比较明显的语言学路线。但受制于传统语言学的发展，语言学与翻译研究的关系一直保持着这一张力。直到20世纪初现代语言学的出现，翻译研究出现了实现现代化的契机。在20世纪上半叶，现代语言学已经发展了一段时间，但很多语言学家对翻译理论都没有多大兴趣，直到50年代才出现语言学派翻译理论。造成这种局面的原因有二，一方面由于现代语言学需要一段发展时间才能成为其他学科的"母学科"，另一方面与当时语言学中占主导地位的结构主义语言学有关。索绪尔开创的现代语言学关注语言的结构，致力于对自足的语言的形式和结构进行静态的、客观的描写和分类，而放弃探讨语言的内容，因此，所有关于意义的讨论在当时都被认为是不科学的，语义学在语言学中不被重视。而翻译涉及的是两种语言间意义的传达，意义问题是翻译的中心问题，因此结构主义语言学对翻译问题感到力不从心，也无力研究翻译问题。

早期的结构主义语言学和后来的美国描写语言学派、哥本哈根语言学派对意义问题都不太重视，总的来说对翻译研究的贡献不大。① 布拉格语言学派属于结构功能派，已涉及语言的功能和意义。后来的系统功能语言学、话语语言学、篇章语言学、社会语言学、认知语言学、语用学等都涉及语言的意义和功能，这些与翻译研究的关系更加密切，翻译的语言学派更多的是从这些语言学领域中汲取营养。乔姆斯基的转换生成语法虽然重点关注语言的结构和形式（后期也注意到语义问题），但其提出的深层结构和表层结构问题非常符合翻译的转换本质。乔姆斯基认为句子的深层结构是决定句子语义传达的结构，而表层结构是决定该句子语音传达的结构。同一深层结构可以体现在不同的表层结构中，这对翻译有着重要的启示作用。奈达本人作为语言学家，运用转换生成语言学进行翻译研究也就是顺其自然的事情了。

其三，译员培养的需求。二次世界大战后国际交往更加频繁，翻译活动蓬勃发展，特别是大量非文学文本的翻译需要培养大量的译员。许多国家开设翻译学校，许多高校开设翻译系，并制定相应的教学计划和大纲。翻译活动的这一大的变化引起了语言学家对翻译问题的注意。由于翻译文本由文学翻译向非文学翻译

---

① 机器翻译研究更需要进行形式化描写，结构主义或形式主义语言学在这个领域仍大有用武之地。

的转移，翻译的文艺学问题也逐步让位于翻译的语言学问题，在某种意义上讲，语言学派译论主要是以非文学翻译为研究对象的，这是语言学派译论产生的现实的一面①。当然，文学翻译活动虽已不是主流，但一直存在，翻译的文艺学派也一直成为与语言学派相对抗的翻译研究范式，这在苏联的翻译理论界表现得最为明显。20 世纪 80 年代的中国处在社会的转型期，然而，不同于五四时期文学翻译的热潮，80 年代非文学翻译的比例大幅提升，翻译实践和教学的情形与二战后的西方比较相似，语言学派译论的引进正是为了满足翻译的这种社会需要，这也是语言学派译论在中国受欢迎的原因之一。

从中外语言对比研究和翻译研究的实践来看，语言对比研究与翻译都有着天然的密切关系。我们从实践和理论两个层面讨论了两者的关系，意在指出两点：其一，指向翻译的语言对比研究是有前提的，即所对比的语言单位需具有相同的意义，只有这样才能体现对比研究对翻译实践的价值；其二，从应用研究来看，翻译理论研究离不开语言对比研究的成果，反之亦然。因此，两者的理论研究应该形成一种相互观照的联盟，相互促进、相互发展。在当前国内翻译理论研究出现多元化局面的今天，通过语言对比研究进行翻译研究仍不失为一种既有实践意义也有理论意义的有效途径。

二、翻译教学研究：学术生涯的一条主线

在我国的翻译研究中，翻译教学研究很长一段时间内处于滞后状态。直到新世纪初，我国出版的有关翻译教学的译学专著也不多，而在这些数量不多的出版物中，有很大一部分是针对翻译技巧的翻译教程，缺乏对翻译理论的关注。刘宓庆是我国译学界较早关注翻译教学的理论家之一，正如他在《翻译教学：实务与理论》（2003）一书的序言所说，"我一生所做的不外乎三件事：做翻译、教翻译，翻译研究"。的确，曾经执教于北京大学、厦门大学、香港中文大学、台湾师范大学的刘宓庆，教学上积累了丰富的经验，先后著有《英汉翻译技能训练手

---

①　语言学派译论是否适合文学翻译研究是苏联语言学派和文艺学派争论的焦点之一。争论的早期双方都持较为极端和绝对的观点，如费道罗夫、加切奇拉泽等人。后来语言学派多持较为温和和辩证的观点，认为文学翻译研究并不排斥运用语言学理论。类似的争论也发生在功能目的派对文学翻译的适应性问题的争论上。

册》《文体与翻译》和《翻译教学：理论与实务》。这些著作清楚地勾勒了刘宓庆从具体的翻译教学技能训练到翻译教学的理论探讨再到涉及翻译教学的理论与实务的翻译教学研究轨迹。

（一）刘宓庆翻译教学思想阶段划分

刘宓庆的整个学术生涯都用来做翻译、教翻译、研究翻译。然而，纵观其四十余年学术人生，会发现有一条主线贯穿其中，即翻译教学。他首先是作为一位翻译教师立身于中国翻译界的。大体来看，刘宓庆的翻译教学研究可以分为三个阶段。每个阶段都呈现出不同的特征，展现了刘宓庆翻译教学思想的发展轨迹。

第一阶段：从20世纪70年代末至20世纪80年代末——结构主义为主，功能主义为辅。

从世界范围看，翻译研究的现代化是与语言学派译论的产生分不开的。虽然20世纪50年代中国就与西方的语言学派译论相遇，但由于历史的原因，这次相遇持续时间短，影响小，中国的翻译研究仍处于传统译论的范围内。直到70年代末、80年代初，中国的翻译研究发生了一次重要转向，即从传统译论阶段转向现代译论阶段。相比两千余年的翻译实践和翻译研究传统，中国的翻译教学和研究起步较晚。改革开放之前的翻译教学基本是在传统译论的指导下进行的，规模性和科学性都显得不足。面对20世纪80年代翻译人才培养的社会需求，以及译学现代化的时代诉求和理论加持，中国的翻译教学也从传统翻译教学转向了现代翻译教学阶段。受索绪尔语言观和当时以奈达为代表的西方语言学派译论的影响，刘宓庆这一阶段的译学思想主要是结构主义的。结构主义译学主张"对等"或"对应"，强调通过语言对比来研究翻译的过程和对策，这在当时成为中国译学研究的主流。受此影响，刘宓庆的结构主义译学思想主要体现在这一时期撰写的《现代翻译理论》（1990）和《汉英对比研究与翻译》（1991）两本专著中。在中国现代译学的开创阶段，这两本著作的出版以其异于传统译论的体系性和科学性成为当时中国译学界的标志性成果。也正是受这一译学思想的影响，刘宓庆在这一阶段的翻译教学思想也主要是结构主义的。这一阶段刘宓庆的主要翻译教学论文有《汉译英教学中的若干问题》（1984）和《论翻译的技能意识》（1987a），主要翻译教学著作有《文体与翻译》（1986）和《英汉翻译技能训练手册》（1987b）。《文体与翻译》是一部从文本类型角度编写的教材，一定程度上体现了刘宓庆在语言学方面的功能观。对于这一阶段的研究倾向，刘宓庆在后来的《四十年学术人生》一文中这样写道："20 世纪 80 年代中，有一段时期，我曾经非常赞同结构主义：不是由于它时髦，而是由于它实用。我认为结构主义的很多论点实际上很符合中国哲学的基本思想，比如辩证的整体观和一体论。……为凸显结构主义的优长以及为强调我在克服传统译论的不足上所作的'选择性努力'，我完成了第一部著作《文体与翻译》。"（刘宓庆，2006d：xxxvii-xxxviii）

其实，刘宓庆这一阶段撰写的另外两部著作——《现代翻译理论》（1990）和《汉英对比研究与翻译》（1991）在中国译学现代化初期具有里程碑式的意义，并且从更宽泛的意义上讲，两部著作也可看作翻译教材，因为其对翻译实践和翻译教学具有很强的实用性和可操作性。总之，可将刘宓庆这一阶段的翻译教学研究特征概括为：结构主义为主，功能主义为辅。

第二阶段：从 20 世纪 90 年代初至 2007 年——功能主义为主，结构主义为辅。

经历了 80 年代对西方早期语言学派译论的引进和吸收，90 年代初期的中国翻译学界似乎进入了所谓的"静寂期"或"调整期"，然后就是在其后的 90 年代中后期西方的文化学派译论进入中国，形成了一股翻译文化研究热潮，被中外翻译学界称为翻译研究的"文化转向"，一直延续到 21 世纪初期。

翻译研究的文化学派有狭义和广义之分，狭义的文化学派从外部社会文化研究文本的传播、影响和接受，将翻译研究的重点从语言转向文本，从语言的内部研究转向社会文化的外部研究，从对翻译实践的规定性研究转向对翻译事实或事件的描写性研究，描写译学、操纵学派等属于此类研究。广义的文化学派关注翻译意义观的改变，认为原文本的意义并非静止、一成不变的，而是流动的，语境依赖的。这样，语言学派倡导的"等值"观、"对等"观、"忠实"观就受到了挑战。现代阐释学译论、后殖民主义译论、解构主义译论、德国功能目的论等都属此类研究。这里所谓广义的文化学派译论与狭义的文化学派译论，其学术精神是一致的，即都是对语言学派译论所倡导的"逻各斯中心主义"的反拨，从"本质主义"走向"非本质主义"或"反本质主义"；不同之处主要是两者的研究视角不同，前者主要关注影响文本生成、传播、接受的社会文化因素，后者更关注翻译的意义观，因此对翻译实践的影响更大，虽然这一影响在国内常常产生误读。不管是狭义的还是广义的文化学派译论，对国内翻译教学的直接影响就是教材编写指导思想的变化，即从50年代到80年代的以词法-句法为主的传统语法翻译和结构主义翻译教材变为90年代及21世纪初的功能主义和当代各译论流派的翻译教材（张美芳，2001：56）。其他翻译教学方面如课堂教学、课程设计等也随之发生了较大变化。

在这一大背景下，刘宓庆的翻译教学呈现出怎样的情形呢？

一般来讲，一个人的学术发展离不开其所处时代的学术背景，但由于受学术旨趣、教育背景、求学经历、工作环境等内外因素的影响，各人又会具有自己独特的学术路径和品格。就刘宓庆来说，从整体看，其译学研究在20世纪90年代到21世纪初这段时期并没有完全顺着文化学派译论的方向展开，而是逐渐朝向译学的跨学科方向发展，他在翻译美学、翻译与语言哲学、文化翻译学等译学的跨学科领域进行了开创性研究，先后撰写并出版《翻译美学导论》（1995）、《文化翻译论纲》（1999b）和《翻译与语言哲学》（2001）。这些跨学科研究其实来自他译学思想的重大改变，这个变化就是从80年代的结构主义转向了90年代的功能主义。更具体地说，就是从索绪尔的结构主义转向了维特根斯坦的后期语言哲学思想。80年代末，刘宓庆发现了索绪尔结构主义的局限性，即同质语言学观：重形式，不重意义；重结构，不重功能。刘宓庆认为，这种语言学观不利于翻译学理论的开拓和发展（刘宓庆，2006d：xxxix）。从1989年到1990年，刘宓庆到欧洲游学，开始接触并学习维特根斯坦的语言哲学，特别是其后期语言哲学思想，这成为刘宓庆译学思想发生前后变化的重要转折，而这一转折是以其对翻译的意义观的转变为标志的，这在其2001年的《翻译与语言哲学》中（对翻译意义问题的关注）已见端倪。不同于索绪尔的结构主义，维特根斯坦后期哲学强调语言意义的动态性和功能性，可以更有效地应用于翻译研究。正是在这样的译学思想转变的背景下，刘宓庆的翻译教学思想也发生了从结构主义向功能主义的转向。

这一时期刘宓庆翻译教学研究主要体现在一篇论文和一本专著中。1996年，刘宓庆针对当时国内译学界出现的"静寂期"现象，发表《翻译理论研究展望》一文，提出了未来中国翻译研究的四点展望，其中有两点就与翻译教学有关：第二点"翻译研究的对策性将受到更多的关注，应用理论研究将向系统化、程序化、纵深化发展"，认为对策性是翻译理论功能观的基本论点（刘宓庆，2006d：86）；第四点则更直接地对翻译教学进行了展望："翻译教学将受到重视，翻译教育将得到较全面的发展；随着以上三方面①的进展，翻译教学的科学化、规范化将越来越受到重视。"（刘宓庆，2006d：90）虽然中国现代翻译教学阶段始于 70 年代末，翻译教学研究的意识逐步增强，与翻译研究的其他方面相比，翻译教学的整体研究水平还是比较薄弱，在 90 年代中期之前还没有召开一次全国性的翻译教学研讨会。

1996 年对中国翻译教学界是一个转折年份，这一年 11 月在南京解放军国际关系学院召开了首届全国翻译理论研讨会，会议论文显示了较高的学术性。刘宓庆正是针对当时国内的翻译教学现状做出这一展望的，可见他当时的学术敏感性和前瞻性。1999 年至 2001 年，刘宓庆受聘台湾师范大学翻译研究所，其间撰写了他的翻译教学集大成之作——《翻译教学：实务与理论》（2003）。这本构思于爱尔兰都柏林大学，成书于台湾师范大学的著作是中国翻译教学研究领域较早的专著之一，基本指导思想即维特根斯坦的后期哲学观，因此是具有明显的功能主义的翻译教学思想。

2005 年至 2007 年，中国对外翻译出版公司出版"刘宓庆翻译论著全集"，共包括十一部翻译研究著作，其中《英汉翻译技能指引》（2006a）在其 80 年代的《英汉翻译技能训练手册》基础上增加了部分章节，《翻译教学：实务与理论》一书未作大的修改。因此，可以把 2007 年大体上看作其翻译教学研究第二个阶段的终点。需要指出的是，刘宓庆在这一时期从结构主义转向功能主义，并不是完全放弃结构主义，因为在他看来，"翻译中的功能主义是一个整体概念，一种汲取和提升了结构主义积极因素的系统化理论主张"（刘宓庆，2006d：xlii）。因此，我们不妨将刘宓庆这一阶段的翻译教学研究特征概括为：功能主义为主，结构主义为辅。

第三阶段：从 2007 年至今——翻译教育需要回归美学。

进入新世纪，中国的译学研究除了继续沿着文化学派的思路不断深化外，也

①　指以"本位观"指导下的译学研究、翻译对策论研究和翻译的文化研究。

开始呈现出多元化研究的局面。同时，中国的翻译教学研究全面铺开，翻译教学的学科性、研究的深度和广度、成果的质与量都逐年提高。从当前的研究情况看，刘宓庆的翻译研究在 2007 年前大体完成，此后的研究基本上是在此基础上的进一步深化。到目前为止，第三个阶段刘宓庆主要出版了三本著作：主编教材《翻译基础》(2008)，与章艳合著《翻译美学理论》(2011)，与章艳合编《翻译美学教程》(2016)。2012 年"刘宓庆翻译论著全集"第二版(共六部)出版，对五部著作(《新编当代翻译理论》《翻译美学导论》《文体与翻译》《文化翻译论纲》《中西翻译思想比较研究》)进行了修订；另外，原计划随全集第二版出版的《英汉互译技能指引》，由于各种原因，未能付梓。这段时期，刘宓庆的翻译教学基本上延续了第二个阶段功能主义的译学思想和翻译教学思想路线，但也提出了不同于以往的一些观点，其中最为重要的是对翻译美学的新定位。

翻译美学是刘宓庆翻译研究的一个重要领域，他曾遵其恩师朱光潜先生的教诲，于 1995 年在台湾出版《翻译美学导论》，并认为翻译美学是中国翻译理论的特色之一。到了 21 世纪初，他又对翻译的美学问题进行了深入思考，思想上产生了较大变化。2005 年出版《翻译美学导论》修订版，在修订版前言中，刘宓庆提出当时中国的翻译质量有每况愈下的趋势，认为这首先是教育上的问题，而翻译教学首当其冲。同时，他认为我们的语文教学和翻译教学还是一个重大的文化战略问题(刘宓庆，2005b：ix-x)。2006 年后，刘宓庆受聘于同济大学，开始了一段为期近五年的翻译教学和研究生涯。在此期间，刘宓庆与同事章艳合作撰写了《翻译美学理论》。在此书的"代序"中，刘宓庆明确提出"中国的翻译教育必须彻底改革：翻译学呼唤'回归美学'(Back to Aesthetics)"；认为这些年来我们对翻译学的基本定位或学科归属是错误的，"对翻译学而言，它的'本体论归属'(ontological affiliation)不是语言学而是美学"。(刘宓庆、章艳，2011：vii) 在 2012 年的《翻译美学导论》(第二版)中的"怎样学习和研究翻译美学"一文和第二版《中西翻译思想比较研究》(2012c)的"新'翻译答问'"的第三问中，刘宓庆重申了他对翻译美学的新看法。应该说，刘宓庆在翻译学学科归属的观点上的变化不是凭空产生的，而是常年翻译教学和研究后作出的审慎判断，这表现出刘宓庆一生秉持的探索精神和怀疑精神，与其服膺的维特根斯坦有某种契合之处。据此，他认为："翻译、翻译研究、翻译教学应该在回归到美学的道路上着力于重建，那是整个学科的一种'审美重建'（Aesthetical Remake）。"（刘宓庆、章艳，2011：vii）《翻译美学教程》（2016）更是将这一理念在翻译教学中付诸了实施。显然，刘宓庆是将翻译教学与翻译学的学科性质放在一起讨论的，也由此可见翻译理论与实践的密切关系。需要指出的是，刘宓庆提出的翻译学或翻译教学要回归美学的观点也正是其功能主义教学观的体现，因此，从较严格的意义上讲，刘宓庆第二阶段和第三阶段的翻译教学研究特征是相通的，只是第二阶段强调从维特根斯坦语言哲学上的意义观看翻译教学，第三阶段强调从翻译美学视角看翻译教学。我们不妨将其这一阶段的翻译教学研究的特征概括为：翻译教育需要回归美学。

以上将刘宓庆的翻译教学划分了三个阶段，从历时角度将刘宓庆的翻译教学研究放在新时期中国翻译教学研究的大背景下，对其翻译教学研究情况及主要特征作了一个大体的描述。当然，这只是一个大体的阶段划分，阶段之间也并非泾渭分明，但仍可发现刘宓庆的翻译教学研究经历了从结构主义到功能主义再回归美学的路径。可以看出，刘宓庆的翻译教学与中国翻译教学的总体演进方向是一致的，体现了个人学术受制于时代精神的特征。同时也可看出，刘宓庆的翻译教学研究也呈现出自己的研究思路和特点，不得不说这与其个人的研究风格和独特的学术品质密切相关。

（二）刘宓庆翻译教学思想框架的共时建构

刘宓庆的翻译教学思想可分为两个层次：隐性层次和显性层次。这两个大的层次又可以细分为小的层面。下面作一简要分层梳理，在此基础上对其翻译教学思想的框架进行图示化建构。

1. 隐性层次

隐性层次是刘宓庆翻译教学思想的最深层次，有实践基础和理论基础之分。其实践基础来自两个方面。一方面来自翻译实践。20 世纪 50 年代从北京大学西语系毕业后，他先在中央人民广播电台国际组担任专职翻译五年，后在联合国所属多个组织机构担任汉英翻译，积累了丰富的翻译实践经验。另一方面来自翻译教学实践。他一生大部分时间从事翻译教学和研究工作，任教足迹遍布大陆和台湾，曾任教于北京大学、北京第二外国语学院、厦门大学、同济大学、香港中文大学、香港大学、台湾师范大学等高校；翻译教学的学生层次既有本科生，也有硕士生和博士生。丰富的翻译实践和翻译教学经验使得他能够在翻译教学和研究领域做出卓越的成就。刘宓庆翻译教学思想的理论基础也是其整个译学思想的理论基础，主要包括哲学基础、语言学基础、美学基础和心理学基础等。其中由维特根斯坦后期哲学思想、现代阐释学和中国古典的儒家、墨家和道家思想组成的哲学基础既是刘宓庆译学思想的哲学之"源"（张思永，2020），又是刘宓庆翻译教学思想理论基础中的最基础层面。西方早期的以结构主义为主要特征的语言学派译论的引进对刘宓庆的早期学术研究也产生了一定的影响。刘宓庆早期的研究主要集中在语言对比和翻译研究两个领域，可以说，这两个领域的研究都是围绕着语言学进行的，其后的翻译美学、翻译哲学、文化翻译等研究都没能脱离开语言这条或明或暗的线索。刘宓庆将审美能力列为翻译能力的重要构成成分，也是其建构中国特色的翻译教学思想的尝试，他以中国传统美学为观照，以西方现代美学为参照建构了他的翻译美学大厦。刘宓庆翻译教学思想的心理学基础包括：翻译的思维和翻译的认知。这两方面与翻译实务和翻译教学密切相关，前者在其早期著作《现代翻译理论》（1990）和后期著作《翻译与语言哲学》（2007b）中都有探究，后者则主要体现在其《口笔译翻译理论》（2006c）中。

2. 显性层次

显性层次是在隐性层次的基础上产生的。刘宓庆翻译教学思想的显性层次又分三个层面，由低到高分别是基础层面、中介层面和最高层面。按照刘宓庆（2005c：4）对翻译理论三个层级——体验—体认—体悟（对应王国维的"三个境界"）的划分，如果说显性层次中的基础层面是体验层面，中介层面是体认层面，那么，最高层面便是体现形而上翻译教学之"道"的体悟层面，即狭义的翻译教学思想。形上之"道"不可言说，但可通过形下之"器"来体现。因此，下面仅对显性层次的两个形而下层面——基础层面和中介层面展开简要的讨论。

（1）基础层面

基础层面包括两部分——翻译实务论和翻译教学论。前者涉及翻译的对策论、程序论和方法论，后者涉及翻译教学目的论、翻译教学阶段论、翻译教学方法论、翻译教学课程论和翻译教学主体论。

首先是翻译实务论。翻译对策论方面，刘宓庆一贯重视翻译的对策研究，这与他对翻译理论的职能或功用的理解、语言对比研究的指向性、翻译教学的需要以及对中国翻译学对策论的核心思想认识的变化有关。与此相对应，刘宓庆对翻译对策的认识大体经历了各具特征的四个阶段："对策性"阶段→"参照规范"阶段→"对策论"阶段→"功能代偿"阶段。大体来看，前两个阶段主要在 20 世纪 80 年代形成，后两个阶段主要在新世纪形成。第一个阶段是对翻译理论职能中体现的对策性的认识；第二个阶段是语言对比研究的指向使然；第三个阶段是出于翻译教学的需要，对翻译对策论的系统论述；第四个阶段是出于对有汉语参与的汉外互译的特点的考虑，提出了中国翻译学对策论的核心思想——（功能）代偿。翻译程序论方面，刘宓庆将翻译程序与过程、步骤视为一体。他认为："'翻译程序'指语际转换的活动过程。"（刘宓庆，1990：149）并认为翻译的程序论是翻译学的应用理论研究，研究如何制定程序规范，包括双语转换活动的发展程式及完成步骤。（刘宓庆，1990：149）其任务是"从宏观和微观视角描写翻译的过程和步骤"（刘宓庆，2008：75）。在《现代翻译理论》和《新编当代翻译理论》（2005a、2012a）中，刘宓庆将"翻译的程序论"专设一章进行讨论。在《翻译基础》（2008）的第三章"翻译的程序论"中，刘宓庆提出了"大处着眼，小处着手"的命题："'大处着眼，小处着手'是翻译程序的关键所在。'大处着眼'是对翻译过程的宏观把握，'小处着手'是翻译操作的微观处理；'大处着眼'是翻译全局的'战略考量'，'小处着手'是翻译具体的'战术运用'。"（刘宓庆，2008：75）翻译方法论方面，刘宓庆（2008：13）认为："翻译方法论是翻译学中最重要的应用理论研究，其基本任务是探求双语转换的各种具体手段，阐明这些手段的基本作用机制和理据。"刘宓庆在多部著作中专门讨论翻译的方法论，如《现代翻译理论》、《翻译教学：实务与理论》（2003）、《新编当代翻译理论》（2005a、2012a）、《口笔译理论研究》（2006c）、《翻译基础》（2008）等，但讨论的视角不尽相同，也出现了一些历时的变化。

其次是翻译教学论。教学目的论方面，不同的教学目的必然会产生不同的教学效果。刘宓庆在其早期的一篇讨论翻译教学的文章《汉译英教学的若干问题》

(1984)中，根据他的翻译教学(汉译英)的体会，谈到了翻译教学的目的问题：是为了打基础还是为了训练翻译技巧？这首先要区分两种不同的翻译教学类型——作为教学环节的翻译教学和作为一门课程的翻译教学。在《现代翻译理论》中，刘宓庆谈到了翻译教学和翻译理论教学的目的性，认为翻译教学的根本目的是培养学生的技能意识，翻译理论教学是通过基本理论教学，对学生进行意识启蒙，诱导和激发学生从不自觉到比较自觉地用翻译的基本技能规范和原则来指导自己的实践活动。(刘宓庆，1990：297-298)教学阶段论方面，刘宓庆对翻译教学阶段性的讨论主要在三个方面：技能阶段和技巧阶段的二分(刘宓庆，1987b)、翻译理论教学的三个阶段(刘宓庆，2003)和翻译教学方法的三个阶段(刘宓庆，2003)。教学方法论方面，刘宓庆的翻译教学方法论主要体现在翻译教学法的指导思想和具体的翻译教学方法两个方面。教学课程论方面，刘宓庆早在《英汉翻译技能训练手册》中就提出了要分阶段讲授翻译理论的基本课题；在《翻译教学：实务与理论》一书中，他提出了翻译素质教学的任务，并讨论了翻译素质教学的组织和实施问题；进入新世纪，他认为翻译教学应该在回归到美学的道路上着力于重建，指出翻译系四年制本科应该有大抵一半的课程属于美学及语言审美课程，翻译学的硕士课程(包括MTI)则应该有大抵三分之二的课程属于美学及语言审美课程。教学主体论方面，刘宓庆认为翻译教师身兼四职：翻译经验的传授和提升者、翻译理论结合实际的示范者、翻译思想和策略的诠释者和翻译职业操守的体现者。(刘宓庆，2003：52)

(2)中介层面

中介层面包括翻译能力观和翻译教学类型观两个方面。

首先是翻译能力观。刘宓庆根据美国教育心理学家加涅关于学生"习得素质"的论述，将翻译能力分为五个方面：语言分析和运用能力(包括语义分析、语法结构分析和语段分析以及在此基础上正确把握语言内容、形式的能力)、文化辨析和表现能力、审美判断和表现能力、双向转换和表达能力、逻辑分析和校正能力。其中"双向转换和表达能力"需要经过三个方面的有计划的训练：思维逻辑训练、句法规范训练和表达风格训练。(刘宓庆，2003：31-34)刘宓庆将从原语到译语的翻译过程按照翻译能力的这五个方面做了一个流程图，如图3.5所示：

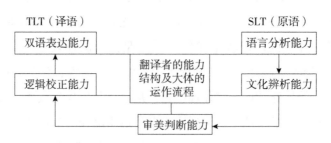

图 3.5 翻译能力视角下的翻译过程流程图（刘宓庆，2003：34）

其次是翻译教学类型观。刘宓庆的翻译教学类型观主要涉及两个标准下的类型观：一个是按照翻译教学的目的，将翻译教学分为"作为外语基本功训练组成部分的翻译教学"（teaching of translation as a basic skill，简称 TTBS）和"作为专业技能训练的翻译教学"（teaching of translation as a professional skill，简称 TTPS）；一个是按照翻译教学的内容，主要分为翻译实务教学和翻译理论教学。这两个标准的分类都是在《翻译教学：实务与理论》（2003）中提出来的。

3. 刘宓庆翻译教学思想框架

以上从实践基础、理论基础、翻译实务论、翻译教学论、翻译教学观等方面梳理和阐述了刘宓庆的翻译教学思想的成分构成，旨在展示刘宓庆翻译教学思想的体系建构。刘宓庆的翻译教学思想框架如图 3.6 所示。

从图 3.6 可知，翻译教学思想是建立在深厚坚实的隐性层次之上的，隐性层次是其翻译实务观、翻译教学论和翻译教学观的基石，是其翻译教学思想这座大冰山隐藏在水下的部分，其重要性不言而喻。而这一冰山水上的三个部分既有层面之分，又相互关联。其中翻译实务论是基础，因为没有翻译实践是谈不上翻译教学的，这对翻译教师而言更是如此。而翻译教学论作为翻译教学的实际操作层面，为翻译教学观的形成提供了经验的保障。反过来，翻译教学观又进一步影响到教师的翻译教学和学生的翻译实务。这样，这三个方面就形成了一个相互影响的循环，共同决定了翻译教学这一"语言游戏"的进行，也与理论基础与翻译实践一起共同建构了刘宓庆翻译教学思想的理论框架。

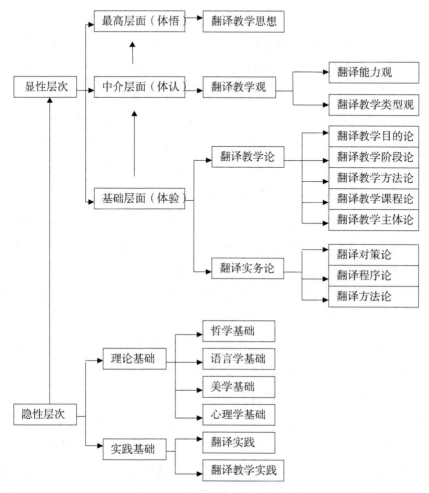

图 3.6　刘宓庆翻译教学思想框架

(三)刘宓庆翻译教学思想的性质定位

谭载喜(2000a：21)认为翻译学由三大分支组成：普通翻译学、特殊翻译学和应用翻译学，翻译教学研究属于应用翻译学。在刘宓庆的翻译学基本理论研究体系中，"翻译教学研究"属于其中的一部分(刘宓庆，2006d：lv)；在刘宓庆的翻译学理论框架图中，"翻译教学研究"是其"翻译理论"中的"应用理论"(刘宓庆，2012a：15)。在此基础上，我们将刘宓庆的翻译教学思想定位为：以功能为视角、以整合为手段、以审美为旨归的翻译教学思想。

首先是"以功能为视角"。强调"功能"是刘宓庆译学思想的一个主要特征，从早期的功能语言学观到后期的功能哲学观，从早期的"对应"观到后期的"代偿"观，以及从汉英对比与翻译的研究到翻译美学、文化翻译学，都没有离开从功能视角来看待翻译和翻译教学。在《翻译教学：实务与理论》的自序中有这么一段话表达了他的功能观："有一个时期，结构主义对我有影响，但我在欧洲和香港的时候——可以说整个 20 世纪八九十年代我更加潜心研究的是功能主义，特别是功能主义的目的论(teleology)，对我影响最深的是维特根斯坦。可以说，我的基本观点是功能主义的，但我认为结构主义也有可以借鉴之处，不能盲目排斥。"(刘宓庆，2003：xiv)这里，刘宓庆是将功能主义、目的论、维特根斯坦放在一起讨论的。总之，刘宓庆认为功能主义是一个整体概念，"它的基本特色是将语言行为(翻译行为)游戏化——特别是意义游戏化：目的在于摆脱静态的语言观和静态的意义观，使语言交流(翻译传播)更加有效，以及具有平衡的多维目的性"(刘宓庆，2006d：xlv)。

其次是"以整合为手段"。刘宓庆非常重视翻译学的跨学科研究，强调翻译研究的整体性整合研究，并将之视为建设中国特色翻译理论的途径之一，认为："对中国翻译学而言，语言学(语言哲学)、美学、认知科学、传播学、文化学都是这个学科矩阵中的重要组成部分，因此，毫无疑义，我们需要有'一盘棋'式的整体性整合研究才能使中国翻译学具有充分的科学性。"(刘宓庆，2005a：299)刘宓庆的翻译教学研究已经形成了一个丰富的体系，这是运用整合手段的结果。一方面，他的翻译教学思想具有深厚的理论基础，涉及哲学、语言学、美学、心理学等；另一方面，刘宓庆善于将翻译教学理论体系化，使各个部分有机地结合起来，并将微观研究和宏观研究、内部研究和外部研究、实务教学和理论教学紧密结合起来。例如他在翻译教学实践中，将 CW(课堂练习)着眼于微观的、局部的和专项的技能和技巧问题，HW(课外练习)则着眼于宏观的、整体的、综合的技能、技巧把握。(刘宓庆，2007d：vii)这与他致力于"整体性整合研究"的思想是分不开的。

最后是"以审美为旨归"。纵观刘宓庆近四十年的翻译研究历程，会发现有两条线贯穿始终，一条是翻译教学研究，这也是我们在讨论其翻译教学思想需要涉及他方方面面的著作的原因；另一条线索就是其翻译美学研究，这源自他多年来一直割舍不断的翻译美学情结。然而，细究起来，会进一步发现，他的翻译美学研究并非翻译学和美学的跨学科的纯翻译理论研究，而是更倾向于翻译实践和翻译教学的研究，这就使得他的翻译教学研究具有较浓厚的强调翻译审美的美学意味，或者说，他的翻译教学中存在一种审美倾向，指导着他的翻译教学实践和翻译教学研究。在《翻译美学教程》(2016)中，刘宓庆对翻译学的美学归属问题作了全面的剖析和阐述，也正体现出他以翻译美学为旨归的翻译教学思想。另外，20 世纪 80 年代刘宓庆对翻译美学进行了初步建构，90 年代基本完成了翻译美学理论框架建构，在新世纪刘宓庆对翻译学的本体论作了重新思考，认为翻译学的本质属性应该是美学，而不是语言学。据此他认为，中国的翻译教育必须进行彻底改革，改革的终极目标就是翻译学需要"回归美学"。这是他在新世纪对翻译学、翻译教学做过深入思考后思想上做出的大转变。对于翻译教学，他认为："审美教育有着至关重要的意义。翻译教学中的审美教育就是要传授翻译美学理论知识，并通过翻译实践来实现其理论的价值。……应该看到，目前主要依仗语言训练、侧重职业培训的翻译教学，只是翻译素质教育的一个初级阶段，比较成熟的翻译素质教学必须是体现翻译审美教学思想、重在培养学习者的语言审美判断能力和表现能力的语际转换教学。"(刘宓庆、章艳，2011：xvii-xviii)

杨自俭先生曾对刘宓庆作出中肯的评价："刘宓庆先生是对我国译界有重大贡献的学者、翻译家、翻译理论家。他的三本大作：《文体与翻译》《英汉对比研究与翻译》和《现代翻译理论》，在翻译教学与研究、汉英对比研究、翻译理论研究这三个领域中都发挥了开拓和指导作用。"(杨自俭、刘学云，2003：322)罗进德先生在《刘宓庆翻译论著全集》(第二版)的序言——《本位 本分 本色》(2012a：3)中认为："判断一位理论家的工作有没有价值，应该看他的理论工作对翻译实践(包括翻译实务、翻译教学、翻译批评、翻译服务管理、翻译学术出版等等)和人的心智成长有没有帮助，因为这才是理论工作的职责所在。"刘宓庆的翻译教学研究正是具有这样的价值。

刘宓庆是新时期以来中国翻译教学研究发展的见证者和参与者，他的翻译教学思想无疑会给中国的翻译教学研究带来一些启示。主要表现在以下几个方面：其一，夯实中国翻译教学研究的理论基础，加强翻译教学的跨学科研究。翻译教学研究需要坚实的理论做基础，特别是哲学基础。维特根斯坦后期哲学为刘宓庆建构其翻译教学思想功能观奠定了基础，这是他所有理论阐述的基石。在此基础上，可以从某一学科视角建构翻译教学模式，如认知心理学模式、传播学模式等。其二，整合翻译教学研究的资源，加强翻译教学研究薄弱课题的研究。整合性是刘宓庆翻译教学思想的特征之一，当前国内的翻译教学研究需要整合各种翻译教学资源，协调课程论、方法论、对策论、翻译教材、翻译教学大纲等方面的关系，形成一个有层级的翻译教学体系。其三，结合中国翻译教学的实际，加强翻译方法论和对策论研究。刘宓庆长期以来关注翻译方法论和对策论的探究，关注理论对实践的指导，使得他的研究具有较强的应用性，便于翻译教学的实施。国内的翻译教学在翻译对策和翻译方法方面的研究还需要进一步的理论化和系统化，以加强国内应用翻译学研究的体系化。其四，加强美学翻译教学理论研究，创建中国特色的翻译教学思想。翻译审美一直是刘宓庆关注的译学话题，也是其坚持中国译学应该有自己特色的依据之一（刘宓庆，2005a：292）。刘宓庆提出的翻译学要"回归美学"的观点，无疑是在特定的语境下，特别是对国内翻译教学的现状进行了重新审视后提出的观点，对当前的翻译教学实践乃至翻译批评具有较大的建设性意义，也是国内翻译教学理论的重要补充。因此，国内的翻译教学研究需要在这方面做更深入的研究，一方面是继承中国译论的美学传统，另一方面是完善翻译美学的理论支撑。另外，当前中国翻译实践和译学研究都出现了一些新现象、新形势，如翻译方向的向外转、MTI教育、机器翻译、"翻译"概念的重新界定等，它们都促使翻译教学研究领域与时俱进，刘宓庆的翻译教学思想无疑会以某种方式不同程度地对当前的翻译教学实践提供更多的启发。

需要指出的是，刘宓庆的翻译教学思想虽然已形成一定的体系，但宏微观上均存在一定的不足。宏观上，翻译教学体系的完整性方面还有待充实，如翻译教学评估、翻译教学理论模式的建构、翻译教学测试、口译翻译教学的课程设置等；研究方法论方面，思辨多于实证。实证研究一直是国内翻译教学研究，乃至译学研究的薄弱环节。研究方法论的开拓和创新是目前翻译教学研究的当务之急。当然，刘宓庆的思辨性并非形而上学的纯哲学思辨，而是基于一定的哲学、美学、语言学思想的对翻译教学的深度思考，因此仍然具有较强的经验性和实用性。微观上，对某些理论或概念的表述或界定上还需要从逻辑上进一步理顺，如对"对应"和"代偿"的界定及两者间的关系等。但瑕不掩瑜，刘宓庆的翻译教学思想无疑是中国翻译教学研究的重要一章，也必定会产生较深远的影响。

第二节 理论翻译研究

刘宓庆的理论翻译研究也是从 20 世纪 80 年代起步的，主要集中在翻译美学、文化翻译学和翻译与语言哲学三个领域，当然还有其他领域也涉及了理论研究，但没有展开研究，如翻译思维。可以说，这三大板块的研究构成了其翻译学体系的重要组成部分。本节的讨论将围绕这三大板块展开。

一、翻译美学：挥之不去的美学情结

在中国，翻译与美学的结合可谓源远流长。刘宓庆（1993）认为，中国传统译论的理论和命题基本上来源于我国古典哲学—美学，特别是古典文艺学。张柏然、张思洁（1997）也认为几乎所有的译论命题都有其哲学—美学渊源。当然，考察中国传统译论，会发现翻译与美学的结合只是其中的一种情况，我们称之为翻译的审美维度。

从笔者所见的文章和著作来看，刘宓庆首先将"翻译"和"美学"两个词放在一起讨论，构成"翻译美学"并进行研究的是他在 1986 年写的两篇文章。朱光潜先生在 20 世纪 60 年代和 80 年代鼓励刘宓庆研究翻译中的美学问题，只是用了"翻译和美学的关系""翻译绕不开美学"这样的字眼。[①] 其实，第一个提出"翻译美学"并将之作为研究对象的是张今先生。张今认为，文学翻译原理又叫翻译艺术学或翻译美学，是从美学角度研究文学翻译作为艺术创造过程的实质和一般规律的科学。按照张今的理解，翻译美学（文学翻译原理）是文学翻译理论的一个分支。

---

① 章艳在《翻译美学理论》（刘宓庆、章艳，2011）的导读中认为，朱光潜在 20 世纪 80 年代初提出了"翻译美学"这个术语，并没有注明出处。笔者认为，将"翻译美学"作为一门正式的学科进行研究，与只是从美学角度研究翻译或研究翻译与美学的关系有所不同。朱光潜鼓励刘宓庆研究"翻译与美学的关系"而不是"翻译美学"；同样，吕叔湘将张今的《翻译美学》改为《文学翻译原理》，其中是否有别的意味还有待研究者们挖掘。

据张今在《文学翻译原理》(修订版)(2005)的修订版序言中的回忆，他在 20世纪 60 年代就已写就《文学翻译原理》，当时的书名就是《翻译美学》，他将书稿交于吕叔湘先生，吕先生建议他将书名改为《文学翻译原理》。可惜，张先生未交代吕先生为何建议不用"翻译美学"的原因。但据我们推断，吕先生建议使用《文学翻译原理》一名，一方面是由于此书走的是文艺学的路子，另一方面可能与当时流行的两部文艺学教材有关，一本是蔡仪的《文学概论》，另一本是以群的《文学基本原理》。这两本教材集中体现了马克思主义原理、毛泽东思想、俄苏文论、中国古典文论，揭示了一系列关于文学本质、文学意义、文学价值的原则。两本教材在当时的影响很大，直到 70 年代末、80 年代初仍占据文艺学的主流。"原理"意味着一种一元论或决定论或本质主义，是符合当时甚至 80 年代初的大一统的意识形态现状的。特别是在五六十年代的特殊环境中，谈文学翻译是不可能离开文艺学的路线的，进一步讲，是不可能脱离当时的文学意识形态影响的。①《文学翻译原理》几易其稿，到 1987 年正式出版时已是第五稿了。在初版中，张今在对"文学翻译原理"的界定中仍旧将其称为"翻译美学"。但他后来又将其称为"翻译艺术学"。可见，张今是将美学同艺术学联系在一起的，关于这一点，张今在 2005 年出版的修订版中进行了交代：

> 《文学翻译原理》(笔者按：初版)中的理论体系是在辩证唯物主义和历史唯物主义的指导下，以文艺学模式为基础建立起来的，着重研究文学翻译中的美学问题。(张今、张宁，2005：166)

---

① 50 年代引进的苏联语言学翻译理论的影响主要体现在理论的来源国是苏联，而不是理论本身。这种理论来源本身的意识形态化也可以说明当时引进的语言学派译论的理论寿命不会太长。这与 80 年代西方语言学派译论再次进入中国的情形是不同的。至于傅雷和钱锺书分别提出的"神似"和"化境"，虽然也是谈文学翻译，但与意识形态了无关系，反而体现了中国传统译论中审美维度译论的延续，更重要的是与傅雷和钱锺书本人所具有的"独立之思想、自由之精神"的学术品格有关。焦菊隐从语言学角度对直译的探讨也是类似的例子。如果查看1949 年后到 1980 年之前发表的翻译研究文章，可以感受到浓浓的意识形态的味道，甚至 80年代初也能感受到这一点。从以上分析看，一国理论的产生具有较大的必然性，也有较大的偶然性。与翻译材料的类型、译论提出者的学术风格和学术品格、当时的社会文化、政治、经济等条件密切相关。

文艺学和美学虽有重叠的研究区域，但毕竟不是相同的学科。从《文学翻译原理》的内容上看，主要还是文艺学(马克思主义文艺学)的研究路子，美学原理的运用较少。或许这正是张今所说的，这本书是从美学的角度而不是运用美学原理进行翻译研究的。至于张今起初为何将书名叫"翻译美学"，一方面固然是因为这是一本运用马克思主义哲学和美学对文学翻译进行研究的著作，另一方面可能受到当时如火如荼进行的美学大讨论的影响，当然也与张今本人曾经翻译过《美学史》《美学原理》有关。张今的翻译美学表现出的这些特点都与刘宓庆的有所不同。

1. 刘宓庆翻译美学研究的影响因素

刘宓庆在其三十余年的翻译研究过程中一直对翻译美学情有独钟，他的翻译美学研究经历了三个阶段：80 年代中期、90 年代中期、21 世纪初。这三个阶段分别对应刘宓庆翻译研究的三个时期：应用研究时期、理论研究时期和元理论研究时期。由此可见，其翻译美学研究起源于 80 年代，成熟于 90 年代，21 世纪是其后续研究。考察起来，刘宓庆对翻译美学的研究主要受下面两个因素的影响。

一是来自师友的影响。关于这一点我们已经在第一章的"刘宓庆其人其著"中有详细的交代。"翻译不能绕开美学"，这是朱光潜对刘宓庆说过的一句话，可以说，刘宓庆在翻译美学领域的每一个研究成果无不是对朱先生那句话的诠释。正是遵循朱先生的教导，从其 80 年代中期撰写的几篇有关翻译美学框架的文章，到 90 年代中期《翻译美学导论》的出版，再到 2005 年《翻译美学导论》的修订版出现，最后到 2011 年的《翻译美学理论》，一路走来，我们可以看到刘宓庆对翻译美学的思考从未中断过，也从来没有懈怠过。

二是来自时代精神的影响。刘宓庆坚持从事翻译美学研究，中国近一个世纪以来形成的美学情结对他有着潜在的影响。自从 20 世纪初王国维开创中国现代美学以来，美学一直是中国现代学人开展人文学科研究的热门，而到了 50 年代的美学大讨论和 80 年代的美学热进一步强化了这种美学情结。正如张柏然在谈到国内翻译美学研究时说：

当代中国美学在经历了《手稿》热、心理学热、方法论热而头脑渐趋冷静地步入"大文化研究"的宏观视野之后，"翻译美学"便在美学研究"冷思考"的学术背景中，成为"美学自救"的一种补课，人们开始告别膜拜西方而努力要还文化自尊于东方，转换了视角也就端正了心态。于是，翻译美学便成为"建设有中国特色的美学格局"口号下美学复兴的增温话题。（张柏然，2001）

无疑，这是对中国翻译美学的某一视角的观察。然而，对20世纪80年代的中国翻译理论研究界来说，美学问题是否真正大规模地进入了翻译研究的领域，是需要进一步考察的。仅就与美学密切相关的文学理论来讲，当时的文学理论对翻译研究的影响是很小的①。

2.《翻译美学导论》述评

《翻译美学导论》完成于1994年，由中国对外翻译出版公司出版发行，2005年推出修订版。该书从翻译与美学的联姻是中国翻译理论的重要特色出发，运用西方美学基本概念的理论和框架，结合中国美学探讨广义上普遍的翻译机制和功能。

在该书的开端，刘宓庆将科学性定义为翻译的基本属性，艺术性为第二位属性，并从意义与思维两方面说明翻译的科学性，从语言艺术的视角解释翻译艺术的一般特征，将翻译的艺术手段概括为模仿和变通。在对翻译审美客体、翻译审美主体、翻译审美意识系统等翻译美学的具体研究对象进行细致分析之前，他从中西方译论的发展过程及特点出发，尤其是从历史渊源论证了古典美学、信达

---

① 国内20世纪80年代的文学理论的生成与翻译理论的生成有所不同，前者受社会政治文化的影响较大，特别表现在对庸俗社会文艺学的反拨。80年代初中期的美学热对文学理论的影响也是有的，随着80年代文学主体性被提出，文学理论研究也出现"向内转"（鲁枢元），即转向审美心理、审美体验的研究，钱中文、童庆炳等人提出的"审美意识形态"显然也是美学热直接或间接影响的产物。80年代后期文学理论发生了第二次"向内转"，这一次是转向语言和文本，重视对文学形式、文体的研究，是从心理审美转向语言审美，受西方形式主义文论和西方后现代文学实践的影响较大。90年代中国社会发生剧烈变革，出现新时期以来第二次也是实质性的经济转型，"人文精神"迅速失落，知识分子被迅速边缘化，退回书斋，大众审美兴起。这导致日常生活审美化，文学研究领域随即出现文化研究现象，再一次由内部研究转向外部研究。翻译研究也与文学研究再次接轨，出现翻译研究的文化转向。

雅、神与形、化境等美学命题和中国传统译论的美学方法论对中国译论主流的特殊意义，即翻译理论与美学的结合是我国传统译论的基本特征。

对翻译的审美客体的讨论主要集中在翻译客体的审美构成，他结合大量的翻译实例，分别讨论了形式系统和非形式系统，即审美符号集（包括语音层、文字层、词语层和句段四部分）和审美模糊集（"情"与"志"和"意"与"象"），并且强调翻译的审美客体的开放性。对翻译审美主体的分析则相对简略，指出了翻译审美主体的两个基本属性（受制于审美客体以及主观能动性）和翻译主体应具备的基本条件，即"情""知""才""志"。在对翻译审美主客体的讨论的基础上，刘宓庆深入审美的意识系统，即审美心理结构的讨论，描写了翻译审美心理结构的运作过程和翻译审美的认知图示，突出了想象对达到翻译审美目的的重要意义，并且对翻译中的审美再现的一般规律和基本要求及翻译审美中的移情都有一定的涉及。具体到翻译艺术创造，刘宓庆批评了"学术和科技著作等非文学翻译不具有审美活动性质"的说法，从理论和实际上做出说明，将非文学和文学翻译分别作为翻译艺术创造的基础层级和综合层级，对其特点、分类、审美原则和审美目标分别加以说明，其中对文学翻译审美的特征、图式和审美再现的探讨都是非常细致的。

该书最后两部分内容相对较散，主要讨论了翻译的审美理想、翻译的审美再现和西方美学概念和原则对我国翻译学的意义。刘宓庆将翻译的审美理想区别于一般美学中所说的审美理想，是翻译家如何体现原作美的一种感性和理性认识的统一，即翻译家如何对待艺术实践的主张。他借用中国传统美学中如文与质、形与神、虚与实、隐与显、放与收等概念，结合翻译实例，将这些相对相融的审美原则作为翻译审美理想。这一部分重提翻译审美再现，列举了模仿、重建或改写手段，似乎应该归在第六章翻译审美再现的讨论。作为翻译美学的结尾部分，刘宓庆重申了他一贯坚持的"本位观照"与"外位参照"研究原则，针对汉语和相关外语的特点以及它们的审美价值观，以翻译美学为本位，从西方美学中的情与情感、感觉与感知等基本概念的内容与形式的辩证关系及表现论中的模仿与原创的问题出发，探讨了西方美学对于翻译研究的针对性和相关性，以及对我国译学建设的参考意义，体现了他在翻译的跨学科研究中一贯坚持的观照本位、参照外位的翻译学学科构建意识。

对于刘宓庆的翻译美学研究，笔者有以下几点理论思考。

首先要区分翻译美学和翻译的审美维度。翻译美学主要是从现代美学的视野对翻译进行的研究，是译论的美学途径，旨在进行一种翻译学分支学科的理论建构，是现代译论的重要组成部分。翻译的审美维度是从审美的角度对翻译实践和翻译批评中的审美因素进行的归纳性总结和标准化规定，是传统译论的一部分。但两者也有共同之处。一是两者都是从审美的角度讨论翻译的，但前者更具普遍性，所涉翻译类型不限于文学翻译，也涉及非文学翻译。二是都有一定的实践指向，但前者由于专注于翻译美学体系的建构，作用于实践的方式更间接。

刘宓庆的翻译美学应属于前者的研究，即运用作为学科的现代美学的理论框架来讨论翻译问题。但其《翻译美学理论》(2011)则有后者的倾向，即不侧重翻译美学理论框架的建构，注重的是翻译实践或翻译教学中的美学因素，具有文艺学派的特征。如果说《翻译美学导论》关注的主要是作为翻译主体的译者对作为翻译客体的原文的审美过程，属于理解阶段的审美特征的讨论，因此属于原作中心论，那么，《翻译美学理论》则更关注表达阶段的审美过程的探讨，旨在为翻译教学的审美教育服务，更倾向于译作中心论了。

其次是翻译与美学联姻的合法性问题。翻译美学是一种跨学科研究，美学作为翻译学的"供体"学科是否有充分的合法性是值得商榷的。西方译学界也重视翻译的跨学科研究，但并没有像中国这样热衷于翻译美学的研究，法国翻译理论家穆南就认为：

> 不要建立一种普遍意义的美学理论，而是一种可用于个人实践的写作道德。……为翻译界定一种美学、一种创作文体学、一种诗学，这对于实践者来说显然是太野心勃勃了一些，甚至对理论家来说也过于困难。(许钧、袁筱一，2001：60)

国内的某些翻译美学著作根本就与美学无关，如傅仲选的《实用翻译美学》(1993)。如果将该著的"美学"二字删去，并不影响其作为一般翻译著作(翻译教材)的本质。

二、文化翻译：翻译研究的文化之旅

20 世纪 80 年代，刘宓庆主要是从语言角度研究翻译，1990 年的《现代翻译理论》中并没有专门拿出一章来讨论文化翻译。从 90 年代中期开始，文化问题成为刘宓庆关注的对象，他在 1996 年的《翻译理论研究展望》一文中认为，"翻译文化学"将在今后一二十年内取得成果，在《翻译的美学观》（1996）一文中将语言翻译学、翻译美学和文化翻译学并称为中国翻译理论体系的"鼎立结构"。从 1998 年到 1999 年，他在爱尔兰作了一次长达七个月的文化翻译考察之旅，回国后写成《文化翻译论纲》。这一部分首先对刘宓庆的这本专著做一概述，然后对文化翻译问题进行进一步的讨论和反思。

1.《文化翻译论纲》概述

刘宓庆的文化翻译思想是其译学思想体系的重要组成部分，主要体现在其《文化翻译论纲》中。该书最早于 1999 年出版，后于 2005 年推出第二版，2007 年推出修订本。如作者在序言中所说，该书十年中四次易稿，由初定的《文化与翻译》到《翻译的文化模式》再到《文化翻译论纲》，作者对文化翻译的理解也一步步成熟。由"文化人类学通论的论证方法"指导下的"必须广泛触及各种文化形态，尽可能多地发现种种色彩缤纷的语言文化现象，据此进行历时的观照和共时的双语比较描写，然后推衍出一些带规律性、理论性的翻译实践原则，基本态度是重实例的观察、描写"到西方哲学，尤其是笛卡儿和胡塞尔的方法论和维特根斯坦的哲学观和语言观观照下，突出译学本位的主旨的科学性理论描写，再到在胡塞尔的现象学启发下将爱尔兰文化和荆楚文化确定为文化翻译研究的"理想客体"。

在该书中，刘宓庆首先阐明，"翻译学具有明显的综合性，因而翻译学视角中的文化，涵盖翻译所关涉的若干范畴、次范畴，并表现出鲜明的学科本位特征"，即以语言为文化的主体性表现手段、以意义为价值观核心和基本取向、以文化心理为"求索"的目的、以审美判断为跨文化表现的杠杆和坚持整体性文化战略考量。在刘宓庆看来，前人对文化翻译的认识的出发点是语言，很少涉及作为语用和语言风格的文化心理。因此，他认为文化翻译应该是对文化信息的意义的翻译，即文化翻译的中心应该为意义而不是语言。在此基础之上，他提出了文化翻译的四个重大课题：文化心理的探索、语义的文化诠释、文本的文化解读和翻译的文化表现论。其中文化心理探索是具有铺垫性的深层课题。在对这四个课题的具体探讨中，刘宓庆通过具体实例对语言中的文化信息分布和文化基因作为语言异质性问题的本质进行了详细的解说；批评了结构主义语言学只重视语言本身具有的形式特征和机械属性，忽视了它的人文社会属性，并且分析了中国近现代译论对文化层面的研究不深入、不系统的原因，指出必须将语言整体置入文化矩阵中加以审视、强化主体的文化意识和文化信息的感应能力和将文化适应性纳入翻译的价值观论；总结了文化诠释中译者对于文化内涵的四种主要观照方式，提出了语义文化论证的原则；在对文本的类型学分析基础之上，提出了文本解读的对策，同时指出，文本解读是一个开放的系统，可以根据不同的意识形态、价值观和批评方法做出不同的解释；由文化心理的范畴及其系统特点出发，指出文化心理对语义的诠释及文本解读的意义；最后提出了文化翻译表现论的原则，即文化适应性原则、科学原则和审美原则。在修订版中，刘宓庆从宏观的文化和民族发展的角度提出了文化翻译要达到的效果及其具有的价值，认为翻译应该成为一种文化的战略手段，为国家和民族的核心利益服务。

刘宓庆提出的文化翻译理论将翻译置于讨论的中心，从语言出发，围绕语言的文化意义展开讨论，始终将语言形式和文化意义紧密联系。与西方将翻译作为一种文化行为的研究相比，这种研究仍属于翻译的内部研究，仍旧是在中国传统翻译思想的框架之内的深化和延伸。但是，值得注意的是，刘宓庆在传统的基础上形成了文化翻译战略考量观，将翻译作为国家和民族发展的一种手段，具有一定的文化政治意义。

文化问题一直以来是翻译领域的热点话题，中西古今翻译理论中都有所涉及，特别是翻译研究的"文化转向"更把"文化"这一概念推到了翻译研究的前沿，一段时间以来讨论翻译"文化转向"的文章和论著铺天盖地，颇有一种"言必谈文化转向"的气势。然而，人们在谈论翻译与文化时，由于对文化的界定、讨论的视角、指涉的范围等因素的认识不同，往往会产生一些混乱、误读甚至争论，因此有必要对之做一番正本清源的工作。本研究将翻译领域的文化研究大体上分为三类，即翻译实践中的文化研究、翻译活动的文化研究和翻译理论的文化研究。

三者之间既有区别，又有联系。下面拟从翻译研究史的视角对这三类翻译文化研究及其各自已有的或可能有的文化转向进行探讨，以期对翻译中的文化问题有更清醒的认识，为翻译的文化研究提供相应的理论支撑。

2. 三种类型翻译文化研究及其关系

翻译实践的文化研究是对翻译实践过程中文本所涉及的文化因素的关注和转换规律的研究。这里的"实践"是指翻译的具体操作实践，不完全是马克思主义哲学中的实践概念。这里的"文化"是相对于语言来讲的，即语言所负载的文化。因此，这种文化研究的研究对象是文本中的文化因素，是一种内部研究，并带有些许规定性研究的性质。语言学派译论除了语言转换层面的研究外，文化因素也是其考察对象，如奈达就非常重视不同文化语境在翻译实践中的影响和作用。哈蒂姆将翻译看作一种跨文化交际，并运用语篇语言学和话语分析理论对跨文化交际的各种因素进行了深入的探讨。文化文本的翻译是典型的文化翻译，所谓的"厚翻译"是翻译文化文本通常采用的翻译方法。拿"归化、异化"为例。如果说仅从文化层面的翻译方法讨论归化和异化，就属于一种翻译实践中的文化研究；但如果从更深层的文化背景（如后殖民主义）去讨论归化和异化，就属于下面要讨论的翻译活动的文化研究。翻译实践的文化研究可标记为文化翻译研究。

翻译活动的文化研究是指从社会文化的角度对翻译实践活动所进行的研究。这就是发起于 20 世纪 70 年代，于 90 年代引入中国的使翻译研究发生"文化转向"的文化研究。这里的"活动"不是皮亚杰发生认识论意义上的活动概念，而是一种社会心理学的概念，受到需求、动机、目的、条件等因素的影响。换言之，翻译活动不只满足译者个人的需求，还满足社会的需求；译者的动机也不是个人的，而是社会给定的。因此，这种文化研究更像是一种翻译社会学或社会翻译学，而不是文化翻译学，后者与第一种情况比较相近。① 具体来讲，这种研究与

---

① 许钧在《论翻译活动的三个层面》(1998) 一文中使用的"翻译活动"一词，旨在从社会的、宏观的、动态的角度对翻译活动的整个过程进行探讨。此文从意愿(要怎么译)、现实(能怎么译)和道德(应怎么译)三个层面对翻译活动中影响翻译主体的诸多因素进行了宏观的考察和具体的分析。笔者认为，这三个层面大体上与翻译理论的三个学派相对应：功能目的派、描写译学派和伦理学派。这三个学派与文化学派译论有着千丝万缕的联系。

第一种文化研究有三点不同。其一，这里的"翻译活动"比"翻译实践"的外延要广。主要包括两方面，一是翻译的实际转换过程，二是从原作(原作者)的选择到译作的影响和传播等一系列翻译事实或事件。其二，这里的文化不是以语言做载体的文化，而是一个宽泛的概念，涉及社会的政治、经济、制度、习俗、学术规范等一系列文化因素。如西方文化学派译论的"意识形态、诗学和赞助人"三要素，"翻译规范""翻译的政治""权力对翻译的操控"等观点都属于这里的文化概念。其三，研究的对象不是文化本身，而是翻译活动，并且是已经发生的翻译活动。文化只是研究的手段或途径。因此这是一种外部研究，也是一种解释性研究。中国90年代中后期引进的西方翻译文化学派的翻译理论指的就是这种翻译活动的文化研究。翻译活动的文化研究可标记为翻译文化研究。①

　　翻译理论的文化研究是指从社会文化的角度对现有的翻译理论进行的研究。如果说前两种的研究对象是翻译实践过程及其结果，那么翻译理论研究的对象就是翻译理论本身，属于元翻译研究。这种文化研究的研究思路与第二种基本相同，都是从社会文化诸要素探索已成的翻译事实或翻译理论，分析它们生成和发展的过程和原因等，因此也是一种解释性的外部研究。拿"归化、异化"为例。如果将其视为一种翻译理论，并且从社会文化的视角探讨其生成背景，就属于翻译理论的文化研究。王宏志对鲁迅"硬译"论的研究也属于此类。翻译理论的文化研究可标记为翻译理论文化研究。

　　按照本研究的理解，后两种文化研究，即翻译活动的文化研究和翻译理论的文化研究，由于都是以既成的事实为研究对象，因此相当一部分构成一种"史"的研究。具体来讲，翻译活动的文化研究导向了翻译史的研究，翻译理论研究的文化研究导向了翻译理论史的研究。另外，从这三类研究是否在国内发生了文化转向来看，前两类发生了文化转向，第三类尚未发生文化转向，但有

---

　　①　翻译实践和翻译活动毕竟是部分相通的，因此翻译实践的文化研究和翻译活动的文化研究有时会出现辨别困难的情况。两者的"文化"有时看似指向同一所指，其实不然。比如，《迦茵小传》中女主人公未婚先孕的情节，从文本内部来看，是一种具体的文化因素，从文本外部来看，则涉及一种抽象的伦理文化，或者说是一种元文化因素。如果人们或译者本人研究如何对这种文化进行处理，这属于翻译操作层面的问题，是一种内部研究。如果从中国传统伦理的角度对已生成的译本(如林纾译本和潘溪子译本)中译者是如何处理未婚先孕这一文化情节的，就属于描写研究，是一种外部研究。

发生文化转向的可能。关于这三类研究的文化转向问题，将在下一部分中展开讨论。

综上所述，翻译实践的文化研究、翻译活动的文化研究和翻译理论的文化研究，三者之间的关系如表 3.2 所示：

表 3.2　　　　　　　　　　三种翻译文化研究特征比较

	研究对象	研究对象是否是既成的事实	文化在研究中的角色	研究角度	研究性质	是否导致"史"的研究	国内是否发生了"文化转向"	标签
翻译实践的文化研究	语言中的文化因素	是 \ 否	对象	内部研究	规定性、解释性	否	是	文化翻译研究
翻译活动的文化研究	翻译活动（过程、结果）	是（翻译事实）	手段（视角）	外部研究	解释性	是（翻译史）	是	翻译文化研究
翻译理论的文化研究	翻译理论	是(翻译理论事实)	手段（视角）	外部研究	解释性	是(翻译理论史)	否	翻译理论文化研究

3. 三种翻译文化研究与文化转向

"文化转向"是近些年翻译研究领域的时髦话题，就本研究的三类翻译文化研究而言，翻译研究的文化转向主要是指第二类研究，即翻译活动的文化研究。然而我们认为，从事实看，文化转向不只发生在第二类翻译文化研究中，第一类文化研究，即翻译实践的文化研究也出现了不同程度的文化转向。而第三类翻译文化研究尚没有出现比较明显的文化转向，但已有文化转向的趋势。为简化起见，此处分别将三类翻译文化研究与文化转向称为翻译实践的文化转向、翻译活动研究的文化转向和翻译理论研究的文化转向。下文分别展开讨论。

（1）翻译实践的文化转向

翻译实践的文化转向是针对翻译实践的传统而言的，考察中国翻译理论史，会发现在中国翻译实践的文化转向出现过两次，这两次都在中国巨大的社会转型期发生。一次是在五四时期，一次是在 20 世纪 80 年代。五四之前，中国的传统译论是以译本为中心的，理论基础是中国的古典哲学—美学，对文化的关注较少。五四后，中国人对待西方文化的态度发生了急剧的变化，中西文化比较形成热潮，激进主义压倒保守主义，排斥中国文化，全面学习西方文化成为五四时期的主流。翻译自然成为学习西方文化，包括西方的语言文字来改造中国文化、丰富中国语言表现法的重要途径。此时的西方翻译理论虽然还没有进入现代译论时期，但其以原文为中心的译论传统对中国译论从译文中心向原文中心转移起到了一定的推动作用，这样中国译论便从传统的只关注译文的表达转向了同时关注原文和译文。受以上多种因素的影响，翻译界对直译与意译的讨论多了起来，其时的直译和意译作为翻译方法，不只涉及语言层面，也涉及了文化的层面。特别是在五四这个特殊时期，中国正处于社会文化的剧烈转型中，激进主义者一般都主张通过直译的方法引进西方的文化，一改清末翻译界流行的意译风尚。众所周知，这方面，鲁迅是个典型的例子，他提出的"硬译"理论，虽有矫枉过正之嫌，却也表现了当时人们急切想通过翻译改变中国语言文化现状的愿望。在某种程度上，中国现代译论正是在这个时期拉开了序幕，标志就是译论的中心从译文向原文转移，即翻译理论开始更多地关注双语的转换，其中既有语言表达的翻译，又有文化的翻译，即鲁迅提出的"凡是翻译，必须兼顾着两面，一当然力求其易解，一则保存着原作的风姿"。

中国翻译实践研究的第二次文化转向发生在 20 世纪 80 年代。中国近代以来时断时续的中西文化大讨论使国人产生了一种"文化情结"，进入新时期，文化问题一度再次成为人们讨论的热点，抛开 80 年代中期"文化热"复杂的社会背景不谈，文化问题对一些实践性较强的学科产生了一定的影响，如外语教学、对外汉语教学中显现出文化介入问题，文化语言学、跨文化交际学由此兴起等。翻译实践中的文化问题也开始受到人们的关注。王佐良是这个时期提倡文化翻译的代表人物。他在《翻译：思考与试笔》(1989)中就认为，译者必须是一个真正意义上的文化人，他处理的是个别的词，但面对的则是两大片文化。王佐良在 80 年代写的《翻译与文化繁荣》和《翻译中的文化比较》开创了当代文化与翻译研究的先河。(郭建中，2000b：序言)郭建中编的《文化与翻译》(2000b)涉及的大多是翻译实践中的文化因素问题①。显然，这是就翻译实践中的文化问题而言的。同一时期引进的西方翻译的语言学派多涉及语言层面的转换，较少关注文化层面的操作问题，因此在整个 80 年代，翻译实践的文化研究并没有形成翻译研究的主流，只是对语言学派的一个补充。80 年代翻译实践研究的文化转向虽并不明显，但也引发了人们此后对文化翻译的持续关注。

（2）翻译活动研究的文化转向

90 年代中后期，西方文化学派译论界引进中国，导致中国翻译研究发生"文化转向"，其实就是翻译活动研究的文化转向。这一转向是同时针对传统译论和语言学派译论的，研究对象从语言层面转向文本和文化层面，从内部研究转向外部研究，从语言结构转向文本功能，从微观转向宏观，从规定转向描写和解释。各种现代文化理论运用到翻译研究领域中，拓宽了翻译研究的视野，为翻译史研究提供了新的视野和思路。

需要说明的是，文化研究只是为翻译史和翻译理论史提供了一个研究视角，反过来说，并不是已成的翻译史和翻译理论史都是从文化研究的视角进行研究的，在国内至少不是占主流的，特别是在文化学派译论引进之前。不过之前国内也有些研究在翻译史方面有意无意地运用了文化研究的方法，如邹振环的《影响中国近代社会的一百种译作》（1996）从译作影响的角度展现了中国近代以来的翻译史概貌。王克非编著的《中国翻译文化史论》（1997）也是从文化的角度论述了中国从古代到近代的翻译史，从所收文章看，梁启超、蒋述卓、钱钟书等人早就从文化角度展开了翻译史的研究，只是没有明确的理论指导。这些研究背景其实也为后来西方文化学派译论在中国的接受和应用打下了基础。但从整体看，国内

---

① 少数几篇文章是从文化研究、文化交流的角度谈论翻译的，如王佐良的《翻译与文化繁荣》、王宁的《文化研究语境下的翻译研究》和《走向中西比较文化语境下的翻译研究》、许崇信的《文化交流与翻译》、刘耘华的《文化视域中的翻译文学研究》。比起文化因素的翻译的微观研究，这种文化角度的翻译研究是一种较为宏观的研究，以笔者之见，这是一种介于翻译实践中的文化研究和翻译活动中的文化研究之间的文化研究，涉及翻译的文化策略和翻译的文化功能这两个层面，两个层面有手段和目的的关系。前者具有较强的规定性，从对归化和异化的讨论中可见一斑。韦努蒂的"异化"论也是如此。后者涉及翻译在文化交流中的作用，季羡林、许钧等人对此也都有论述。但这种研究与西方文化学派讨论的翻译活动的文化研究是不同的。后者属于描述性的外部研究。

的翻译史著作从文化视角研究的还是不多，大多是在分期的基础上对翻译事实的梳理工作，或者最多是对翻译发生的社会文化背景的简单介绍，总的来讲还是史识不足。藏仲伦的《中国翻译史话》（1991）、热扎克·买提尼牙孜的《西域翻译史》（1994）、谭载喜的《西方翻译简史》（1992）、马祖毅的《中国翻译通史》（2006）、黎难秋的《中国科学翻译史》（2006）以及多部中国文学翻译史或翻译文学史，无不如此。

20 世纪 80 年代初，中国引进了西方语言学派翻译理论，开启了中国翻译理论现代化的大门，直到 90 年代初期，西方语言学派译论一直占据国内翻译研究的主流，随后便出现所谓的"沉寂期"或"停滞期"。后来，于 70 年代发展起来的西方文化学派译论开始进入中国学者的视野。当时的香港作为中西学术文化交流的窗口，在引进吸收西方现代翻译理论方面有着得天独厚的优势。1995 年张南峰在内地发表《走出死胡同，建立翻译学》一文，认为传统译论和语言学派译论都不能完成翻译学学科建设的任务，走向了死胡同，认为只有拓宽研究视野，学习西方文化学派译论，才能建立翻译学。这篇文章虽然有些激进，但为中国译论界走出"沉寂期"，起到了重要的作用。孔慧怡、王宏志等香港学者在这方面也作了不少贡献。2000 年香港出版的陈德鸿、张南峰主编的《西方翻译理论精选》对文化学派译论在中国的传播也起了重要作用。内地方面，谢天振是文化学派译论的先知先觉者。他早年从事的比较文学研究和 1991 年到加拿大的访学为他后来从比较文学从事翻译研究提供了宽阔的理论视野，虽然可能受苏联文艺学派的影响，他 90 年代倡导过建立中国的文艺学派，但到论文集《比较文学和翻译研究》（1994）和专著《译介学》（1999）的出版，标志着他的理论兴趣真正转向了比较文学中的翻译研究和西方的文化学派译论。其对"翻译文学"归属的定位和翻译文学史的热衷都是这种学术兴趣转向的结果。2000 年主编的《翻译的理论构建与文化透视》也是文化学派译论在中国较早的研究成果。随着西方文化学派译论在中国进一步传播，其中的一些理论，如意识形态、赞助人、翻译的政治、多元系统论、操控论等对中国翻译史实具有较强的描写力，这些研究为中国翻译史研究打开了新的思路，运用其理论对中国翻译史实进行研究已渐成气候，并已取得一定的研究成果。这些成果大部分都可以归到中国翻译史研究的范围。同时，"重写翻译史"的呼声也开始出现并受到学人的关注。（孔慧怡，2005）这些成果有文章，也有专著，文章居多。学者们多围绕某一主题展开研究，所涉翻译史范围有大有小，研究较为深入。文章如王晓元的《意识形态与文学翻译的互动关系》(1999)探讨了五四时期和50年代意识形态对文学翻译的影响，包括翻译动机和原文本的选择以及翻译过程中的取舍与删改。又如王友贵的《中国翻译的赞助问题》(2006)考察了从东汉末佛经翻译到20世纪80年代之前中国翻译活动中的赞助问题。专著方面，香港学者起步较早，王宏志的《重释"信达雅"》是一部从文化层面进行的翻译理论史与翻译史兼有的研究著作。同年出版的香港另一位学者孔慧怡的《翻译·文学·文化》(1999)也是从文化研究的角度对中国翻译史上的一些个案，如晚清小说中的妇女形象、伪译等翻译事件进行了脱离语言层面的分析。内地方面，如胡翠娥的《文学翻译与文化参与——晚清小说翻译的文化研究》(2007)是运用描写学派的理论对中国历史上第一次大规模的文学翻译活动——晚清小说翻译活动进行的一项文化研究；李晶的《当代中国翻译考察(1966—1976)——"后现代"文化研究视域下的历史反思》(2008)参照勒菲弗尔的关于意识形态制约翻译活动的理论对当代中国从1966年到1976年这一特殊历史时期的翻译史进行了研究。杨全红的《翻译史另写》(2010)则与王宏志的《重释"信达雅"》相似，是一部从文化角度讨论的、翻译史和翻译理论史兼具的著作，不同的是，杨著的研究方法是通过考证一手资料的方法澄清中国翻译史和传统译论的不足和盲点。对此方法，张佩瑶在《重读中国传统译论——目的与课题》(2008)一文中曾作过评论。另外，姜秋霞的《文学翻译与社会文化的相互作用关系研究》(2009)、费小平的《翻译的政治——翻译研究与文化研究》(2005)等都是文化学派理论运用于中国实践的著作，但理论讨论较多，翻译史的研究特征不明显。

文化学派开创了翻译研究的新视角，同时也是翻译史研究的新视角，为重写翻译史提供了新的思路。从以上所述看，国内学者在这方面已经取得了一些成果，但仍存在不少问题。其一，不管是文章还是著作，多属于断代史研究，还没有从文化视角进行的整个翻译史的研究。其二，翻译史和翻译理论史混杂，两者应该加以区分，分开论述。而且研究多集中在近现代翻译史，对古代翻译史和当代翻译史的研究不够。其三，研究多集中在文学翻译史，对非文学翻译史，特别是科技翻译史的研究阙如。其四，研究者的文化视角意识较强，但史的意识不强，许多学者并非都意识到这是一种翻译史的研究，这必然会影响到研究的目的性。因为翻译研究的文化转向在实质上就是从文化这一外部因素对已发生的翻译实践或翻译事件的描述或解释研究，涉及翻译的文本和过程两方面，应该属于翻译史研究的范围。总之，从文化角度进行翻译史的研究还需进一步加强。

不可否认的是，国内有些学者对文化学派译论产生一定的误读，主要是没能将翻译实践中的文化研究与翻译活动中的文化研究区分开来。王宁的《全球化时代的文化研究和翻译研究》(2000)一文虽然整体上谈的是文化学派的观点，但又认为从文化研究的角度进行的翻译研究就是"把一种语言为载体的文化内涵转换为另一种文化形式的广义的文化翻译"。(严辰松，2006：299)孙致礼在《文化与翻译》(1999)一文中认为的西方"文化学派"就是翻译中如何对待文本中的文化因素问题，提出了以"文化传真"为目的的文化翻译策略。包惠南的《文化语境与语言翻译》(2001)是一本专门讨论语言中的文化因素翻译的著作，但此书的前言中引用了孔慧怡的话："翻译研究作为一个新学科，在70年代就已经开始文化层面的探索；但我们对中国翻译传统的研究，到目前为止仍未达到真正突破性的发展。"这些显然是对文化学派译论的误读。

(3)翻译理论研究的文化转向

翻译理论研究是一种元翻译研究，即对翻译理论的研究。翻译理论研究可以有共时研究和历时研究两种。共时的翻译理论研究，是对翻译学学科本身的结构性研究，主要包括翻译学的建立与否问题、翻译学是否为独立学科的问题、中国翻译理论的特色问题、翻译学的学科性质、翻译学的理论框架、翻译理论与实践的关系、中国传统译论的现代化问题等。应该说，中国翻译理论研究的大多数是这类研究，这是中国译论界学科意识增强、学科发展和建设的需要。刘重德、杨自俭、刘宓庆、谭载喜、张南峰、张柏然、吕俊、许钧、方梦之等人是这方面研究较为活跃的学者。这类研究的性质决定了它们较少从文化角度进行。

历时的翻译理论研究主要是一种翻译理论史的研究，中国翻译理论史属于翻译理论研究，是一种历时性研究。另外，对共时的翻译理论研究的研究就形成了一种元元翻译研究，即对元翻译研究的研究，也是一种历时的研究或翻译理论史的研究，如许钧、穆雷的《中国翻译研究(1949—2009)就对新中国成立60年来翻译研究的历程进行的总结，范守义的《评翻译界五十年(1894—1948)的争论》

(1986)、郭建中的《中国翻译界十年：回顾与展望(1987—1997》(1999)、王向远和陈言的著作《二十世纪中国文学翻译之争》(2006)等都是这方面的研究。但整体来看，国内的这类历时翻译理论研究较少，其中从文化研究角度进行研究的更少。

尽管如此，国内翻译理论的文化研究已出现了一些研究成果，如王宏志(1999)、杨柳(2009)、杨全红(2010)等人的著作，另外，朱志瑜对佛经翻译理论的研究、张佩瑶用"厚翻译"的方法对中国传统译论的翻译，都多少带有通过文化途径进行翻译理论研究的性质。文章方面，有张南峰(2001)的《从边缘到中心(？)——从多元系统论的角度看中国翻译研究的过去与未来》。张南峰是以色列学者埃文·佐哈尔的多元系统论的积极引进者、运用者和理论修正者。多元系统论引进中国翻译理论界后，运用它描述翻译史的研究占绝大多数，进行翻译理论史研究的极少。这篇文章就是一篇运用多元系统论研究中国翻译理论史的力作，文章以多元系统论为框架，探讨了中国的学术传统、民族心理、意识形态、社会制度、经济状况以及中西文化关系等社会文化因素对中国翻译研究的影响，并对中国翻译理论研究的未来做了一些建议和预测。① 杨晓荣的《略谈我国翻译研究中为什么没有流派》(2004)从学术(治学方法)上和非学术(思想观念)上的因素分析了造成中国流派缺失的原因，涉及了文化学派研究的路子。张南峰在《特性与共性——论中国翻译学与翻译学的关系》(2000)一文的附言中指出："有趣的是，本研究提及的几种宏观翻译理论，不单能指导翻译或翻译研究，而且有助于对翻译研究的研究。"张佩瑶(2004)倾向于用"翻译话语"而不是"翻译理论"，建立一个"翻译话语体系"，其中"话语"的含义部分地采纳了福柯的权力话语之意，意在为探讨古今中外各种翻译话语生成、理论旅行、流行、失落等背后的权力、意识形态等因素提供一个解释的空间，也属于翻译理论的文化研究。

从总体上看，目前从文化研究视角进行的翻译理论研究的成果还不多，还没有形成较大规模的研究势头，因此我们说国内此类研究的文化转向尚未发生，然

---

① 就运用文化学派理论研究翻译理论这点看，在香港学者中，张南峰和王宏志的研究思路比较相似。不同之处是，前者更关注中西翻译理论批评，后者更注重从翻译视角看现代文学史及近代史。

而有必要也有可能产生这样一种翻译理论研究的文化转向，这是中国翻译理论史反思和建构的重要途径。

因此，我们呼吁，翻译理论研究也需要一种文化转向。这方面的研究可以运用西方文化学派的观点进行。如意识形态对译论生成的影响，比如中国特色翻译学的提出与中国特色社会主义的提法的关系，苏联文艺学派中卡什金提出的"现实主义译论"等。又如赞助人，包括各级基金项目、会议等对翻译理论研究的影响。权力因素也对翻译研究产生了一定的制约和操控作用。西方文论如诗学对翻译研究的影响等。文化视角的翻译理论研究也必将对翻译理论史的研究产生影响。

翻译研究与文化研究紧密相关。"翻译研究"是个比较宽泛的概念，可以是翻译实践的研究，也可以是翻译活动的研究，还可以指翻译理论的研究。同样，"文化"也是个难以统一界定的概念，可以是语言中的文化因素，也可以是社会文化。因此，讨论翻译中的文化问题需要首先弄清各自的所指是什么。本书划分了三类翻译文化研究，即翻译实践的文化研究、翻译活动的文化研究和翻译理论的文化研究，讨论了它们之间的区别与联系以及各自的文化转向。我们认为，第一类文化研究和第二类文化研究均发生了翻译研究的文化转向，但第一类的转向尚不充分，还需要在深度上加强研究；当前研究比较充分的是第二类文化研究；第三类翻译的文化研究尚未发生转向，我们呼吁翻译理论研究也需要一种文化转向，以有助于中国翻译理论史的建设和反思，为中国翻译学的建设提供充分的来自社会文化方面的理据和借鉴。

三、翻译与语言哲学：探索翻译意义的奥秘

1995 年《翻译美学导论》出版后，刘宓庆全心投入《翻译与语言哲学》的写作，耗时五年，于 2001 年由中国对外翻译出版公司出版。该书是刘宓庆多年来翻译研究成果的综合，结合西方语言哲学和中国传统文论，探讨与翻译学深层结构，即语言哲学，关系最为密切的四个问题：汉语的异质性、本位与外位、主客体之间关系、中国翻译学的意义理论和文本解读理论架构。

全书分为三篇，即翻译理论研究方法论探索、翻译理论的哲学视角和翻译的价值观。其中上篇主要涉及本位与外位、主体与客体两大重要的方法论，依据科

学及学科发展的规律、翻译学的综合性和中国翻译学理论创建所面对的现实实际和历史实际，提出了"本位观照、外位参照"的原则，即中国的翻译理论研究应该以中国为本位，作通体观照。对于翻译学研究的主体和客体问题，刘宓庆从哲学的视角和翻译学的要求出发，坚持翻译学的功能观，对作为翻译主体的译者和翻译理论研究者、作为翻译客体的文本与文本读者的范畴和功能分别定位，结合中外译论史对传统的观念进行了批判和匡正。

中篇主要解决翻译理论的哲学视角，首章由对语言的异质性探讨出发，将大量英汉对比的实例与中国古代文论结合，分析了汉语的异质性及其表现(深层与浅层)，并说明了这种异质性对翻译理论研究的启示与意义，具体涉及翻译学建立的几个领域的理论，即意义理论、理解理论、表现理论和翻译价值观论及文化翻译理论。在该篇接下来的三章中从现代语言哲学中的意义观出发，提出了中国翻译学意义理论构架；用哲学的方法论探讨翻译思维，探讨了翻译思维三层面(语义、逻辑、审美)中的语义平面，总结了意义把握和文本解读要点和对策；论证了翻译中逻辑思维的职能及其对翻译质量的影响。

该书的下篇以较短的篇幅讨论了两个问题，即翻译的价值观论和翻译批评论纲，从主客观两个方面分析了新世纪翻译学研究的科学化趋势，指出我国翻译理论科学化必须坚持我们的基本取向，贯彻科学的方法论，完成语言观、意义观、文本观、表现理论的科学化，将主客体合理定位，提高译者的酌情权，鼓励对文本的多样化阐释和再现，充分关注对形式的表现论研究和读者的接受研究，建立新的翻译观。与前面探讨的一系列问题相比，该书最后一章介绍了翻译批评的原则、主体、标准、对象和方法，未直接涉及语言哲学，但是可以看作语言哲学视角下的翻译研究的认识论、方法论和价值论的延伸，其中对翻译标准的新讨论已经脱离了传统的"信达雅"的窠臼，涉及意向性、形式运筹、可接受性、社会功效等更深更广的层面，更具科学性，值得进一步探讨。

第三节　元翻译研究

元翻译研究是对翻译研究的研究。中国的元翻译研究主要集中在对翻译理论功用、翻译学学科建设等话题的讨论上，颇具中国的译学研究特色。刘宓庆从

20 世纪 80 年代就开始关注中国翻译理论的建设，并一直致力于翻译学体系的建构以及中西翻译理论或翻译思想的比较研究。本节主要围绕其翻译学体系建构和中西翻译思想的比较研究展开讨论。

一、翻译学学科体系建构：实然还是应然？

总的说来，中国翻译学的学科意识在 20 世纪 80 年代之前已经出现，80 年代之后逐步增强，出现了一波又一波翻译学学科讨论的热潮，刘宓庆就是新时期这个领域的"弄潮儿"。翻译学学科建设问题涉及多个方面，如翻译学是否存在、翻译学是否已经建立、翻译学的学科性质、翻译学学科体系、建立怎样的翻译学等，其中翻译学的学科体系问题是中国译学界关注的重要方面，刘宓庆是中国新时期较早建立翻译学学科意识的学者之一，他在这方面的研究值得关注。刘宓庆对翻译学学科体系的有意识建构大致可以分为两个阶段：第一个阶段是从 20 世纪 80 年代末到 90 年代初，完成了其翻译学的基本框架；第二个阶段是从 2003 年至今，主要是对早先提出的翻译学框架的修订。本部分以中国翻译学学科建构历程为大背景，在区分两种翻译学体系的基础上，对刘宓庆的翻译学体系进行梳理和评价，并讨论翻译学的跨学科问题以及考察国内文论与翻译研究结合的历程。

1. 中国翻译学学科建设历程

刘宓庆作为新时期中国翻译理论研究和翻译学学科建设的重要贡献者之一，他的翻译研究显然不能摆脱中国的学术语境。因此，首先对中国翻译理论研究和翻译学学科现代化历程进行一番梳理是必要的。我们认为，中国译论现代化或中国翻译学学科建构经历了四个发展阶段：准备阶段、肇始阶段、发展阶段、繁荣阶段。

（1）准备阶段：从 20 世纪 20 年代初到 50 年代

受西方现代学术的影响，中国传统学术在 19 世纪末 20 世纪初处在一个全面终结的局面，终结不是消失，而是全面的革新。从旧到新、从无到有成为中国各学科现代化的两种主要方式。在其他学科纷纷步入现代化的热潮中，由于当时西方的翻译研究也处在传统时期，从而并未对中国翻译研究产生大的影响，这也可以部分地解释为什么中国传统译论的发展可以一直持续到 70 年代末的原因。西方的翻译理论从泰特勒的翻译理论三原则到 50 年代语言学派的产生之前,中间似乎出现了一段较长的停滞期,这是可以理解的,因为理论的生成受多种因素影响,有偶然的因素,也有必然的因素。学术从传统向现代的过渡,由于是革命性的,需要一段时间的酝酿期,各国、各学科的情况又不同。一般来讲,原发性的理论的酝酿期要长一些,学习型的理论则要短得多。

传统译论,不管是西方还是中国,在传统美学和文论方面讨论过多,发展到一定阶段,必然出现充盈状态,再进一步,盈亏之间的矛盾便显现出来,缺陷和不足慢慢暴露出来,从而需要一种新的理论来替换,产生理论的革命,这就是库恩说的"范式革命"。这种情况在自然科学和人文社会科学领域都会发生。19 世纪和 20 世纪之交,语言问题不但成为哲学家关注的主要对象,也开启了西方现代哲学的语言转向,西方语言学本身的发展在经历了 19 世纪的历史比较语言学后经历了一场现代化的革命。翻译是语言间的转换,西方传统译论中虽然有一条语言学的研究路线,但并不是主流。如果说西方语言学的现代化为从语言入手进入西方翻译理论的现代化奠定了基础并成为历史的必然,那么翻译学科意识的增强和不断蓬勃发展的翻译实务,则为西方语言学派译论的产生创造了外部条件。在西方翻译理论实现现代化之前,中国的翻译研究可能受到其他学科现代化的影响,曾出现过现代化的倾向,表现在两个方面:一是学科意识的萌芽出现,如蒋翼振在 1927 年出版《翻译学概论》,最早以"翻译学"为书名,虽然只是一本论文集,但已表现出了一定的理论自觉意识和学科意识。二是已有学者运用现代语言学理论讨论翻译问题,如赵元任、林语堂等人。这可以看作中国翻译学科现代化的萌芽,属于第一阶段。但是,基本来看,这一阶段的现代化是自发的。即便如此,在学科意识萌芽方面也比西方要早一些。

(2)肇始阶段:20 世纪 50 年代

中国译论现代化的第二阶段发生在 50 年代。中华人民共和国成立初期的建国方针仍旧是中国的现代化问题,而且是在中国学术深受意识形态的影响和制约下进行的。翻译实践上主要表现在作品选择的控制和翻译政策的制定上,翻译理论方面除了继续走传统的路子外,主要是借鉴和学习苏联的翻译理论,语言学派译论首次被引进中国。苏联语言学派和文艺学派译论的争论也多少对这一时期有影响，时间主要在 80 年代。引进苏联语言学翻译理论是第二阶段译论现代化的一方面；另一方面，董秋斯于 50 年代发出的建设中国现代翻译理论的呼吁，通常被认为是中国翻译理论学科意识的真正觉醒。董秋斯的呼吁可能受到当时引进的语言学派译论的影响，也可能是中国译论现代化发展的必然反应。受政治的影响，这一阶段持续时间较短，但也为后来 80 年代语言学派译论的重新引进奠定了一定的基础。谭载喜在《中西现代翻译学概评》(1995)认为，西方语言学派译论也未在翻译学建构方面有所建树。翻译理论的现代化或体系化与翻译学的学科建构是不同的。他说：

> 　　因此，董秋斯关于要建立翻译学的主张，是具有划时代意义的创见。与奈达当时的思想相比，董秋斯的这一翻译学观点更为大胆，更为现代；与费道罗夫的思想相比，董秋斯的主张先于费道罗夫两年提出，且更强调把翻译科学作为一个理论体系来加以建设。由此说来，在 50 年代，就翻译学的建设而言，我国所取得的成就并不比其他国家落后。假如董秋斯的主张得到翻译理论界的广泛响应，同时也假定我们当时有着一个非常活跃的翻译理论界，或者有着一个自由发展的学术环境，那么，我国的翻译理论研究工作或许一直领先于西方。(谭载喜，1995)

(3)发展阶段：从 20 世纪 80 年代到 90 年代中期

中国译论现代化的第三阶段是从 80 年代初开始的。在经历了长时间的封闭后，中国国门重新开放，西方各种理论和思潮涌向中国，中国的现代化问题重新提上日程。这一阶段的特征是对西方语言学派译论的全面引进和介绍。奈达、纽马克、卡特福德、穆南、雅克布逊等人的著作和观点成为译论界讨论的热点。虽然 50 年代引进的只是苏联的语言学派译论，西方其他语言学派译论由于受意识形态影响没能及时引进，但中西方理论的发展在时间上基本还是同步的。80 年代则不同，时间上已落后近三十年。这种情况不只发生在翻译理论领域，其他领域也普遍存在。这就使中国学术界普遍存在一种现代性焦虑心态，此后对西方理论的追赶心态慢慢也变成了一种追随心态。这种跟着西方理论转、热衷于西方观点引进的心态在 80 年代初期尤其明显。可以说，这也是一种"被译介的现代性"，表现之一就是对外国理论的崇尚心态，"言必称奈达"的现象就是很好的例子。当然，从跨文化交流的角度看，任何理论的引进都是在本土学术环境中进行的，与本土环境的适应程度是决定外国理论引进成功与否的首要因素，不论在引进的主观上还是客观上都是如此。

在这一阶段，国内翻译研究领域出现了四股研究力量。一是对传统译论研究的继续，但已出现了对传统译论的整理、总结的研究。二是受 1977 年吕叔湘《通过对比研究语言》的影响，国内掀起了一股英汉对比研究热潮，外语教学界、对外汉语界和翻译界都卷入其中，许多翻译研究学者都在语言对比领域做出了贡献。90 年代成立的中国英汉语比较研究会是这一方面的典型代表。当然，由于西方语言学派译论也很重视语言对比研究对翻译的作用，因此国内翻译研究和语言对比研究的结合可能受到两方面的共同影响。三是对西方语言学派译论的引进和介绍以及结合中国翻译实际进行的研究。四是对翻译学的讨论。这属于元翻译理论研究的范围，如翻译是科学还是艺术、翻译的学科性质问题等。第三和第四方面的研究由于与西方译论有密切的关系，研究者通常在这两方面都有所涉及。受外国语言学派译论的影响，国内的翻译学科意识和建设翻译学的激情在 50 年代的董秋斯之后，重新被激发出来。1987 年谭载喜发表《必须建立翻译学》，重新吹响了翻译学科现代化的号角。但由于国内对翻译学的许多问题尚存在许多争论和疑惑，或者因为当时翻译理论界尚处在忙于引进的阶段，这一呼声发出后到 90 年代中期并没有引起太大的响应。但已经比对 50 年代董秋斯的反应大多了，几部以"翻译学"命名的著作相继出版。另外，在方法论方面，受 80 年代中期"方法论热"的影响，翻译研究还借鉴了"三论"，特别是系统论的方法对翻译实践、翻译理论体系进行研究①。如张泽乾在《外语研究》1987 年第 3 期发表《现代系统科学与翻译学》，用现代系统科学的观点对翻译学的框架结构进行了模式化建构。辜正坤的《翻译标准多元互补论》发表后，产生很大反响，表现出了当时人们对科学、体系的崇拜。模糊数学也被用于翻译评估标准等，如范守义、穆雷

① "三论"即系统论、信息论和控制论，80 年代的"方法论热"中对系统论的运用最多。钱学森（1986）曾撰文反对"三论"的提法，认为："不是三论而是一论，即系统论。"控制的概念、信息的概念都包含在系统当中。这使人想起有人对严复的"信达雅"的提法的反对，认为只有一个"信"就够了。

的文章。这一时期，西方的现代阐释学、接受美学等学科被引进，学者也试图用这些新学科来研究翻译，如将接受美学首次用于翻译研究，虽未形成主流，但都体现了翻译研究的现代化诉求，也体现了翻译研究的科学化诉求。

（4）繁荣阶段：20 世纪 90 年代中期至今

这一阶段的现代化也是在西方译论的影响下进行的。70 年代，受西方后现代主义影响，西方文化研究如火如荼地开展起来，波及文学研究、比较文学等多个领域，并使这些领域的研究发生"文化转向"。受此影响，西方翻译理论研究也发生了文化转向。在经历了 90 年代初期到中期的所谓"沉寂期"或"调整期"后，90 年代后期西方的文化学派译论开始进入中国，中国译论界出现所谓的"文化转向"。显然，中国现代译论在西方语言学派影响下的现代化尚在进行中，就出现了另一种形式的现代化，即以"后现代主义"为代表的现代化。文化学派译论将翻译问题放到社会文化的大背景下进行讨论，拓宽了翻译研究的视野，是一种视角的转变。这一阶段中国译论现代化的表现之一仍旧是翻译学学科的建立问题。确切地说，这一问题是由文化学派的代表人物霍尔姆斯引发的。霍尔姆斯于 1977 年发表《翻译学的名与实》一文，宣布翻译学是一门独立的学科，并勾勒出了翻译学的理论框架。20 世纪末、21 世纪初的翻译学学科大讨论，如翻译学是否已经建立、翻译学的学科框架、翻译理论和实践的关系、建立怎样的翻译学等，可以说或多或少是在西方文化学派译论的影响下进行的。从学科建设上看，2004 年上海外国语大学设立翻译学学科点，确立了翻译学的独立学科地位。

涉及翻译学的学科独立问题，这里有几个问题可以讨论。与霍尔姆斯 20 多年前对翻译学的学科独立地位的确立相比，中国在这方面似乎又晚了许多。从以上的分析看，中国的翻译学学科意识萌芽较早，但确立其学科独立性较晚，其中的原因确实值得反思。

以上对中国译学的现代化进程作了一番梳理。现代化问题是近现代中国发展的关键词，也成为近几十年来海内外关注的中心话题之一。现代化诉求的表征就是科学化，而科学化的体现就是体系化或系统化。从国内学者对中国传统译论的体系化梳理，到对翻译学框架的体系化建构；从文章、专著，到各类翻译学会议，无不如此。所有这些都指向一个目标：翻译研究的现代化。这种现代化诉求从许钧、穆雷主编的《中国翻译研究（1949—2009）》（2009）中的"第一编"——

"对建国 60 年来中国翻译学的发展综述"中可以感受到。当然，这里的"现代化"
又有两种指向，一是指向现代化的中国特色翻译理论，一是指向现代化的普通翻
译学。正是这两种"指向"的现代化导致了特色论和共性论之争。翻译学作为一
门新兴的学科，对其进行现代化诉求是无可厚非的，但事情也有可能会走向另一
个极端。科学化诉求走向极端就是唯科学主义。唯科学主义在中国盛行近一个多
世纪。美国学者郭颖颐在《中国现代思想中的唯科学主义》(1989)一书中讨论的
是中国 20 世纪上半叶的唯科学主义的表现，将唯科学主义分为以陈独秀等人为
代表的唯物论的唯科学主义和以胡适等人为代表的经验论的唯科学主义。在翻译
研究中，一方面体现为翻译理论的体系化，一方面体现为对翻译学学科建构的热
衷，新时期尤甚。

不可否认的事实是，不管是对西方译论的译介，还是将西方译论用于中国翻
译史研究，或是中国传统译论的现代转换和对翻译学的学科建设等，中国译学的
现代化基本是在西方译学，或者从更宽泛的意义上看，是在西方现代学术的影响
下建立的。而这也是中国整个学术现代化的一个缩影。

2. 刘宓庆翻译学体系建构述评

可以说，翻译学学科体系建设曾一度成为中国翻译研究的主流和热门话题，
并具有一定的中国译学研究特色。刘宓庆作为中国新时期译学建设的重要代表人
物，在其中扮演了重要的角色，他的翻译研究在某种程度上是围绕着翻译学的学
科体系研究进行的。刘宓庆的翻译研究主要是从 20 世纪 80 年代开始的，当时中
国学术界出现了比较强烈的对理论的现代化诉求，这种现代化诉求也必然会影响
到他。那么，他的译学现代化努力是怎样的？他在以后的几十年中对中国翻译学
体系建构的途径是什么？又是如何做的？他的翻译学建构起来了吗？存在的主要
问题是什么？这里尝试对刘宓庆的翻译学体系建构及相关问题进行一番梳理和
评论。

为便于讨论，这里有必要区分两种翻译学体系，即"实然体系"和"应然体
系"。实然体系是体系的现实状态，是在实际研究的基础上构建的，属于"研究
先行，框架在后"，是归纳的、描写的；应然体系是体系的理想状态，属于"框
架先行，研究在后"，是演绎的、规定的。很明显，这一区分是从研究方法论的

视角做出的，即不同的研究方法导致不同的研究结果。国内译学界的研究有的侧重于前者，有的侧重于后者，有的则是左右开弓，既有实际的体系内容研究，也有体系的框架建构。刘宓庆的研究则属于最后一类，即他对翻译学体系的建构既有实际的体系建构，主要体现在他对基本翻译理论的研究，这是刘宓庆潜在的体系建构；也有框架的架构，主要体现在他的翻译学框架的建构上，这是刘宓庆有意识的体系建构。作这一区分很重要，因为这样我们便可以在某种程度上更全面地揭示刘宓庆翻译学体系的建构工作。

（1）刘宓庆的实然体系建构

一般来讲，一个学科或其分支学科的实然体系的建构途径可以分两类，一类是通过学者著作的章节目录体现出来，另一类是学者在文章或著作中明确提出的这一学科或其分支学科的理论范畴或维度。在翻译学领域，前者如谭载喜的《翻译学》（2000a）或许钧的《翻译论》（2003）中的章节目录构成的体系，后者如罗新璋在其为《翻译论集》所写的序言中对中国传统译论体系的"案本—求信—神似—化境"的概括。需要指出，这两类实然体系的建构，虽然都基于研究的事实，但就体系的理论形态来讲，还处于"潜体系"的状态，需要研究者去做把这种"潜体系"变成"显体系"的工作，这对翻译学的体系建设无疑是有积极意义的。就刘宓庆对翻译学实然体系的建构而言，也主要体现在与此对应的两类上，一是在《现代翻译理论》（1990）和《新编当代翻译理论》（2005a，2012a）章节目录中体现出的翻译理论体系，二是他明确提出的翻译基础理论范畴或维度的体系。下面的梳理就是尝试把刘宓庆这两个方面的实然体系由"潜"变"显"，当然，这里的"潜"和"显"都是相对而言的。另外需要说明的是，由于"翻译理论"与"翻译学"的密切关系，本研究所讨论的"翻译学体系"取其广义，也包括"翻译理论体系"。刘宓庆的实然体系更是针对"翻译理论"的，他的应然体系则更多地指向"翻译学"。

1）刘宓庆翻译理论著作的章节目录中体现出的翻译理论体系

如果说董秋斯在 20 世纪 50 年代发出了建立中国翻译学的号召，那么，刘宓庆则是新时期开始响应这一号召并通过具体研究来实现这一号召的人，也是新时期较早具有翻译学学科意识的学者之一。在《现代翻译理论》出版之前，他在 80 年代初就已着手翻译学的建构工作。从目前的材料看，1984 年发表了第一篇翻译理论文章《交际语法的意义层次论与翻译理论的探讨》，此后发表了《论翻译的虚实观》(1984)、《论翻译思维》(1985)、《翻译美学概述》和《翻译美学基本理论构想》(1986)、《论翻译的技能意识》(1987)，1989 年发表了三篇讨论中西翻译理论的文章：《西方翻译理论概评》《论中国翻译理论基本模式》和《中国翻译理论的基本模式问题》。1990 年发表了《翻译的风格论》。另外，他在 1986 年出版了专著《文体与翻译》。1987 年对中国翻译学研究来讲是重要的年份，在青岛①召开的第一届全国翻译理论研讨会上，刘宓庆作了《中国翻译理论建设基本原则刍议》的发言，提出了翻译理论的三大职能和建立中国翻译学的构想，从此竖起中国译学特色论的大旗，指明了翻译理论现代化的指向就是中国特色译论②。值得一提的是，刘宓庆在初步建构他的现代翻译理论的同时，也非常重视汉英语对比研究，并将对比研究的主要目标指向翻译。汉英对比研究是 80 年代刘宓庆研究的主要领域，也成为刘宓庆翻译研究的基础。他的"汉语本位"观不但是他汉英对比研究的出发点，也是他提出和坚持的"特色论"的立论基础之一。可以说，刘宓庆的研究几乎都是指向翻译的。他于 90 年代初几乎同时出版的《现代翻译理论》(1990)和《英汉语对比研究与翻译》(1991)分别成为翻译理论界和汉英对比界的标志性成果。特别是《现代翻译理论》一书，在译学界引起极大反响，学界普遍评价很高，甚至认为是中国翻译学已经建立起来的标志性成果之一。该书于同年在台湾出版，改名为《当代翻译理论》(1999a)，后又在大陆出版，沿用台湾版的书名，内容没有变化。至于为何改名，刘宓庆没有交代原因，可能与港台的习惯称呼有关。2005 年刘宓庆出版其新版本，名为《新编当代翻译理论》，内容方面有增删。2012 年出版《新编当代翻译理论》第二版，章节和术语方面有变化，表现出刘宓庆对他的翻译理论体系的建构一直处在不断思考的过程中。本研究不拟对这三部著作的理论观点作详细的分析和评价，只拟以这三个版本的结构为基础，分析他在实际的翻译理论体系方面进行的思考和研究。

---

① 从某种意义上，青岛见证了中国新时期翻译理论学科建设的历程——曾分别在 1987 年、2001 年、2009 年召开过三次有重要影响的、甚至是标志性影响的全国性学术会议。作为其中几次会议的组织者和召集人，杨自俭先生为中国译学建设作出了重大的贡献。

② 在同一会议上，另一位后来成为国内翻译学学科建设重要人物的年轻学者谭载喜也作了《关于建立翻译学》的发言，同时对翻译学的特色论提出疑问，从此拉开了特色论和共性论论争的序幕，也拉开了此后中国译学界种种问题的讨论的序幕。

①《现代翻译理论》(1990)

《现代翻译理论》的目录显示了其初步的实然研究体系。由绪论和十一章构成，依次是：绪论；翻译学的学科性质及学科构架；中国翻译理论基本模式；翻译的实质和任务；翻译的原理；翻译思维简论；可译性及可译性限度问题；翻译的程序论；翻译的方法论；翻译美学概论；翻译风格论；翻译的技能意识。

除绪论和前两章外，其余九章基本构成了刘宓庆最初建构的实然翻译理论体系。

②《新编当代翻译理论》(2005a)

该书从框架和内容上看，是《现代翻译理论》的修订版。应该说，这是著者经过多年的思考完成的一次较大修订，融进了刘宓庆近些年来的一些新观点。目录依次是：绪论；翻译学的学科性质及学科构架；翻译理论基本模式；翻译的意义理论与理解；翻译过程解析；翻译思维简论；可译性及可译性限度问题；翻译的程序论；翻译的方法论；翻译美学概论；翻译风格论；翻译的技能与技巧；建设有中国特色的翻译理论。

结构方面，除了绪论外，由原来的十一章变为十二章，即增加了第十二章"建设有中国特色的翻译理论"，其余各章基本如故，只在某些章节变换了题目，如第三章变为"翻译的意义理论和理解理论"，第四章变为"翻译过程解析"，第十一章变为"翻译的技能与技巧"。内容方面有所增删，如第二章删"中国"二字，第三章、第八章增加一些内容，主要是近些年著者对翻译意义观、功能观和翻译策略(功能代偿)的思考。从基本理论上看，《新编当代翻译理论》体现的结构体系主要还是由九大板块构成。

③《新编当代翻译理论》(第二版)(2012a)

该著的目录为：绪论；翻译学的性质及学科构架；翻译理论基本模式；翻译的意义理论与理解理论；翻译思维简论；语言的互补互释性与可译性问题；翻译过程解析：语际转换的基本作用机制；翻译的程序论；翻译的方法论；翻译的技能与技巧；翻译风格论；翻译美学概论；翻译的接受理论；文化翻译导论；关注翻译理论的中国价值。

可以看出，与第一版相比，第二版有四点变化：第一，有些章节的顺序进行了调整。第二，第六章增加了"语言的互补性和互释性"一部分。第三，增加了"翻译接受理论"和"文化翻译导论"两章。第四，将"建设有中国特色的翻译理论"一章改为"关注翻译理论的中国价值",但内容未有变化。这样,刘宓庆就将原先的九部分理论增加到了十一部分。这就是目前刘宓庆在著作中所体现的最新的"实然的翻译理论体系"。总结一下,这个体系就是由这样十一部分组成的:翻译的意义理论与理解理论、翻译思维论、语言的互补互释性与可译性问题、翻译过程论、翻译程序论、翻译方法论、翻译的技能与技巧论、翻译风格论、翻译美学、翻译接受论、文化翻译论。

2)刘宓庆的翻译基础理论范畴或维度的体系

这一翻译理论体系是刘宓庆对翻译理论基础研究维度的体系性概括。与其著作的章节目录体现出的隐含的实然体系相比,这一类实然体系的提出更加鲜明,部分具有从实然体系向应然体系过渡的特征,但由于其组成部分多为刘宓庆实际研究的内容,且其体系的框架性还不显著,因此将其归入实然体系。这类体系主要出现在两个版本的《新编当代翻译理论》和《四十年学术人生》一文中。

在《新编当代翻译理论》第一版中,刘宓庆谈到中国翻译学理论的基础研究包括的八个维度是:意义(及意向)研究、理解理论(文本解读理论)、翻译审美及审美表现论、文化翻译研究(包括可译性研究)、译文操控理论(对策论系统研究)、翻译批评的理论原则、当代中国翻译思想研究、翻译教学和教学研究。

刘宓庆在《四十年学术人生》一文中为中国翻译理论基本研究做了一个图表,如图 3.7 所示:

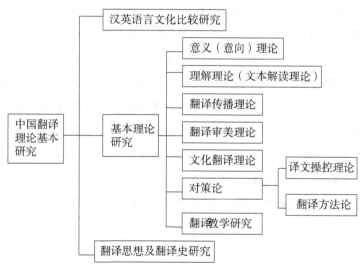

图 3.7 中国翻译理论基本研究示意图(刘宓庆,2006d:lv)

在上图中，除"汉英语言文化比较研究"属于应用研究外，刘宓庆认为，其余（包括翻译思想研究）的八个范畴都属于基本理论研究。

在《新编当代翻译理论》第二版中，刘宓庆又将这八个维度增加到十个维度，并对原先的部分维度的名称进行了修改或补充（以下黑体部分）。这十个维度是：意义（及意向）研究、翻译阅读及理解理论、翻译审美及审美表现论、文化翻译研究（包括可译性研究）、译文取向与操控理论（对策论系统研究）、翻译的接受理论、翻译批评的理论原则、翻译思想研究、翻译教学理论和教学研究、翻译信息工程研究（机译研究）。（刘宓庆，2012a：263）

以上的基础理论范畴体系是刘宓庆在近年提出的"整体性整合研究"思想下的综合性研究的一部分。可以看出，刘宓庆所说的基本理论体系的内容在这三个地方是有出入的。另外，刘宓庆对上图中的"中国翻译理论基本研究"并未作出界定。既然是"基础理论"，那么，是否有"非基础理论"？若有，指的是什么？与他的"翻译学"的内部系统和外部系统的关系如何？这些问题还有待解答。

以上是刘宓庆在翻译理论著作的章节中和对翻译基础理论体系的概括研究中体现出的两种对翻译理论体系的认识。可以看出三点。其一，这两类体系内容有重合也有不同，如都有文化翻译、翻译审美；而前者的翻译思维论和风格论等在后者中是没有的。同样，后者中的翻译思想研究、翻译理解理论、翻译接受理论等在前者中阙如。其二，刘宓庆的以上两类实然体系基本上属于在实然研究的基础上得出的结论，但也不全然如此。比如他在第二版《新编》中增加了"翻译信息工程研究（机译研究）"，但刘宓庆本人并未作过任何相关研究。从这一点可以看出，刘宓庆本人在翻译学的体系建构中并没有区分翻译学的实然体系和应然体系。本研究将他的翻译学体系作为研究对象，就有必要对其进行明确的区分，并做出描述和解释。其三，刘宓庆的第二类实然体系内部各部分多以罗列的形式出现，且罗列的顺序缺少理据，部分之间关联度不够，这多多少少削弱了体系的整体性。但从此类体系的呈现形态来看，已经多少可以看出一些应然体系的端倪。

总之，如果说刘宓庆对其实然体系的建构是在一种无意识的状态下进行的，那么，其对应然体系的研究则是有意为之了。下面要讨论的就是刘宓庆的应然体系研究。

（2）刘宓庆的应然体系建构

刘宓庆的翻译学应然体系建构主要指刘宓庆对翻译学学科框架的建构研究，

体现的是刘宓庆对作为一门独立学科的翻译学所应该具有的框架结构的认识。刘宓庆对翻译学学科框架的建构是其翻译研究的重要目标之一，一直贯穿其翻译研究的整个过程。

从整体来看，他对应然体系的研究主要出现在 1990 年、2003—2004 年、2005 年和 2012 年四个时间点。具体来看，早在 1990 年的《现代翻译理论》中①，他就提出了翻译学的内部系统和外部系统的学科框架；2003 至 2004 年刘宓庆对翻译学的学科框架进行了重新思考，在《中国翻译理论研究的新里程》(2003) 和《关于翻译学性质与学科构架的再思考》(2004) 两篇文章中提出了新的翻译学构架的构想，其实是对原先的内部系统的重构；在 2005 年《新编当代翻译理论》第一版中，其翻译学的内部系统构架沿用了 2003 年、2004 年的研究成果，但将原先的外部系统改名为"翻译学多维共同体"，内容也有大幅度调整；在 2012 年的《新编当代翻译理论》第二版中基本沿用了第一版的研究，只有极小的改变，如在"表现论"部分增加了"语言审美研究"。可以看出，这四个时间点跨度二十余年，体现了刘宓庆对翻译学体系建构不断思考的执着精神。

下面主要对刘宓庆 1990 年的《现代翻译理论》和 2012 年的《新编当代翻译理论》中的翻译学学科构架的应然体系研究情况进行对比和分析，一方面从历时的角度看看他的翻译学体系的变化，另一方面在共时的层面上对其最新的翻译学体系构架进行分析并作出评论。

1)《现代翻译理论》(1990) 中的翻译学框架

在该著中，刘宓庆运用系统论的方法将翻译学分成内部系统和外部系统。刘宓庆认为，内部系统是翻译学的本体，由三大部分组成。其中翻译理论是内部系统的核心，建设翻译学的中心任务就是建设翻译学的理论体系。翻译的理论体系包括五个组成部分，即翻译基本理论、翻译方法论、翻译程序论、翻译风格论和翻译教学法研究。在这五个部分中，翻译基本理论是整个翻译理论的基础，也是翻译学的基础。他的翻译学内部系统如图 3.8 所示：

---

① 其实，刘宓庆在 1989 年发表的《西方翻译理论概评》一文中就对翻译学的内外系统进行了阐述，只是在《现代翻译理论》中进一步阐发，并以图示形式展示出来，给人一种较强烈的视觉冲击。

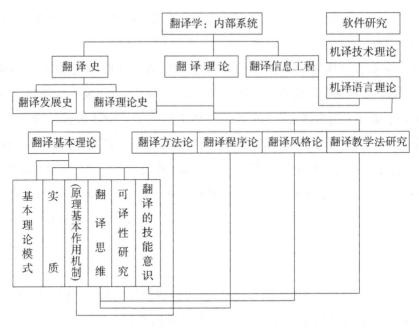

图 3.8 翻译学内部系统(刘宓庆，1990：19)

从上图可以看出几点。第一，刘宓庆是将翻译学和翻译理论进行了区分的。从外延上看，刘宓庆的翻译学应然体系要涵盖其翻译理论实然体系。但他认为，翻译理论是翻译学的核心。第二，他的翻译学内部系统的"翻译理论"分支正是他的《现代翻译理论》中各章节的研究内容，由此可以断定，刘宓庆的翻译学体系的建构是在其实然研究的基础上进行的。由此可见，其应然体系和实然体系之间的某种关联。第三，他在这个内部系统中没有将翻译美学加进去，不知是否是一种疏忽。第四，刘宓庆将翻译学分为翻译史、翻译理论和翻译信息工程，既有历时研究，也有共时研究；既有理论研究，也有应用研究。应该说，这种三分法具有一定的周全性。总体上看，这是刘宓庆当时的认识。

刘宓庆翻译学的外部系统即翻译学的"横断学科"网络，由三大领域组成：哲学思维、社会文化和语言符号。这三个领域与翻译学的关系是：为内部系统提供论证手段和理论思想。其外部系统如图 3.9 所示：

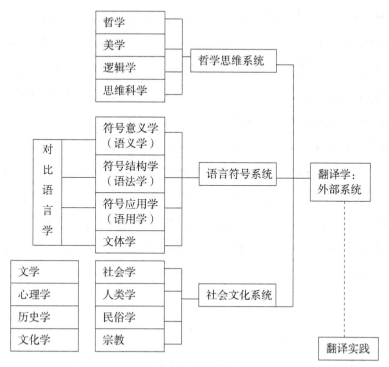

图 3.9　翻译学外部系统(刘宓庆, 1990: 21)

对于刘宓庆的翻译学内外系统，范守义(1991)提出商榷意见："《理论》的作者构想翻译学可由内部系统——翻译学本体和外部系统——横断学科网络组成。可以看出作者以翻译实践作为翻译学内部结构和外部结构相联系的中介，但是并未作任何说明。既然翻译理论的基本原则产生于翻译实践，没有实践，理论就无从谈起，我们完全可以把翻译实践作为独立的方面加以描述。"

范守义认为，可以把翻译实践看作一个维度，把刘宓庆的内外系统分别看作理论维度和知识维度，这样就可以形成一个由知识维、理论维和实践维构成的翻译学的三维结构。应该说，这种三足鼎立的稳固结构来源于敏锐的观察和创造，也符合刘宓庆强调理论从实践经验中来的思想。然而，翻译学需要的是由具有足够理论资格的维度来构建，但翻译实践是一种翻译的行为，何以能够成为一个维度，参与翻译学的建构，值得进一步讨论。

另一位学者林璋(1999)在《论翻译学的基础研究》一文中也对刘宓庆的内外系统作了评论。他认为，看不出以什么样的分类标准将"翻译史""翻译理论"和

"翻译信息工程"列在同一个层面上，作为"内部系统"的直接组成部分。"翻译理论"的内部组成也同样缺乏内在的必然性，同样看不出分类的标准。对于"外部系统"，刘宓庆将"翻译实践"列在"外部系统"中，而没有在"内部系统"中出现，这种不指向实践的"内部系统"便成了与翻译实践无关的纯粹的概念游戏。

2)《新编当代翻译理论》(2012a)中的翻译学框架

受霍尔姆斯翻译学学科框架的影响，90年代中后期，国内翻译学的学科框架问题再一次引起人们的关注，这是引发刘宓庆对翻译学学科构建重新思考的外部因素。从内部因素看，刘宓庆认为"翻译学是一门经验科学"，在经过多年对翻译理论的多个方面的研究后，也到了该总结一下的时候了。正是在这种学术背景下，在经历了2003年、2004年和2005年对翻译学体系的重新思考和建构后，提出了新的翻译学体系框架图，如图3.10所示：

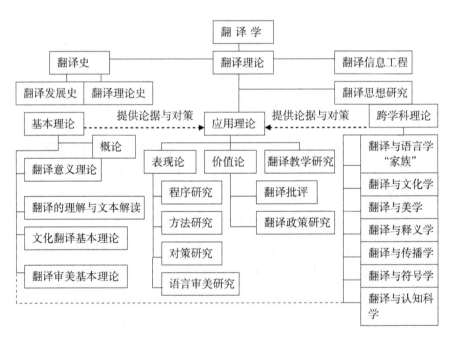

图3.10　翻译学框架(刘宓庆，2012a：15)

通过对比发现，上图其实是刘宓庆对其1990年翻译学体系的内部系统的改造。刘宓庆于2004年在英汉汉语比较研究会上海会议上宣读《关于翻译学性质与学科构架的再思考》(载入杨自俭主编《英汉语比较与翻译》之五,上海外语教育出版社,2004),这篇文章的主要内容是翻译学框架的建构。在文中,刘宓庆提出了一个新的翻译学构架图。他在《新编当代翻译理论》第一版(2005a)和第二版(2012a)中沿用了此图。与2005年版相比,2012年版在"表现论"部分加了"语言审美理论"。与《现代翻译理论》的观点一样,刘宓庆认为还有一个外部系统,但他将之改称为"翻译学多维共同体"。如图3.11所示:

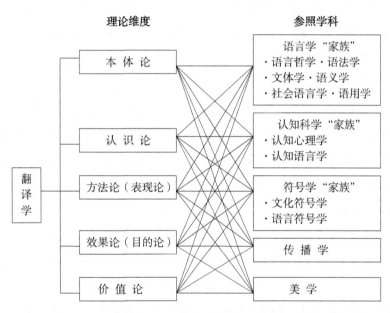

图 3.11　"翻译学多维共同体"示意图(刘宓庆,2012a：16)

(3)对刘宓庆翻译学体系的评价

综合以上刘宓庆在《现代翻译理论》和《新编当代翻译理论》对翻译学学科框架(应然体系)的研究,以及他的实然体系的研究,此部分试从新旧体系的比较和应然体系的评论两个方面,对刘宓庆的翻译学学科体系作出简要评价,前者是历时性的,后者则倾向于共时性,但两方面的评价都较倾向于微观性研究,较为宏观的对其实然体系和应然体系的评价拟在结语部分作出。

1)新旧体系的比较

由于刘宓庆的翻译学框架是由内部系统和外部系统构成，因此，这里的评论都会涉及这两个系统。

首先看看其"内部系统"的新旧体系。虽然新旧两个体系的建构时间相差十几年，但从整体上看，其内部系统的主干结构没有发生变化，即由翻译史、翻译理论和翻译信息工程组成。与他对其他观点的不断修正相比，这表现了刘宓庆对翻译学大框架的稳定的思路。另外，他的"翻译信息工程"部分在旧系统中标示为三个方面：软件研究、机译技术理论和机译语言理论。这表现出刘宓庆较强的前瞻性。当前的翻译向实业化方向发展，学界对翻译软件的开发和运用越来越重视。不过"翻译信息工程"虽然属于应用理论的范围，但与新版中"翻译理论"下面的"应用理论"仍有冲突。

新旧系统也表现出较大的差异，主要表现在"翻译理论"一部分上。第一，结构方面，旧版中的"翻译理论"部分由翻译基本理论、翻译方法论、翻译程序论、翻译风格论、翻译教学法研究组成，其中的"翻译基本理论"由基本理论模式、实质、翻译思维、可译性问题等组成。而在新版中，刘宓庆将"翻译理论"进行了整合，分成三部分：基本理论、应用理论和跨学科理论。这里增加了"跨学科理论"，表现出刘宓庆一贯的跨学科研究的意识。第二，内容方面，旧版中的"翻译理论"主要是由他在《现代翻译理论》一书中的实际研究内容组成的。而新版中的"基本理论"和"应用理论"也是由他在《新编当代翻译理论》的实际研究内容组成的，只是内容发生了变化，如换成了"翻译的意义理论""翻译的理解和文本解读""文化翻译基本理论"等，这些显然是他近些年来的研究成果。另外，在新版中，刘宓庆还增加了"翻译思想研究"，作为"翻译理论"部分的侧支。可以看出，刘宓庆在新旧翻译学内部系统中的内容主要是由其实然的研究构成的。从而可以认为，他基本上走的是他所坚持的经验主义的研究路向。但从整体看，还是带有演绎思辨的性质。

然后看看刘宓庆的翻译学"外部系统"的新旧体系。刘宓庆认为，翻译学的外部系统是翻译学的"横断学科"，即跨学科或多学科研究。他的旧的外部系统由三大部分组成：哲学思维系统、语言符号系统观和社会文化系统。关于此系统，前文已有简要评论。他的新的外部系统被改名为"翻译学多维共同体"，与旧系统相比，结构和内容方面都有了较大的变化。结构方面，由原来的三个系统改为两个维度，即"理论维度"和"参照学科"。内容方面，从"质"上看，新系统中的"参照学科"基本上相当于旧系统中的参照领域，但进行了重组。在"量"的方面，新系统的参照学科反而比旧系统要少，但也增加了"认知科学"和"传播学"等学科。"理论维度"是对翻译学的整合研究，由本体论、认识论、方法论、效果论和价值论组成，实际构成了刘宓庆所说的"外部系统"，并与"参照学科"形成一种互动关系。"参照学科"的重组可能与刘宓庆在新系统中增加了"理论维度"有关。不过对于"外部系统"和"翻译学多维共同体"之间的关系，他并未作进一步的阐述。我们权将两者等同起来进行讨论。

可以看出，刘宓庆对旧版的"外部系统"作了大改动。以上的变化体现了近些年他对翻译学构架的重新思考。然而，对于为何将"外部系统"改名为"翻译学多维共同体"，刘宓庆没有交代，但仍承认它是翻译学的外部系统。而且在新版的对"外部系统"的阐述中，刘宓庆仍旧沿用了旧版中的三大领域的说法，如："除了'内部系统'以外，翻译学还有一个作为参照的'外部系统'，即翻译学的横断科学网络。这个网络可以分为三大领域，即：哲学思维、社会文化、语言符号。"（刘宓庆，2012a：16）看来新说法对新的系统结构来说有些牵强，不如旧系统的说法讲得清晰。

2）翻译学应然体系的评论

首先看刘宓庆的应然体系的国别特色问题。刘宓庆是中国译学特色论的主要代表人物之一，他的翻译学体系建构也坚持了这一观点。刘宓庆认为，他的翻译学框架是基于汉英互译的经验观察和审视构筑的，因此属于他所说的具有中国特色的翻译学学科框架。从其研究的实际情况看，应然体系研究和实然体系研究交替进行，部分地看，实然体系研究是其应然体系研究的基础。因此，他的应然研究实际上具有相当的描写性。刘宓庆也认为，不同的译学传统会有不同的翻译学框架，他的这种应然研究是具有国别特色的。既然这样，他批评的霍尔姆斯的翻译学框架图是否也是具有国别特色的呢？但国别特色不等于不具有普适性，这是两个层面的问题。因此，西方的翻译学框架只要符合翻译的实际，应该是可以借鉴或修正，甚至可以直接应用的。如果说刘宓庆的翻译学实然体系研究是一种描写性研究，那么，他的应然体系研究就是一种带有规定性色彩的研究了。

其次看刘宓庆的内部系统和外部系统。从刘宓庆的"本位观照、外位参照"的研究原则看，其内部系统和外部系统的关系就是本位和外位的关系。这是刘宓庆区分两个系统的一个研究前提。前面谈到，他的内外系统在新旧版中发生较大的变化。整体上看，新体系比旧体系更有深度和广度。在旧体系中，内部系统和外部系统是各自独立的，是一种并列关系。两者之间的关系是：其一，外部系统为内部系统提供论证手段；其二，外部系统为内部系统提供理论思想；其三，外部系统与翻译学的关系是功能性的，内部系统则是构成性的。在新体系中，外部系统与内部系统之间是包蕴关系，即外部系统是从内部系统中衍生出来的。问题是，既然外部系统是内部系统的衍生物，外部系统又何以承担起为内部系统提供论证手段和理论思想的功能？另外，从新的内外系统看，内部系统确实具有高度的整合性，其所包含的应用理论和跨学科理论都能在刘宓庆所说的"翻译学多维共同体"中找到。这样，再多出一个系统，就无多少必要了。实际上，刘宓庆将内部系统称为"翻译学理论框架"，就已经表示这个系统可以作为担当起翻译学框架的角色了。其实，刘宓庆在2003年的《中国翻译理论研究的新里程》一文中就表达了这样的想法。另外，就新的内部系统而言，其中的"基本理论"只列出五部分，与前文讨论的他所说的基本理论的十个维度是不吻合的。而且"基本理论"下的"概论"不知具体指的什么，是否受到霍尔姆斯翻译学框架的影响。就外部系统而言，其"参照学科"中对各学科所属家族的划分也是值得商榷的。

3) 刘宓庆翻译学体系框架的特征

刘宓庆翻译学框架的一个显著特征就是结构主义特征。结构主义强调结构的层级性、体系性、整体性，这对一门学科的体系建构是有帮助的，但也因此必然具有规定、静止和封闭的特征。刘宓庆在翻译学体系建构中体现出的"整体性整合思想"正是这一特征的表现。这与翻译学作为一门开放的综合性学科是相悖的，其实也是不符合后期维特根斯坦的反体系的哲学思想的。

同其他许多翻译学框架一样，刘宓庆的翻译学框架只是一种构想。一方面，这一构想需要进行实证研究来证实或证伪，这是翻译学作为一门科学的基本要求。另一方面，这一框架需要强调它的开放性，并不断进行修正和补充。因此，它应该是发展的、动态的。这是翻译学科学建设的应有思路。

前文讨论了刘宓庆翻译理论的两种体系：实然体系和应然体系。实然体系和应然体系形成了一种互动，前者是后者的基础，后者是前者的目标。从研究的特征看，呈现出"分—总—分—总"的态势。从成果的出处看，两种体系在文章和专著中都有出现。刘宓庆的翻译学体系研究发展历程如表 3.3 所示：

表 3.3　　　　　　　　　　刘宓庆的翻译学体系研究发展历程表

	体系归属	研究特征	代　表　作
20 世纪 80 年代	实然研究	分	关于翻译思维、翻译美学、翻译风格等文章
1990 年	应然研究、实然研究	总	《现代翻译理论》
20 世纪 90 年代至 21 世纪初	实然研究	分	《翻译美学导论》(1995)、《文化翻译论纲》(1999)、《翻译与语言哲学》(2001)、《翻译教学：实务与理论》(2003)等
2003 年至今	应然研究、实然研究	总	《中国翻译理论研究的新里程》(2003)、《新编当代翻译理论》(2005 年第一版、2012 年第二版)

4）刘宓庆翻译学体系的名与实

1972 年霍尔姆斯发表《翻译学的名与实》，开创了西方翻译学研究的新纪元，90 年代引入中国后受到热捧，引发了中国新一轮的对翻译学学科大讨论的热潮。那么，中国翻译学的名与实的实际情况如何？刘宓庆译学思想的名与实又如何？此处不妨进行简要的分析。中国翻译学体系的名与实之关系，可以从两个方面来看。一个方面是指形式与内容的关系，一个方面是指理想与现实的关系。

从形式与内容的关系看，名就是形式，实就是内容。形式与内容的关系有可分与不可分两种，名与实的关系也有可分与不可分之分。我们将这两种关系称为结构主义关系和后结构主义关系。结构主义关系认为名与实是一致的，就像结构主义语言学中的能指与所指的关系。表现在翻译学中，就是认为翻译学的名与实是一致的。这是对待翻译学的一种静止的、封闭的、共时的观点。或者进一步讲，这是一种应然的观点，认为翻译学应该是这样的或那样的。这种观点在对待传统译论和现代译论的态度中时有表现。比如，一提起传统译论的理论体系，就马上想起罗新璋总结的"案本—求信—神似—化境"体系，而不考虑这一体系是否完善，还有没有其他可能的线索。从语言学派译论的"言必称奈达"到文化学派译论的"言必称'文化转向'"等，都是这种将名与实"结构主义化"的结果。霍尔姆斯的翻译学框架传入中国后，有人全盘接受它，认为翻译学的样子就是这样的，已经很完美，按照它所设定的框架进行研究就可以了，不需要另搞一套。这些表现都是一种"崇权威"的心态在作祟。可喜的是，随着中国翻译研究的深入，中国翻译理论界的理论素质整体上已有了很大的提高，反思意识逐步增强，对翻译学的名与实的关系的理解正表现出一种后结构主义的特征。

与结构主义关系不同，名与实的后结构主义关系表现出名与实不是一对一的关系，而是一对多或多对一的关系，这是一种流动的、开放的、历时的关系。表现在翻译学中，有三种情况：一对多、多对一和多对多。一对多就是一名多实，又有两种情况：一是对"实"的修订，二是不同视角的"实"。对"实"的修正，包括对"实"的扩充和完善。如霍尔姆斯的翻译学框架进入中国，国内译论界的主流观点认为它应是开放的，需要不断地进行完善。张南峰推出了多元系统论的精细版，就属于此种情况。从不同视角体现翻译学之"实"的情况，如国内以《翻译学》为名的就有黄龙（1988）、黄振定（1998）、谭载喜（2000a）和吕俊、侯向群（2006）等人的著作。以《翻译论》为名的有吴曙天（1932）、许钧（2003）等人的著作。这几本著作的理论框架和研究视角都不同，如黄振定的科学与艺术的辩证统一视角，吕俊的建构主义视角。不同于其他翻译学著作以论为主的学科架构性写法，许钧的著作虽然也分成几大板块，但内容却是以理论史为基础、史论结合的写法。总之，这些都是著作者个人的翻译学或翻译论。多对一就是多名一实。从广义上讲，所有的翻译学著作不管具体名称如何，都指向翻译学这个大的范畴，因此都应属于多名一实的情况。但狭义的多名一实情况不多。如"翻译研究""翻译思想"和"翻译理论"这三个名如果不加区分而通用，就是多名一实的情况。Translation Studies 与 Translatology 的情况也是一样。多对多就是多名多实。这种情况应该是多数。如翻译学、翻译学概论、翻译学通论、翻译学导论、翻译论、译论、译学、译学研究、翻译研究、现代（当代）翻译理论、科学翻译学、文学翻译学、描写交际翻译学、神似翻译学、文化翻译学、翻译心理学、翻译社会学、翻译伦理学、语言翻译学、翻译生态学、翻译地理学，等等。以上之"名"有些是著作之名，有些是译论术语之名，有些是分支学科之名。从整体上看，不同的"名"往往对应着不同的"实"。

名与实的另一种关系是理想与现实的关系。这里，名是理想，实是现实。"理想"可以指向乌托邦，也可以指向现实。前者是不可实现的，是无实的；后者是可以实现的，是有实的。在有些学者如劳陇（1996）、张经浩（1999）等人看来，翻译学是"迷梦"或"难圆的梦"，是无法实现的。多数学者认为翻译学是可以实现的理想，认为已经实现（杨自俭）或正在实现的途中（许钧）。

其实还存在一种名与实的关系，涉及中国翻译学，即共相与殊相的关系，或称为哲学中个别与一般的关系、唯名与唯实的关系。共相孕育在殊相之中。在翻译学中表现为特殊翻译学与普通翻译学，或特色翻译学与普世翻译学，或国别翻译学与世界翻译学的关系。共相不是乌托邦，是要通过殊相实现的。通常有两种实现方式：殊相的交集和殊相的并集。前者即所谓纯翻译学，有本质主义的倾向；后者则有反本质主义的倾向。

从内容与形式的关系看，刘宓庆翻译学名与实的结构主义关系比较明显。主要体现在两个方面，一个方面是他的翻译学框架结构的研究属于应然体系的研究，表现出一种封闭、静止的特征。另一方面是他对翻译学的英文名称的观点。他认为，翻译学应为 Translatology 而不是文化学派的 Translation Studies。这正是一种"一对一"的结构主义的关系。同时，刘宓庆的实然的基本翻译理论体系的研究表现出一种后结构主义的特征，主要表现在他对这种体系的不断的修订中，如从《新编当代翻译理论》第一版的八个维度变为第二版的十个维度。从《现代翻译理论》到《新编当代翻译理论》的内容的不断变化体现出一种开放的体系架构姿态，这与他的翻译学框架建构的结构主义特征不同。但刘宓庆预想的翻译理论体系还是结构主义的。又如，他大陆版的《现代翻译理论》（1990）和几乎同时出版的台湾版的《当代翻译理论》内容几乎没有变化，但使用了不同的名。从整体上看，刘宓庆的翻译学或翻译理论体系研究走的是结构主义的路子。

从理想与现实的关系看，刘宓庆是反对将翻译学看作一个无法实现的梦的。他更强调如何去建构作为现实的翻译学，甚至认为有一种像普通语言学那样的普通翻译学存在，需要我们一步步地用实际的研究向它靠近，最终实现它。

对于建立什么样的翻译学或翻译理论体系，刘宓庆的观点是非常明确的，就是要有中国特色或中国价值。这也是他一生为之奋斗的目标。

另外，刘宓庆在翻译研究中出现了翻译学、翻译理论、翻译思想、翻译观、现代翻译理论、当代翻译理论等"名"的使用，但它们的"实"与"名"之间的关系也出现了一定程度的交错现象。

(4) 与他人翻译学体系的比较

翻译学体系或框架的研究是中国新时期翻译研究的重要组成部分，也是翻译学学科建设的目标。除了刘宓庆之外，国内还有许多学者关注这个领域的研究。因此，挑选几家学者的研究进行比较分析，将有助于我们对刘宓庆的翻译学体系的认识。这里的比较还是从实然体系和应然体系两个方面来进行。

1) "实然体系"的比较

前文说过，多数学者的实然体系研究都不是研究者有意为之的，而是他人根据其研究总结出来的，这与应然体系的生成有很大不同。罗新璋认为中国传统译论自成体系，并将之归结为"案本—求信—神似—化境"，就是一种"实然体系"的研究。新时期以来，国内以《翻译学》或《翻译论》为名的著作出版了不少，如黄龙（1988）、黄振定（1998）、谭载喜（2000a）、许钧（2003）和吕俊、侯向群（2006）等人的著作。国内对翻译理论的实然体系的研究主要出现在一些翻译学著作中，从目录可以看出一二。谭载喜是国内较早提倡建立翻译学的学者，他在2000年出版的《翻译学》体现了他在这方面的研究成果。该书共有九章，各章分别为：绪论、翻译学的学科性质、翻译学的任务和内容、翻译学的研究途径、翻译学与语义研究、翻译学与词汇特征、翻译学与西方译史译论研究、翻译学的分支学科——比较译学、中西译论的比较。从该书的目录看，除了"翻译学与语义研究"和"翻译学与词汇特征"属于实然研究外，其余各章都是关于翻译学的元理论研究，并非翻译学框架的元理论研究，而其两章的实然研究显然是不能形成一个体系的。因此，谭载喜虽然是国内翻译学的代表人物，但其实然体系的研究是较少的。他对翻译学框架体系的应然研究进行了阐述，在下面会涉及。这里我们简要讨论吕俊、王宏印和许钧的实然体系。

吕俊是国内关注翻译学学科建设的重要学者之一，他的大部分研究是围绕着建构主义进行的。吕俊没有对建构主义翻译学进行框架式的应然体系研究，他的翻译学体系的研究是实然体系的研究，主要在两个方面展开：一个是传播学模式的翻译学研究，一个是建构主义翻译学的研究。传播学模式是翻译学的机体结构模式。他认为，翻译的本质决定了它应是一种传播，而传播过程的各要素体现了翻译学的综合性。他的《英汉翻译教程》就是在这一模式下进行的研究。他的建构主义翻译学是从批判中国译学以往的三个范式入手的，即语文学范式、结构主义范式和解构主义范式①。所谓建构的翻译学是一种以交往理性为基础，以建构主义思想为指导的翻译研究，并把这一研究对象作为独立的学科知识体系来建构。他的《翻译学———一个建构主义的视角》(2006)是其建构主义翻译学的研究成果。与刘宓庆的翻译学研究相比，吕俊的翻译学研究呈现出这样几个特点。第一，体系不同。吕俊是"双体系"的，表现为传播学框架的翻译学研究和建构主义翻译学研究，但这两者之间的联系不明朗。但这种"双体系"不是刘宓庆的翻译学框架的应然研究，而是实然研究。传播学视角的翻译研究在刘宓庆那里只是作为其翻译学框架中众多跨学科的一种。第二，研究的模式不同。吕俊是"分—总"型的。吕俊从2001年开始，就开始了他的指向建构主义翻译学的翻译研究，目标非常明确，发表的文章基本是围绕这个话题的，如建构主义翻译学的哲学基础、认识论基础、理性基础、真理观、语言学基础等。最后，在《翻译学———一个建构主义的视角》进行了总结。前文说过，刘宓庆的研究是"分—总—分—总"型的。第三，哲学基础不同。吕俊也是借鉴哲学对翻译学进行建构的，具体讲，就是哈贝马斯的社会交往理论。刘宓庆借鉴的则是后期维特根斯坦哲学思想。第四，对翻译实践的关注不同。相比之下，刘宓庆更强调翻译实践的重要性，他的几乎所有理论研究都有指向翻译教学的倾向。吕俊的研究具有较强的思辨性，译例较少。刘宓庆著作中译例较多，理论味道也较浓厚，在用维特根斯坦思想作翻译研究时与翻译的关联度仍嫌不够。

　　实然体系也可以通过对传统译论的现代转换产生出来。如王宏印在《中国传统译论经典诠释———从道安到傅雷》(2003)对十家传统译论进行了现代转换，形成了一个由本体论、方法论、认识论、标准与原则、主体论、可译性等构成的实

---

①　国内对翻译范式的研究曾一度流行，吕俊提出的"语文学—结构—解构—建构"的范式转换较有影响。对这一观点，可能产生的问题有：a. 是结构主义译论还是语言学译论？若是结构主义译论，是哪一派的结构主义？结构主义译论的"结构"指的是什么？是语言结构还是译论结构(体系)？b. 解构主义译论解构了什么？是结构、体系、意义、忠实？"忠实"观是语言学派译论的观点吗？忠实(伦理范畴)是等值(认知范畴)吗？解构主义的解构目标是什么？是语文学派还是结构主义学派？c. 建构主义与其他在同一层面上吗？如不是，结构、解构、建构的关系是什么？建构的对象是什么？是译学新体系还是其他？

然的体系。这种翻译学体系的研究是建立在现有的传统译论材料的基础上的，因此具有比较"实"的特点，可以为进一步构建普通翻译学的体系打下坚实的基础。如果把王宏印和刘宓庆的研究作一比较，可以发现：第一，两者都重视经验的作用，但王宏印的研究有大量的翻译实践做基础，且重视翻译批评在翻译实践和翻译理论之间的中介作用。他更重视从翻译实践经验中生成理论。如他提出的"古本复原""无本回译"等理论就是从翻译史实中归纳提炼出来的。刘宓庆认为翻译学是经验科学，强调理论来源于实践经验。刘宓庆所服膺的维特根斯坦强调"看"，墨子强调"体察"，但如何从经验中总结出理论来，这是问题的关键。科学哲学家波普尔认为，科学始于问题，而不是始于观察，因此问题意识在理论创新中至关重要。另外，刘宓庆本人的翻译实践的类型和时间可能对他的翻译理论研究有一定的限定作用。第二，王宏印的研究是基于中国传统译论的理论研究经验和文学翻译及其批评实践的研究，刘宓庆的研究则是基于自己实践经验的研究，因此他对中国传统译论的借鉴利用是有限的，而且，他对各种文学翻译类型如诗歌、戏剧等翻译资料的利用也是有限的。这是他的不足之处。第三，两者的研究都具有比较译学的性质，但王宏印的研究属于阐发研究，比较的目的明确，就是对传统译论进行现代转换，作为建设现代译学的一种努力，因此具有建构性的中介性质。刘宓庆的中西译论比较研究属于平行比较的评价研究，由于止步于评价，因此对翻译学的建构作用是有限的。

许钧既做翻译实践又研究翻译理论，因此他的翻译研究带有比较浓厚的经验倾向，他的专著《文学翻译批评研究》（1992）、《文学翻译的理论与实践》（2001）是这方面的代表作。许钧一直关注中国翻译学的建设，在 1996 年的《一门正在探索的科学——与 R. 阿埃瑟朗教授谈翻译研究》一文中就非常谨慎地认为，建构"翻译学"的努力是值得肯定的，但这门科学还远远没有建立起来。他认为，翻译是实践活动，纯理论凭空构建"翻译学"，不仅是不可能的，也是没有什么价值的。（张柏然、许钧，2002：204）因此，他并不专注于建构翻译学的学科框架，而是重视实际的研究。他于 2003 年出版的《翻译论》就是他的翻译理论研究的一个总结，实际上也构成了一个实然的翻译理论体系。这一体系由七部分构成：翻译本体论、翻译过程论、翻译意义论、翻译因素论、翻译矛盾论、翻译主体论和翻译价值与批评论。不同于刘宓庆以论为主的实然体系的研究，许钧的著作虽然也分成几大板块，但内容却是以翻译理论史为基础，并使用了史论结合的写法。在这一点上，许钧与王宏印的实然体系的研究有相似之处，即都是基于他人的翻译理论事实进行的研究，且都融入了自己的理解。

其实，将自己现有的研究体系化是许多学者在总结(或阶段性总结)自己的研究成果时经常做的工作，吕俊、侯向群的《翻译学——一个建构主义的视角》(2006)便是在以往发表文章的基础上进行的整合研究。谢天振的《翻译研究新视野》(2003)也是如此。这是一条从微观向宏观、从部分向整体研究的路子，是实然体系形成的主要路径之一。这是国内学者的"体系意识"的表现。当然，也有不重体系的研究。整体来看，新一代翻译研究者受后现代翻译思想或明或暗的影响，大多在研究的体系化方面关注较少，当然也包括下面要讨论的应然体系的研究。

2)"应然体系"的比较

应然研究，即翻译学学科体系的构架研究，属于预设性研究，因此会克服实然研究局限于实际研究事实的缺陷，从而容易对研究范围进行调整，或进行框架性建构。框架建构可以依据实然研究的成果，也可以框架先行，然后进行实际研究。因此，应然体系的研究有一定的描写性，但更具规定性。关于这一点，我们在前文已经谈到。国外除了我们熟悉的"霍尔姆斯-图瑞翻译学框架"外，德国学者威尔斯也提到过翻译学的框架问题，他认为，翻译学可以从三个角度来探索：模式-理论型、成对语言描写型和成对语言应用型。大致相当于普通语言学、描写语言学和应用语言学。国内的应然体系研究也不少，刘宓庆的研究，前面已经讨论。下面是其他学者对翻译学框架的建构或设计。

黄龙在 1988 年出版的《翻译学》，是我国第一部以《翻译学》命名的专著。他在"出版的话"中将翻译学分为基础翻译学、应用翻译学和理论翻译学，并在这三个方面进行了细致的论述。但整本书经验描写多，理论论述少，影响了该著的理论深度。

谭载喜(1987)提出翻译学由普通翻译学、特殊翻译学和应用翻译学构成的说法，与威尔斯的提法相似，但未展开讨论，形成一个比较详细的翻译学框架。他在提出将"比较译学"作为翻译学分支学科时，又提出了翻译学由国别译学、比较译学和总体译学构成的说法，也未展开讨论。

杨自俭是中国翻译学学科建设的领军人物，他认为翻译科学由三个层次构成，即翻译工程(包括人工翻译、机器翻译、同声传译)、翻译艺术(语际翻译、语内翻译、符际翻译；笔译、口译；文学翻译、科技翻译等)和翻译学。(杨自俭，1989)这一构架的问题是："翻译科学"的界定不清，"翻译学"的内容阙如。

范守义(1991)的翻译学构想由三部分组成：基本理论(理论模型、基本原理、翻译标准、译文批评、译文评价、翻译史、翻译教学)、应用技巧(笔译、口译、机器翻译)和多视角研究(语言学、符号学、文化学、社会学、文艺理论、系统论、控制论、信息论、思维科学、心理学、美学等)。这一框架考虑到了翻译学的跨学科研究，与刘宓庆的思路有些相似。

彭卓吾在《翻译学——一门新兴学科的创立》(2000)中试着以马克思主义为指导建立翻译理论体系，将翻译学分为实用翻译学、理论翻译学和基础翻译学。穆雷对此著进行了评价："应该说，这本书才是迄今为止我们所见到的比较全面、系统、深入地探讨翻译学的学科性质的专著。"(穆雷，2001)

辜正坤一向善于体系或系统的构建，他在 20 世纪 80 年代提出的"翻译标准多元互补论"曾在译学界产生较大影响。他在《译学津原》(2005)的序中提出了"玄翻译理论"(Metatranslatology)的概念，即翻译理论的理论。他将翻译学分为玄翻译理论、元翻译理论(包括翻译理论、应用翻译技巧和翻译批评)和泛翻译理论三部分，如图 3.12 所示。

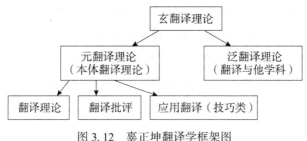

图 3.12　辜正坤翻译学框架图

其中"玄翻译理论"是"悬"于元翻译理论和泛翻译理论之外的超越性理论。它试图对元、泛翻译理论做某种性质的整体观照。泛翻译理论是与本体翻译理论或翻译现象相关的非本体翻译理论，很多时候是指翻译学与他学科相关的交叉论述或跨学科论述。在这里，辜正坤的元翻译理论实际上就是刘宓庆所说的翻译理论，其中的翻译理论就是刘宓庆的基本翻译理论；泛翻译理论相当于刘宓庆的跨学科理论。辜氏一贯重视翻译批评在翻译理论中的地位，他将其置于翻译理论和应用翻译之间，起着连接两者的中介作用，应该说是较为合理的做法。但他将玄翻译理论与元翻译理论一起讨论，如果"玄翻译理论"英译为 Metatranslatology，那么，"元翻译理论"该如何翻译呢？且对"玄翻译理论"在翻译学构架中的作用阐述不够，使得这一体系也带有些许"玄"的色彩。

中国港台学者也是中国翻译学学科建设的主力军，早在 1964 年，台湾学者张振玉就出版《译学概论》，并于 1992 年改名为《翻译学概论》在大陆出版。香港学者更是活跃在中国甚至世界译坛上，张佩瑶是香港译学界的杰出代表。她不但重视中国传统译论的英译，对中国翻译理论体系的建设也提出了独特的观点。她在对"翻译理论"词源考察的基础上，建议用"翻译话语"替代"翻译理论"一词，并提出了一个"翻译话语系统"。这个系统如表 3.4 所示(张佩瑶，2012：150)：

表 3.4　　　　　　　　　　张佩瑶的"翻译话语系统"

翻译话语系统			
间接式翻译话语		直接式翻译话语	
潜藏型	外露型	内向型	外向型
■ 并没有提及翻译但与翻译有密切思想关系的文章 ■ 翻译作品及所有被视为"翻译"的作品	■ 各种与翻译有关的记载，例如： ● 译场组织 ● 各个时代译官职衔的名称及职责 ● 翻译机构的有关资料	涵盖的是内部问题，例如： ■ 翻译的本质 ● 翻译是什么？翻译的定义有没有转变？如何转变？为何转变？ ● 翻译的最高境界 ● 翻译与权力的关系 ● 翻译与意识形态的关系	涵盖的是外部问题，例如： ■ 翻译的存在状态 ● 翻译与原文及原文文化的关系 ● 翻译与目的语文化的关系 ● 隐形/显形的存在状态及其与时代思潮、历史背景等的关系 ■ 翻译的重要(目的与功能)

翻译话语系统		
■ 以介绍个别作品的内容翻译缘起及过程为主的文章 ■ 译者的传记、生平资料	● "不可译""等值"这些概念，如何影响有关翻译本质的探讨？ ● 以文学翻译为主的论述，是否会扭曲有关翻译本质的探讨？ ■ 翻译的实践 ● 翻译原则 ● 翻译方法 ● 翻译程序 ■ 翻译理论的自我反思 ■ 译评 ● 译本的比较与批评 ● 译评准则的探讨	■ 译员 ● 译员培训 ● 译员的修养与能力 ● 译员在社会文化传播中扮演的角色 ■ 跨学科及科际理论探讨，例如： ● 语言学或对比语言学与翻译研究 ● 文学理论与翻译研究 ● 文化理论与翻译研究 ● 社会学理论与翻译研究

这个系统由"直接式翻译话语"和"间接式翻译话语"两大块组成，每一块又分成两部分，这样就形成了一个由四种类型的翻译话语组成的系统。与其他应然体系相比，这个系统的特点是：第一，开放性。翻译话语所论述的题目并不限于图中所列的内容，而是可以不断地增加。第二，涵盖性广。"话语"(discourse)不是一个排他性强的理论概念，可以指所有论述翻译的文章，也可以指所有的翻译作品以及被视为翻译的作品(包括伪翻译)。第三，整合性强。"翻译话语系统"是一个知识构架，强调知识的整合，可以帮助我们重新认识和整理过去有关的翻译的材料。

从这些特点可以看出，这个系统颇具反本质主义的性质，但也不排除本质主义的话语，总之，是一个包容性较强的翻译话语系统。在某种程度上，它更具有实然体系的特质。之所以放在此处讨论，是与其他应然体系的研究作一比较。当然，她的观点我们也不一定全都接受，如将译文也作为翻译话语看待，是可以讨论的。

(5)刘宓庆翻译学体系建构的启示

　　以上从实然体系和应然体系两方面对刘宓庆的翻译学体系建构进行了述评，纵观这一建构历程，不难看出其翻译学体系建构的一些特征。其一，翻译学体系意识开启较早。刘宓庆是中国新时期翻译研究的开创者之一，20 世纪 80 年代就开始关注翻译学体系的建构，这与当时国内翻译学学科意识的觉醒以及其本人对翻译学体系的前瞻性认知有着密切的关系，并在一定程度上带动了其他学者对这一问题的关注。其二，实然体系与应然体系并行建构。虽然刘宓庆本人并没有将其翻译学体系分为实然体系和应然体系，但其对翻译学体系的建构历程或隐或显存在这两种类型。1990 年出版的《现代翻译理论》一书集中体现了这两种体系的建构。其后的研究也基本上在此基础上展开。其三，建构历时较长。国内学者，特别是较早关注翻译学建设的学者，热衷于翻译学学科体系的建构，可以说，多数学者的研究是认真的，刘宓庆更是执着于此，其对翻译学体系的关注几乎与其近四十年的翻译研究历程同步，尤为可敬。其四，明显的跨学科研究方法。翻译学体系研究离不开研究方法的指导，刘宓庆在近四十年的翻译研究生涯中，在其"本位观照、外位参照"的总的方法论之下，运用了多种具体的研究方法，如比较方法、系统论方法、跨学科方法等，其中其对跨学科方法的运用最为明显，在其实然体系和应然体系研究中都有所体现。这一方面归因于他广泛的研究领域：汉英对比与翻译、文体与翻译、翻译美学、翻译与语言哲学、文化翻译学、翻译教学、翻译思想等；另一方面是其跨学科研究的意识使然，明显的例子如其将最初的翻译学"外部系统"改称为"翻译学多维共同体"。

　　应该说，刘宓庆对翻译学体系的建构对中国翻译学的学科建设和现代化有重要的促进作用，但也存在一些问题，主要体现在两个方面。首先，应然体系缺乏足够的可检验性。翻译学应然体系多数是"框架先行"，多是思辨的产物，难免具有较强的规定性、封闭性等特征。可检验性成为其最大的问题。有学者对此提出过批评。如刘英凯（2002）在《论中国译论的潜科学现状》一文对刘宓庆的翻译学框架研究的方法进行了批评："因求大求全搭起过大的框架，而又不伴以有强有力支撑功能的事实凭据以及客观可行性和解释力的论述，就缺少证实或证伪的功能，缺少可检验性，因而也就难以有足够的普遍有效性，随之就令框架设计者不期而然地给人以过于形而上的玄虚之感。"当然，这不只是刘宓庆一个人的问题，其他许多热衷于应然体系建构的学者或多或少存在这个问题，包括西方学者霍尔姆斯、图里等人。其次，应然体系与实然体系有某种程度的脱节。这一点与第一点有关联。虽然从本质上讲，实然体系是经验的、描写的、现实的，应然体系是先验的、规定的、理想的。刘宓庆一直认为翻译学是一门经验科学，这一观点就决定了他的翻译学体系的建构走的是经验主义的路子，也必然决定了他的实然体系和应然体系之间存在密切的关联。一方面，实然体系应成为应然体系的基础，没有了实然，应然也就缺少了理想化根基；另一方面，应然体系应是实然体系的归宿，理想的状态就是两者需要达到较高的契合度，若不能，最终只能各说各话，削弱体系的整合性和连贯性。从这一点上，应该说，刘宓庆的翻译学实然体系和应然体系实现了一定程度的契合，这从以上对其实然体系和应然体系的梳理和对比中可以看出。但也可以看出这种契合度还是不够的，即实然体系和应然体系出现了某种程度的偏离，特别是应然体系中的许多部分其本人没有作过研究。当然，这是不能苛求刘宓庆的。应然研究由于具有理想化的特征，而一个人的时间和精力又是有限的，对应然体系内容的实际研究也不必交由一个人来完成，而是需要人们的共同努力。

当前中国的翻译研究呈现多元化局面，对翻译学体系的建构也不再是当前研究的热点，但建设中国现代翻译学一直是国内翻译学人追求的目标。刘宓庆的翻译学体系建构历程无疑对当前中国翻译学的建设具有一定的启示意义。

第一，加强翻译学的跨学科研究。翻译学具有天生的跨学科属性，这为刘宓庆在实然体系和应然体系研究中运用跨学科方法提供了学科本身内在的理据。难能可贵的是，横跨如此多的领域，刘宓庆在实然体系的跨学科研究方面都能做到尽量精深的研究，而不是浅尝辄止，如他对翻译美学的研究一直贯穿其整个翻译研究生涯，最近几年甚至呼吁翻译应回归美学。当前国内的翻译研究呈现多元化局面，跨学科研究趋势更为明显，这是译学研究的可喜之处，翻译学体系的完善还需要进一步加强跨学科研究，在保证跨学科研究的广度的同时，特别要加强跨学科的深度方面的研究。同时要注意跨学科研究中其他学科与翻译学嫁接的适应性问题，一味地开疆扩域而不作深入的研究和论证，只会损坏翻译学的体系建设，最终使翻译学成为一个庞大、臃肿的华而不实的学科体系，这是谁都不想看到的结果。

第二，辩证地看待翻译学的实然体系研究和应然体系研究。从研究方法看，归纳法和演绎法都可以成为翻译研究的方法，归纳法是观察—寻找型式—结论的模式，演绎法是假设—观察—证明或证伪的模式。翻译学的实然体系多是归纳法，应然体系多是演绎法。应该说，两种体系研究都是翻译学需要的。前提是，这个体系应是一个可检验的框架，这里的"可检验"包含两层意思，一是"框架后行式的"，二是"框架先行式的"。"框架后行式的"体系建构即实然体系，"框架先行式的"体系即应然体系。不能绝对地说，预设一个翻译学框架体系是没有意义的。虽然每个人的框架是不一样的，但如果有一个大家都比较认可的框架体系，并按照这个框架体系的设定去作研究，或者在实际研究的过程中对这个应然体系不断进行修正，使应然体系和实然体系达到一种较高的契合度，那么，这种体系还是必要的，是对翻译研究和翻译学建设有益的。我们反对的是为框架而框架的研究，或为体系而体系的研究。朱纯深（2008：343）曾批评当前某些"'闭门造车式的理论'，既没有适当的、有证据的实证经验为基础，也不见通过成文的参考文献与整体翻译研究的知识大系建立的必要与充分联系"。这是在翻译学研究中应该时刻警惕的。

第三，就当前的研究实际来看，翻译学体系的建构更离不开扎实的实然体系的研究。前面提到，实然研究是应然研究的根基，不管应然体系是"框架后行式的"，还是"框架先行式的"，离开了实然体系研究，应然体系就成了无本之木、无源之水。许钧（2004：14）通过对法国译学界的观察，认为："法国翻译理论研究界并没有急于去构建翻译学的基本框架。他们的研究方法不是从臆想的理论框架出发，去设计一个系统的理论模式。相反，他们从翻译的一些基本问题出发，从各个角度去进行探索，一步一步地拓展翻译研究的领域，并向深度发展。"因此，对当前的翻译学建设而言，除了提出构想，更需要的是脚踏实地的实际研究工作。我们赞成刘宓庆的"翻译学是一门经验科学"的说法，因为只要实际研究做好了，翻译学的建成就只是个时间问题了。正所谓"实至"才能够"名归"。

3. 对翻译学跨学科性和学科独立性的几点思考

从上文可以看出，刘宓庆在翻译学框架的建构中非常注重翻译学的跨学科研究，从他1990年《现代翻译理论》的翻译学"外部系统"到2012年《新编当代翻译理论》的"翻译学多维共同体"，都体现出这一点。他在《翻译教学：实务与理论》

（2003）中也用图表示了翻译学与其他学科之间的关系：

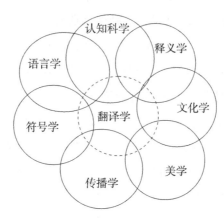

图 3.13　翻译学的跨学科——多学科审视图（刘宓庆，2003：602）

　　图 3.13 显示了翻译学与其他学科以及其他学科互相之间的关系。该图合适与否，暂且不论，但可以看出刘宓庆对翻译学跨学科研究的认识和理解。20 世纪 80 年代初，中国开始较大规模引进西方的语言学派翻译理论，也开启了国内对翻译学学科性质的讨论，受西方语言学派译论的影响，翻译学被认为是应用语言学或对比语言学的一个分支学科。80 年代中后期和 90 年代末、21 世纪初，国内曾出现过两次关于翻译学的大讨论。随着国内对翻译学学科性质的深入讨论，一种普遍的认识是，翻译学是一门独立的、开放的、综合性学科。这个认识指出了翻译学的两个性质，一个是独立性，一个是跨学科性。可以说，翻译学的跨学科性与其学科的独立性问题便成为一直伴随中国翻译学建设的两个关键性问题。当前国内的翻译研究呈现多元化倾向，跨学科研究成为翻译研究的常态，但是跨学科研究带来的负面影响也不能小觑，有些跨学科研究有与翻译学渐行渐远的趋势，有些则成为伪跨学科研究。因此，正确认识翻译学的跨学科性和学科独立性及其两者之间的关系是确保翻译研究健康发展的前提。这里涉及的理论问题是：翻译学如何既是独立的，又是开放的和综合性的？与此相关的具体问题是：翻译学有自己的本体研究吗？如何保持翻译学的独立性和开放性之间的张力？是不是任何学科都可以借用来研究翻译？下面尝试对这三个问题进行简要的讨论。

（1）翻译学有自己的本体研究吗？

西方"翻译研究学派"（Translation Studies）在建构翻译学框架时提出翻译学的一个重要分支就是"纯翻译学"（Pure Translation Studies），它是相对"应用翻译学"（Applied Translation Studies）而言的，并非本研究讨论的翻译学的本体研究。这里所说的"本体研究"是指不受其他学科影响的纯然的、自足的研究。

那么，有没有一个不受任何其他学科影响的纯然的、自足的翻译学？从中西、古今译论的实际研究情况看，答案是否定的。即目前还找不到一种与其他学科无任何关联的独立发展的翻译理论。中西传统译论都或多或少地与其他传统学科有关联，如普遍认为，中国传统译论根植于中国古典哲学、美学。现代译学研究更是如此。开启译学研究现代化的语言学派译论便是翻译学与语言学的成功联姻。其实，不只翻译研究，文学研究也是如此。如弗莱在《批评的解剖》中说："文学位于人文学科之中，其一侧是史学，另一侧是哲学。由于文学本身不是一个系统的知识结构，因此批评家必须在历史学家的概念框架中找事件，在哲学家的概念框架中找思想。"（转引自余虹，1999：137）

看来，"学科间性是翻译学的本质属性"（李运兴，2010：277）。学科间性的本质也表明了翻译学不可能成为一门原发性学科，而是一种继发性学科，即它总是从某种原发性学科或其他继发性学科的理论中汲取所需，发展自己的理论。如传统译论以传统哲学、美学等为依托，语言学派译论以各种语言学流派为依托，文化学派译论则以文化社会学为理论基石等。虽然现代翻译学的开启得益于现代语言学的加盟，但不能就此认为翻译的语言学研究就是翻译学的本体研究。不同于人类社会根据血缘关系决定一个人与另一个人的亲疏，与翻译学联姻的其他学科之间是一种平行关系，不存在哪一门学科更靠近翻译学的问题。

从翻译研究主体来看，要真正在翻译理论研究方面有所建树，就要暂时离开翻译理论而进入到那些原发性学科中，努力做一个那个领域的专家或至少半个专家，然后回到翻译研究中去。其实，西方现代译论的许多研究者都是某一方面的专家，如语言学派的奈达、卡特福德等都是语言学家，文化学派的研究者多是比较文学研究者等。国内的翻译研究主体也比较复杂，多数是国内高校外语专业出身的学者，客观地说，这类学者在接受西方理论方面比较有优势，但也普遍存在知识结构不合理，没有自己的专攻学科作为翻译研究的跨学科依托的情况。这样必然会影响翻译研究的质量。反而，某些其他学科的研究者进入到翻译研究领域，由于有坚实的学科依托，所做的研究更深入、更有特色。这样的例子在国内也是不少的，如哲学领域①和比较文学领域学者的研究。但涉及过多学科可能会导致研究的领域不集中，研究者对每门学科都浅尝辄止，从而影响到研究的深度。

国内有学者如吕俊、侯向群（2006）有感于文化转向对翻译研究的负面影响，提出翻译研究要回归本体，并认为这一本体就是语言本体。赵彦春（2005）认为文化学派译论走向了歧路，翻译研究需要从翻译本身，即文本和成就文本的过程中进行。针对这些观点，谢天振（2008b）指出要区分"翻译本体研究"与"翻译研究本体"两个概念，认为前者是语言间的转换过程本身，后者则是包含了语言文字转换过程本身及其之外的其他因素，正是后者决定了翻译学不可能成为一门单纯的语言学科，而是一门综合性、边缘性和交叉性的独立学科。可见，谢天振所言"翻译研究本体"虽然有"本体"的字眼，但"本体"的概念已经模糊化了，这一界定使得翻译研究处于一种"有本体"和"无本体"的状态之间，我们赞成其中"无本体"的含义，正如前文所言。但翻译研究的"有本体"也暗示了其学科的独立性，这也正是下面要讨论的问题。

（2）翻译学的跨学科性如何不影响其独立性？

翻译学本体研究的阙如导致了翻译研究必然走向跨学科研究，这是翻译学的学科宿命。从表面上看，跨学科研究和学科独立性互不搭界，前者是研究方法论问题，后者是学科性质问题。但两者之间关系密切，往往形成一种张力。那么，

---

①　中国翻译理论研究中也存在哲学家谈翻译的情况。如在传统译论时期，贺麟、金岳霖、艾思奇等哲学家对翻译问题发表过意见。新时期，由于中国现代哲学受西方现代哲学的影响较大，少数谈翻译的哲学研究者谈的也主要是西方现代哲学中的翻译问题，如中国社会科学院的李河教授和单继刚教授。另外，文化研究与哲学研究有着密切的关系，文化研究学者王宾、刘禾、赵稀方等人虽然不是从事纯哲学研究，但也从宏观的视野谈论翻译。国内翻译理论界有些学者是学哲学出身的（哲学博士），如黄振定、刘军平等人，在他们的研究中能看到哲学思辨的影子。外语出身且从哲学视角研究翻译的典型要数蔡新乐，他对阐释学派和解构主义译论进行了深入的研究。进入21世纪后，中国翻译理论界非常重视从哲学途径进行翻译研究，从作为国内翻译理论研究的重要学会——中国英汉语比较研究会所开的全国学术研讨会中邀请过哲学界、文化研究界学者如王璐、涂纪亮、王晓明等人做特邀嘉宾可以看出这种倾向。

翻译学与其他学科是一种什么样的关系才能保证在跨学科研究中不影响其独立性？这是进行跨学科研究的关键。没有从理论上有个清醒的认识，势必造成跨学科研究对翻译学独立性的侵害，这一点已引起学者的忧虑：

> 翻译，作为一种复杂的活动，涉及面广，若仅仅局限在一个领域对之进行研究，无法揭示其性质及活动规律。在这个意义上，翻译研究必定具有综合性。但是，当各种学科的理论介入翻译研究领域之后，当我们在为翻译研究由此进入全面发展而欣喜的同时，不能不看到在种种理论指导下取得的研究成果存在着一个致命的弱点，那就是如同"盲人摸象"，每一种理论流派所认识的翻译在很大程度上具有片面性，揭示的只是翻译活动的一个方面，难以深刻地反映翻译活动的全貌。……最为值得注意的是，翻译研究在引进各种理论的同时，有一种被其吞食、并吞的趋向，翻译研究的领域看似不断扩大，但在翻译从边缘走向中心的路途中，却潜伏着又一步步失去自己位置的危险。（张柏然、许钧，2007：5）

关于翻译学与其他学科的关系，林克难(2006)提到"母论"与"子论"的关系，李运兴(1999)提出"供体"与"受体"的关系。翻译学是子论、受体，其他学科是母论、供体。其实，就"母论"与"子论"的关系来讲，细究起来，又含有两种具体关系：生产关系和养育关系。生产关系意指："子论"是从"母论"中衍生出来的，从而是"母论"的一个分支。因此，任何认为翻译学是某学科的分支学科的观点都是指这种生产关系。如吕俊、侯向群(2001)认为翻译学是传播学的分支学科，或应用语言学的分支学科等。养育关系指"子论"的成长要靠"母论"提供理论框架、理论范畴或方法论的支持。作为独立学科的翻译学与其他学科的关系应该是这样的养育关系，任何其他学科只是提供一种研究的视角。

那么，翻译学的跨学科研究如何保持其独立性而不至于成为其他学科的附庸？这就涉及一个立足点或本位的问题。这个立足点使得一门学科从本质上区别于其他学科，所有的问题都应该围绕着这个点进行，所有其他学科的理论借鉴都是为这个立足点服务。然而，对有些学科来讲，由于对学科性质认识视角的不同，这个立足点并不容易确定，往往会有争议。对翻译学来讲，立足点的问题倒不是从翻译学与其他学科结合后形成的分支学科的名称中的重心来确认，如翻译社会学和社会翻译学、翻译生态学和生态翻译学等。毕竟语言的使用还有个使用习惯的问题，如通常称"翻译美学"，而很少出现"美学翻译学"。关键在于这一跨学科研究的实际立足点是什么。具体来讲，说立足于翻译学就是从翻译学自身的问题出发，然后用其他学科的理论或方法来解决这些问题，而不是相反。什么是翻译学区别于其他学科的最根本的问题，这是保证其跨学科研究独立性的关键。翻译学最根本的问题涉及翻译的本质，正如文学理论要解决的首要问题是：文学的本质是什么？形式主义文论认为是文学性。那么，翻译的本质是什么？我们认为，翻译的本质就是转换。雅柯布逊对翻译类型的三分，即语际翻译、语内翻译和符际翻译，就是基于"转换"这一共同点进行的。但狭义的翻译主要还是指语际之间的转换。国内学者林璋在谈到翻译的本质时认为：

> 把翻译学研究的基点建立在狭义的翻译上，即语言符号体系之间的转换上，可以确立翻译学研究的独立地位。于是，前面我们看到的哲学、语言学、社会语言学、符号学、语用学、语义学、美学、心理学、比较文学、文化理论、释义理论、传播学、信息学等翻译研究的途径，都是从与"转换"有关的各种因素中派生出来的。每一种理论与翻译的结合（以及今后可能出现的其他理论与翻译的结合），都向人们展开了翻译的某一方面的特征。正因为如此，仅仅运用某一种理论来解释翻译，并不能够说明翻译的全貌。对翻译的某一途径的研究，都只展示翻译的某一方面，我们有必要将他们拼成一个有机的、相对完整的理论体系。（转引自张柏然、许钧，2002：175-176）

翻译研究如果离开了"转换"这一根本特征，极有可能划入其他学科而失去自身的独立性。如运用语言心理学的研究方法或理论成果进行翻译研究时，如果只关注理解和表达过程对语言的感知、识别、编码、解码等，而忽略了转换过程中语言运用的心理过程这一中介环节，就会脱离翻译研究的本质，落入语言心理学的窠臼。因此，可以说，正是翻译是一种"转换"这一本质决定了翻译学的跨学科性和学科独立性是并行不悖的，只要不偏离了这一本质，任何可行的跨学科研究在学术上都是合法的。那么，是否任何学科都可以与翻译学进行联姻呢？这涉及翻译学与其他学科嫁接的可行性问题，也是一门学科的学科生态性问题。

（3）是不是任何学科都可以借用来研究翻译？

什么学科可以用来进行翻译的跨学科研究？这里涉及作为"受体"的翻译学与作为"供体"的其他学科进行嫁接的相容性问题。事实上，并非任何学科都可以用来研究翻译。关于翻译研究的跨学科移植，李运兴（1999）提出了三条基本原则：相关性、层次性和适存性。下面结合李运兴的这三条原则进行简要的讨论。

相关性原则指"移植的供体应该在理论上比较成熟、有较强的解释力"（李运兴，1999）。语言学就是相对比较成熟的学科，其用于翻译研究的时间也比较早，于是较早就形成了翻译研究中的语言学派。即使是一个供体学科的分支学科也会有不同的解释力，如语言学中的转换生成语法和关联理论对翻译的解释力是不同的，后者的解释力明显比前者要强。另外，作为翻译跨学科研究的前提，其他学科的合理性问题应该成为考虑的因素。如果将一个学科合理性都存在问题的学科用于翻译研究，就根本谈不上跨学科研究了。如文化翻译学的供体学科是不是文化学？如果是，文化学是一门怎样的学科呢？又如中国翻译研究学者一直比较热衷于翻译美学的研究，但美学作为翻译研究的供体，从相关性原则看其合理性又如何呢？我们认为，虽然美学作为一门独立学科早已建立起来，但现代美学的研究越来越脱离美学研究的本体，美学与其他学科的界限越来越模糊，出现泛美学研究的倾向，这样一门学科用于翻译的跨学科研究，如何保证翻译学的学科独立性？当然，国内对翻译美学的热衷，一方面源于中国传统译论具有明显的审美特征，另一方面与几乎贯穿20世纪的中国学术界的"美学热"有关。从学术上看，这些都不应成为当前翻译美学研究具备合理性的理由。

层次性原则指"跨学科移植的供体面对翻译研究的多层次性必须有明确的针对性"（李运兴，1999）。翻译研究可以在多个层次上进行，如原文本、翻译主体、译本、读者等，或语言、审美、伦理、社会、文化等。不同的研究层次要求不同的供体学科。在这个意义上，供体与受体的关系密切程度取决于不同的层次。如果认为某一学科（如语言学）距离翻译研究的整体最近、关系最密切，是不合适的①。无所谓哪个层次更接近翻译研究的实际，只能说某个层次更接近翻译研究的某个层次。如语言学派和文艺学派都是从不同的层次来研究翻译的，如果将对方也拉到自己的层次上讨论，必然会产生无谓的争论。翻译是科学还是艺术之争就是如此造成的结果。其实，不只翻译研究具有层次性，作为供体的其他学科也具有层次性，在翻译的跨学科研究中也要清楚是运用该学科的哪个层次来进行研究。如当前的社会翻译学研究如火如荼，其供体为社会学，但社会学的种类众多，翻译研究是借鉴哪种社会学进行的？是以三大经典社会学家（马克思、涂尔干、韦伯）为代表的传统社会学？还是功能主义的帕森斯、默顿、卢曼或结构主义的列维·斯特劳斯等人的社会学？抑或是以文化的生产、传播和消费为研究对象的文化社会学？这些都应是社会翻译学研究者需要认真考虑的。从翻译研究文化转向后的研究实际看，文化社会学似乎更应该成为翻译社会学的供体。

适存性原则指："被移植的理论必须经受受体'新环境'的考验，逐步融入受体学科中去。移植的最终产物不能是'混合物'，而应是'化合物'。"（李运兴，1999）有的翻译跨学科研究直接将其他学科的理论框架或理论范畴搬运过来，不考虑这些框架或范畴在翻译学的环境中适不适应的问题，必然造成一种夹生的跨学科研究。研究者变成了"搬运工"，谈何融合性研究？中国译学界进入 21 世纪后出现了多元化研究的局面，人们的研究方法意识越来越强，除了仍旧占研究主流地位的文化学派译论外，还出现了许多从各个角度，运用各种研究方法进行翻译研究的成果。这体现出了现代译学研究者某种程度的创新意识，是值得鼓励的。举个例子，当前许多学者热衷于其他学科与翻译学的结合研究，许多新的翻译学分支学科不断涌现，从数量上极大地扩充了翻译学的版图，如翻译社会学、翻译伦理学、翻译心理学、翻译生态学、翻译地理学、翻译经济学等等。翻译学版图的扩大是件好事，但应该警惕的是，版图扩大得过多过快可能会导致不良后

---

①　谭载喜认为："翻译学是研究翻译的科学，是一门介于语言学、文艺学、社会学（包括国情学、文化学）、心理学、信息论、计算机科学等学科之间的综合性科学，或称多边缘交叉性科学；它与语言学关系尤其密切，但并不隶属于它。"（谭载喜，1988）这显然是站在语言学派的立场上的观点。另外，巴尔胡达罗夫也有同样的观点："从各种不同角度研究翻译的各门学科，可以总称为翻译学。翻译学的核心是翻译的语言学理论，围绕这一理论形成了翻译研究中的其他一些流派，如：文艺学派、心理学派、控制论数学派等等。"（中国对外翻译出版公司，1983：92）

果，如缺乏实质性研究，研究表面化、不深入，生硬地将某一学科现成理论套用在翻译研究上。或只顾占领地盘，而疏于管理，结果便造成表面的学术繁荣，最终还是损害了该学科的声誉，阻碍了该学科的发展。须知，无缘由地跨学科，或以非学术的名义侵凌其他地盘，不是由于无知，就是一种虚妄。朱纯深认为："翻译研究不应该仅仅是一幅'地图'，而应是一个'地球仪'。'地图'提供的只是一个学科领域的二维平面图，'地球仪'呈现的则是一个立体的三维学科。不管从地球的哪一点深入进去，都指向一个共同的未知的'地核'，地球球面可以不断扩大，但地核是永恒的，甚至是永远探不到的。"（朱纯深，2008：347）但这个地核并不是一个"心造的幻影"，而是激发我们不断努力的目标。从这个意义上讲，翻译学就是一个需要不断去追求的梦想。

以上围绕三个问题对翻译学的跨学科性及其学科独立性进行了讨论，可以看出，翻译学与其他学科之间存在一种若即若离的关系，翻译学在保持其跨学科的属性的同时，也在以一种独立发展的姿态立于众多的学科之林中。只有认识到这一点，才能使翻译学这门新兴学科朝着健康、富有活力的方向发展。关于翻译学的跨学科问题，最后需要补充几点。第一，多学科研究是跨学科研究的一种综合情况，对同一翻译问题，可以运用多个学科，从不同视角进行研究。刘宓庆在2005年的《新编当代翻译理论》中提出的"翻译研究多维共同体"就体现了一种多学科研究，吕俊的建构主义翻译学也是运用多种学科进行翻译研究的代表。第二，区分"翻译学的独立性"和"翻译学的独立"两个概念。前者是学术性概念，后者是社会性概念。如吕俊认为的翻译学作为独立学科成立的三个条件（一定的历史条件、一定的理论准备、一定的代表性作品和学科带头人的队伍）（吕俊，2001：18）就是从后者的角度讲的。第三，跨学科研究与翻译学的几个范畴有密切的关系。如范式转换——语言学范式、解构主义范式等；翻译学的几大转向——文化转向、伦理学转向等；翻译学学派——语言学派、文艺学派、阐释学派等。第四，学科间性决定了翻译研究一定是一种多维度、多视角的研究，任何将翻译学框定于某一学科的企图都缺乏合理性。翻译研究的各种"归结论"可以休矣。

4. 国内翻译研究与文论研究结合历程的考察

上面讨论过，只要符合翻译学跨学科移植的合适条件，其他学科都可以与翻译研究联姻，为翻译研究提供理论支持。然而，不可否认的是，与翻译学联姻的学科多集中在语言学、文学理论和哲学这三个领域上。其中文学理论并不是原发性学科，但与翻译研究的联姻不但时间长，也有深度和广度。刘宓庆的跨学科研究中也有与文论相关的内容，主要是他的翻译美学。因此，下文拟考察一下国内翻译研究与文论进行跨学科研究的历程，以期对上节内容做一个例证性研究。

在中国，文论与译论有着逻辑和现实的天然的亲密关系。首先需要说明几点。其一，这里所谈的文论对译论的关系，主要是单向的影响关系，即文论对译论的影响，这是题中应有之义。其二，文论对译论的影响途径取其广义，即直接影响或间接影响都在考虑范围之内。因此，哲学或美学往往通过文论对译论产生影响。其三，这里的文论不单指中国文论，也包括西方文论，特别在新时期表现最为明显。总的来说，文论与译论的联姻主要出现在两个阶段，一个在传统译论阶段，一个在 20 世纪 90 年代。

(1)传统译论阶段

从前文对中国传统译论的维度分析看，虽然中国传统译论存在语言、审美、伦理三大基本维度，但按照一般的理解，中国传统译论根植于中国传统哲学和美学或文论，尽管说法有些绝对，不过从三个基本维度的主次来讲，也是一个大体正确的事实。从传统译论的审美维度看，中国传统译论的生成方式是经验主义的。具体来讲，是经验加思辨式的，即在翻译实践的基础上通过借用中国传统哲学、美学、文论的范畴或概念进行思考。因此，中国传统译论受翻译文本类型的影响较大。综观中国翻译上的几大高潮，翻译文本主要有宗教文本、科技文本和文学文本①，照此分析，以科技翻译文本为基础的译论是不可能生成审美维度的翻译理论的。但翻译实践与翻译理论的生成并不是一种对应关系，即翻译实践只

---

①　这里的文学文本取其广义，也包括清末出现的学术文本，如严复的翻译文本。其实，由于中国语言的诗性特征和文史哲不分的学术传统，中国历史上的许多非文学文本带有较强的文学性，如司空图的《二十四诗品》等。实际上，对这类文本，译界许多是按照文学文本来翻译的。可能受此影响，面对国外的学术文本，中国译者还是习惯于将其看作一种文学文本来翻译，这在严复身上表现最为明显，这与严复所遵循的中国的文章学写作传统有关。因此，中国传统译论中审美维度的译论许多是在这类文本的基础上生成的。当然，也不能一概而论。学术文本是很复杂的，也有层次之分，如哲学文本、文艺学文本等。同是哲学文本，其语言的文学性也不尽相同，如同是存在主义的海德格尔的文本和萨特的文本，或同是解构主义的德里达的文本和福柯的文本。

是翻译理论产生的必要条件，而不是充分条件。有实践不一定必有理论生成。如中国传统的翻译实践中科技翻译虽占有相当大的比例，如明清之际的科技翻译，但由于中国没有产生现代意义上的科学思维来对科技翻译实践做出科学的归纳，就使得科技翻译实践并没有像语言学翻译理论的生成那样做出相应的贡献。倒是对翻译的社会功用的探讨形成了伦理维度的翻译理论。当然，由于中国传统哲学、美学、文论的关系如此密切，它们对中国传统译论的影响几乎难以看出是直接的或间接的。因此从整体上看，这是在中国译论史上，译论和文论的第一次亲密接触。

20世纪80年代初是中国翻译理论研究从传统译论向现代译论转型的关键时期，从基本情况来看，中国传统译论走向边缘，语言学派译论"入驻"中国，成为新时期译论的主流。除了中国传统译论还在边缘处继续发展，从而保留了传统译论中文论和译论密切结合的传统外，80年代当代文论和译论的结合相对是比较少的。

活跃于中国80年代(特别是初期和中期)的文论主要由两类组成。一类是时代影响自发形成的文学理论。70年代末开始，出于对"文革"的反思和拨乱反正，人道主义大讨论和主体性实践哲学以及美学热在中国出现，表现在文学研究领域就是以刘再复为代表的文学主体性的提出和文艺心理学、审美心理学的文论的向内转的研究倾向。另一类是西方文学思潮的引入，如现实主义文学、现代主义文学、意识流文学等。这两类均具有较强的实践指向，出现了一大批在此影响和指导下的文学作品。进入90年代，随着西方各种批评理论大量引进到中国，到90年代末，文学研究领域出现了文化研究的转向，与其他多种因素一起，如国内经济的崛起、国学热的出现、民族主义的兴起以及西方后殖民主义思潮的推波助澜等，引发了学者们对中国传统文论的再思考，中国传统文论的现代化问题成为文艺理论界讨论和争论的热点和焦点之一。但是这些文论与翻译研究的结合是比较少的，可能与语言学派的强势引进有关。

这里的问题有：80年代之前西方语言学派译论和文化学派译论均已发展起来，但为何新时期初首先登陆中国并为译学界广泛承认并接受的是语言学派译论而不是文化学派译论？80年代中国文论为何与译论结合较少？前一个问题实际由两部分组成，对于前一部分，即为何首先是语言学派译论，原因是多方面的，前文已有讨论。对于后一部分，即为何不是文化学派，可以从下文讨论 90 年代文化学派译论在中国兴起的原因中寻找答案。但有一点或可作这一问题的补充解释，即理论接触问题会部分影响西方理论的引进，这显然涉及了外国理论引进的偶然性因素，虽然它不是主要因素。80 年代国内对语言学派译论的引进得益于改革开放带来的对外国理论特别是欧美理论的获得的便利，一部分到国外进修、留学的学者为 80 年代初语言学派译论的译介做出了贡献。如果说 80 年代初语言学派译论的引进主要由内地学者来做，那么，90 年代文化学派的引进更多得益于香港学者和内地学者的共同努力，如张南峰、谢天振等人。90 年代文化学派译论的引进虽然是时代的必然，也有某些偶然性因素。如谢天振是内地较早从比较文学视角讨论翻译研究的学者，在《翻译研究新视野》（2003）一书的后记中谈到了他 1991 年到加拿大阿尔贝塔大学比较文学系访学时读到的当时在国内还闻所未闻的西方文化学派翻译理论，开阔了他的学术视野，也坚定了他从事文化学派译论研究的信心。他的《译介学》写于赴加访学之前，出版于 1999 年，是我国较早从文化研究视角研究翻译的著作，但国内对西方文化学派的译介和运用在 90 年代中期已陆陆续续开始了。至于 80 年代中国文论为何与译论结合较少，与语言学派译论进入中国导致的文论和译论的结合受到边缘化不无关系。

（2）20 世纪 90 年代

在中国，从结合的强度和频率来看，文论与译论的再次相遇要到 90 年代中后期了。至于翻译的文化研究为何于 90 年代后期在中国流行起来，可以从三个方面进行分析。第一，从外部社会环境看，与中国 90 年代大众文化兴起并迅速繁荣有关。第二，从学科内部看，除了第一代语言学派译论研究出现后劲不足外，由于文化研究强调从社会文化等外部因素对翻译现象进行研究，从译论史看，它与中国传统译论中的社会伦理维度比较吻合。第三，从文论的角度看，文化研究与中国从古代就已形成的、特别是 20 世纪形成的以马列文论为主体的社会文艺学产生了一定程度上的视野融合。两者都以社会学为学科背景，所不同的是，社会文艺学立足于传统的社会学，具有较强的为文学实践"立法"的作用，而文化学派译论则孕育于现代社会学或文化社会学，理论的描写性和阐释性较强。

与传统译论受中国传统文论的影响不同，这次接触与西方现代文论，特别是文化转向后的现代文论有关。众所周知，从 90 年代中期开始，受西方译论文化转向的影响，① 中国译论界也开始进行一场文化转向。确切地说，是从语言学派转向文化学派。② 中国译论发生的文化转向明显受了西方译论文化转向的影响。那么，为什么说中国译论的文化转向是文论与译论的结合呢？这主要是从间接层面上讲的，可以从以下的影响链看出相互之间的影响关系。

60 年代的文化研究起于英国，并迅速在全球蔓延开来。文学研究领域较早受到影响，特别是 70 年代比较文学领域开始关注比较文学中的翻译问题，并开创了翻译研究学派。翻译的文化研究学者多数是从事比较文学的学者。受西方文学研究文化转向的影响，90 年代中国的文学研究领域也开始了一种文化研究的倾向，但中国翻译研究界出现的文化研究倾向并不是受中国文学研究的文化研究的影响，而是直接受西方翻译研究的文化转向的影响，香港学者张南峰、王宏志、孔慧怡等人和内地学者谢天振、王宁等人对中国翻译研究的文化转向起了重要作用。文论对译论的这种影响可以表示为：西方文化研究→西方文学研究的文化研究→西方比较文学研究的文化研究→中国翻译研究的文化研究。这里没有将西方比较文学研究的文化研究再分出西方翻译研究的文化研究一项，是因为在西方，比较文学研究的文化研究与翻译研究的文化研究基本上难以区分开来，不只表现在从事翻译研究的学者主要是比较文学研究学者，还表现在有学者甚至认为比较文学领域正在发生翻译的转向。这也从侧面反映出了翻译作为一门学科的学科独立性问题仍然是一个悬而未决的问题。中国的翻译研究领域虽然发生了文化转向，但与西方不同的是，中国译论界文化研究的研究主体多数是外语学者，或者是外语学界的比较研究学者，中文界的比较文学学者很少参与，这或许与国内普遍认为翻译研究应由外语学者来做的观念有关。国内文论界和比较文学界也不同程度地发生了文化转向，但并未出现向翻译研究靠拢的倾向。不得不承认，这

---

①　西方译论"文化转向"的口号是 20 世纪 90 年代提出的，但事实上，翻译的文化研究从 70 年代"翻译研究派"的出现就已经开始了。

②　张南峰的译论观点明显是文化学派的，他在 1995 年发表的《走出死胡同，建立翻译学》一文中认为，传统译论和语言学派译论都走入了死胡同，翻译学的建立要依靠文化学派的理论。此观点较为激进，同时可以推断，他认为的文化转向是同时反拨传统译论和语言学派译论的。另外，内地学者吕俊在讨论翻译研究范式的转换时，认为解构主义译论是对结构主义译论的反拨。

在一定程度上制约了国内翻译研究领域文化研究的深度和广度。

需要指出的是，90年代国内除了文化学派译论的引进之外，其他方面的翻译研究也体现了一种文论和译论结合的倾向。王宏印在《文学翻译批评论稿》(2010)中认为西方20世纪具有思想渊源的文学批评①有六种：马克思主义文学批评、心理分析文学批评、语言学文学批评、形式主义文学批评、神话原型文学批评和存在主义文学批评。(王宏印，2010：26)这六类文论(文学批评)有四个特征需要注意：一是内部又有一些分支。如形式主义文论中的俄国形式主义、英美新批评、法国结构主义。二是各类文论之间存在一些关系。如拉康的结构主义精神分析。三是还有其他一些文论归属较为复杂。如解构主义文论、后殖民主义文论、女性主义文论、新历史主义文论、接受反应文论、存在主义文论等都有着某种家族相似性，较难归入任何一类，但由于这些都不同程度地受到了19世纪以来的反本质主义思潮的影响，它们与现代阐释学文论有某种并列关系。四是与文化研究有着千丝万缕的联系。如俄国形式主义文论对翻译研究派、西方马克思主义文论的意识形态论对文化研究的影响等。20世纪的西方文论都可以用来进行翻译研究。

在中国，阐释学文论对译论的影响很大。如果我们把接受美学归入阐释学文论，实际上在新时期的早期就已有学者将阐释学用于翻译研究，如杨武能的《阐释、接受和创造性的循环》(1987)、穆雷的《接受理论与习语翻译》(1990)等②。90年代以后至今阐释学译论一直是中国翻译理论界的热点之一。蔡新乐、郁东占(1998)、朱健平(2007)等对此都有深入的探讨。解构主义文论的归属较为复杂，看上去是结构主义文论的下位文论，但它似乎又是后殖民主义文论、女性主义文论等的上位文论。不管怎样，解构主义译论在90年代中后期开始在中国流行起来，在反拨传统译论的"忠实"观和语言学派译论的"等值"论、翻译主体性

①　本研究的"文学批评"概念也指"文论"和"文学理论"。

②　中国传统文化和文论中的"诗无达诂""见仁见智""知音"说为西方接受美学在中国的传播和接受奠定了期待视野。80年代接受美学就已引进中国，并被用于翻译研究中。但翻译中的接受问题包括两个方面，一个方面是译者对原作的接受，另一方面是译入语读者对译作的接受。大部分将接受美学理论用于翻译的研究都停留在第一个方面，强调原文意义的不确定性和译者的主体性。对于第二方面，运用接受理论研究的不多，研究者们大多将其放在功能目的论或文化学派的背景中进行研究。

和主体间性讨论、归化和异化讨论等方面为国内翻译研究开拓了新的视野。另外，俄国形式主义文论中的陌生化理论较多地被用于翻译研究中。相比之下，新批评文论的张力论、法国结构主义文论的叙事结构理论、精神分析文论的原型理论等用于翻译研究的成果还不多。

这里有两点需要说明。其一，以上所谈到的各种文论基本上都有一定的哲学思想做基础。这里所谈的主要着眼于文论与译论的关系，而不是哲学和译论的关系，虽然有些译论确实是在哲学思想的影响下产生的，如斯坦纳的《巴别塔之后》一般被认为是一部从阐释哲学谈翻译的书。其二，在这六种文学批评理论中，马克思主义批评与存在主义批评属于外部批评，心理分析批评和神话原型批评属于内部批评，语言学文学批评和形式主义文学批评介于外部批评和内部批评之间。在这六种文论影响下形成的译论也可以称为现代文艺学派译论。

以上是在中国语境下文论与译论的互动关系，讨论只是一个大体的描述，如图 3.14 所示：

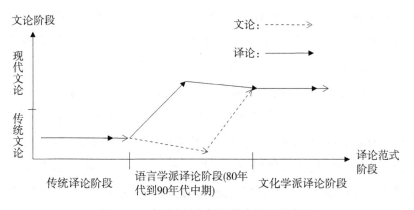

图 3.14 中国文论与译论结合历程示意图

可以看出，在传统译论阶段，译论与文论几乎是同步发展的，但在理论产生的顺序上，译论是在文论的影响下生成的，这与中国传统译论主要植根于中国传统哲学和美学有关，也与带有文学性质的佛经文本的翻译实践有一定的关系。到了 20 世纪 80 年代，受西方语言学派译论的影响，译论和文论出现较大分离，直到 90 年代中期。这一方面与中国译论的现代化诉求有关，也与该时期以科技翻译为主的实务翻译实践倾向有关。从 90 年代后期开始，受西方文化转向的影响，西方现代文论对译论的影响较大，在此意义上，译论与文论再度密切结合，但这一阶段的结合已与传统阶段有所不同，更多地体现了西方理论的影响。从以上的梳理可以看出，作为"母论"或"供体"的文论，虽然不是原发性理论，但在整个中国翻译理论的发展历程中起了重要的作用，表现出与译论紧密结合的潜势。但也正是文论的非原发性学科身份，使它与译论的结合出现某种尴尬局面，这也在某种程度上体现出目前翻译跨学科研究的窘境。

二、以评价为旨归的中西翻译思想比较研究

刘宓庆在 20 世纪 80 年代便着手构建中国的翻译理论体系，1989 年发表《西方翻译理论概评》和《论中国翻译理论基本模式》两篇文章。2005 年出版《中西翻译思想比较研究》一书，是多年来对中国翻译理论和西方翻译理论的一个总结性研究，其中的"比较"是一种较为广义的比较研究，即描写和评价研究。本章关于刘宓庆对中国翻译理论，特别是对西方翻译理论的描写和评价主要基于该书的内容，当然也涉及刘宓庆在其他著作或文章中涉及中西译论的内容。刘宓庆在《中西翻译思想比较研究》(2005c)中对"翻译思想"进行了定位，认为翻译理论有三个层级：方法论、对策论和翻译思想。并认为"翻译思想"是指翻译家对翻译之"道"的经验的高度提升或高层级认知，是翻译理论的最高层级。(刘宓庆，2005c：2-3)但在行文中，刘宓庆对"翻译理论"和"翻译思想"并未作特别的区分，因此，刘宓庆的中西翻译思想比较在很大程度上是中西翻译理论比较。本部分首先梳理中国现当代学术界"比较情结"的形成，然后讨论刘宓庆对中国翻译理论的评论，再对刘宓庆对西方当代翻译理论的评价展开讨论，最后讨论中西译论比较的前提、译论比较的目的，并试图建构一个中西译论比较论纲。

1. 国内学界"比较情结"的形成

刘宓庆治学的一个特点是通过比较或对比的方法研究翻译。他对汉语和英语的认识、对中国传统译论和西方译论的评价以及译论研究中所表现出来的民族本位意识都带有一种浓厚的"比较情结"。这种"比较情结"是中国近现代以来传统文化与西方文明相遇后一步步形成和发展起来的，对这种"比较情结"在近代中

国形成的社会、文化、历史背景作一探讨，从中既可以勾勒出中国新时期翻译学建设和发展的总体图景，又可以通向"五四"以来中国学术传统的深厚渊源。将之作为一个总的历史文化背景，对深入理解刘宓庆在这两个研究领域的翻译思想乃至其整个翻译思想是有必要的。这里讲的"比较情结"或"比较意识"是从跨文化交流的角度上讨论的，带有文化伦理的色彩。

（1）"比较情结"的酝酿

没有晚清，哪来"五四"？其实，近代的中西文化交流在19世纪初就已开始，1807年受英国伦敦宣道会的派遣，马礼逊身负宣教的使命来到中国，从此拉开了近代中西文化交流的历史帷幕。"礼仪之争"后的百余年，中国与西方已逐步拉开了距离，此时的西方，特别是英国的国力已到了殖民帝国的阶段，"日不落帝国"的地位逐步稳固。此时西方的"中国形象"已从原先的赞美转向贬低，黑格尔、孟德斯鸠等人对中国的负面评价深刻影响了西方人对中国的印象和态度。与此形成鲜明对照的是，轴心时代以来形成的家、国、天下一体的政治社会形态，以及以夷夏观念和朝贡体系形成的独特的天下观，在中国已经根深蒂固，致使此时的中国人依旧认为中国是世界的中心，全然不把外来文化放在眼里。这种以文化自我中心主义为特征的"天朝心态"几千年来一直存在于中国人的头脑中，成为积淀于中国人心中的集体无意识。应该说，中国人的这种文化自信心态是有其事实依据的。有资料显示，"康乾盛世"时期的中国在国际上并非处于落后国家之列，至少还算是个富国。另外一个事实是，近代以前的文化交流一直是以汉族文化为中心吸收和同化外族文化，即使外来民族在政治、军事上征服了汉族，在文化上也多成为被同化者。明清之际，中国士人虽然也感觉到中国的科技文化知识有落后于西方之处，但并未产生危机感。徐光启、李之藻等人是以"自信"而不是"自卑"的态度来学习、借鉴西方科学的。以这种心态对待中西文化自然不会产生积极的"比较意识"。但是，在鸦片战争之前，中国人已隐约感到西方文化有高于中国文化之处，魏源提出了"师夷之长技以制夷"。这段时期是中西文化比较意识的酝酿阶段。

（2）"比较情结"的萌芽

到了19世纪中叶，世界形势已与之前大不相同。从鸦片战争到五四运动短短的几十年时间，国人见证了这种盲目自信的文化中心主义逐渐衰落的全过程。

这个过程是国人对西方文化的态度不断发生变化的过程，也是对中西文化的"比较意识"逐步增强的过程。鸦片战争之后，如何认识西学与孔孟之道之间的关系成为人们关注的焦点。一时间，中国哲学中的本末(郑观应)、事理(左宗棠)、道器(王韬)等范畴关系被用来说明中学与西学的区别、主次。洋务派也逐步认识到西方的长处，将"夷学"改为"西学"，开始用中国传统哲学中的体用关系来比较中西文化，明确提出"中体西用"的主张，强调要以"中学"作为民族和国家认同的基础，同时又要积极主动向西方学习先进的科学技术以图强自保。与此提法类似的还有"西学中源"，即将西方先进的文化与中国古代的文化进行比附，认为西方的先进文化其实都可以在中国古代文化中找到源头。"西学中源"说可能产生两种效果，一是积极的，认为学习西学就是学习中学；二是消极的，认为既然西学源自中学，西学可以不必学。不管是"中体西用"还是"西学中源"，都是中国文化中心主义的表现，而将其他文化仅仅看成文化的"边缘"。但不管怎样，"中体西用"的提出，表明中国已开始初步向西方文化靠拢，因为这种文化观毕竟在保守、稳固的中国传统文化上打开了一个缺口，使中国人有机会看到了一个完全陌生的世界，促进了近代中国社会的新陈代谢，也为日后中西文化的进一步交流打下了基础。这是中西比较意识的萌芽阶段。

(3)"比较情结"的形成

中西比较意识更深入的发展是在甲午战争失败后。这场战争宣告了洋务运动的失败，同时表明了"中体西用"论的局限性。爱国者们认为"中体西用"只能在器物层面使中国实现表面上的现代化，而未能在更深层的制度层面实现现代化。于是人们又回到中国传统的"体用一源""道器不二"的整体性思维方式上，提出了一种新的思想："全变"思想。"全变"思想是洋务运动失败后维新派提出的。然而，从本质上讲，维新派的"全变"实际上是一种"部分变"，或者说是"中体西用"的一种变体，因为所谓的"全变"还只是主张在器物、制度层面向西方学习，但涉及中国文化的核心价值层面时，就又趋向于保守了。因此并未完全贯彻"体用一源"的传统思维，特别是未能考虑从最深层的文化精神层面提出变革思想，因而面对统治阶层强大的保守势力，必然难以摆脱失败的命运。

维新运动的失败使人们认清了阻碍中国现代化之路的真正"罪魁祸首"：以儒家为代表的中国传统文化。于是，一场始于"五四"前后，几乎贯穿整个中国

20 世纪的中西文化论争上演了。这场中西文化论争也将中国的"比较意识"推向高潮，最终形成了积淀于中国人心灵深处的"比较情结"。五四时期的中西文化论战使国内的"比较意识"达到高潮。

五四时期的中西文化论战之后，20 年代和 30 年代还分别出现过两次较大规模的论战，都与中西文化有关。一次是 1923 年开始的科学与玄学之战，另一次是 1935 年前后发生的以陈序经为代表的"全盘西化"论和以王新命、何炳松等十教授发起的"中国本位文化"论之间的论战。这两次论战也是建立在中西文化比较的基础上进行的，深化了前面的中西文化论战，使得国人的"比较意识"走向成熟。

可以看出，这种"比较情结"在中国近代以来中西文明碰撞中形成的强大张力下，从最初的比较意识的萌芽，到只在中西文化表面的差异比较，再到寻求差异背后的原因，最后探求中西文化的本质及中国的现代化问题，各阶段一步步发展，到五四时期达到高潮并在三四十年代走向成熟。至此，"比较情结"已基本形成，并深深地扎根于中国人的意识或潜意识中。此后的时间里，这种涉及中西文化态度的"比较情结"以及由此产生的各种文化观一直左右着中国人的思维方式和文化价值判断，影响到政治、经济、社会、文化、学术等几乎各个领域，成为许多学术论战或大讨论的源头，也是国内各种现代学科中中西比较研究的思想背景。

(4)"比较情结"的延续

一个社会凡是到了重大的社会转型期，无不伴随着思想上的启蒙运动。不同的社会有着不同的启蒙方式，西方的启蒙运动与中国的不同。中国的启蒙不是自发性的，需要靠外部的力量来推动，具体来讲，就是借助于西方文化的引进。在某种意义上，中国近代以来的社会发展是社会发展动力的内外合力的体现。

70 年代后期的中国，现代化的任务被重新提出来，随着中外文化交流的日益频繁和深入，面对中国与发达西方的巨大反差，人们又开始对中国文化向何处去、中国的现代化如何进行等问题展开了讨论。从对"文化大革命"的反思，经过 80 年代初期的预热后，到了中期便进入了中西文化比较的层面，其典型表征就是"文化热"的出现。80 年代的中西文化比较的指向是要解决中国的现代化出路问题，但也出现了为比较而比较的现象，即把作为方法的比较当成了作为目的的比较，最终导致了 80 年代后期的文化极端化倾向。

90 年代初期，中国经济体制改革全面展开，市场经济完全取代计划经济，中国经济走上发展的快车道，中国也由政治社会向消费社会实现全面转型，推动了以"新启蒙"为标志的新时期主导文化走向终结。从 90 年代开始，中国传统文化重新受到重视，但同时，中国思想界也开始分化。

进入 21 世纪，中国的国际化程度不断加强，中国思想界进入一个多元化时代。但中国近代以来形成的"比较情结"并没有消失，只是中西文化比较已经没有了社会剧烈转型期的表面繁荣，人们开始更理性、更深层次地看待中国文化和西方文化以及它们与中国现代化的关系问题。

以上回顾了中国"比较情结"形成的历史文化背景，要比较就要有两个可比较的对立面出现，这两个对立面就是中国文化和西方文化。可以看出，没有西方文化的东渐，也就根本不可能也不必要一次又一次地掀起中国的文化讨论。没有西方文化的传入，中国近代就不可能产生"比较意识"，进而形成"比较情结"。就是说，这种"比较情结"正是近代以来伴随着多次中西文化的比较和论争形成的。同时，这种"比较情结"也正是在中国近代以来的现代性诉求中形成的。正如陈来所言：

> 鸦片战争一百多年来的与现代化西方撞击纠缠的中国历史的主题，事实上就是"现代化"，在文化的意义上，可以说根深蒂固的文化民族主义产生的认同传统的意识，与出于现代化急迫要求而产生的反传统倾向，两者的矛盾起伏构成了整个近代文化的基本格局。（甘阳，2006：545）

一个人或一个民族的心理和精神层面的东西往往会影响到其行为的方方面面。心理和精神层面的"比较意识"或"比较情结"一旦出现或形成，也必然会对一个人或一个民族的学术行为产生持久而长远的影响。中国现代学术的发生正是可以放在中国近代以来中西文化碰撞的大背景中来考察，可以说，正是中国传统学术与西方现代学术的碰撞促成了中国现代学术的形成。翻译实践在本质上讲是比较的，中国现代翻译理论也是在西方现代翻译理论的影响下和互动中形成的。刘宓庆作为一位富有浓厚文化情怀的学者，其汉英语对比研究和中西翻译思想比较研究不可能摆脱这种"比较情结"的潜在影响，他的"本位观照、外位参照""中国特色译论""汉语本位"等观点等都是有意无意中受这种"比较情结"的影响而提出的。

2. 几个概念的厘定

（1）关于"翻译思想"

"翻译思想"是什么？这个问题涉及对"翻译思想"本质的苏格拉底式的追问："思想"是什么？"思想"是"理论"吗？"理论"又是什么？"思想史"是"理论史"吗？与"学术史""哲学史"的区别又是什么？等等。就像当年柏拉图在对美的本质进行了一番类似的追问后，不得不认为，"美是难的"。看来，任何试图探求事物本质的努力都是在相对的意义上进行的，在人文科学领域内尤其如此。因此，我们也不得不直面"'翻译思想'是难的"这一现实，悬置本质，直观现象本身，然后展示自己关于"翻译思想"的现象，以方便讨论。这是人文科学研究中概念界定的重要性所在。讨论可以从另一相关问题切入，即"翻译思想"是"翻译理论"吗？这个问题很复杂，我们不妨简而化之进行讨论。两者之间的关系不外乎有两种情况：一是翻译思想不等于翻译理论，二是翻译思想就是翻译理论，只是称谓习惯的不同。这里可以通过已发表过的文章或著作看看"翻译思想"的使用范围。先看文章。笔者将文章来源限定在核心期刊和 CSSCI，搜索了中国知网上篇名中带有"翻译思想"的文章，共有 1727 篇，跨度从 1983 年到 2024 年。从文章发表的时间分布来看，从 1983 年到 2008 年，每年的文章平均在 3 到 4 篇，且 80 年代仅有 2 篇，都是关于苏联的翻译思想的，这个数据一方面可以看出中国译学界在 80 年代对中国传统译论的边缘化，另一方面可以看出意识形态对翻译思想研究的影响。从 2009 年的 14 篇开始，以后每年关于翻译思想的文章逐渐增多。这说明近些年国内译学界对翻译思想研究的重视，同时，也与国外学者的翻译思想成为研究的热点有关。从"翻译思想"前的限定词来看，以人物占绝大多数，有 124 篇是关于"某某的翻译思想研究"。其中以国内人物居多，且主要集中在鲁迅、严复、钱锺书、傅雷等人的翻译思想研究上。其中又以鲁迅最多，这与鲁迅在中国大陆的地位有关。这些人物多是翻译家，他们的翻译思想的形成主要有两种情况。一是自己翻译经验或翻译观的总结，这是中国传统译论的典型生成方式和特征。二是研究者从翻译家的翻译实践中总结出的翻译思想，这种情况不多，一般会结合翻译家对翻译发表的一些认识或见解进行分析甚至发挥得出结论。但是，不管哪种情况，都不可摆脱研究者本人以自己的学术视野对研究对象进行一定程度的主观性阐释。① 另外，文章中也有一些是关于专门从事理论研究的学者或哲学家的翻译思想的，绝大多数为国外学者。如安德烈·勒菲弗尔、韦努蒂、科米萨罗夫、德里达、海德格尔、荻生徂徕、斯皮瓦克、苏珊·巴斯内特、铁莫志科、本雅明、皮姆、梅肖尼克、安娜·丽洛娃等人的。这些文章多集中在文化转向后近十年出现的外国学者的翻译思想，语言学派的代表人物极少。其余的10篇中有些是关于某一翻译流派的翻译思想的，如"解构主义翻译思想"、"和合翻译思想"、"原型"翻译思想；有些专指中西翻译思想②。以同样的方式进行检索，篇名中带有"翻译理论"的文章，从1983年到2024年共有7030篇，是"翻译思想"的4倍多。其中"翻译理论"的使用情况主要有三种语境。一是限定词主要是西方某学派，这种情况占了大多数。如"功能(主义)翻译理论""女性主义翻译理论""后殖民主义翻译理论""关联翻译理论""'吃人'翻译理论""'原型-模型'翻译理论"等；二是以国别或地域或时代作限定词。如"中国翻译理论""西方翻译理论""国外翻译理论""我国翻译理论""古代翻译理论""当代翻译理论"等。三是以人物为限定词。如奈达、刘重德、勒菲弗尔、霍尔姆斯、瞿秋白、韦努蒂、梁启超等人的翻译理论(石云艳，2008)等。③ 通过对"翻译思想"的文章和"翻译理论"的文章的比较可以看出，前者以人物的"翻译思想"为多，后者以学派(主要是西方翻译学派)的"翻译理论"为多。若以人物为主题看，西方哲学家和中国传统学者的"翻译思想"为多，西方语言学派学者和文化学派中专门从事翻译研究的学者的"翻译理论"为多。

再看看著作的情况。就笔者目前掌握的材料看，书名中有"翻译思想"的著作有：王秉钦(2004)的《20世纪中国翻译思想史》、刘宓庆(2005c)的《中西翻译

---

① 钱锺书从事的翻译实践较少，他的"化境"论是从对林纾的翻译实践的讨论中借题发挥出来的。后人对钱锺书译论的讨论也多是对其译论观点的阐发。

② 有几篇是对刘宓庆的《中西翻译思想比较研究》和勒菲弗尔的"中西翻译思想"进行评价的，如王建国(2006a)、鲁伟、李德凤(2010)、于德英(2008)。

③ 还有一种情况，就是"翻译理论"经常与"翻译实践""翻译教学"等在一起使用。"翻译思想"则较少有这种情况。

思想比较研究》、廖七一(2010)的《中国近代翻译思想的嬗变》、郑意长(2010)的《近代翻译思想的演进》、邵有学(2018)的《中国翻译思想史新论》等。除刘著对"翻译思想"有明确的界定外，其余三本著作都没有对"翻译思想"进行明确界定，但从三本著作的行文看，翻译思想主要是针对中国近代传统翻译观而言，并没有与翻译理论进行严格的区分。有时，翻译思想与翻译理论、翻译观、翻译主张等表达互用。相比之下，国内篇名中出现"翻译理论"的著作较少，除刘宓庆的《现代翻译理论》(《当代翻译理论》)、孙艺风的《视角　阐释　文化——文学翻译与翻译理论》、沈苏儒的《论"信达雅"——严复翻译理论研究》、杨柳的《20 世纪西方翻译理论在中国的接受史》等外，其余的多是几本资料集，如《翻译理论与翻译技巧文集》(中国对外翻译出版公司)、《中国翻译理论百年回眸》(文军)、《结构·解构·建构——翻译理论研究》(罗选民)、《西方翻译理论探索》(廖七一)、《当代美国翻译理论》(郭建中)、《当代法国翻译理论》(许钧、袁筱一)等。许多著作的书名中多出现"译学理论""翻译研究""译论""翻译论""译学研究""译学"等字眼。[①] 从这些著作中可以进行几点分析。其一，术语多而杂，表现出汉语用词的弹性。整体上看，"翻译理论"在著作名中用得不多，文章中用得较多。在著作名中也主要出现在论文集中或关于西方翻译理论的著作中。其二，在国内学者的眼中，翻译一方面是"研究""论""谈""思考"出来的，[②] 一方面是应该成"学"的。前者反映了中国学术传统的一贯做法，后者则反映了中国欲建立现代翻译学科的强烈愿望，是中国近现代以来形成的现代学科情结，各种元翻译理论

---

① 如《中国译学理论史稿》(陈福康)、《翻译研究论文集》(中国对外出版公司)、《比较文学与翻译研究》(谢天振)、《翻译研究新视野》(谢天振)、《中国翻译研究》(许钧、穆雷)、《中国新时期翻译研究考察：1981—2003》(李林波)、《翻译研究：另类视野》(范守义)、《中国翻译研究论文精选》(严辰松)、《翻译研究的文化转向》(王宁)、《等值翻译论》(吴新祥、李宏安，1990)、《中国传统译论经典诠释》(王宏印)、《译学论集》(张柏然、许钧)、《面向21 世纪的译学研究》(张柏然、许钧)、《中西译学批评》(张南峰)、《译学新探》(杨自俭)、《新译学论稿》(王宏印)等等。

② 其中以"翻译研究"命名的著作居多，这倒是与西方"翻译研究"(Translation Studies)的研究旨趣有某些共通之处。另外，即使是对文学翻译的研究，书名也较少出现"文学翻译理论"一词，更多的是"文学翻译原理"(张今)、"文学翻译基本问题"(袁筱一)等。许钧的《文学翻译的理论与实践》中的"理论"是与"实践"共生共存的，从著作的内容看，"理论"还是指传统意义上的翻译思想或翻译观。

的讨论和以"翻译学"以及相似名称命名的著作可以说明。这两方面形成了中国翻译研究中的一种悖论或张力。以"译论""翻译论"命名的著作便是这种悖论或张力的表现。① 其三，仅就"翻译理论"而言，其外延表现不一，有的倾向于广义，有的倾向于狭义。如倾向于广义的翻译理论表现在两个方面。一是将操作层面的翻译技巧、翻译方法、翻译标准等看成翻译理论，二是将译学理论，即对翻译学的讨论看成翻译理论。② 杨自俭、刘学云编的《翻译新论（1983—1992）》是这两方面的典型代表。从杨自俭为论文集撰写的序言《论我国近期的翻译理论研究》可以看出，他将这本论文集看成一本翻译理论的论文集，虽然在该论文集的板块中出现了"翻译理论"和"译学研究"的分类名称。这显然是编者想接续罗新璋的《翻译论集》以展现中国新时期近十年的翻译理论成果的一种努力。这本论文集所收文章基本体现了 80 年代到 90 年代初中国翻译研究的情况：传统译论的延续、语言学派译论、翻译学学科的初步讨论。其中既有翻译技巧和方法的文章，也有译学理论的文章。但以翻译技巧和方法为主。傅勇林、朱志瑜在《学术范式：西方译学的启示》一文通过考察此书全部 54 篇论文认为，全书"论"的部分占 22%，"术"的部分占了 78%。（张柏然、许钧，2002：103）在笔者看来，"术"与"论"都属于翻译理论③。倾向于狭义的翻译理论表现在不将翻译技巧、方

---

① 在翻译学的学科建设方面，王宏印表现出一种较为冷静的态度，他一贯主张翻译学的建构不能急于求成，首先要做好的就是扎实的、全面的基础性工作，基础打好了，翻译学的建设就是水到渠成的事了。这一点从他对中国传统译论的现代转换研究和两本以"论稿"命名的著作《文学翻译批评论稿》和《新译学论稿》可以看出。

② 这里有两点需要说明。其一，陈福康的《中国译学理论史稿》中使用了"译学理论"，存在两个问题。一个问题是，"译学理论"属于元翻译理论，而该著的内容实际是指翻译理论或翻译思想，而非元理论；第二个问题是，"译学"名不副实，其时中国传统译论还没有形成学科。其二，对翻译学的讨论属于元翻译学的范畴，对翻译理论的讨论或研究属于元翻译理论的范畴。从广义上看，元翻译理论也是翻译理论。新时期，译学界对这两个范畴的研究用力甚多，产生了许多争论，这与新时期国内翻译学学科意识的急剧增强和强烈的翻译学学科建设目标有关。争论有助于对某些问题认识的深化，但也有许多争论不了了之，徒费许多时间和精力。

③ 但杨自俭、王菊泉（2007）在为《英汉对比与翻译研究》系列文集写的总序中将理论和技巧、方法进行了区分："技巧距离实践近，抽象程度低，有可操作性，大都能直接应用；方法距离实践较远，抽象程度较高，就不容易直接应用。而理论距离实践更远，抽象程度更高，就很难直接应用，可见从理论与方法到应用有个中间地带。"

法和翻译标准纳入考虑范围。如文军编的《中国翻译理论百年回眸》和罗选民编
的《结构·解构·建构——翻译理论研究》就是指本研究所指的狭义的翻译理论，
因为这两部文集各自所属丛书中还有文军的《中国翻译技巧研究百年回眸》和杨
晓荣的《二元多元综合——翻译本质与标准研究》，由此可见其翻译理论的所指
是狭义的①。

以上分别从已发表的文章和著作出发分析了"翻译思想"和"翻译理论"的使
用情况，可以看出，绝大多数研究都没有对两者进行界定，说明对两者的使用在
很大程度上是受使用习惯支配的。总体上可以归结为两点。一是"翻译思想"多
用来指翻译家或理论家对翻译的研究或翻译实践观，"翻译理论"多用于指某一
学派的翻译研究的成果；二是"翻译思想"更多涉及中国传统翻译研究的成果，
"翻译理论"更多涉及西方现代翻译研究的成果。即使这样，二者也存在大量交
叉适用的情况，不能一概而论。

与基于使用习惯不同的是，有些学者对"翻译思想"和"翻译理论"进行了有
意的区分。主要有三种情况。

第一种情况是"翻译思想"和"翻译理论"有中西之分。如许钧、穆雷主编的
《中国翻译研究(1949—2009)》(2009)第三编的前两章就分别命名为"中国传统翻
译思想的发展"和"国外翻译理论的引进和影响"。他们认为："与西方翻译理论
的发展相比，中国传统翻译思想一般来说言简意赅，留给后人阐释的空间较大，
因此其基本概念的外延与内涵不够统一，用'翻译思想'比用'翻译理论'更加准
确。"(许钧、穆雷，2009：227)但在行文中仍不时出现"翻译理论""传统译论"的
字眼。这种中西之别实际上又是古今之别。另外，国内译学界谈到中国的翻译理
论，也主要指新时期以来受西方翻译理论影响后产生的翻译理论。对中国传统的
翻译思想，更多地称呼为"中国传统译论"。这一方面是出于表达的习惯，另一
方面也在一定程度上反映出国内学者对西方翻译理论和中国翻译思想分野的认

---

① 林克难曾以严复的"信达雅"、奈达的"动态对等"以及自己的"看译写"探讨过翻译理
论的构成，认为翻译理论实际上是由导语和释义两个互不可缺的部分组成，因此翻译标准和
翻译方法都属于翻译理论。(林克难，2009)这正是从广义上说的。

可，同时，也体现了介于"翻译思想"和"翻译理论"之间的一种妥协。①

第二种情况是"翻译思想"低于"翻译理论"。黄忠廉的《翻译思想≠翻译理论——以傅雷、严复为例》是一篇专门讨论翻译思想和翻译理论区别的文章。文章认为，"翻译思想"不等于"翻译理论"，翻译理论需要经过获得感性认识、形成翻译思想、验证翻译假说等一系列过程才能最后形成。从而说明中国传统翻译理论其实只是翻译思想，或至多是翻译观，离翻译理论还有距离，需要进一步挖掘才能上升为理论。（黄忠廉，2010）

第三种情况是"翻译思想"包蕴于"翻译理论"中。以刘宓庆的观点为代表。刘宓庆在《中西翻译思想比较研究》（2005c）中对"翻译思想"进行了定位，认为翻译理论有三个层级：方法论、对策论和翻译思想。"翻译思想"是指翻译家对翻译之"道"的经验的高度提升或高层级认知。刘宓庆认为翻译思想是翻译理论的最高层级。（刘宓庆，2005c：2-3）

本研究不将"翻译思想""翻译理论""译论""译学""译学研究"等概念作有意的区分，会在不同的语境中用不同的术语。

（2）关于"比较"

本研究不对"比较"和"对比"作明确的区分，这意味着"比较"既侧重"同"，也侧重"异"，但倾向于使用"比较"一词。当然，对语言的比较，还是倾向于使用"对比"一词。这样做既有语言习惯的原因，也有与刘宓庆所用的是"语言对比"和"译论比较"相配合的意思。另外还需要说明两点。第一，在中国的近现代学术语境中，不管是语言对比研究还是译论比较研究，都与中国近现代以来形成的"比较情结"有着密切的关系。这样，从整体上看，除了自然科学研究领域外，人文社会科学各领域的研究都或隐或显地在一种民族本位情结和世界视野的张力中进行，这是中国近现代学术研究与西方学术研究的一个明显不同之处。就本研

---

① "中国传统译论"是否等于"中国传统翻译理论"，不能一概而论。前者似乎已成了一个专有名词，既指中国传统翻译思想，也指中国传统翻译理论。如李林波的两篇文章《创新与承续——论中国传统翻译理论的继承》（2005）和《中国传统译论研究的后顾与前瞻》（2006）似乎将两者等同起来。另有学者如张佩瑶将"传统译论"中的"论"翻译为 discourse，用"翻译话语"取代"翻译理论"，表明她并不赞同"传统翻译理论"的说法，但她也似乎不赞同用 thought（思想）表示"论"（2010）。

究而言，语言对比研究和译论比较研究也同样带有这种特征。但相比之下，译论比较研究似乎更能体现出这种研究风格，从后面的讨论中可以感受到这一点。第二，本研究"译论比较"中的"比较"是在较宽泛的意义上讨论的，即不只涉及两个事物的静态的平行研究，事物间的影响和转换、融合研究也在讨论的视野之内。

3. 刘宓庆的中国传统译论观

从理论形态上讲，中国翻译理论可分为中国传统译论和中国现代译论。刘宓庆对中国翻译理论的研究也分为两部分：一是对中国传统译论的评论，二是对中国应该建立什么样的现代译论提出的观点。前者的评论对象是实然的译论，后者的评论对象是应然的译论。

（1）刘宓庆对中国传统译论的评论

20 世纪 80 年代之前，刘宓庆关注的主要是中国传统译论。进入新时期后，他致力于建立中国现代翻译理论，但他对继承中国传统译论一直是十分重视的，他在《中国现代翻译理论的任务》一文中认为：

> 中国现代翻译理论的建设和发展有三个不可忽视的依据：历史传统、语言现实和文化特征。翻译理论与任何其他学科的理论体系一样，具有历史发展的延续性，不为人的主观意向所左右，人们只能因势利导。这里的所谓"势"，也就是历史定势，或曰由诸多历史原因所决定的大的发展方向、发展势头。现代翻译理论应该是传统译论在新的历史条件下的"新生代"，而不是人们的主观意向的产物。（刘宓庆，1993）

刘宓庆对中国传统译论的研究主要体现在三个方面：一是对中国传统译论缺陷的评论；二是对中国传统译论学术渊源的总体判断；三是对中国传统译论"主客体凌驾性"的论述。以下的讨论将主要围绕这三个方面进行。作为讨论的前提，首先对新时期中国传统译论的研究做一概述。

1）新时期中国传统译论研究概述

新时期以来，国内译论界对中国传统译论都作了哪些研究？在探讨刘宓庆对中国传统译论的评论之前，这是有必要考察的问题。以下从几个方面进行考察。

①中国传统译论在新时期译学发展中的存在状态

中国传统译论在新时期中国现代译论发展的过程中一直作为一条重要研究路径不断地向前发展着。在这一过程中，其地位起起伏伏，身影或隐或显，状态或仍保持"单身"，或与现代学术(包括西方现代译论)"联姻"，为中国现代译学"生子添丁"。从整个新时期来看，中国传统译论主要经历了两个阶段：第一个阶段从80年代初期到90年代中期，第二个阶段从90年代后期至今。第一个阶段的工作主要集中在资料编辑、梳理和新的传统译论的提出和发展上。资料编辑和梳理主要是三本论集和一本译论史①，新传统译论主要是按照传统的研究思路进行的研究②。这一阶段与语言学派译论并行发展③，但已从中心走向边缘，研究的成果数量也较少。第二个阶段的研究主要集中在中国传统译论的现代转换和中西译论比较研究上。这一阶段与文化学派译论并行发展，有摆脱边缘地位的趋势。另外，这一阶段的研究成果要比第一阶段的多许多。据许钧、穆雷的统计研究，从1979年到2008年的30年间，题名中含有"传统译论""传统翻译理论"或"传统翻译思想"的文章共50篇，2000年以后发表的文章有47篇，占94%。(许钧、

---

① 三本论文集是：刘靖之的《翻译论集》(1981)、罗新璋的《翻译论集》(1984)、《翻译通讯》编辑部编的《翻译研究论文集(1894—1948)、(1949—1983)》(1984)。一本译论史是陈福康的《中国译学理论史稿》(1992)。

② 其实，新传统译论一直贯穿中国新时期的译学发展历程，如许渊冲的"三美"、刘重德的"信达切"、冯建文的神似翻译学、郑海凌的"和谐"说、刘士聪的"韵味"说、汪榕培的"传神达意"等。新传统译论走的是传统文艺学的路子，虽然某些译论在理论形态上具有了现代译论体系化的影子。文艺学派译论是20世纪50年代苏联针对语言学派译论提出来的，基本是从传统文艺学的视角讨论问题的。但文艺学途径的译论研究并不完全是传统的，运用现代文艺学(包括马列主义文艺学)进行的翻译研究可以称为文艺学译论而非传统译论。张今的《文学翻译原理》是运用马列文艺学框架建立起来的，因此应属于文艺学译论。总的来说，传统译论(包括新传统译论)与文艺学派译论有交叉，但后者的外延要大于前者。照此，文化学派译论在某种程度上也是一种文艺学派译论。美学与文艺学的密切关系使得刘宓庆的翻译美学多少也带有"文艺学译论"的色彩。

③ 杨自俭、刘学云1994年编的《翻译新论(1983—1992)》主要展现了语言学译论在中国的研究成果，但其中也可见到一些传统译论的文章，如黄龙的《翻译的神韵观》、萧乾的《翻译的艺术》等。

穆雷，2009：230）专著方面，可参见许钧、穆雷（2009：231）的列表①。对传统译论的重视，受到多重因素的综合作用。外部环境层面，如经济的腾飞、中国国际地位的提高导致的民族自信心的提高、民族主义的抬头和全球范围内后殖民主义思潮的影响等。学术层面，如国学热、当代新儒家的兴起、对中国传统文论"失语"的反思和现代转换等。不过，直接影响还是来自翻译学学科建构的需要。

对于中国传统译论在新时期的发展，国内学者作了这样的总结：

> 20世纪80年代后期以来，基于西方现代语言学的翻译理论引入国内形成了热潮，传统翻译思想的发展走势趋微。90年代末以来，中国翻译理论研究开始多元化的建构之路，译界将更多的目光回转向中国传统译论，中国传统翻译思想在新的历史语境下获得了新的发展。（许钧、穆雷，2009：230）

②传统译论的研究方法

张佩瑶（2012：106-107）曾撰文讨论了四种传统评论研究方法：a. 文献研究法，以罗新璋的《我国自成体系的翻译理论》一文为代表；b. 文化史、翻译史研究法；c. 考证法，以杨全红的研究为代表；d. 现代诠释法，以王宏印的《中国传统译论经典诠释——从道安到傅雷》（2003）一书为代表。其中第2种和第3种属于返回文化原点的研究，旨在挖掘文本背后的历史真相。其实，还有一种类似的研究，即渊源追溯的研究方法，如张柏然、张思洁的《中国传统译论的美学辨》（1997）一文认为我国的传统译论中几乎所有的命题都有其哲学—美学渊源；刘宓庆在《翻译美学导论》一书中对中国传统译论的美学渊源进行了梳理和分析；葛校琴对翻译神似论的哲学—美学基础的探讨等。

张佩瑶所说的第1种和第4种带有现代阐释的味道，我们将其再细分为四

---

① 表中的第5项：陈福康的《中国译学理论史稿》所标的出版时间是2000年，可能是指其修订版。但讨论翻译理论发展史，最好还是参照其初版的出版时间才更具学术史的意义。

类：a. 线索梳理型。如刘靖之（1981）、罗新璋（1984）、陈福康（1992）、朱志瑜（2006）等对中国传统译论的编辑、梳理，并在此基础上进行了评论。b. 体系构建型。如张思洁的《中国传统译论范畴及其体系》（2006）和吴志杰的《中国传统译论专题研究》（2009）。c. 中西比较型。这基本属于本书所说的译论比较中的平行研究。谭载喜、刘宓庆在这方面做了较多的工作。d. 现代转换型。这属于译论比较类型中的阐发研究，王宏印、张佩瑶在这方面作出了突出的贡献。

③中国传统译论的特征描述

王宏印对中国传统译论特征的认识表现出了他独特的观察视角。他认为，中国传统译论奠基于中国文化的人文教化传统上，因此具有浓厚的人文精神。主要体现在以下几个方面：

a. 以道德为本位，强调译者道德修养和敬业从业为本的主体意识；

b. 服务公众和社会的群体本位思想；

c. 人文主义的语言观而不是科学主义的语言观，始终是中国传统翻译实践的潜在的理论导向；

d. 人文社科类作为主要文本翻译的类型，在材料内容、语言类型和运思方式上都倾向于文学翻译的艺术性，而不是科学翻译的科学性。

e. 哲学的而非科学的、美学的而非宗教的，是中国传统译论的始终如一的理论基础。（王宏印，2003：5-6）

④对中国传统译论的界定

中国传统译论与现代译论的界限在哪儿？"中国传统译论"是个时间概念还是理论形态概念？这就涉及对"中国传统译论"的界定问题。其实也是如何界定"中国现代翻译理论"的问题。以下是笔者掌握的国内学者对中国传统译论的界定情况。

第一个界定是朱志瑜在《中国传统翻译思想："神化说"》（2001）一文中提出的。文章使用了"中国传统翻译思想"指代"中国传统译论"。他在文章的开头明确指出：

　　所谓"中国传统翻译思想"既包括从汉末到本世纪六七十年代翻译家和学者提出的有关翻译理论和方法的论述，还指近年来发表的一些在理论上沿袭和发展古代、近代翻译思想的文章和专著。换句话说，就是不涉及语言学、比较文学、符号学、双语研究、传意学(传播学)、美学以及后现代主义、解构主义等西方现代学科的中国本土翻译思想。(朱志瑜，2001)

　　这个界定考虑到了时间因素，但主要将"传统"作为一种方法论概念，在此基础上用"负的方法"对中国传统译论进行了比较全面的界定。在文章的最后，针对中国传统译论的缺陷，朱志瑜发出了"中国翻译理论到头了吗?"的疑问。

　　第二个界定是王宏印提出的。他提出了中国传统译论的终结问题。他在《中国传统译论经典诠释——从道安到傅雷》一书的结语部分对中国传统译论的终结问题进行了较为详细的、深入的和具有启发性的论述。其中有两段话谈到了中国传统译论的界定问题：

　　凡是中国现代译论产生以前，在中国学术领域内产生的关于翻译的一切理论，都属于广义的中国传统译论。(王宏印，2003：220)
　　总而言之，中国传统译论是指在翻译论题上、研究方法上、表述方法上以及理论特质和精神旨趣上都表现出浓厚的传统国学味道的译论，以之有别于别国的译论。(王宏印，2003：220)

　　可以看出，后面一段是对前面界定的进一步说明。这个界定有两个视角，一个是时间视角，一个是空间视角。两个视角表达出了论者对中国传统译论的两个潜在的认识：一是对中国传统译论的认识其实是一个涉及古今中外的问题。进一步的推论就是：中国现代译论是受西方现代译论的影响而发生的。二是中国传统译论的终结并不涉及一个明确的时间点问题。这就为对其进行终结下了伏笔。显然，王宏印谈中国传统译论的终结问题并非倡导抛弃传统译论而拥抱西方译论，反而表现出对中国传统译论的特别重视，背后的用意就是对中国传统译论进行现代转换，作为建设中国现代译论的一种尝试，这体现了他融通中西译论、革新中国译学的理论抱负。

第三个界定由许钧、穆雷在《中国翻译研究(1949—2009)》一书中提出。书中使用了"中国传统翻译思想"一词来指"中国传统译论"。著者认为：

> 中国传统翻译思想指根植于中国历史传统和文化土壤，由中国学者提出并传承发扬，具有中华民族思维特色以及汉语表达特色的翻译思想。(许钧、穆雷，2009：227)

这个界定强调了中国传统翻译思想的地域性、民族性和传承性。

2)刘宓庆对中国传统译论的评价

中国传统译论是刘宓庆从事翻译研究的出发点，他对中国传统译论的评价体现在以下三个方面。

其一，对中国传统译论缺陷的论述。20世纪80年代初，国内对中国传统译论的研究主要在资料的整理上，同时对中国传统译论的自成体系充满自信，如罗新璋(1984)提出的"案本—求信—神似—化境"。到了90年代，随着西方现代语言学译论的引进和翻译学学科意识的不断提高，人们开始对中国传统译论的缺陷进行讨论和评价，刘宓庆是较早对中国传统译论的缺陷进行评论的。他在《现代翻译理论》(1990)的前言中首先肯定了中国传统译论的历史功绩，认为它在指导中国翻译事业发展中起了巨大而深远的历史作用，但也指出了中国传统译论所具有的历史局限性：a. 传统译论的范畴研究十分薄弱，因此带有明显的封闭性；b. 传统译论基本理论命题非常有限，对策性很弱，始终没有建立起自己的基本理论体系；c. 传统译论的方法论必须革新，缺乏科学的、系统的形式论证方法。(刘宓庆，1990：iv)

在翻译理论研究中，所谓的"有体系""系统性""无体系""潜体系"①"自成

---

① "潜体系"是讨论中国古典学术(如哲学、文论、美学等学科)理论形态的常用术语。"潜体系"的潜台词可能是：一是认为体系是存在的，只是不同于西方而已，大可让它继续"潜"下去；二是认为体系是存在的，但是不可见，需要做些工作让它"显"出来。前者趋于保守，后者趋于积极。

体系"等都是指翻译理论形态的体系特征，所谓的"明晰""准确""模糊""印象性""感悟性"等是用来描述翻译理论范畴的形态特征。80 年代初引进的西方语言学派译论正是以其理论形态在体系方面的系统性和在范畴形态方面的明晰性和确切性，对当时普遍追求科学性和系统性的译学界产生了极大的吸引力，进而使对西方译论的译介和学习迅速成为国内翻译研究的主流，传统译论在理论形态方面的批评声中被挤向边缘。直到今天，人们对中国传统译论在理论形态方面的普遍评价仍是批评多于赞扬。李林波在《中国新时期翻译研究考察：1981—2003》(2007：34) 一书中选取了 10 位学者 [从董秋斯 (1951) 到王宏印 (2003)]，将其对中国传统译论缺陷的认识整理出一个表格，分为"主要缺陷"和"特点"两栏。如吕俊认为的"主要缺陷"是"重灵感和悟性，无系统理论，缺少整体分析，直觉经验为主导"，"特点"是"点评式、随感式、印象式、抽象"。看来，这两栏的内容其实是指理论形态的体系系统性和范畴形态特征两方面①，而未涉及理论内涵方面。可见，人们对中国传统译论的缺陷的认识主要集中在形态方面。

由此也可以推断，中国译论的现代化一开始是从理论形态的现代化开始的，译论内容或观念方面的现代化还是其次。然而，问题在于，当时人们普遍产生的一个幻觉就是，翻译理论形态的现代化或科学化就是翻译实践的科学化，进而引发了翻译是科学还是艺术的争论。显然，这是把理论和实践两个层面的问题混为一谈了。个中原因，除了国内当时对奈达"翻译是一门科学"的误读以及可能受 50 年代苏联语言学派和文艺学派之争的后续影响，也与中国国内长期以来形成的"理论必须联系实际"或"理论要指导实践"的观念有关。后来译学界发生的翻译理论与实践关系的一场不大不小的讨论也与此有关。问题是，任何理论一旦形成就不可避免带有了科学的性质，一些持"翻译是艺术"观点的人也在不断发表自己的理论或观点，如许渊冲、张经浩等。这真是一个奇怪的吊诡现象。

---

① 表中所列董秋斯认为的中国传统译论的"主要缺陷"是"理论不成系统"，但其认为的"特点"是"片段、零散、散碎"，其实还是指理论形态的体系性特征，而非范畴形态特征。所列其他学者也有类似的问题。

其二，对中国传统译论的学术渊源的总体判断。如果说罗新璋 1984 年的《我国自成体系的翻译理论》一文是国内较早对中国传统译论进行的体系化研究，那么，刘宓庆就是国内较早对关于中国传统译论的学术渊源进行阐述的学者。1993年，他在《中国现代翻译理论的任务》一文中认为：

> 中国传统译论的理论和命题基本上来源于我国古典哲学——美学，特别是古典文艺学。（刘宓庆，1993：178）

此后这一论断似乎变成一种共识。张柏然、张思洁认为："中国几乎所有的译论命题都有其哲学—美学渊源。"（张柏然、张思洁，1997）毛荣贵更是直接断言："中国传统译论的理论基础就是美学。"（毛荣贵，2005：1）如果撇开哲学和文论的因素不谈——因为从学科间的影响角度看，哲学和文论分别属于美学的上位和下位学科——仅从以上论者的表述看，实际上只承认中国传统译论是基于中国传统美学的，这样就把中国传统译论的多维性变成一维，掩盖了其真实面目。

我们认为，中国传统译论是一个由三个维度构成的理论体系。这三个维度分别是语言维度、审美维度和伦理维度。下面分别展开简要论述。

语言维度就是从语言的角度谈论翻译。不过这里讲的语言维度并不是现代意义上的语言学维度，也不是中国传统语言学——"小学"维度，国内有学者在讨论翻译学范式转换时将传统译论称为"语文学范式"，更是模糊。西方传统译论倒是出现过语文学范式，但这里的语文学不是指西方传统的语言学，而是古典阐释学。

不像西方传统译论较为明显的语言学途径，中国传统译论中语言维度贯穿中国传统译论的始终。主要代表有：道安的"五失本"，玄奘的"五不翻"，马建忠的"善译"说，严复的"达"，章士钊、胡以鲁的"译名"之争，赵元任论"信"的幅度，贺麟的"论翻译"，焦菊隐的"论直译"。以上各家都是从语言的不同侧面讨论翻译的。如道安分别从语法、风格、修辞、文体、叙事结构五个方面对比了胡语和秦语语言与文本的差异，讨论了译胡为秦时的五种失去本来面目的情况。

中国传统译论一向注重从审美的维度讨论翻译。刘宓庆认为中国传统译论有其传统哲学—美学的渊源，正是从这点上说的。中国传统译论中的很大一部分根植于中国传统审美理论，主要的理论观点有：支谦的"因循本旨，不加文饰"、佛经翻译时期的"文、质"之争、严复的"雅"、曾虚白的"神韵"说、傅雷的"神似"说、钱锺书的"化境"论、许渊冲的"美化之艺术、优势竞赛论"。

如"文与质"最初源自孔子的"文质彬彬"的命题，讲人的修养问题，"文"指人的文饰，"质"指人的道德品质。孔子认为，只有将"文"和"质"统一起来，才能成为一个"君子"。"文"和"质"的统一，就是"美"和"善"的统一。后来，"文"与"质"被借用到佛经翻译中来讨论译文的语言风格问题，即译文应该文雅还是质朴。慧远的"厥中论"就是要求"文"与"质"保持一个度，不走极端，很符合原始儒家"中和"的审美标准和"温柔敦厚"的审美境界。而支谦在《法句经序》中提出的"因循本旨，不加文饰"则与道家的"无为"思想和"不修"思想一脉相承，强调译文的质朴自然。传统译论中的"文质"通常被认为是直译和意译，如梁启超认为玄奘的翻译"意译直译，圆满调和"。陈福康认为："道安是主质（直译）的，而罗什则倾向于文（意译）。"（陈福康，1992：27）其实这都是附会之举，因为直译和意译是翻译方法问题，而文与质是翻译风格问题。（王宏印，2003：246-257）为什么会有这种附会？我们认为，主要是出于某种巧合，即佛经原文的风格大体是质朴的，保留这种质朴就需要直译的方法，变这种质朴为文雅就需要意译的方法。支谦的"因循本旨，不加文饰"其实就是主张采用直译的方法保留原文的质朴风格。

中国传统文化以儒释道为主干，其中又以儒家文化占主流。儒家文化表现为一种伦理文化，主要涉及两种关系：一是人与人（物）的关系，二是人（物）与社会的关系。前者在翻译中的体现就是译者与原作者或译作读者、译者与原作或译作的关系以及社会对译者的要求；后者的体现就是翻译与原语文化和译语文化的关系。中国传统译论中体现这两种伦理关系的译论主要有：道安的"案本"、彦琮的"八备"、徐光启的"裨益民用"翻译思想、梁启超的"译印政治小说"、严复的"信"、鲁迅的"硬译"、郭沫若的"媒婆"说、季羡林的翻译作用论等。

道安不但从语言维度提出了"五失本"说，还从伦理维度提出了"案本"说。隋代的彦琮提出的"八备"说描述或规定了一个合格的佛经翻译者必须具备的八项条件，这就是社会对译者提出的伦理要求。明末清初的科技翻译未能在语言维度和审美维度上对翻译理论有所建树,但在伦理维度上有较多讨论①,主要涉及翻译的功用问题,这与社会处于转型期有关。如徐光启面对晚明国事衰败的现实,希望通过翻译引进西方的科技来富国强民,他当时译书的目的非常明确,就是"裨益民用",表现出了较强烈的经世致用思想。这与明末清初学术界发展起来的经世思想是相一致的。明末的杨廷筠呼吁翻译西书、王徵的翻译资用思想等都属此类。②

清末民初由于社会处在剧烈转型期,译论中的经世思想更为普遍,如林则徐、康有为、梁启超及五四时期的许多人都不同程度地从社会伦理维度(经世维度)谈论翻译的社会功用。其中梁启超对"译印政治小说"的倡议便是典型代表。鲁迅的"硬译"观是在特定的历史背景下提出的,不能将其简单地看成一种翻译方法,作为其"直译"观的翻版,"硬译"的提出虽有矫枉过正之嫌,不过也正体现了鲁迅的目的。

这里需要补充的是,如果将翻译伦理的外延扩大,那么占中国传统译论重要组成部分的翻译标准都可以看作一种翻译伦理,因为标准是规定性的,任何规定不管从什么维度看都是社会对人的行为的一种要求和期待,这是具有伦理特征的。对于伦理问题在中国的普遍性,钱穆在《中国文化史导论》(修订本)中说:

> 在中国根本无哲学,在西方人眼光下,中国仅有一种"伦理学"而已。中国亦无严格的宗教,中国宗教亦已伦理化了。故中国即以伦理学,或称"人生哲学",便可包括了西方的宗教与哲学。而西方哲学中之宇宙论、形

---

① 笔者下此论断主要是以罗新璋所编《翻译论集》(1984)和陈福康所著《中国译学理论史稿》(1992)中的材料为依据。材料的充分与否必然影响学术判断的可靠性。若以现有材料说话,造成这种情况的原因可能有二:其一,翻译文本虽是科技文体,理论上有利于语言学翻译理论的生成,但明清之际的语言学还不发达,颇有现代科学研究味道的朴学研究尚未发展起来,翻译者也非研究语言的学者。这是语言维度译论不发达的原因。其二,与翻译文本是科技文体有关。审美维度译论的生成主要基于文学文本或宗教文本的翻译,科技文本的翻译必然对审美维度译论的生成产生另一种影响。

② 罗新璋(1984:例言)和陈福康(1992:57)均认为,明清之际的科技翻译没有留下重要的翻译理论。针对这一观点,张佩瑶指出译界需要跳出既有的认知框架,多从不同的角度看问题。继而提出以"翻译话语"代替"翻译理论",建构"翻译话语体系",扩展了人们对翻译活动的认识。

上学、知识论等，中国亦只在伦理学中。（钱穆，1994：226）

其三，对中国传统译论"主客体凌驾性"的论述。刘宓庆在 2001 年的《翻译与语言哲学》一书中对中国传统译论的"主客体凌驾性"问题从历史的角度进行了如下宏观的论述：

> 中国的主体凌驾性译论主张无论在内容和形式上都不同于西方，而具有典型的东方特色。中国翻译始于佛教经文，经书被视为圣典，显然不容有"征服者"僭越佛典经义。中国译经史的肇始期可以说是以客体凌驾性为特征，这种情况一直延续到鸠摩罗什（350—409）才将主体运作的地位加以提升。随后，彦琮（557—610）又大大加以阐发，他提出的"八备十条"都是为规约主体而制订的。唐玄奘（600—664）功在译不在论。从他创立的译场职司程序来看，可以说主客体功能兼备，可惜没有论述可依。而且，在具体的翻译运作上又过多依仗"译主"的主体定夺，"证义"（职司名，是译者的助手）则主要依据主体语感佐证，对梵语语法通义粗疏，谈不上文本分析。清末马建忠以后的译论在精微上超越了前人，但始终执着于主体的悟、入、化，将主体的"心悟神解"即主体的主导性推到了极端，而所谓翻译标准也都是为主体订出来的行为准则，可以说基本上疏于对客体的可容性辨识。这样，"标准"也就成了"单打一"的纯主体标尺。"信达雅"也不出这个纯主体行为规范的标尺范围。（刘宓庆，2001：493-494）

对刘宓庆的这段话，王宏印（2003）在其专著《中国传统译论经典诠释——从道安到傅雷》中从三个方面提出了商榷意见，如关于严复的"信达雅"，王宏印认为：

> 与其说"信达雅"作为翻译标准是对于翻译主体的行为规范，不如说它更多地涉及翻译主体性对翻译客体的理想要求。（王宏印，2003：47）

且不论刘宓庆的这段话没有对翻译理论和翻译实践进行区分以及以欧化的眼

光看待中国传统翻译实践和翻译理论，他对中国传统译论的客体凌驾性和主体凌驾性的论述尚有进一步讨论的空间。从该段话的第一句可以看出，他是将"主体凌驾性"作为可以与西方译论相区别的中国特色看待的。他认为，除了中国译经史的肇始期是"客体凌驾性"外，其余时期都是"主体凌驾性的"。事实怎样呢？这里涉及了中国传统译论的"原作中心论"和"译作中心论"这两个关键话题。按照笔者对刘宓庆这段话的理解，客体凌驾性和主体凌驾性分别与原作中心论和译作中心论密切相关，虽然并不相同①。这里有必要简要考察中国传统译论中原作中心论和译作中心论的实际情形。

原作中心论强调译作是在原作的基础上产生的，译作只是原作的复制品，译者要忠实于原作或原作者；承认译者的主体性或翻译的创造性，但只是有限度的创造等。上文讨论的语言维度的译论和涉及翻译标准的伦理维度和审美维度的译论基本上属于原作中心论。语言维度的译论多涉及源语和译语的对比，因为翻译标准的设立，默认的一个前提就是原作对译作要有限制作用。如此看来，被罗新璋视作中国自成体系翻译理论的"案本—求信—神似—化境"就可以看作以原作中心论为线索的总结了。新时期出现的带有传统译论性质的观点或争论如"超越论"、"竞赛论"、"定本"之争、"归化、异化"之争等，都带有"与原作比较"之意，因此也都属于原作中心论的讨论范围。

但中国传统译论不只限于原作中心论，译作中心论的表现也比较突出。译作中心论强调译作的独立生成性和独立文本价值，倾向于考虑译作读者的接受。审美维度的译论有些是原作中心论的，如"神似""化境"等。有些是译作中心论的，有的则两者兼有。佛经翻译中比较典型的译作中心论有两个。一个是佛经翻译时期的"文质"论。前文说过，"文质"是文章风格的范畴，属于创作论或文章学的讨论范围。这样看来，支谦、道安、鸠摩罗什、慧远、玄奘等人的不同译论观点都是围绕"文"与"质"展开讨论的。另一个是严复的"信达雅"。有人认为，"佛典汉译思想对严复具有一定的影响，其提出的'信达雅'翻译标准是我国古代文章

---

① 其实，还有一类涉及翻译过程三个主体的中心论，姑且称为"主体中心论"，即作者中心论、译者中心论和读者中心论。"作者中心论"和"读者中心论"的提法比较少，译论界常代之以"作者原意"和"考虑读者"讨论问题。

学和佛典汉译共同作用的结果"(汪东萍，2012)。这是有一定道理的。

但严复的"信达雅"又较为特殊，因为它表现出原作中心论和译作中心论兼有的复杂性。由于"信达雅"是由三个标准组成，三者的指向并不相同。"达"和"雅"一般是指向译作或译作读者的，因此是译作中心的①。因此区分"信达雅"是原作中心论还是译作中心论的关键就在如何理解"信"上。一般来讲，"信"具有双向性：指向原作(原作者)或指向译作(译作读者)。一个人的理论与其实践的关系不外乎两种，一是相符合，一是不相符合。如果认为，严复的译论与其翻译实践是有较大距离的，特别是《天演论》的翻译不论在内容还是体例上都与赫胥黎的原作相去甚远。这显然是将"信"指向原作(原作者)得出的结论。如果认为严复的翻译实践和翻译理论是相符的，就是将"信"指向译作，即做文章的一种诚信的态度。这样，严复的"信达雅"就兼具原作中心论和译作中心论的特征。下面可以进一步讨论。对于"信达雅"的理论来源，一般有两种观点。一种观点认为它来源于英国翻译理论家泰特勒的"翻译三原则"，这一说法目前基本上还是假设，尚未考证。另一种观点认为它来源于中国的传统文章学。陈福康认为"信达雅"三字早在支谦的《法句经序》中就已出现，只是自觉将它们作为"译事楷模"而提出的，并非始自严复。他由此认为严复是从传统文章学的丰富经验中，悟出翻译的道理的。(陈福康，1992：119)但陈福康并未进一步对"信"的含义作出解释。王宏印将严复的这一理论放到其产生的历史语境中，指出严复的这一"三字诀"来源于中国典籍中的文章学原理，即中国传统的写作原理，并将"信"理解为一种诚信的写作态度。(王宏印，2003：102)潘文国也持类似的观点。按照这种观点，严复的翻译理论与其翻译实践就是相符合的，即严复是把翻译当作写作的任务来完成，从而淡化了翻译与写作之间的界限，使其译著带上了著作的文体特征。(王宏印，2003：111)这样，"信达雅"就是指向译作的，是典型的以译作为中心的理论了。

另外，从传统译论的审美维度讲，我们常说的中国传统译论根植于中国传统

---

① 刘重德(1979)将"信达雅"改为"信达切"，认为"切"就是切合原文的风格。另外，屠岸认为："对'雅'，我的理解是对原作艺术风貌的忠实传达。"(许钧，2001：14)它们都是原作中心论。但这种情况不常见。

美学和文论，都可能会分化出这两种中心论。如前所述，"神似"和"化境"都是原作中心论，但有些审美维度的译论就属于译作中心论。如郭沫若的"创作"论、许渊冲的"美化之艺术"等都属于译作中心论。这是许多翻译家、文艺学派译论者都提到的观点。即使同一个译论术语或命题，也可以代表不同的中心论。典型的如陈西滢和曾虚白。两人都提出翻译的"神韵"说。陈西滢同时提出了"神似"说，并且主张翻译只要一个"信"（忠实之意）字，反对"达雅"，是一种典型的原作中心论。他的"神韵"说指的是原作有一种神秘不可测的东西，因此也是一种原作中心论。而曾虚白认为"达"很重要，认为翻译有两重标准，一在译者自己，二在读者。"神韵"就是读者的一种感应，因此是一种译作中心论。值得一提的是，到了五四以后，中国传统译论中的"文质"和"信"这两个重要的译作中心论分别被误读为"直译、意译"和"忠实"，于是就改头换面，变身为原作中心论了。①

　　当然，这里讲的"译作中心论"与西方描写学派的"以译作为中心"的理论路向是不同的。后者是围绕已生成的译作来考察其生成过程的社会文化影响因素以及其在译入语中的传播接受情况，因此是后顾式的、描写性的，属于外部研究。前者则是译者在翻译实践中表现出的倾向于译作写作或对译入语文化的积极态度，因此是前瞻式的、主观意欲的，属于内部研究。② 本章主要是在规定性译论的范围内讨论"原作中心论"和"译作中心论"的。

　　关于中西译论中的"原作中心论"和"译作中心论"的比较，西方翻译研究学派代表人物之一——安德烈·勒菲弗尔在其与巴斯奈特合作出版的《文化建构——文学翻译论集》（2001）的第一篇《中西翻译思想》中将中国佛经翻译与西方圣经翻译置于文化研究的框架下进行了比较研究。他得出的主要结论是：西方从

　　① "译作仿佛是原作者的译入语写作"或类似于此的命题其实可以有两种解读：一是把它看作是翻译的一种理想结果，这就与翻译标准无异，是一种原作中心论。二是把它看作译作文学价值的一种体现，就是一种译作中心论。"翻译定本"说其实也可有这样两种解读，翻译有无"定本"之争便由此引起。

　　② 文化学派译论提出的某些理论，如"改写"论、"操控"论等是描写性的、解释性的，而不是规定性的。国内有人认为它们是规定性的，这就将"以译作为中心"的描写理论误读成了规定性的"译作中心论"，并用来指导翻译实践，这是值得反思的。国内对创造性叛逆、解构主义译论的误读都属于这种情况。

西塞罗起就始终强调忠实原文，而中国由于早期佛经翻译无原本这个事实，使得中国翻译此后沿着更接近"口译"的传统发展，直到 19 世纪的严复和林纾改变了这一传统。此论一出，受到了国内学者的质疑，如刘重德（2003）、张春柏（2005）、于德英（2008）等。普遍认为勒菲弗尔对中国翻译传统进行了误读，与中国佛经时期的翻译事实是不完全相符的。如张春柏（2005）在《从佛经与圣经翻译看中西方翻译传统的相似性》一文中指出："在同其他文化接触时，中西方文化都有以自我为世界中心的'自我映象'的倾向，因而都倾向于采用归化的翻译策略。西方有些学者如勒弗维尔关于西方译者更为忠实原文，而中国译者则倾向于归化原文的观点，至少是片面的。"

4. 刘宓庆对当代西方译论的评价

刘宓庆对西方当代译论的评论包括三个部分：对西方当代译论源头的论述、对西方当代译论流派的评论、对西方当代译论局限性的批评。下面逐一展开评论。

（1）刘宓庆对当代西方译论源头的论述

刘宓庆认为，认识当代西方翻译理论不仅要有共时的流派分析，也要有历时的渊源分析，他的《中西翻译思想比较研究》的第七章和第八章，就分别是对当代西方翻译理论的历时和共时分析。在第七章中，刘宓庆讨论了西方当代译论的三个主要源头，即古典主义（从西塞罗到 19 世纪中叶）、现代主义（从 1843 年到20 世纪三四十年代）和后现代主义（从 20 世纪五六十年代至今）。显然，这三个源头是从西方哲学思想的角度来讲的，这三个源头分别对西方古代翻译思想、西方传统翻译思想和西方当代翻译思想的形成和发展产生了影响。这里有几点可以进一步讨论。

第一，从时间顺序上看，刘宓庆对这三个源头的分类大体上还是较为合理的，但西方的现代主义（现代性）从文艺复兴后就已伴随着哲学上的认识论转向开始萌芽，后现代思想在 19 世纪末就随着哲学上的反本质主义思潮蔓延开来，这是其一。其二，刘宓庆在此谈的"当代西方译论"中的"当代"是个时间概念还是理论形态概念？他并没有明确交代。如果是后者，那么这三个源头的影响正体现了传统和现代（当代）不可分割的密切关系，因为，从逻辑上讲，现代一定是从传统中产生出来的。其三，这三个源头分别影响的西方译论是古代、传统和当代翻译思想，这里的"古代""传统"和"当代"的命名不知依据是什么。

第二，刘宓庆在《翻译美学导论》(修订本)(2005b)第三章中也对西方译论的发展进行了梳理，分为四个时期，分别是：古典译论期(从西塞罗到5世纪末)、古代译论期(从5世纪末到18世纪后期)、近代译论期(从17世纪中期到19世纪末)、现代译论期(又分两个时期：从19世纪末到20世纪50年代为"现代译论前期"，从50年代至今为"当代译论期")。可以看出，古代译论期与近代译论期有重叠之处。与《中西翻译思想比较研究》中的分期相比，除了最后一期比较一致外，其他都不太一致，并且对分期的命名也不统一，古典、古代、传统等术语没有界定，容易产生混乱。

第三，在《中西翻译思想比较研究》的第八章一开始，刘宓庆分析了当代西方翻译思想的几个重要源头：20世纪初的语言学转向以及几个哲学流派(包括哲学释义学、现象学、后结构主义、美国实用主义哲学)、现代主义和后现代主义思潮、现代语言学的发展。他认为以上三股"水脉"汇集成了当代西方译论的源泉，成为各种西方译论流派的源头。(刘宓庆，2005c：261-262)这里提到的三个源头的说法与第七章的说法似乎有出入。在同一章，他认为20世纪50年代以前西方译论基本上是在传统的固有阵地兜圈子，原因之一就是"绝大多数语言学派的理论家的信念是语言学'走多远，我就走多远'，语言学的版图成了翻译学的自然版图，不敢越雷池一步。"(刘宓庆，2005c：260)从时间上看，这是与事实不符的。西方语言学派译论产生于50年代，50年代以前的译论何谈对语言学的依附性呢？

尽管存在以上形式的不足，但刘宓庆从西方思想源头对西方译论的梳理和讨论，对更深刻地认识西方译论还是有益的。在这方面，国内也有学者作过类似的研究。如谭载喜在《中西翻译传统的社会文化烙印》(2000b)一文中把中西翻译传统放在各自的社会文化体系中，对中西翻译传统的各个主要发展和演进阶段如何受各自社会文化的影响进行了概括性的考察。孟凡君在《论西方译学发展的文化传统》(2005)一文中从古希腊罗马自然文化时期、中世纪神性文化时期、文艺复兴及启蒙运动的人文主义文化时期和近现代科技文化时期四个文化形态与西方译学发展的对应关系进行了探讨，指出西方现代译学理论体系是西方话语模式在科技文化形态下进行翻译阐释时的必然结果。以上两文的研究思路与刘宓庆有相似之处，即都是探究文化源头对译论的形成的影响，但刘宓庆认为西方当代译论的形成受到从古至今西方哲学文化的影响，而谭文和孟文认为西方译论的各个发展阶段分别与西方各个历史发展阶段的文化存在对应关系。这是"多对一"和"一对一"的区别。从不同的逻辑上讲，两者都有道理。

（2）刘宓庆对当代西方翻译流派的论述和评价

刘宓庆在《中西翻译思想比较研究》的第八章讨论了西方当代翻译理论的七大流派，即语言学派、功能学派、释义学派、文化翻译学派、后现代主义学派、心理-认知心理学派、新直译派。应该说，刘宓庆对当代西方翻译理论是相当熟悉的，特别是对每一流派赖以产生的思想文化根源有相当深入的洞察。但在某些具体的论述上，也出现了一些可进一步讨论之处。下面就他对某些流派的论述展开简要的讨论。

1）语言学派

刘宓庆认为，从19世纪的历史比较语言学到20世纪的结构主义语言学、布拉格学派、伦敦学派、系统功能语言学、美国结构主义、转换生成语言学等都是西方语言学派重要的理论思想源头，并认为20世纪八九十年代以后语言学派出现的语段语言学派是当代语言学派的发展。他由此产生了西方译论历来将语言学的版图当作自己的版图，至今未改的认识。应该说，这一认识基本上是准确的。西方语言学派自诞生之日起，就没有停下发展的步伐，先后经历了以奈达等人为代表的早期语言学派（刘宓庆称为"传统语言学派"）和以豪斯、哈蒂姆-梅森等为代表的新一代语言学派，包括当前的语料库翻译学派。但是，他又认为：

> 语言学派的认识论和对策论基本上是结构主义的……此外"文化翻译"也被认为是语言学派的一个大盲点：语言结构研究常常疏于把握对语言整体的文化、社会观照，而正是后者对意义变化产生深刻的影响。（刘宓庆，2005c：265）

这段话是值得商榷的。一方面，语言学派译论所依据的基础是整个语言学家族，而不止是结构主义。早期可能受结构主义的影响较大，但后来已逐渐向功能、语篇等方向发展。且不说卡特福德运用的是系统功能语言学理论，奈达的功能对等、纽马克对文本功能的重视，都已突破了结构主义的藩篱。另一方面，早期语言学派译论家的眼光甚至已经跳出语言学的范围，有些已经进入更广阔的宏观的领域，如雅克布逊的"信息对等"是从符号学和信息论视角研究的结果。奈达不但运用信息论和社会符号学进行翻译研究，还提出翻译与文艺学、语言学、心理学、哲学等相关学科有密切关系。奈达对语境和文化在翻译中的作用也进行了研究。其实，语言学派译论是非常重视语境在翻译中的作用的，意义的动态性和流动性早在语言学派那里受到了关注。需要指出的是，刘宓庆未对苏联语言学派译论给予关注，而20世纪50年代苏联语言学派译论对中国的译论是有一定的影响的。苏联语言学派在当代中国译学史上总处在某种尴尬的位置，国内的西方翻译理论史或多或少将其忽视［如刘军平（2009）］，或将其边缘化［如李欣（2014）］。这是颇有意味的。

2）文化翻译学派

对于西方文化翻译学派，刘宓庆说：

> 目前西方并没有形成着眼于全方位文化的、有系统的文化翻译理论，例如社科学术如东方哲学翻译中的"文化转换"问题就不容忽视，但未见著述。……一个"文化文本"涵义的理解（指读懂）及意涵的解读（指领悟）问题就不是目前西方所有的文化翻译理论对策能对付得了的，且不说表达了。（刘宓庆，2005c：272）

刘宓庆在文中提到的文化学派代表人物有佐哈尔、巴斯奈特、勒菲弗尔等人，可以看出，他对文化学派的判断是一个误判，即他将文化学派和文化翻译学派混淆了。前者是从社会文化的外部视角对翻译现象的描写性研究，是西方20世纪60年代产生的"文化研究"思潮在文学研究（包括比较文学）和翻译领域（主要是文学翻译领域）的影响和表现；后者关注的则是翻译文本（不一定是文学文本）中的文化因素如何翻译的问题，仍旧是翻译的内部研究，属于操作层面的研究。实际上，文化因素的翻译是翻译实践和理论中一个普遍存在的话题，在国内外的传统译论、语言学派和后现代主义译论中都有所涉及，如鲁迅认为翻译不只要在语言文字层面输入外国的表达法，还要注重对异域文化的输入和吸收。奈达也非常重视翻译中文化的翻译，并将文化进行了分类。韦努蒂从后殖民的视角强调"异化"翻译，也涉及文化翻译的问题。20世纪90年代，巴斯奈特等人提出翻译研究的"文化转向"，而不是文化翻译转向，就是指从外部社会文化对翻译进行的描写性和解释性研究。西方从来没有出现过什么文化翻译学派。刘宓庆显然是从翻译实践的角度看待文化翻译的问题的，与西方的文化学派不是一回事。其实不止刘宓庆一个人，文化学派引进中国后，国内一些学者也对它产生了误读。刘宓庆的《文化翻译导论》一书基本上持的是相同的观点。

3）后现代主义（主要指文论）翻译理论

与其他学派的命名不同，刘宓庆一直避免使用"后现代主义译论"或"后现代主义学派"。或许在他看来，后现代主义对译论的影响还不足以使其成为一个专门的学派。后现代主义强烈的反叛性意味着对意义的消解，消解了意义也就消解了翻译，消解了翻译何谈翻译理论及其学派？

刘宓庆认为，后现代主义对翻译理论的直接影响来自后现代文论，从对这一流派名称的表述可以看出。刘宓庆区分了"后现代主义"和"后现代文论"，认为前者是"一种思潮，具有明显的反思、反叛、反逆（reversion）倾向，针对的是20世纪特别是五六十年代以来的西方社会文化以及西方传统"（刘宓庆，2005c：277）；后者是指"20世纪四五十年代以来西方的文学理论及批评理论，一般具有强烈的叛逆特征"（刘宓庆，2005c：278）。可以看出，后者是受前者影响的，但从对这两个概念的界定看，时间上出现了矛盾，这似乎是其表述上的问题。

刘宓庆对后现代主义翻译理论的态度是比较矛盾的。他将其分成两派：解构派和"翻译与政治"派。刘宓庆对前者的态度明显是排斥的，认为强调解构论助长了译者片面强调"译本中心论"，使翻译成了"自由创作"的同义词。其实对于解构主义翻译理论，将其看成规定性还是描写性的，其理论效果是不同的。同样，对"翻译即改写"这样的译论命题也会存在规定和描写两种不同的理解。而事实上，从这些理论的源头看，将它们看作规定性的，其实是对它们的一种误读。

与解构派相比，刘宓庆对"翻译与政治"派的态度显然要暧昧得多。他对"翻译与政治"的解释是：

翻译必不可免地与社会群体的政治倾向与诉求挂钩，原语与译语之间的
关系从来就不是超政治的，"译出"与"译入"从来就是"权力（霸权）"与"反
权力（霸权）"（或者相反）的表现形式。（刘宓庆，2005c：280）

刘宓庆对"翻译与政治"的话题表现出了较大的兴趣和期待，他认为："'翻
译政治学（或政治视角中的翻译学）'异彩纷呈，也许将在 21 世纪上半期应运而
生。这种现象令人感兴趣：翻译的政治景观将与翻译的文化景观、翻译的技术景
观一起，精彩地呈现在世人面前！"（刘宓庆，2005c：281）刘宓庆对"翻译与政
治"派的这种积极的态度是与他在翻译研究中一贯表现的政治关怀密切相关的，
他的民族本位思想和文化战略考量正是其学术政治的体现。但是，在翻译政治派
那里，翻译中的政治问题依旧是描述性的，应该是广义的解构主义译论的一部
分，因此，刘宓庆承认翻译实践中政治和权力因素的作用，实际上还是从规定性
的角度讨论问题的，也与他对后现代主义译论的排斥态度不一致，这是他的矛盾
之处。

以上对刘宓庆在《中西翻译思想比较研究》中提到的当代西方翻译理论七个
流派中的三个进行了简要的讨论。对于功能学派，本章将在后文讨论刘宓庆的功
能观时再论。刘宓庆对其他学派如释义派、心理-认知心理学派和新直译派的论
述比较简要，在此从略。另外，他将 Sperb 和 Wilson 归入"释义学派"、又将"关
联理论"翻译研究归入"心理-认知心理学派"，还是可以讨论的。另外，为何称为
"心理-认知心理学派"而不是直接称为"心理学派"或"认知心理学派"，刘宓庆没
有交代。

如果说刘宓庆在《中西翻译思想比较研究》第七章对当代西方翻译理论流派
的梳理已涉及了某些理论流派的局限性，那么，他在第八章则从整体上对西方当
代翻译理论的局限性进行了剖析。另外，他在该著的代序《翻译十答》中第四点
和第五点都涉及了这一话题。谈到对西方译论批判的目的，刘宓庆说：

我是从宏观视角审视西方当代翻译理论的种种局限性，为了给中国的译
学研究者提供一个翻译思想研究的多维参照——当然还有一个更具体的目

的：想提醒一下国人中那些西方不缪论者：原来他们所无限崇拜和敬畏的西方译论如果不是漏洞百出，也至少是"弱不禁风"。（刘宓庆，2005c：291）

看来，刘宓庆对西方当代译论保持了高度的警惕性和批判性，表现了他一贯坚持的"不盲目崇拜西方理论和坚持中国译论的特色"的立场。

（3）刘宓庆对当代西方译论局限性的批评

总的来说，刘宓庆认为，西方当代翻译理论有以下局限性。

第一，缺乏足以支撑整个学科向前发展的导向理论、理念或理想。

刘宓庆首先对西方翻译学的现状作了整体性的评价：

> 尽管不乏大声疾呼者，西方翻译学（当然也包括译论）始终没有登上学术殿堂，到 20 世纪 70 年代还在争论名分问题（"translatology"？"Translation Studies"？"the third name"？）。（刘宓庆，2005c：291）

这里，刘宓庆的判断显然是以霍尔姆斯在 70 年代发表的《翻译学的名与实》对作为一门学科的翻译学的名的讨论为判断标准的。但众所周知，霍尔姆斯的这篇文章正是翻译学作为一门独立学科建立的宣言，中国的翻译学学科意识的产生可能比西方稍早，但到了 80 年代才明确提出建立翻译学，到 90 年代后期又展开了一番翻译学学科的大讨论，并且这场讨论在很大程度上是受西方译学的影响发生的。中国这十几年在翻译研究上取得的成就受西方的启发和影响也是很大的。这是一个不容否认的客观事实。刘宓庆在 1990 年出版了《现代翻译理论》，从书名看也没有明确地打出"翻译学"的旗帜，到 2005 年修订时依然如此。

关于语言学作为翻译学的导向理论问题，刘宓庆说：

> 翻译学一直苦于缺乏自主性（autonomy，Venuti，2000），同时又苦于找不到支撑自己全面地、深入地发展壮大到足以自主的导向理论。……西方翻译理论界由于长期轻视宏观的、整体性学科矩阵研究，始终没有出现并出版过以现代语言学（且不论其他学科）全面阐释翻译的性质及种种规律的学派和理论著作。同时，由于索绪尔学说的结构主义性质又不重视语义系统，布

拉格学派则以音位学为关注中心，功能语言学并没有得到长足的发展，加以六七十年代以后乔姆斯基的转换生成学派被证明与翻译的相关性很有限，因此西方翻译理论界对语言学兴趣迭减。适逢其时，西方后现代主义在文化学术领域及政治社会学领域左右逢源，西方翻译理论中一部分深感理论干旱的人于是一头栽进了后现代的甘霖。（刘宓庆，2005c：291）

以上这段话有这么几点可以进一步讨论。第一，自主性问题是翻译学面对的一个根本而普遍的问题，这不仅是西方翻译学的问题，也是中国翻译学的问题。第二，西方现代翻译理论是以现代语言学为突破口的，费道罗夫、奈达、纽马克、卡特福德等人都撰写过以语言学为主导学科的翻译理论著作。中国以"翻译学"命名的著作也不少，这些著作或其中的某部著作是不是属于以现代语言学全面阐释翻译的性质及种种规律的学派和理论了呢？不可否认，刘宓庆本人的专著《现代翻译理论》（1990）和《新编当代翻译理论》（2005a）在一定程度上受语言学的影响较大①，但它是不是一本以现代语言学全面阐释翻译的性质及种种规律的理论著作还有待讨论，至少其中的翻译美学部分就不属于语言学的范围。第三，西方语言学派译论一直紧跟现代语言学的发展，正如刘宓庆在前文所说的，语言学的版图成了翻译学的自然版图，八九十年代后，语言学派译论出现了语段语言学派。虽然西方文化学派译论异军突起，但西方对语言学派译论的兴趣并没有减少，而是转向语篇、语境、功能等动态的、宏观的研究，也涉及社会文化问题，与文化学派译论有某种重合。这是国外的情况。国内译论界由于跟风意识较强，在文化学派和后现代译论引进中国后，从表面上看，确实出现了某种程度的倒向文化研究的现象，即所谓的文化转向，但语言学派的研究也一直没有停止，国内学者运用语言学，特别是功能语言学、语篇语言学、语用学等分支语言学进行的翻译研究也产生了不少成果。第四，基于此，在刘宓庆看来，直到现在，还看不到西方当代译论界找到了足以使之自立发展为有根、有干、有叶的长青大树的导向理论。那么，刘宓庆眼中的导向理论是什么呢？刘宓庆认为：

---

① 李林波认为刘宓庆的《现代翻译理论》是中国翻译研究的里程碑，标志着语言学范式的翻译研究在中国已经初步建立。（李林波，2007：12）

翻译具有一种综合应用性，它是多维的、复杂的，但它本身并没有高深
的理论，全靠哲学、认知科学等深层科学作"导向支持"，也需要语言学家
族作论证支持。论证中的旁证支持还需要借助更多的"友军"如传播学、符
号学、释义学、文化学、比较文学和美学。这些"友军"学科也在某一特定
维度的专项研究中上升为导向理论。例如美学可以上升为研究翻译审美（或
文学翻译）中的导向理论，文化学可以上升为研究文化翻译的导向理论。
（刘宓庆，2005c：292）

照此理解，西方的翻译研究也是不缺乏导向性理论的，如语言学派译论的导
向性理论是现代语言学理论，文化学派译论的导向性理论是文化社会学理论等。

第二，严重缺乏整体观和全局性并常常表现出理论规定性。

这一点缺陷与第一点密切相关。按照刘宓庆的逻辑，正是因为西方译论缺乏
导向性理论，并且在当代，翻译学的导向理论是综合性的，因此需要的是一种整
体性整合研究。刘宓庆认为，用 translation studies 来称呼"翻译学"是名不副实
的。因为"翻译研究"并不等于"翻译学"，前者注重实务研究，它可以是微观的、
个案的，而后者重整体性学科研究，强调整合性、系统性、科学性及全局性。西
方当代译论者热衷于"translation studies"倒也正好描绘了他们目前的状况，也正
好说明他们就是不重视整合研究。（刘宓庆，2005c：297）刘宓庆进一步认为：

科学哲学认为，学科术语的非规范化正是非中心化的表现，而非中心化
正是后现代对整体化的颠覆——从学科的基本概念上进行解构、分化、阻
断、疏隔来颠覆整体性。科学的术语必须为本专业的全体所理解和接受，没
有这个整体概念，人人各行其是、各搞一套，其结果必然是整体性的反
面——一盘散沙。（刘宓庆，2005：298）

显然，刘宓庆的评论是针对霍尔姆斯 1972 年的《翻译学的名与实》（The
Name and Nature of Translation Studies）一文而发的。对于霍氏的这篇文章以及国
内学者的评论，谢天振在其主编的《当代国外翻译理论导读》的前言中作过评论：

　　该文明确提出用 translation studies 一词，而不是 translatology 这样的陈词作为翻译学这门学科的正式名称。这个提议已经被西方学界所普遍接受，并广泛沿用。国内曾有个别学者望文生义，以为霍氏不用 translatology 一词就说明国外学者并不赞同"翻译学"这一概念，实乃大谬不然。（谢天振，2008a：3）

　　其实，纠缠于 translation studies 应该是"翻译学"还是"翻译研究"并不必要也不重要，重要的是在这一名称下有没有实质性的内容。中国人历来重视"名"，认为名不正则言不顺，但也容易走向一个极端，就是过分强调形式，而忽视了内容。国内几十年来对翻译学作为一门学科的一系列讨论或论争，包括翻译学是否存在、是否已经建立、是否独立学科、是否有特色等，基本上都是在翻译学之"名"上下功夫，在一定程度上忽视了翻译学之"实"的研究。刘宓庆所谓的"整体性整合研究"其实质也是在"名"的范围内的研究，至少还没有完全深入到"实"的方面。

　　从另一个角度看，翻译学作为一门"学"，其实也并不一定要完全指向系统性和整合性。"学"的古典意义，是指一门科学的基本原理，是普遍有效、放之四海而皆准的，意味着抽象的概念世界和具体的现实世界是对应的。因此，科学的理论就是永恒的真理。然而"学"的古典意义随着科学本身的发展在现代发生了根本性的变化，现代科学领域的相对论、量子力学、非欧几何学，心理学领域的心理分析学派等都已证明：即使是科学理论也不是现实世界的普遍有效的唯一真理，更何况在人文社会科学领域。国学大师钱锺书学贯中西、贯通古今，但其研究成果呈现出的却是反体系的特征。西方现当代译论的各个学派看上去似乎联系不大，若从"家族相似性"的角度看，各个学派之间又或多或少存在某种关联，是翻译学大家族的成员，这正是一种综合性的体现，而非一盘散沙。应该说，整体性或系统性只是现代学术的某种标志，但过于强调翻译学的系统性和整合性会导致学科建设流于形式、走向封闭，这与翻译学作为一门开放性学科的性质是相悖的。从反面来看，西方具有后现代性质的"翻译研究学派"，也并不完全排斥体系性研究，霍尔姆斯的翻译学框架正是一种整合研究。

第三，当代西方译论实际上已将意义边缘化、空洞化。

从这一章的行文看，刘宓庆是将西方译论分成两个阶段的，即传统译论和当代译论。因此，刘宓庆所说的"当代译论"是包括我们所说的现代译论的①，即包括语言学派译论。他将《现代翻译理论》改名为《当代翻译理论》或许也有这方面的原因。刘宓庆认为，西方传统译论是关注意义问题的，正如中国传统译论一样。但到了现当代，由索绪尔开创的结构主义语言学将意义边缘化，只关注语言的结构和形式，认为能指和所指的关系是任意的，后现代主义又秉承了这一传统，进一步将意义空洞化。在此基础上建立的翻译理论也必然把意义边缘化和空洞化。基于此认识，刘宓庆认为，西方当代翻译理论著作中很难找到系统深入地分析意义获得、转换和表现的专门论述。由此得出，中国传统重意义，我们的特色也是重意义，所以要努力建设中国译论的意义理论。

应该说，刘宓庆对结构主义语言学和后现代主义(主要是解构主义)对意义的边缘化和空洞化的判断是有一定依据的，但现当代西方译论并非全都建立在此之上。语言学家族也不仅有结构主义一家，功能语言学、社会语言学、认知语言学、文化语言学、篇章语言学、语用学、语义学等都对意义问题很重视。而且，结构主义语言学对翻译理论的影响到底有多大，还是可以讨论的问题。奈达就明确认为"翻译即译意"。奈达的这一观点，刘宓庆也提到过。巴尔胡达罗夫在《语言与翻译》一书中就有两章("语义与翻译"和"翻译中的语义对应")专门讨论意义问题。此外，语言学派译论也并非仅从语言学出发探讨翻译，符号学、信息论等学科也被运用到翻译研究中。阐释学派(释义学派)对文本意义的重视就更不用说了。

刘宓庆受韦努蒂的观点的启发，认为，目空一切的英美文化霸权话语提出的"译文流利至上"("fluency")论会导致意义在交流中"蒸发"。显然，刘宓庆这里的 fluency 指的是文化层面，而不是语言层面上的。这就将意义与文化等同起来，或者认为是一种文化意义。据此推论，防止这种意义蒸发的办法就是韦努蒂提倡的"阻抗式翻译"或"异化翻译"。因此，他对翻译中的文化层面的"fluency"基本

①　谢天振主编的《当代国外翻译理论导读》(2008a)也是从西方语言学派译论开始论述的。

是持否定态度的。刘宓庆近年来提出的"功能代偿"翻译策略其实质是强调译文的"顺"，主要是在语言层面上强调译文的流利性，体现了他语言学层面的功能观。

意义问题确实是翻译的根本问题，也是从古至今讨论和研究翻译绕不过去的一个话题，但意义问题又极为复杂。意义如何界定？意义如何研究？意义与语义如何区分？语言的意义和文本的意义有何区别？语言学中的意义理论和语言哲学中的意义理论有何联系？语言哲学中的意义观在多大程度上对翻译的意义研究有启发和帮助？有没有必要建立一种翻译意义学或意义理论？这些问题都是需要我们认真思考的。

第四，当代西方翻译理论表现出武断性和片面性。

刘宓庆认为当代西方译论具有武断性和片面性。先说其武断性。刘宓庆认为其武断性来自英语话语霸权和英美文化霸权，对一位长期与西方译学界有接触的学者来说，这样的判断应该是基于一定的事实的。刘宓庆以描写译学的代表人物图瑞(又译"图里")的理论为例来说明当代西方译论的武断性。他说：

> 其实，学术上的武断是一柄双刃刀。武断会使自己失去审慎的判断力。图瑞(G. Toury)写的《翻译研究及其他》(*Descriptive Translation Studies and Beyond*, 1995)就是这样一部著作。该书名为"Descriptive"(描写性)，其实它的基调是 prescriptive(限制性、规定性)，尤其是该书的第四部分(第259~279页)及第二章(第53~69页)谈"翻译行为法则"(Laws of translation behavior)和"规范"(norms)基本上是 prescriptions (规定性)。(刘宓庆，2005c：323)

看来，按照刘宓庆的认识，图瑞的"武断"表现就是将"规定性"说成"描写性"了。从这段话看，刘宓庆的证据是，图瑞使用的 law 和 norm 两个词都是意指"规定性"的。那么，事实是否如此呢？限于篇幅，我们只讨论 norm 一词，看看其是否指的是"规定性"。众所周知，图瑞的 norm 是其描写译学的主要关键词，该词在中国的通常译法为"规范""标准"，刘宓庆也是将其译为"规范"。那么，译成"规范"对不对呢？关于 norm，林克难的《解读"norm"》(2006) 一文对该词的实际含义进行了较为详细和明晰的解析，可以为我们的评论提供帮助。林克难在文中说：

> 按英语定义，norm 的意思是这样的：norm：1. a standard of proper behavior or principle of right or wrong；2. a usual or expected amount，pattern of action or behavior，etc.：average.
>
> 不难看出，norm 这个词有两个互有联系但又含义不同的定义。义项一是规范性的，词义相当于汉语的"标准""规定"。显然，国内不少人将 norm 理解为"标准"是情有可原的，是受到了 norm 这个英语词的一个义项的影响。但是，这个义项绝不是描写翻译学派采用 norm 这个词的所指或者说主要所指。义项二是描写性的："常见的或预期中的数量、行动、行为模式：均值。"词义本身就告诉我们，翻译描写学派使用 norm 这个术语是取其描写性的定义，指的是人们从某些人，或者某个时期人们的行动、行为中归纳总结出来的一些带有共性的东西；而不是相反，先有一个标准，如"信达雅"，然后拿着这个标准，去衡量别人的翻译是不是符合这个标准，进而得出好翻译坏翻译的结论。(林克难，2006)

图瑞的 norm 与规定性的"翻译标准"的不同，既不完全在于前者通常是动态的、相对的，是随社会和时代的演变而变化的（其实，翻译标准也不完全是唯一的、固定的，而是有条件的，不同的文本类型、不同的翻译目的等往往会有不同的翻译标准）；也不完全在于前者不含有规定性的成分。问题的关键是，这种"规定性"是用来干什么的。如果被用来作翻译批评的判断依据，就是通常所说的翻译标准了；如果成为被研究的对象，或被用来描写已发生的翻译事实背后的政治、意识形态等社会文化因素，就是图瑞所说的描写译学的概念了。正是为了区分 norm 的这两种用法，以免引起误解，林克难将其译成"行为常式"(林克难，2006)。

看来，刘宓庆是将 norm 看成规定性的了，这是对图瑞的误读。不只如此，他还对图瑞的"描写性"进行了误读。刘宓庆不但认为图瑞的所说的"描写性"的基调仍是"规定性"的，还认为"描写性"和"规定性"都是方法论问题，不是理论范畴问题。他说：

> 很显然，我们应该根据学术界早已约定的内涵界定来使用通用及专用的学术术语。这就是说，必须确定：(1)"描写"是一个方法论问题，不是什么理论范畴；(2)科学语言学除概念限定外，基本上是描写性的；(3)翻译学理论属于应用语言学中的一种双语转换理论；除了描写性理论以外，语言学没有其他理论其中也包括翻译学理论。因为，语言学是一种描写性科学，翻译学亦复如此。(刘宓庆，2005c：324-325)

刘宓庆一向认为，翻译理论应该是描写的，这与他认为的"翻译学是一门经验科学"是一脉相承的，这一点上，他多少受到了西方早期语言学派的影响。因为语言学派也认为翻译理论应该是描写的，当然，这种描写既指从语言角度对翻译过程的描写，也指对原文本和译文本的对比描写以总结出某些翻译规律或规则。应该说，"描写性"和"规定性"属于方法论问题，这是没有问题的，但是不是理论范畴问题，是需要进一步讨论的。问题是，方法和理论这两个范畴是对立的，还是可以通约的？本研究认为，方法和理论并不是截然对立的，某些翻译方法就是被认为是翻译理论的一部分。刘宓庆的《现代翻译理论》一书中不是也有"翻译方法论"一章内容吗？另外，"元方法"通常可以看作理论范畴的。图瑞的描写译学正是在"元方法"的层面上讨论理论，因此，其"描写性"就是一种理论范畴。

从以上讨论可以看出，刘宓庆在对西方译学的理解上尚有可商榷之处。当然，本研究也不是在为西方译论辩护，只是抱着学术的态度讨论问题。刘宓庆一向推崇维特根斯坦的"意义即使用"的意义观，强调在语境中把握意义，但从他对图瑞的"norm"的误读看，他未能遵从在语境中把握意义的原则。刘宓庆还认为：

西方译界到现在还拿不出一本比较完整的翻译史来，拿不出一本比较有系统的翻译理论著作来，拿不出一套真有水准的译员的训练教材（包括声像辅助材料）来，拿不出一本比较准确的术语辞书来。（刘宓庆，2005c：xix）

在翻译史和译论史方面，且不说道格拉斯·罗宾逊编的《西方翻译理论：从希罗多德到尼采》和米歇尔·巴拉尔的《从西塞罗到本雅明——译家、译事与思考》，刘宓庆经常提到的斯坦纳的《通天塔之后》也对西方的翻译史进行过梳理。问题在于，刘宓庆在这里用了"比较完整""比较有系统""真有水准""比较准确"等评价性词汇，不知依据的标准是什么？他对西方译论的这种评价似乎暗示了中国在这几方面已经超过了西方，已经出现了他所说的这种著作，但他并没有举例进行说明。

无独有偶，国内也有其他学者对西方译论作过类似的评价：

一点也不夸张地说，外国翻译界无一本理论著作、一个学说得到大多数理论家认同，具有权威性和稳定性。理论家们不过在各划各的船，各摇各的桨，学术界百家争鸣、百花齐放是好事，但形不成有体系的理论、没有大多数人认同的权威著作却不是好事。学术界应该创新，但个人的创新应该是在继承前人成果的基础上。外国的理论层出不穷，很多互不相干，这不能说明外国理论家善于创新，只能说明他们处于混乱状态。（张经浩，2006）

此论与刘宓庆对西方译论的评价如出一辙。赵元任先生曾告诫他的学生王力说："言'有'易，言'无'难"，以上这种含糊的、武断的评价态度是不值得提倡的。

其实，国内译学界在翻译理论研究中也不时表现出某种武断性。这种武断性就是一种没有商量余地的规定性，颇有"他人皆谬、唯我独尊"的气势。在译学界各种论争中，如科学与艺术之争、翻译学之争、有无定本之争、归化异化之争、特色与共性之争、归结论、翻译单位的讨论等，都表现出某种程度的武断性。在理论话语上，最常见的表达就是"必须……"，如"必须以言语行为理论作为语言学基础，以哈贝马斯的普通语用学为理论指导，才能构建起翻译学的理论体系"，"翻译理论必须重描写"等。

刘宓庆不但谈到了某些当代西方翻译理论的"武断性"，也涉及了其存在的"片面性"。他说：

> 据粗略分类，西方译论中有80%以上都在谈文学翻译。谈翻译的人特别是"名家"，也大多是比较文学研究者。而西方国家的翻译行为至少有80%是非文学性的（即所谓的 non-fictional），如果加上口译则高达90%属于非文学性。西方跨国大企业、银行集团、科技组织及机构（研究院）、军事机构国家机关等等每天所从事的翻译则100%属于非文学性。根据 McGraw-Hill 公司公布的材料，该公司20世纪90年代的10年内出版的 non-fictional 作品占翻译出版总数的83.5%。文学作品只是全部翻译"产品"的一小部分。只关系到一小部分翻译实践的理论是不是能够涵盖大部分翻译实务所涉及的翻译理论呢？如果不能，那么以偏概全的严重局限性难道不应引起理论家们的高度关注吗？（刘宓庆，2005c：331）

可以看出，刘宓庆认为西方译论的片面性在于：文学翻译实践所占的比例小，但大部分翻译理论却是关于文学翻译的。这显然也是基于刘宓庆所持的"翻译学是经验科学"得出的判断。应该说，这是一个事实。然而，另一事实是，当代西方译论，特别是阐释学派译论和文化转向以来的各种翻译理论，受各种哲学思潮或文论流派的影响，走的并不完全是经验主义的生成途径，理论与实践距离的拉大使得这些译论具有较强的思辨特征，也使得翻译理论能够摆脱翻译实践的束缚，并借鉴其他学科，特别是文学理论，从而开辟自己的一番天地。这就难免出现上述的比例不平衡的现象了。另一方面，西方的某些翻译理论如德国的功能目的派对非文学翻译的适用性是较强的，当然这一理论也适用于文学翻译。

刘宓庆一向注重翻译的文化战略作用，注重翻译实务。他认为，对国计民生、建国大业最要紧的不是文学翻译，而是学术翻译和科技翻译。因此要大力进行非文学翻译理论的研究。他认为翻译事业的优先次序应该是：第一，学术翻译；第二，科技翻译；第三，财、经、贸翻译；第四，文学翻译；第五，文化翻译及其他翻译。(刘宓庆，2005c：ii)但他对翻译美学、文化翻译理论的研究只显示出他对文学翻译、文化翻译的重视。而且他在许多著作中的翻译用例主要是以文学翻译为例的，如《文化翻译导论》，这不能不说是他的一个悖论。

第五，当代西方翻译理论话语的质量堪虞。

这是刘宓庆在《中西翻译思想比较研究》第九章中提到的当代西方翻译理论的最后一个缺陷。他认为，理论话语应该符合三个起码条件：clarity，brevity，sincerity。他同时认为不少西方译论的理论话语都生涩晦暗、烦琐盘结、夸饰空洞，并举例加以说明。

应该说，某些西方译论的理论话语确实出现了这样的情况，但其覆盖面如何，何以至此，是需要进行一番考察的，不能一概而论。其实，理论话语并非都是明晰、简洁的，考察西方某些哲学家的理论话语，其晦涩难懂是出了名的，如康德、海德格尔等人的著述。当然，也有可读性相对比较强的，如萨特、福柯等人的著述。另外，即使是文学语言，如爱尔兰作家乔伊斯的意识流作品，想读懂也并非易事。

说到翻译理论话语的问题，其实何止西方的译论话语存在刘宓庆所说的情况呢？这里涉及的问题是：翻译理论话语应该是朦胧的还是清晰的，是学术化的还是散文化的？这个问题需要辩证来看。

固然，一看就懂的诗不一定就是好诗，但叫人看不懂的诗也未必是好诗。有人曾对20世纪80年代的"朦胧诗"进行过批评："朦胧"并不是含蓄，而只是含混；费解也不等于深刻，而只是叫人觉得"高深莫测"。这是指文学语言。其实，理论语言确实需要一定的明晰性和可读性。杨自俭曾这样评价王宗炎的文章：

> 文如其人。读王先生的文章我总感到有点像读吕叔湘先生的文章一样，通俗易懂，深入浅出，例证丰富，要言不烦。用王先生称赞赵元任文章的话说就是："读这样的著作，好比吃奶油蛋糕，既有充分营养，又色香味俱全，确是一种享受。"(杨自俭、刘学云，2003：34)

德里达于1992年被授予剑桥大学荣誉博士学位，反响强烈，反对者批评其理论"不符合公认的清晰、严谨标准"，"令人难以理解"。批评者主要来自日常语言学派分析哲学家，但这不妨碍德里达成为一流的哲学家。因此，理论话语本身的性质决定了其表达形式和内容都不同于日常语言和文学语言。当然，这里所说的日常语言不是哲学层面的日常语言，因为维特根斯坦的著作就是用通俗的日常语言写出的，但其含义艰深，往往从文字的表层很难把握其深层的思想内涵。另外，这里还涉及一个接受者的接受能力问题。鲁迅当年提倡的"硬译"论就有读者方面的考虑。谢天振对此也发表过自己的看法：

> 可见，看不懂理论文章的责任并不只是在作者一方，有时读者一方也是有责任的。所以，我觉得我们一方面要反对那些故弄玄虚、生搬硬套外国理论的文章，但另一方面也要正视自身的不足，不要作茧自缚，自满自足，自以为是，而要保持一种开放的心态，努力关注前沿理论，积极、主动地调整自己的知识结构，防止已有知识的老化、僵化、教条化，这样才能跟上时代的发展，适应时代的需要。（谢天振，2008a：9）

刘宓庆在这里没有涉及传统译论的理论话语问题，他提出的理论话语的起码要求之一就是clarity，即语言的明晰性，但中国传统译论理论话语的模糊性正是其特色之一。刘宓庆在《中西翻译思想比较研究》中提到"翻译思想"的特征时就有"模糊性"特征，并认为正是语言的模糊性导致了翻译思想的模糊性，从而使翻译思想不可能一劳永逸地加以判定，由此摆脱了时空限制，而可以传之久远。可以看出，刘宓庆是赞同翻译理论或思想的模糊性表达的。如果这样，刘宓庆就表现出了观点上的矛盾性。一方面是与他对理论话语的"明晰性"要求相悖，另一方面，刘宓庆曾谈到中国传统译论的局限性之一是研究方法问题，他认为，传统翻译理论的"模糊性、印象性太强，内涵流变，难以见智见仁，而且往往流于空泛"（刘宓庆，1999a：XII）。这显然是与他对翻译思想"模糊性"的肯定态度不一致的。

关于翻译理论话语，还涉及一个语言风格的问题，不同的学者的风格是不同的，如吕俊、王宏印、许钧、蔡新乐等人的理论语言风格都是各不相同的。从总体上看，刘宓庆在从事翻译研究之前曾做过五年的翻译，这对他的语言表达能力有很好的提升，他的前期著作和文章的理论话语比较清晰易懂，文采飞扬，应该与此有一定的关系。但他后期的著作则变得较为理论化，有些地方比较繁杂，理论术语用得比较多，且许多没有较明确的界定。这可能与其理论基础后来转向语言哲学有关，也可能与其后期的翻译实践较少有关。

除了《中西翻译思想比较研究》提到的以上几点缺点外，刘宓庆还在该书的代序"翻译十答"中谈到当代西方翻译理论的缺点，主要批评是其"唯技术论"。刘宓庆认为，西方翻译理论的"唯技术论"成了主导思想，主要表现在：a. 将意义边缘化；b. 对商品市场的无保留迎合，放弃对翻译思想的执着；c. 忽视宏观研究，热衷于技术探讨；d. 将翻译模糊化，模糊了"翻译""编译""改写""重写""创作"甚至涂鸦之间的界限，实际上等于取消主义。（刘宓庆，2005c：xxii）

应该说，西方哲学发生认识论转向以来，对真理、理性、科学的追求一直是此后几个世纪的主流。社会、人文科学领域也深受影响，科学方法万能论流行一时。科学产生技术，对技术的崇拜成为西方的一个传统，必然表现在翻译研究中。但西方也一直保持着一种人文主义的传统，这种传统对翻译研究的影响也不能忽视。西方传统译论和现代阐释学译论以及文化学派等都有相当的人文精神诉求。对何为"唯技术论"，刘宓庆没有作出解释，它是指翻译技巧或翻译方法吗？如果是，翻译技巧或翻译方法的研究也是中国翻译研究的主流之一，中国从传统译论以来，到新时期，直至现在也一直注重翻译技巧的讨论，这一点从许钧、穆雷编写的《中国翻译研究（1949—2009）》的统计中可以看出。中国从古至今一直是一个重视技术的国家，实用主义是中国的一个传统。20世纪80年代引进西方的语言学派，其实用性是引进的主要原因之一。刘宓庆也承认他在80年代对结构主义的热衷就是因为其实用性。刘宓庆编写的各种技能培训著作，包括其《文体与翻译》《汉英对比与翻译》等著作都十分注重翻译实践层面的研究。有人认为现在的翻译研究再执着于翻译技巧的研究已经过时了，其实并非如此。翻译是一门实践性很强的活动，对翻译技巧的研究从来不会过时，需要的只是新的思路、新的视角和新的方法。至于研究翻译技巧是否必然导致对翻译思想研究的轻视，也不一定。翻译研究完全可以两条腿走路，应用研究和理论研究并行不悖，文学翻译研究和实务翻译研究可以同行。另外，关于翻译的技术，当前的AI技术对翻译实践和研究都产生了较大的影响，但需要警惕新形势下的"唯技术论"，因为技术并不能解决一切翻译问题，翻译伦理、翻译审美等不应该被忽略。

对当代西方翻译理论研究，刘宓庆还作了这样的评价：

> 我认为，截至目前为止，当代西方所有的译论，都是试验性(tentative)
> 的，包括斯坦纳的 *After Babel*。在内也就是说都是描写性的，不是放之四海
> 而皆准的"学术范式"，更不是放之四海而皆准的"世界翻译学"的"翻译真
> 理"——这样的"范式"、这样的"真理"，现在没有，将来也不会有，原因
> 是：翻译学是经验科学，理论都是经验的提升，而经验是永远开放的、永远
> 不会完结的，"绝对经验"是一种"理想的虚无"，"绝对真理"在翻译中也不
> 存在，翻译中永远只存在相对的"忠"、相对的"顺"、相对的"美"、相对的
> "可行性"(feasibility)、相对的可译性、相对的可操作性(manipulativeness)、
> 相对的可比性(comparability)等等。(刘宓庆，2005c：xx-xxi)

就这段话本身的内容来讲，并没有什么不妥，任何理论或知识，包括自然科
学，都不可能是绝对的，而是不断发展变化的，这应该是一个常识。其实，对于
西方的学术霸权问题，可以从两种立场上来看。一种是西方的立场。西方确实还
有相当一部分人仍旧坚持"西方中心主义"，将自己的观点强加于人，或对非主
流文化和国家的学术采取视而不见的态度，认为自己的观点就是"普适性"的。
另一种是非西方的立场，认为西方的学术就代表普遍性真理。这是一种自我殖民
的心态，对西方理论盲目地加以接受。显然，刘宓庆以上这段话针对的，两种情
况都有，但主要是第二种情况，即他提醒国内翻译界某些西方理论盲目崇拜者不
要妄自菲薄。应该说，这种提醒是必要的。问题是，如果对西方译论没有一个准
确的判断，极有可能会将孩子和洗澡水一起泼掉，从而失去向西方学习和借鉴的
机会。看来，中西进一步扩大学术交流，努力将我们的研究成果介绍出去，让
别人了解我们在做什么，做到了什么程度，才是最重要的。近些年已有国内学者在
国际译学刊物上发表研究成果，发出自己的声音，虽然还比较微弱，但已经是个
好的开始。

以上是刘宓庆对当代西方翻译理论局限性的评价以及我们对此的评价。其
实，对待西方译论，刘宓庆也不是完全持负面的和消极的态度，他本人的译论研
究也受西方译论的影响较大，特别是在 80 年代。刘宓庆在讨论完西方当代译论

的局限性后进行了以下总结，这也可以作为我们对待中西译论（包括对刘宓庆的译论）的一个基本态度：

> 我认为对待当代西方译论，最要紧的有以下几点：
>
> 第一，牢记清代学者龚自珍的几句箴言：知其事、知其时；知其所云之事，知其所处之时。龚自珍讲的其实是历史唯物主义的认识论、批评观；要正确理解一个观点、一种理论、一项主张，就一定要实事求是地分析那个观点、那种理论、那项主张的内容实质究竟有几分道理；还要看它是在什么时候、什么情况下、针对谁提出来的；要看效果、看影响、看实际价值。重要的是我们既不做"崇洋派"，也不做"反洋派"，我们要做"考洋派"，"考"就是考察、考证。
>
> 第二，应该深信一条真理：事物总是一分为二，有好的地方，也有不好的地方。西方当代译论完全不像它的崇拜者、吹捧者追捧的那样"妙造天成""自铸伟业"，它有很多的缺陷、很多的局限，远远不是"放之四海而皆准的真理"；同时，它既是西方人翻译经验的描写，也一定写出了他们的探索心得、体悟甚至感悟，这就是可取之处，值得我们学习、研究，有价值的，就要吸收，这就叫作"外位参照"，也就是"外为我用"。
>
> 第三，实事求是，不抱偏见，不抱成见。我们的基本态度应该是研究向前推展、认识随之跟进。当代资讯发达，但总有欠缺之时，总有欠缺之处。我们根据掌握的事实说话，言必有据。经世治国，立业维艰。翻译任重道远。我们必须努力学习，多读书，读好书。本研究对当代译论评过论非，有自励自强之心，无矮化西论之意。眼下"西方崇拜"在译界成风，本研究也有唤起同仁知己知彼、明察是非的苦心。中国所处的国际环境，远非一派鸟语花香，国人也不能不警惕。（刘宓庆，2005c：340）

5. 中西译论比较的学科建构

刘宓庆的中西翻译思想比较研究是一种元翻译理论研究，从他的研究可以看出他对中国传统译论的评价和借鉴以及对当代西方翻译理论的描写和批评，以及

221

他对建设怎样的中国翻译学或翻译理论的观点和态度。中西译论比较一直是国内译学界比较热衷的话题之一，也是翻译学建设的基础，其本身也可以按照一门学科来建设。因此，下面拟对中西比较译学的框架及内容展开进一步的讨论。

（1）中西比较译学论纲

中国近代以降，中西学术交流频繁，有接触，就有比较行为，这已成为中国近现代学术史的惯例。一般的情况是，在中西学术接触的初期，往往是忙于引进，但随着接触的深入进行，比较也就不期而至了。中国现代学术的建立正是在这种交流和比较中逐步建立起来的。中国现代译学的发展也是如此。谭载喜在2000年提出了建立翻译学分支学科——"比较译学"的研究构想，并进行了初步的研究。他在"比较文学"和"比较语言学"的启发下设定了"国别译学""比较译学"和"总体译学"三层级范畴，其中"比较译学"处于中间层次，连接前后两个层次。谭载喜将翻译学分为应用翻译学、特殊翻译学和普通翻译学，而比较译学最终是为普通翻译学的建立服务的。这里可以看出，"比较译学"既然是翻译学的分支学科，但在翻译学家庭中的地位是比较特殊的，它到底是怎样的一门分支学科，尚待进一步论证。这里不纠缠于比较译学本身的讨论，但我们认为译论的比较研究也需要有个大体的研究框架。这里的"比较"一词用的是广义上的概念，即比较文学的比较概念，因此，除了"平行"研究外，也包含"影响"和"阐发"之意。一般来讲，任何一种理论话语体系都由关于研究对象的本体论、方法论和价值论组成。因此，我们认为，中西译论的比较可以从三个大的维度讨论，即比较本体论、比较方法论和比较价值论。这三个维度通过回答比较什么、怎么比较和为什么比较的问题，构成了中西译论比较的整体框架，我们尝试通过学术史考察和理论思辨的方法建构一个中西比较译学的论纲，以期为正在建设中的中国现代译学提供借鉴。

1）中西比较译学本体论

这里所谓的"本体论"不完全是哲学意义上的本体论，更多的是指比较译学的核心研究对象，具体而言就是指译论比较研究中各个译论之间的时空关系的整体概括。从这个意义上，译论比较的本体论可以从时间和空间两个维度展开讨论。时间维度分为共时比较和历时比较，空间维度分为同质比较和异质比较。时间维度上的共时比较是指两个译论在同一个历史时期呈现出的特征的比较，历时比较是指某一译论或两个译论在一段时间中的历史演变；空间维度上的同质比较是指同一文化语境中的译论的历史演变或译论间的比较，异质比较是指不同文化语境中产生的译论间的静态比较或历史演变的比较。这样，译论比较可以从同质和异质、共时和历时四个维度进行研究，这四个维度的排列组合构成了译论比较研究的四个象限，如图 3.15：

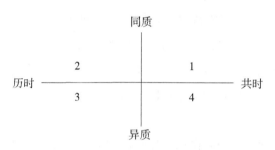

图 3.15　比较译学本体论框架图

其中，象限 1 是同质译论之间的共时比较，如"等值"和"等效"的比较。象限 2 是同质译论之间的历时比较研究，如"文质"与"直译、意译"的比较。象限 3 是异质译论之间的历时比较，如鲁迅的"直译"观与韦奴蒂的"异化"论的比较。象限 4 是异质译论之间的共时比较，如泰特勒"三原则"与严复"信达雅"的比较。

中西比较译学的本体论主要涉及第 3 和第 4 象限的研究，即异质译论之间的历时比较和异质译论之间的共时比较。

2）中西比较译学方法论

中西译论比较方法论可以从两个角度来讨论，一个是比较文学方法的视角，另一个是"三个讲"的视角。

先看看比较文学方法的视角。译论比较研究与比较文学研究都属于比较研究，不同的是研究对象，前者是理论文本，后者是文学文本，但这不影响两者在研究性质上有相通之处，因此比较译学可以借鉴比较文学的研究方法。从比较方法上看，我们借鉴比较文学的三个学派的说法，认为中西译论的比较也可以在三种方式上进行：平行研究、影响研究、阐发研究。这里有四点需要说明。其一，比较文学的平行研究和影响研究主要是文学事实的层面上进行，而阐发研究主要在文学理论的层面上进行。与此不同，译论比较研究的这三种方式均在理论层面上进行，但不排除翻译史的比较，因为这是译论比较的应有之意，许多译论或译学思想的比较正是在翻译史的基础上进行的，如谭载喜通过中西翻译史的比较进行的中西译论比较研究。其二，译论的平行研究和影响研究主要是在译论之间的比较研究，而对某一译论的阐发研究则除了运用另一译论进行阐发外（如将彦琮的"八备说"用翻译主体性理论进行阐发），还在广义上指运用其他学科的方法所进行的阐发研究（如运用模糊数学对传统翻译标准的阐发研究）。其三，这里的阐发研究也包括相互阐发之意，如"信达雅"和泰特勒"翻译三原则"的相互阐发。其四，译论比较的项目上可以是点的微观比较，如具体译论观点的比较、翻译家或翻译理论家翻译思想的比较；也可以是面上的宏观比较，如不同译学学派的比较等。

　　从理论上讲，每个象限范围内的比较研究都可以有平行研究、影响研究和阐发研究三种方式，但在具体的译论比较中，每种比较方式的侧重点又有差异。如象限 1 是同一译论体系中的共时比较研究，主要是平行研究，如中国译论体系中，任淑坤（2003）对鲁迅和钱锺书翻译思想的比较研究，西方译论体系中，曹曦颖（2007）对奈达与格特翻译理论比较研究等。象限 2 涉及在同一个译论体系中的历时比较，就中国传统译论而言，主要是阐发研究，如刘重德将"信达雅"中的"雅"阐发为"切"，提出了"信达切"的翻译标准。这也是一种传统译论的现代转换。这个象限中也有影响研究，如对傅雷的"神似说"受到之前"神似""神韵"说的影响，许渊冲的"三美"说受鲁迅的三美说的影响的研究等。象限 3 是不同译论的历时比较研究，主要有影响研究和阐发研究两种。象限 4 是不同译论的共时比较研究，主要是平行研究。总的来说，共时比较倾向于平行研究，历时比较倾向于影响研究和阐发研究。总结如下：

　　象限 1：平行研究

　　象限 2：影响研究、阐发研究

　　象限 3：影响研究、阐发研究

　　象限 4：平行研究

　　平行研究是一种共时的比较研究，又分三种情况。第一种指中西译论相遇之前中国传统译论和西方传统译论的比较研究。第二种指西方现代译论与中国现代译论的比较研究。第三种指对中西译论的评价研究。

　　第一种平行研究是通常意义上的狭义的平行研究。目前大部分中西译论比较研究都属于此类。国内的谭载喜（1998、1999、2000c）、张春柏（2005）、谢天振（2009）等人在这方面的研究较多。第二种平行研究多少带有一些影响研究的色彩，是由于中国现代译论部分得益于西方现代译论的启发和影响，但又有所不同。中国现代译论的生成固然受西方译论的影响较大，但在接触的中后期，中国译论界已对西方译论产生了较多的反思和批判，理论的独创精神增强，在结合中国翻译实践的基础上产生了一些创新性理论，如黄忠廉的"变译"理论、周领顺的"译者行为批评"理论、任东升的"国家翻译实践"理论等。第三种平行比较研究是评价研究。这是平行比较的一种特殊类型，应该称之为广义的平行比较。前两种是在描述的基础上进行对比，然后找出两者的相似点和相异点。这一种也是基于对象描述，但重点是对每一种译论进行评价，在评价的过程中显示出两种译论之间的共性和特性，主要关注的是不同点，因此这种比较带有明显的价值判断。在前两类平行研究中，也会带有评价性的比较，但不明显，主要是以描述为主。国内这类类型的比较研究，我们可以举两个人的研究为例，一位是张南峰，一位是刘宓庆。张南峰的研究主要体现在他的《中西译学批评》（2004）一书中，刘宓庆的研究主要体现在其《中西翻译思想比较研究》（2005c）一书中。

　　影响研究是中西译论比较的重要部分，也是中国现代翻译理论史研究的重要组成部分。一般来讲，西方翻译理论在中国的命运不外乎有这么几种情况。一是西方译论在中国的译介。这是所有西方译论进入中国的必经阶段。二是西方译论用于中国翻译史料的描述研究。文化学派的某些译论用于中国翻译史的研究就是。三是运用西方译论方法对中国传统译论进行体系化研究。四是以西方译论范畴格中国传统译论。五是以西方译论体系格中国传统译论。以上前两种属于所谓的"照着讲"，后三种属于所谓的"接着讲"，多为中国传统译论的现代转换研究。另外，第一种属于认知性接受，属于进一步接受的前提，有些译论止于此，有些则进入应用。后四种属于应用性接受，呈现出不同的方式。当然，这只是西方译论影响的显性方面，也存在某种隐性的影响。这里的影响研究有狭义和广义之分，狭义的影响研究是从历史的角度讨论中西译论的影响关系，主要是西方译论在中国的传播、影响、接受等。广义的影响研究也包括受西方现代译论影响或在现代学术研究方法影响下对中国传统译论进行的阐发研究。

具体来讲，阐发研究是象限 3 的比较研究，即在古今两个维度上的中西比较，这是中国近现代学术建立和生成过程中形成的最为普遍的比较模式，也是中西文化论争的基本模式。冯友兰所谓的"中西之争就是古今之争"的观点，就是针对这种模式来说的。阐发研究是中西比较的高级层次，通常旨在生成新质的理论，因此是理论创生的主要方式之一。郝大维、安乐哲在其《孔子哲学思维》一书中说："在中西哲学比较的研究中，我们别无选择，只能尝试从西方的传统中找出一些范畴和语言来阐明中国传统，而这些范畴和语言必须和中国传统中的范畴和语言有某种共同性，并能够加以改造和扩展以容纳新的内容。"（郝大维、安乐哲，1996：6）在中国近现代史上的中西文化比较中，根据对中西文化的不同态度，基本形成了三种派别：保守派、西化派、折中派。① 这三大派在中国译学界也有表现，但情况较为复杂。保守派倾向于强调中国传统译论的中国气派，如许渊冲。西化派倾向于强调西方译论的普遍适用性，如张南峰。折中派可以指不强调译论的国别性，如吕俊；也可指强调对传统译论的现代转化，如王宏印。不管是哪一派，一个共同点就是都承认翻译学是存在的，只是各派心中的翻译学并不一致，建构翻译学的路径也自然不同。中国传统译论的现代转换问题，这是中西译论比较中阐发研究的重要组成部分。中国传统译论的现代转换有两种类型，一种是现代诠释型，一种是文本翻译型。前者以王宏印的研究为代表，后者以张佩瑶的研究为代表。

再看看"三个讲"的视角。中西译论比较方法还可以从"三个讲"的角度来讨论，即"照着讲""接着讲"和"自己讲"。这是参照冯友兰先生治中国哲学的"接着讲"方法引申出来的。从理论上讲，"三个讲"既可以在古今关系上讨论，如当代

---

① 通常的提法是：保守派、激进派、自由派。其实，激进派或激进主义的提法并不科学，激进是对态度程度的描述，保守则是描述方向性的。极端的保守主义者也是一种激进主义者，如五四时期的林纾。西化派也不完全是激进主义者，如胡适将之前自称的"全盘西化"改成"充分的西化"。译界的许渊冲可谓译论的激进派，但其译论是在传统译论的范围内。张经浩似乎是译学的激进派，但其主张却不是向西的、前进的。

对"信达雅"的接着讲(重释)①；也可以在中西关系上讨论。由于这里的主题是中西译论的比较研究，因此主要从中西关系上讨论问题，必要时提及古今关系。

所谓"照着讲"，就是照着西方译论讲，是在体用不二的关系上讨论，体现为对西方译论的译介和运用。微观方面如对"等值论""功能对等""改写论"等的译介和讨论；宏观方面如对西方语言学派和文化学派以及各种其他学派或范式的借用。"西方译论+中国材料"式的研究也属于一种照着讲的方式，如国内运用"意识形态、赞助人和诗学"三要素对中国翻译史的研究。中国对西方译论引进的初期基本上属于照着讲的方法。对中国传统译论也有一种照着讲的方式，如20世纪80年代对传统译论的整理出版、对传统译论翻译标准的应用等。

所谓"接着讲"，就是接着中国的传统译论讲，是在体用二分的关系上讨论，即以中国译论为体、西方现代译论或现代学术方法为用。"接着讲"是中国现代学术建立的主要研究方法之一，主要是运用西方现代学术的方法论对中国传统学术史的梳理或范畴、体系的现代转换和建构。哲学研究领域如冯友兰对中国哲学史的研究和接着宋学进行的中国现代哲学的研究，文学研究领域如罗根泽、郭绍虞、朱东润等人对中国传统诗文评的现代化梳理而形成的中国文学批评史。中国传统译论的"接着讲"主要体现为对中国传统译论的现代转换，如王宏印(2003)的《中国传统译论经典诠释——从道安到傅雷》。其实，从同一译论体系中的古今关系上看，国内也存在这种"接着讲"的方法，如许渊冲的"三美"、刘重德的"信达切"、刘士聪的散文翻译的"韵味"说、郑海凌的"和谐"说、汪榕培的"传神达意"等；国外如图瑞接着霍尔姆斯进行的翻译学框架图研究。这些"接着讲"的一个共同特点就是在提出自己的译论观点时，都进行了详细的分析、论证、阐发，使之具备了一定的现代译论的特点。张南峰多年来致力于对佐哈尔的多元系统论的研究，在此基础上提出了"多元系统论精细版"，也是一种"接着说"，只是接着西方理论说而已。

所谓"自己讲"是指一种原创性的理论生成方法。当然，从逻辑上，完全的

---

① 这里的古今关系有时间上的考虑，更多的是理论形态方面的，即主要指同一文化系统中的传统与现代的关系，如中国古代(传统)与中国现代、西方古代(传统)与西方现代之间的关系。不包括中国传统与西方现代这样的古今关系，而这正是本研究要讨论的重点关系之一，如中国传统译论的现代阐释。

自己讲是不可能的，因为任何理论的生成都离不开一定的理论基础或实践基础。正如郭齐勇所说："'中国哲学'的'自己写'或'写自己'，绝不是排他的，不需借鉴的，不考虑事实上已存在于发展着的创造性融会的。果如此，那就成了'自说自话'，不可能与其他类型的哲学对话与沟通。"（转引自高秀昌，2010：158）因此，在很多情形下，"自己讲"就是一种变形的"照着讲"或"接着讲"，或称为"相对的自己讲"。即便如此，我们还是将某些具有某种程度原创性的理论看作通过"自己讲"生成的结果。比如，辜正坤的"多元互补论"、黄忠廉的"变译理论"、吕俊的"建构主义翻译学"、王宏印的"古本复原"和"无本回译"、林克难的"看译写"等都不同程度地体现了一种"自己讲"的理论创新方式。某些跨学科的翻译研究也大体上属于"自己讲"的范围，如胡庚申的"生态翻译学"等。翻译的跨学科研究，既涉及翻译学与其他学科结合的合理性程度或条件问题，也涉及翻译学学科的独立性问题，本书已在其他章节有讨论。当然，通过"自己讲"生成的翻译理论有层次之分，有小理论，也有大理论；有一级理论，也有二级理论。理论的"自己讲"是我们进行理论创新的重要方式，这里既涉及理论内容的合理性论证问题，也涉及理论命名的合理性问题。因此，必然是最有挑战性、最有价值，同时也是最具"冒险性"的理论生成方式。

比较文学视角的方法和"三个讲"视角的方法具有某种对应性。一般来讲，"照着讲"多是一种影响研究；"接着讲"多是一种阐发研究。

3）中西比较译学价值论

如果说本体论是关于对象存在属性和范围的定位，方法论是达成这种本体论的视角、程序和逻辑关系的运用，那么价值论则是对研究对象进行的效果评判、价值分析。中西译论比较的价值论主要体现在译论比较的目的是什么，即为什么进行译论比较这一方面。

在艺术实践领域，可以有为艺术而艺术的实践，因为艺术本身就是目的，而不是手段。而在比较研究领域，为比较而比较，其研究目的的合理性就颇为可疑了。19世纪的西方历史比较语言学曾一度出现为比较而比较的研究局面，中国20世纪的中西文化论争中也曾出现为比较中西文化而比较的情况，将手段变成了目的，这是颇值得记取的教训。任何比较都有一定的目的，就中西译论比较而言，比较也不应成为目的，不管是平行研究、影响研究，还是阐发研究，都应成为翻译学学科建设的手段。王宏印的传统译论现代诠释研究就是建立翻译学的一种努力。其他学者也有类似的看法，如张柏然认为："（传统译论的）现代转换并非古代译论现代化，而是将古代译论作为资源，把其中那些具有普遍意义的与当代译学理论在内涵方面有着共通之处的概念，及有着普遍规律性的成分清理出来，赋予其新的思想、意义，使其与当代译学理论融合，成为具有当代意义的译学理论的血肉。换言之，现代转换就是一种理性的理论分析，目的在于激活那些具有生命力的古代译论部分，获得现代的阐述，成为当代译学理论的组成部分。"（张柏然、许钧，2002：30-31）

他在与张思洁发表的文章中进一步认为："翻译理论赖以建构的原始语言文字的选择是翻译理论研究和教学界所关注的重大问题之一。现代翻译理论赖以构筑的核心理论应以民族语言文化为立足点，挖掘、发扬中国传统译论进行改造和升华，从而生成既蕴含了中国丰厚文化内涵，又融合了西方研究方法优点而且体现了时代精神和风貌的新型翻译理论。"（张柏然、张思洁，2001）

总的来说，中西译论比较的目标具有层次性，可以分为三个层面，即基础目标、中介目标和高级目标。吕叔湘先生在为杨自俭等人编的《英汉对比研究论文集》（1990）题词中写道："指明事物的异同所在不难，追究它们何以有此异同就不那么容易了。而这恰恰是对比研究的最终目的。"（杨自俭、李瑞华，1990）吕先生的题词对中西译论比较研究也具有指导意义。对中西译论进行比较研究，并不只是对摆在我们面前的两个十分清楚明白的东西加以比较，找出其异同，这只是比较研究最基础的工作，属于浅层比较的"知其然"；还要通过比较研究，进一步发现和认识中国译论和西方译论的真实面目，而要发现和认识它们的真实面目，主要的一点就是探求中国译论和西方译论生成的深层民族文化背景是什么，这属于深层比较的"知其所以然"，是翻译理论的文化研究。然而，吕叔湘所谈的对比研究的最终目的只是止于"知其所以然"阶段，对于中西译论比较而言，我们认为，仅仅"知其然"和"知其所以然"还不够，还不是比较的最终目的。比较的最终目的，就是在比较研究的基础上，通过中西译论的互补、互通走向融合和贯通，并实现传统译论的现代转化，从而生成一批新的概念和范畴以及命题，并在此基础上建设现代形态的翻译学体系，近之形成中国现代翻译理论体系，远之为世界翻译学的建构奠定基础，使翻译学真正成为一门具有国际性的现代学科。确立这样的目标，就把中西译论比较放在了一个翻译学学科发展的大的战略中，可以在研究中把握正确的方向，避免让一些琐碎的、无意义的伪命题或无谓的论争耗费我们的时间和精力。总之，中西译论的比较可以简化为以下步骤：描写→解释→融合、转化→翻译学学科建构。其中，描写和解释中西译论的异同是初级目标，中西译论的融合和古今译论的转化是中级目标，翻译学学科建构是高级目标。如图 3.16 所示：

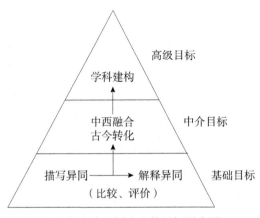

图 3.16　中西译论比较目标层次图

　　需要进一步说明的是，初级目标又由两部分构成，一是描写，二是解释。比较和评价伴随着描写、解释进行。初级目标的实现需要对中西译论都有深入的掌握，只有这样才能通过比较和评价描写并解释两者之间的异同及其原因，并为下面的目标打下基础。中级目标是基础目标通往高级目标的桥梁，是中西译论比较实现高级目标的关键。吕叔湘先生曾指出中西语言学理论的结合之不易的问题，指的就是这个层面。中西译论结合或融合的途径是多种多样的，其中中国传统译论的现代转化是途径之一，也是通往翻译学学科建构的重要手段之一。王宏印的《中国传统译论经典诠释——从道安到傅雷》是这方面的尝试。高级目标是翻译学的学科建构，也由两个分目标构成，一个是以国别翻译学为目标，一个是以普通翻译学为目标。

　　翻译学的建构既可以运用逻辑学的方法，也可以运用现象学的方法，前者是演绎的、思辨的，后者是归纳的、经验主义的。译论或译学比较是现象学的方法，因此是归纳的和经验主义的。国别翻译学是译学比较的高级目标之一，中国翻译学的建构不但需要中国译论与其他译论的比较，发现理论特点，还要合理吸收和利用其他译论的积极因素和研究方法。国内有人强调翻译学的中国特色或中国气派，就是通过中西译论的或隐或现的比较得出的结论。一般来讲，国别翻译学的建构应走现象学的路子，通过已形成的译论的比较建构具有国别特征的翻译学。但目前持中国特色翻译学的许多学者走的是逻辑学的路子，即希望通过思辨或演绎的方式建构中国特色的翻译学。普通翻译学应是译论比较的最高目标。普通翻译学的建构既可以走逻辑学的路子，也可以走现象学的路子，通过译论比较研究来建构普通翻译学走的便是现象学的路子。正像赵元任所认为的，所谓的语言学理论，实际上就是语言的比较，就是世界各民族语言综合比较研究得出的科学结论。同理，从现象学的角度看，所谓的普通翻译学，实际上就是译学的比较，就是世界各民族译学综合比较研究得出的科学结论。

谭载喜强调建立比较译学，是把译学比较作为翻译学的一个分支学科看待的，正像对比语言学是语言学的一个分支学科一样。谭载喜的比较译学把翻译学建构看作译学比较的最终目标，因此他的翻译学显然是普通翻译学的观点。吕俊的翻译学建构则不同，其倡导并建构的建构主义翻译学显然也是普遍翻译学的一种，并不特别标明其翻译学的国别特色。吕俊的翻译学是在分析译学范式转换的基础上建构起来的，也存在比较行为，不过只是译学范式的比较，而非中西译论的比较，即他的翻译学是通过逻辑学的方法或演绎的方法建构起来的，与中西译论比较无涉。

译论比较研究是翻译学的重要组成部分，以上对中西比较译学的本体论、方法论和价值论进行了简要的分析，这三个维度可以构成一个中西比较译学的框架或论纲，见图 3.17。

当然，本书虽然基于一定的研究事实并进行了一定的论证，具有一定的描写性，但总体上还是属于框架先行式的研究，更具有规定性的特征，因此，这一论纲的可检验性便成为其是否具有科学性和有效性的核心问题，今后需要更多实际的研究来进行验证，不断加以修正，使其更加完善，最终为建设中国现代翻译学服务。

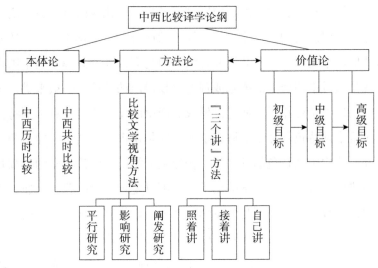

图 3.17 中西比较译学论纲

第四章　刘宓庆译学思想之中观层面：译学观

第三章讨论的是刘宓庆微观层面的翻译板块研究，可以看出，他的翻译研究领域甚广，涵盖汉英对比与翻译、翻译美学、翻译教学、文化翻译学、翻译与语言哲学、中西译论比较、翻译学体系建构等，是中国翻译理论研究界百科全书式的人物，也是国内翻译理论界的标志性人物。在其翻译理论研究中一直贯穿着几条或明或暗的译学观点，如功能观、描写观、特色观、文化战略观等。这些观点既相互关联，又各具特色，共同构成了刘宓庆的翻译理论观体系的中观层面，是刘宓庆译学思想体系的重要组成部分。以下的讨论主要围绕刘宓庆的这几个译学观进行。

第一节　功　能　观

人们通常把西方现代语言学粗略地分成形式主义语言学和功能主义语言学。其实，功能的对立面是否一定是形式？形式有功能吗？功能与结构是什么关系？功能与意义是什么关系？功能的含义如何？这些问题常常困扰着我们。仅布拉格语言学派所谈的功能就包括语言在交际行为中的功能、语言在社会中的功能、语言在文学中的功能等不同方面。这就决定了翻译研究中的功能问题必定会呈现复杂的态势，因为不同的视角可能会得出不同的功能观。

刘宓庆在近四十年的学术生涯中在翻译理论领域辛勤耕耘，硕果累累，成为国内新时期翻译理论史上绕不过去的人物，对他的翻译理论观点进行分析和研究是考察和反思中国新时期翻译理论研究历程的重要一环。普遍认为，刘宓庆的译学思想属于功能学派。那么，刘宓庆的功能观到底是怎样的？他的功能观是怎样形成的？其间有什么变化？他的功能观与中外译论中的其他功能观有何联系和区别？等等。对这些问题的探讨将会有助于我们增加对刘宓庆译学思想的认识。

一、翻译研究功能观之"众生相"

梳理刘宓庆译学思想中的功能观，有必要先将其放到中西翻译研究功能派的大背景中去分析，然后通过比较看看他所指的功能观到底是什么。关于翻译研究中的功能派，张美芳（2005）、卞建华（2008）等人曾做过综述性的研究。张美芳在《翻译研究的功能途径》一书中将西方的翻译功能研究分为两部分：微观翻译功能和宏观翻译功能。前者主要指语篇分析学派，主要代表人物为韩礼德、卡特福德、豪斯、贝尔、哈提姆、梅森和贝克。后者主要指译文功能与翻译策略，主要代表人物为莱思、纽马克、霍斯-曼特瑞、弗米尔和诺德。卞建华在其专著《传承与超越：功能主义翻译目的论研究》中将西方翻译研究的功能理论学派分为英国功能派和德国功能派，基本上与张美芳的分类对应，但稍有出入。她认为英国功能学派的理论来源主要是韩礼德的功能语言学语篇分析模式、语用学或系统功能语法。（卞建华，2008：21）

被张美芳称为微观翻译功能的研究，是与宏观翻译功能相比较而言的，但在语言层面上，微观翻译功能研究已超越了早期语言学派从静态的、句子以下层面的结构主义翻译研究，进入了语篇层面的、关注语境和语言功能的宏观研究。但其研究基础比较单一，主要以功能语言学为基础，因此属于语言学派的功能研究，并且其代表人物以英国学者为多，因此又称为翻译研究的英国功能学派。关于语言学中的功能派，胡壮麟写过一本《功能主义纵横谈》（2000），对语言学研究的功能主义进行了较为全面的梳理，从中可以探究出语言学派功能主义译论的某些渊源。

宏观翻译功能研究主要指我们熟悉的德国功能派，或称功能目的派。卞建华作过专门研究。我们知道，纽马克是英国语言学派的代表人物，但张美芳将纽马克归入后者，主要依据是他的翻译理论和研究方法与德国功能主义学派很相似，其理论根源同出一宗。（张美芳，2005：63）比如都受到比勒的语言功能理论的影响，都将文本的功能与翻译方法联系起来。不过纽马克认为翻译方法是由原文本类型决定的，因此与奈达一样，仍旧是强调原文与译文的功能对等，张南峰（2004）对此作过批评。因此，我们还是倾向于将纽马克归入前者，即语言学派。

但也由此看出，语言学派的功能主义译论与德国功能派有某种渊源，即都与广义的功能语言学有关，都涉及语言和文本的功能问题。但德国功能派的理论基础则更为宽广，据卞建华的研究，主要有：行动理论、交际理论、接受美学和语篇语用学。而且，与语言学派的功能主义译论的微观分析相比，德国功能派更侧重于从宏观上研究文本功能、翻译行为、翻译目的、制定翻译评估标准和翻译策略，为翻译实践和翻译教学提供具体操作上的指导。（卞建华，2008：22）因此，德国功能目的派在实用性方面更胜一筹。这一学派自 80 年代就引进中国，近些年成为国内研究的热点之一，在理论和应用两方面都产生了不少成果，与这一派理论的实用性是有关系的。

其实，除了张美芳提到的西方功能派的这些代表人物以外，还有一些译论也涉及了功能问题。如奈达将翻译放在一个交际环境中，并明确地将理论的焦点放在接受者的反应上，强调原文与译文的"功能对等"。这仍旧是一种以原文为中心的翻译理论，属于语言学派的功能主义译论。另外，西方文化学派也有一种功能观。如佐哈尔批评结构主义的静态系统观，转而以俄国形式主义的动态系统观为理论基础，创立了翻译的多元系统论。因此，在佐哈尔的多元系统论中，渗透着一种功能观和动态观。他认为传统的以实体为主要研究对象的研究范式存在许多弊端，应该以功能主义的范式来代替，以分析现象之间的关系。

总的来说，语言学派功能主义译论和德国功能派都是从语言的功能出发展开研究的，但前者的"功能"主要指向原文本的功能，关注的是原文本的功能如何在译文本中体现出来；后者则更关注译文本的预期目的和功能，与人要达到的目的密切相关。文化学派的功能则主要指译文本的功能，与德国功能目的派的功能概念很相近，只不过这种功能是来描述的，而不是预期的。

以上是国外的情况。国内学者对德国功能目的派和文化学派的研究还是以译介、阐述和应用研究为主，而在语言学派功能倾向的译论研究中，更显现出一定的研究独立性，主要在语篇分析、系统功能语言学和语用学等领域，如李运兴认为翻译的语言学途径在经历一个"功能转向"（李林波，2007：56）。他的《语篇翻译引论》（2001）是一部从功能语言学和语言使用角度探讨翻译的重要著作。黄国文（2006）的《翻译研究的语言学探索》运用功能语言学对中国古诗词英译进行了探索性研究。王东风主编的《功能语言学与翻译研究》（2006）是一本从功能角度研究翻译的重要论文集。另外，语用翻译研究、"变译"理论等也具有一定的功能倾向。

二、从语言学到语言哲学：刘宓庆译学功能观的演变

从以上分析可以看出，翻译研究的功能主义问题是比较复杂的，不同的出发点导致不同的功能观。刘宓庆认为自己是功能派，在其著作中不断地提到"功能"或"功能主义"，但他并没有对自己所说的"功能"概念作过明确的界定，也没有将他的功能观与其他功能派的观点作过比较，只是对德国功能目的派作过批评。由此可见，刘宓庆的功能观呈现出了比较复杂的情形，我们试着对其功能观进行一下梳理，尝试揭开其可能的面貌。我们认为，刘宓庆的功能观呈现出多元化的倾向，但大体可以归纳为两种：语言学功能观和语言哲学功能观。

1. 语言学功能观

所谓"语言学功能观"是指从语言学的角度讨论翻译的功能问题。在上文的综述中，提到语言学派的功能观多集中在语篇分析、系统功能语言学、语用学方面。刘宓庆从语言学的角度讨论翻译的功能问题，必然与语言学派的功能观产生一定的关联，但又体现出许多不同。刘宓庆在这方面的功能观得益于他对中西方语言学的熟练掌握和深刻认识。他早年的汉英对比研究和从语言学角度进行的翻译研究为他形成语言学的功能观奠定了基础。刘宓庆（2005a：5）在《新编当代翻译理论》绪论中谈到翻译学的基本理论原则之一就是"重描写，建立翻译理论的功能观"，认为"翻译理论规范的基础就是对语言现实的功能主义描写"，就是从语言学的角度讨论功能问题的。具体来讲，他的语言学功能观主要体现在以下几个方面。

（1）语义、语法功能

按照一般对翻译的界定，翻译是两种语言在保持意义不变的情况下的转换过程或结果。因此，意义问题在翻译研究中是个根本性问题。语义、语法功能的翻译功能观主要是基于刘宓庆对有汉语参与的翻译理论的理解。汉语的语义功能和语法功能是紧密联系在一起的。在早期的翻译研究中，刘宓庆就重视语义在翻译研究的重要作用，他在《现代翻译理论》中引用功能学派语言学家马丁内的话"一

种语言和另一种语言的词汇意义和功能的分布是各不相同的",认为中国翻译理论应以汉语为出发点和依归。据此,可以将中国翻译理论的基本模式概括为:重描写的语义-功能模式。(刘宓庆,1990:28)

在《新编当代翻译理论》中,刘宓庆认为,汉语因为不具备语法功能的形态表达手段,就突出了语义结构在语际转换中的作用:语义结构成了语句概念组织的轴心和最重要的生成-表达机制。这一事实,就造成了汉语语义结构组织成分与其语法功能的一体化。因此,"汉语的这一特征,使语际转换的努力只能主要集中在探求以意义为基础的灵活对应(dynamic equivalence)和功能代偿(functional redress)上"(刘宓庆,2005a:29)。

以上的引用出现了两个关键词,可供进一步分析。一个是"灵活对应"(dynamic equivalence),一个是功能代偿(functional redress)。显然,刘宓庆的"灵活对应"源自奈达的"dynamic equivalence"[1],看来,他本人也是认可奈达的理论的。他在《翻译美学导论》谈到翻译的艺术性需要"变通"时,做了这样的注解:

> 我们这里所说的"变通",相当于 E. Nida 提出的"adjustment",与刘勰提出的"通变"不完全相通。我们是作为一种宏观及微观的艺术手段来探讨翻译中的"信"与"灵活性"(flexibility),相当于 Nida 所说的"动能对应"(dynamic equivalence)[2]。(刘宓庆,2005b:42)

"功能代偿"是刘宓庆提出的中国翻译理论对策论的核心思想,更多地体现了其在语义和语法方面的功能观。对此刘宓庆在《从"对应"到"代偿"》一文中进行了详细的讨论。他认为,西方语言之间具有相同构型,因此,"对应"(equivalence,对等、等值、等同)是其互译的主要对策。但"对应"是一个结构主

---

① 对于奈达的"dynamic equivalence"一词被译为"动态对等",张经浩在《中国翻译》2006年第5期上发表文章《主次颠倒的翻译研究和翻译理论》提出疑问,认为译为"实际对应"更符合奈达的原意,他同时承认刘宓庆译为"灵活对应"也是一种选择。

② 这里,也可以看出刘宓庆对同一术语 dynamic equivalence 的不同翻译:"灵活对应"和"动能对应"。对同一研究者来说,外国术语的译名应该统一起来。在自己的研究中,一个外国术语为何出现不同译名,刘宓庆没有作出解释。

义的语言观概念，是静态的，不强调交流，没有将意义放在动态话语的交流框架中考察。因此，在中国的翻译语境中，应该对"对应"进行功能主义的改造，从"对应"推进到更加广为使用、更加适用的"代偿"（compensation）。（刘宓庆，2006d：12）

（2）文体功能

刘宓庆的文体功能观主要体现在其早年出版的《文体与翻译》（1998）一书中。该书是为翻译教学服务的，其理论基础是功能语言学。众所周知，不同于形式语言学，功能语言学在外语教学领域应用较广，功能语言学认为外语教学的主要目的就是培养学习者的"交际能力"。就翻译教学而言，就是要使学习者熟悉各种文体，并学习将它们翻译成相对应的文体。在该书的绪论中，刘宓庆（1998：4-6）说：

> 功能文体学对"各类英语"（Variety of English）的深入探讨始于六十年代初。研究各类英语的特点对确定翻译工作和译文的社会功能具有重大的实践意义，并为翻译理论的探讨开辟了新的途径。……翻译教学进入高级阶段时，必须开始注意功能文体问题。不论英语或汉语都有不同的文体类别，不同的类别具有不同的文体特点。

刘宓庆在该书中讨论了新闻文体、论述文体、公文文体、叙述描述文体、科技文体和应用文体这六种主要的社会功能文体，将功能文体教学和翻译教学结合了起来。珂云（1989）在给该书写的书评中说：

> 《文体》反映了60年代中期以来功能学派教学理论、功能文体学与翻译理论研究的科研成果，强调语言交际活动（翻译是其中重要的一种形式）的功能价值观和社会效益，摆脱了传统翻译理论关于直译、意译有时不免流于空泛的议论。该书采取了以60年代以来功能文体学研究成果为框架，结合语体特征分布和翻译理论专题的总体布局，使功能文体学与翻译学紧紧结合，比较符合翻译实际。

除了《文体与翻译》，刘宓庆其他著作中也表现出了一种功能语言学的倾向。李林波(2007：47)在评价刘宓庆的《现代翻译理论》的理论基础时认为他在理论派别上属于功能派，这个功能派即以功能主义语言学为理论基础。刘宓庆(2005a：17)在《翻译美学导论》一书中也承认该书的功能观主要来自功能学派的代表人物韩礼德的论述。

(3)形式功能

刘宓庆有自己的形式观，他一向重视翻译中形式的重要性。他认为语言形式既具有意义，也具有一定的功能。刘宓庆关于形式的功能观主要体现在他对形式的两部分讨论上。一是"形式意义"，二是"还形式以生命"。

刘宓庆在其《翻译美学导论》中提到了三种"功能意义"：形式意义、交流意义和风格意义。(刘宓庆，2005b：8)其中"形式意义"正是从功能的角度讲的。他认为，"形式意义"是指语言表现上或结构形式上的意义，包括从文字结构(如"森、淼")到语句形式结构(如恺撒的 I came，I saw，I conquered)所含的意义。他在《新编当代翻译理论》中也说"形式意义"指"语言文字形式或章句安排及篇章结构在形式上的特征"。(刘宓庆，2005a：43)二者基本上指的是同一意思。这是"形式"的一方面，另一方面，刘宓庆在《翻译美学导论》中认为，形式也可以是与"意义"相关联的形式，形式对应指 SL 与 TL 在本义上的对应。(刘宓庆，2005b：17)这是以意义作为形式的形式观，也是一种形式功能观。如许多含有文化意象的成语，其意象就可以看成是形式，其意义就是意象的真实含义。如"一箭双雕"本身就是形式，其意义是"一举两得"。

形式有没有意义？这是哲学家、语言学家等都在探讨的问题，在翻译研究中也是不可回避的问题。上面已涉及了形式与意义的关系，刘宓庆在《中西翻译思想比较研究》(2005c)中以"还形式以生命"为题，对这个问题进行了进一步的阐述，提出了"着眼于内容，着手于形式，着力于功效"的功能形式对策论。他认为中国传统译论不关注形式问题，因此应该加强形式的意义的研究，也就是形式的功能的研究。应该说，刘宓庆提出了一个很重要的命题。在翻译中，有所谓的"形式对等"，这是同源语言之间(如印欧语之间)的翻译常见的翻译策略，但也遭到了许多学者的诟病。在像汉语和印欧语这样具有明显异质性的语言之间的翻译中，如何处理形式的转换问题，成了每一个翻译者必须面对的实际问题。直译、意译之争和归化、异化之争便由此引发。西方唯美主义文论强调形式的重要性，形式主义文论更是将文学语言的形式看作文学性的表现。因此，在文学翻译中，形式的转换便成为翻译的关键问题，特别是现代文学作品的翻译。由于汉语的独特性，汉外翻译对形式的翻译的要求可能会更高。刘宓庆对形式问题的关注正是要解决汉外翻译中形式的转换问题，为汉外翻译提供有效的对策论。

以上从三个方面讨论了刘宓庆的语言学功能观，可以看出，其基本出发点是语言学，一方面从功能语言学探讨翻译中的功能问题，另一方面也与奈达的功能对等观有许多相似之处。

2. 语言哲学功能观

这是刘宓庆功能观的一个转向。所谓"语言哲学功能观"是指从语言哲学的角度讨论翻译的功能问题。而语言哲学关注的焦点就是语言表达式的意义问题。西方的意义理论产生过指称论、观念论、行为论、语义论、功能论等不同的观点。刘宓庆的功能观所涉及的语言哲学主要是指分析哲学中的维特根斯坦后期哲学思想。维特根斯坦前期意义观倾向于指称论或图像论，后期转向功能论。它强调语言表达式作为工具在一定语境中发挥的功能，这种功能就表现出语言表达式的意义，即词的意义就在于词的用法。维特根斯坦认为："'意义''功能''目的''用途'，是一些相互关联的概念。"（涂纪亮，2007：45）可以看出，刘宓庆的功能观显然是与其意义观有密切联系的。

20世纪80年代末期，刘宓庆到欧洲国家游学，开始研究维特根斯坦语言哲学，对他后期转向语言哲学的功能观起了重要的作用。其实，从时间上看，刘宓庆首先关注的是语言哲学与翻译的关系的研究，特别是语言哲学的意义理论与翻译的关联性研究，这在他的《翻译与语言哲学》（2001）中已体现出来，但该书对维特根斯坦的哲学观还没有进行特别的关注。到后来，刘宓庆则将注意力更多地集中在维特根斯坦的意义理论与翻译研究上，这在《中西翻译思想比较研究》中表现最为明显，这成为他的新的功能观的理论基石。

虽然刘宓庆在著作中不断阐述维特根斯坦的几个重要术语，如"家族相似性""生活形式""语言游戏说"等，但维特根斯坦的"意义即使用"的命题构成了刘宓庆语言哲学功能观的理论支柱，从而帮助构建起他的翻译学的所谓的"新的意义观"，即翻译学需要动态的意义观，它强调的是在语言交流中把握意义。据刘宓庆所言，这种动态的意义观的内涵是：第一，关注语言的"使用"(use)。使用就是交流，产生动态的意义。第二，关注意向性(intentionality)。任何语言交流都不可能不表达某种意向，意向伴随着意义，没有意向的句子是没有的。第三，关注语言审美。从第一点看出，这种意义观就是一种功能观。维特根斯坦认为并未将 gebrauch/use(使用或用途)与 funktionen/function(功能)加以区分，而是更愿意使用 gebrauch/use，即"使用"或"用途"。

那么，刘宓庆这种转向的动机是什么呢？刘宓庆说他在 80 年代有段时期非常赞赏结构主义，后来在研究索绪尔时，发现结构主义具有极大的局限性，主要是指其"重形式，不重意义；重结构，不重功能"的同质语言观。刘宓庆认为这种语言观对翻译理论的研究很不利，特别是会对有汉语参与的翻译理论的研究产生负面的影响。在接触到维特根斯坦的后期哲学思想后，他认为该思想可以用来解决翻译的意义观问题。由此，有人认为，是对维特根斯坦的发现使他从结构主义转向了功能主义，刘宓庆似乎也认为如此。但是，从以上分析看，其实，这种转向是刘宓庆一贯坚持的功能观的延续，维特根斯坦对刘宓庆的功能观的影响主要在视角的转换，即从原先的语言学视角转向了语言哲学的视角，而不完全是观点的转向。另外，他对结构主义和形式问题仍旧抱有较积极的态度，这从他对翻译学框架建构的结构主义特征和提出"还形式以生命"的命题可以看出。

本书认为，刘宓庆后期的功能观发生了一个转向，即从语言学功能观转向了语言哲学功能观，这是基于以上分析得出的结论。这一转向是建立在维特根斯坦的后期哲学上，犹如维特根斯坦从前期的"图像论"转向后期的"意义即使用"论。不同的是，维特根斯坦的转向是一场彻底的哲学观革命，而刘宓庆的转向，更确切地说是一种视角的转移，即从语言学视角转向了语言哲学视角，从表层转向了深层，从形式的功能观转向了意义的功能观，从"流"转向了"源"，这正符合刘宓庆一贯坚持的"沿波讨源"的翻译思想研究思路。这种转向不是革命性的，却是深刻的。

然而，不管是其语言学功能观，还是语言哲学功能观，其共同点都是从语言角度来讨论翻译的功能问题，因此还没有走向文本层面。刘宓庆的翻译学八大基本研究板块(2012 年第二版中变为十大板块)中虽然也有理解理论，但其与意义理论放在一起，仍旧是在语言层面上讨论问题。其讨论的"意向性"问题涉及行为的目的和功能，因为语言系统作为一种功能系统，离不开"目的""用途"。语言是服从于一定目的的表达手段的系统，但刘宓庆的讨论也是止于语言的目的和功能，并没有像纽马克那样上升到文本类型或文本的功能层面上讨论问题。因此，概括来说，刘宓庆的功能观既没有涉及阐释学派关注的文本意义的理解问题，也没有像德国功能目的论那样从译文本的功能角度看问题，而是仍旧在语言层面上（语言学层面和语言哲学层面）讨论翻译的功能问题。

此外，刘宓庆的语言学功能观和语言哲学功能观也存在某种联系，一个重要的连接因素就是"语境"，这是我们认为刘宓庆的功能观是从前者向后者转向的依据之一。语境问题是翻译研究的常见话题，某种意义上讲，有功能问题就有语境问题，因此文化学派也会涉及语境的问题。语境是刘宓庆前后两期功能观共同关注的对象。在早期语言学派部分研究者那里，语境问题早已成为关注的对象，如卡特福德（1991）在《翻译的语言学问题》、奈达（2001）在《语言与文化——翻译中的语境》中都论述过翻译语境问题。不过，早期的语言学派对翻译语境的探讨还是一种微观层面的研究，而 20 世纪八九十年代以来，随着语篇分析的发展，新一代语言学派，如豪斯、哈提姆与梅森等人，将研究提到语篇等更宏观的层面，语篇翻译受到关注，语境问题自然受到重视。在国内译学界，李运兴（2010）、彭利元（2008）等人都对翻译语境作过专门研究。据彭利元介绍，刘宓庆未曾使用"翻译语境"的概念，但语境在翻译中的作用在他那儿是非常明确的（彭利元，2008：198）。他的语言学功能观受西方早期语言学派的影响较大，多在句子以下层面讨论语境，特别是词的层面，认为词义是发展的和动态的。如他在早期的《试论英汉词义的差异》一文中认为，有些词的新义难以从它们的本义中看出来，必须细心观察上下文才能推断其含义。（刘宓庆，2006d：420）在另一篇文章《交际语法的意义层次论与翻译理论的探讨》中说："词典给出的词义都是概念词义，不包括也不可能包括使用中的词（words in use）在意义各层次上的发展以及在具体的语段或篇章中的功能（语法的、文体的）变化。"（刘宓庆，2006d：382）《翻译教学：实务与理论》从语言学的角度讨论了翻译的语境，提出"译必适境"是翻译的基本要求。（刘宓庆，2003：366-373）

刘宓庆语言哲学功能观的语境论主要体现在维特根斯坦的"意义即使用"的

观点。十七八世纪的哲学家如洛克、休谟等人不重视词的意义对语境的依赖性，认为从词本身就能确定词的意义，这显然是一种静态的意义观。英美分析哲学家弗雷格是语言哲学语境论的首创者，他认为词只有在语句或命题中才有意义，这样，语句或命题就是词的意义赖以生成的语境。前期维特根斯坦也持同样的观点，后期维特根斯坦则进一步把语言游戏看作意义的基本单位，而语言游戏又是生活形式的基本单位。他认为，无论词或语句都没有独立的意义，它们只有在语言游戏中才能获得意义。这样的意义观就是动态的。刘宓庆根据维特根斯坦的意义理论，认为翻译学需要的是动态的意义观，强调在语言交流的语境中把握意义。

从以上分析看，刘宓庆的语言学功能观和语言哲学功能观都涉及语境问题，正是这个共同点成为连接其两种功能观的桥梁。进一步讲，后期维特根斯坦不但是西方两种语言哲学(英美分析哲学和欧陆语言哲学)的融合者，更是语言哲学和语言学的分支学科——语用学的沟通者，他对语用学的影响是公认的。语用学对语境的关注多少也受到其影响。

以上是对刘宓庆功能观的分析，总的来说，他的功能观体现在一个"用"字上。具体来讲，其语言学功能观集中于"实用""应用"和"效用"，语言哲学功能观关注的是"使用"或"用法"。

3. 刘宓庆的功能观与其他功能观的关系

那么，刘宓庆的功能观与其他功能观(如文化学派的功能观)有何关系呢？他对德国的功能目的论持什么态度？下面作进一步的讨论。

刘宓庆在 1989 年发表的《西方翻译理论概评》一文中就提到过文化学派，是国内较早提到文化学派的学者之一，可见其当时的研究视野是比较宽的。但是，他在当时对文化学派并未进一步关注，这是时代使然，也是个人的理论观使然。其实，一直以来，刘宓庆是不太认可文化学派的研究的。原因是多方面的。其一，他对文化翻译的理解与文化学派的不同，他对文化翻译的理解还停留在传统意义上的文本中文化因素的转换上。其二，文化学派从社会文化等外部因素研究翻译的途径与刘宓庆从语言内部研究翻译的路子是相异的。其三，更主要的原因恐怕是文化学派所带有的后现代特征是刘宓庆不能接受的，如"改写"论、"操控"论等。因此，他的功能观不可能涉及译文本的社会功能问题。其四，导致刘宓庆比较排斥文化学派的另一原因，还与刘宓庆所服膺的维特根斯坦后期哲学思想的本质有关。西方马克思主义代表人物马尔库塞就曾对维特根斯坦对待语言的超然物外的态度进行过批评，他强调语言是一种社会现实力量，是意识形态的工具。（单继刚，2007：26）不过，刘宓庆认为翻译是一种"文化战略考量"，实际上已经涉及翻译作为促进社会发展的文化社会功能的问题了。

刘宓庆对德国功能目的派的态度基本上是消极的。他在《四十年学术人生》中对该派作了评论："目前中外译论界对功能主义存在很多误解，似乎功能主义就是实用主义或目的论，目前流行的 Skopos 理论就是对功能主义翻译观的简单化实用主义图解。功能主义不是实用主义（pragmatism）。严格说来，实用主义并不是什么系统严密的哲学思想，它只是一种强调效果的主张。"（刘宓庆，2006d：xii）

由此，刘宓庆认为，翻译理论不能依仗这种唯效果论。且不论刘宓庆对实用主义哲学的认识是否存在"偏见"，仅就本章话题来说，刘宓庆是将德国功能主义的理论基础看成美国的实用主义哲学了。应该说，从整体上看，欧洲大陆和英美在哲学传统上还是具有较强的可辨识性的。前者倾向于理性主义，具有人文主义特征；后者倾向于经验主义，具有科学主义的特征。如同样是语言哲学，欧陆语言哲学和英美分析哲学是分别具有上述特征的。仅就欧陆哲学而言，每个国家或民族的哲学精神又显示出不同。如德国民族的学术精神就呈现出一种两面性，一面是其极强的哲学思辨和形而上学传统，一面则是德国人表现出的极强的行动能力和关注效果与实现目的的倾向。这两种特性均对翻译研究产生了影响，前者如海德格尔和伽达默尔等对翻译的论述；后者则主要体现在德国的功能目的论。而德国的功能派与英美（主要是英国）的功能派又体现出一种差异，在上文已经讨论过。这种差异如果从哲学层面来分析，则可看出刘宓庆对功能目的派的误解了。具体来讲，德国功能目的派的哲学基础是德国的行动哲学，实用主义则与英美的行为主义有某种思想上的关联。王宏印曾对德国的行动哲学与英美的行为主义的差异作过分析：

　　　行动哲学与流行于英美的行为主义不同。有着经验主义传统的行为主义是刺激-反应模式的，容易强调外界环境的影响而比较忽略人的意识和目的，而体现原始内驱力和行为意志的行动哲学则强调人的活动与行为的自主性和主体性原则。(转引自卞建华，2008：4)

因此，以行动哲学为学术基础的功能目的派强调翻译的预期目的的实现就不足为怪了，它并非实用主义的，也并非一味强调实用主义的效果论。

恰恰相反，刘宓庆倒是表现出了某种实用主义的倾向。但他的实用主义并不完全等同于美国的实用主义哲学，因为后者有个致命的缺陷，就是取消了意义的根基，而只以效果作为判断意义的标准，这正是刘宓庆所反对的。但刘宓庆并不排除效果，因此，他的实用主义更有一种经验主义的倾向。这一点可以进一步论证。首先，刘宓庆一直认为翻译学是一门经验科学，翻译学必须重描写。其次，维特根斯坦后期哲学也强调意义来自日常语言的经验，我们的日常语言就是由各种用途的语句构成的，即语言的意义就是它的"用途"("使用")。强调语言使用就是强调一种"实用性"。在进行翻译时，我们追求的是"用途对等"(单继刚，2007：13)。另外，奎因继承了维特根斯坦的后期哲学思想，提出了"翻译的不确定性"论题，这个论题受到三种意义理论的支持：行为主义意义论、整体主义意义论和实用主义意义论。(单继刚，2007：14-15)由此可见，在与西方译论的相似性方面，刘宓庆的功能观与奈达的功能观是非常相近的。

那么，刘宓庆的功能观与德国功能派是不是一点关系也没有了呢？并非如此。由于行动哲学和实用主义或经验主义都有形而下的倾向，在关注经验和效果的层面上，两者有某种共同性。如功能目的论一开始就有较明确的实践指向，即翻译实践和翻译培训。刘宓庆在20世纪80年代就提出翻译的技能意识，他的翻译理论，不管是汉英对比研究，文化翻译学还是翻译美学等，可以说都是指向翻译教学和实践的。因此，虽然刘宓庆明确了他对德国功能目的论的反对，但在实际研究中，他还是表现出了某种不彻底性，在行文中表达了与功能目的派相似的观点。

如卞建华(2008：213)将他的功能观看作德国的功能目的观：

前者(指刘宓庆的《翻译教学：理论与实务》)初步将功能目的理论观点

运用于翻译教学，刘先生在功能主义翻译目的论的观照下，坚持翻译标准的辩证社会功能观和发展观，并认为应该将其贯彻到教学计划和实践中，使其成为重要的指导原则之一。不过，刘先生只在第一章引用了弗米尔对译文任务与目的的论述，讨论了"译文类别"的多样化、译文预期功能的强化和译文取向的非单一化等方面的问题及原因。

另外需要指出的是，功能目的论的直接理论来源——行动理论，其提出者冯·赖特是芬兰逻辑学家和哲学家，维特根斯坦在剑桥大学的教授职位继任者，是哲学逻辑和维特根斯坦研究方面公认的国际权威。（卞建华，2008：44）由此可见刘宓庆的语言哲学功能观的理论基础与功能目的论之间的联系。

以上是对刘宓庆的功能观进行的梳理和分类。就刘宓庆本人而言，他论述过西方译论的功能学派，也承认自己属于功能派，但未对"功能"一词做过界定。因此，他对自己的功能观的认识基本上处在一个宏观的、多维的、较笼统的状态。从下面他在两个地方的论述可以看出一二。

刘宓庆（2003：xiv）在《翻译教学：实务与理论》的自序中有这么一段话表达了他的功能观："有一个时期，结构主义对我有影响，但我在欧洲和香港的时候——可以说整个20世纪八九十年代我更加潜心研究的是功能主义，特别是功能主义的目的论（teleology），对我影响最深的是维根斯坦。可以说，我的基本观点是功能主义的，但我认为结构主义也有可以借鉴之处，不能盲目排斥。"这里，刘宓庆是将功能主义、目的论、维特根斯坦混杂放在一起讨论的。另外可以看出，刘宓庆当时是不反对功能主义目的论的。

在《四十年学术人生》中，刘宓庆（2006d：xiii-xiiv）对翻译的功能主义进行了阐述，可算作对自己的功能观的一个总结。他认为，翻译中的功能主义是一个整体概念，主要有五项要点：a. 意义的动态化；b. 形式的功能化；c. 翻译目的的平衡论；d. 积极地实施转换机制并获得成果；e. 服务于全局性文化战略。我们认为，这五点中，第一点是我们所说的语言哲学功能观，第二点是语言学功能观，第三点与功能目的论有些联系，其余两点更是从宏观的视角讨论功能问题。

综上所述，刘宓庆所持的功能观是相当宽泛的。最后需要指出一点，在《刘宓庆翻译论著全集》对刘宓庆的介绍中（每一集的最后一页）有这么一句："其基本理论思想属于功能学派。"这一判断语焉不详。本书的观点是，刘宓庆的基本理论思想确实是功能的，但他的功能观同他的特色观、描写观等一样，是他的翻译理论观的组成部分。至于他的理论观是否已经形成属于自己的功能学派，则还有待进一步考察。

第二节　描　写　观

刘宓庆在《翻译十答》中说过这样一段话：

> 我对翻译理论的功能主义描写原则的领悟和坚持应该归功于两位大师。第一位是我在北京大学的老师、语言学家高名凯教授。高名凯教授生前与我的三次谈话对我是决定终生的语言学理论启蒙。第二位是维根斯坦……在20世纪八九十年代之交，当我在"理论丛林"中探索时，维根斯坦以自己的两部代表作，为我指出了前进方向，尤其在"理论的哲学观"上，维根斯坦的论述更使我坚定了自己的理论立场。（刘宓庆，2005c：xxxiii）

从刘宓庆说的"功能主义描写原则"看，他的描写观是与其功能观紧密联系在一起的。因此，他的描写观也可以分别从语言学的角度和语言哲学角度进行讨论，即可分为两种：语言学描写观和语言哲学描写观。下面分别进行讨论。

一、从语言学到语言哲学：刘宓庆译学描写观的演变

1. 语言学描写观

从整体上看，中国传统译论的规定倾向是比较明显的，不管这种规定性是译论提出者的本意还是后来人们赋予的。20世纪80年代，中国引进了西方的语言学翻译理论，也接受了语言学派译论的一些译论观，描写观就是其中之一。

语言学派译论重视语言（包括文本）对比和对翻译过程的描写，如卡特福德运用系统功能语言学家韩礼德的理论对翻译的不同层次进行了描写研究。谭载喜在评论奈达的《翻译科学探索》时说：

他(指奈达)认为，翻译不仅是一种艺术，一种技巧，一种文学的再创作，而且还是一门科学。这里，所谓科学，主要指的是翻译的描写性，也就是说可以像描写语言一样，对翻译程序和方法进行客观的、科学的描写，并使之公式化。自始至终，奈达就是从这种"科学的"观点出发，以现代语言学理论为指南，采用描写性而不是规范性方法，对翻译理论和翻译实践的研究作出了卓有成效的贡献。(谭载喜，1983：51)

巴尔胡达罗夫在《语言与翻译》一书中对翻译理论的描写性进行了较多的阐述。他指出：

翻译理论绝不仅仅是，甚至主要并不是规定性科学。认为翻译理论是某些"处方"或"指令"的汇集，就像储存在电子计算机程序中的指令一样，翻译工作者必须无条件照办，这种看法是不正确的。翻译理论主要是一门描写性学科，也就是说，它的主要和基本任务是描述实际的翻译过程，即揭示原语到译语这一转换的客观存在的规律，通过对已有译文的分析来发现这些规律，并通过一些术语将翻译过程模式化。在翻译理论中，也正如在任何科学理论中一样，这种描述性的一面居主导地位。(巴尔胡达罗夫，1985：25-26)

刘宓庆在80年代的翻译研究主要是围绕语言对比和语言学派翻译理论进行的，西方语言学派对他有一定的影响，因此他最初的描写观可能受到语言学派的影响，至少受到西方语言学的影响。他认为翻译学必须是描写性的，这一观点正是从索绪尔的语言学出发开始讨论的。他说：

在索绪尔看来，语法的基本功能应该是"描写的"。这一立论使语言现象和语言现实居于第一位，语法居于第二位。翻译也应该是这样：翻译中的语言现实是第一位的，翻译规范(translation norms)应该是第二位的、相对的，是对"翻译现实"的条理化(methodic)描写。(刘宓庆，1990：5)

在此基础上，他结合汉外互译的实际，进一步认为："中国翻译理论应重描写，不应重规定，首先是由翻译理论的对象性和对策性决定的；同时，也是由汉语语法的特征决定的。"（刘宓庆，1990：5）他认为，要认识汉语的特性必须准确把握汉语语法的以下基本特征：

> （1）汉语的语法功能不具备屈折形态表现手段。（2）由于汉语不具备语法功能的形态表现手段，使词性及句子成分的确定大抵取决于语义功能，因而突出了语义结构在语际转换中的重要作用：语义结构成了语句概念组织的轴心和最重要的生成-表达机制。（3）从汉语句子的表述规律及组织特征来说，中国翻译理论也必须首先紧紧抓住对语言事实的宏观描写，通过"散点透视"进入句段结构规律的微观写照。（刘宓庆，1990：30）

刘宓庆认为，这些特征正是据以确立中国翻译理论基本模式必须重描写的最重要的语言事实。

范守义在《翻译理论与横断学科：新的途径——与〈现代翻译理论〉的作者商榷》一文中对刘宓庆的上述描写观提出了商榷意见。他认为刘宓庆的上述推理是有问题的：

> 作者的论据与其论点并无必然联系。因为如果有必然联系，那么任何一种以非汉语的语言为主的翻译理论也应是"重描写的"，"重描写"似乎不该是中国翻译理论的专利。其实"描写"与"规定"是一对孪生，语言学中任何描写最终都会起到规定作用，而任何规定都必然来自描写。何况〈理论〉中亦有不少规定（p.292）或规范（p.66）。所以"重描写"应从〈理论〉的"基本模式"中删除。（范守义，1991：80）

刘宓庆在后来的《新编当代翻译理论》（第一版、第二版）中将"中国翻译理论基本模式"一章改为"翻译理论基本模式"，并将其中的一小节"中国翻译理论必须重描写"改为"翻译理论必须重描写"。看来，刘宓庆注意到了强调"中国"可能会引起误会，但仍旧保留了他的描写观，似乎强调"描写"是翻译理论的普遍特性。然而，刘宓庆只在标题上作了修改，而相关内容并没有大的变化，这就会产生表述上的矛盾："现代翻译理论应重描写，而不应诉诸规定，首先是由翻译理论的对象性和对策性决定的；同时，也是由汉语的基本语法特征决定的。"（刘宓庆，2012a：22）对刘宓庆与西方学者的描写性进行比较，可以发现，同是强调描写性，他们的角度是不同的。刘宓庆的描写观受索绪尔的语言描写观影响较大，侧重对语言事实的描写，特别强调对汉语特性的描写，这是导致他的特色论的根源之一。而西方学者强调对翻译过程、程序及文本的比对分析进行描写，从而发现其中的规律。而在刘宓庆的实际研究中，他对翻译的程序和方法等还是比较重视的，在其《现代翻译理论》一书中可以看出来。

由此可见，刘宓庆的描写观与西方语言学派译论的描写观还是存在许多共同之处的。首先，二者都强调翻译理论来自翻译实践，理论是对经验的总结。如奈达认为，翻译是科学，"所谓科学，主要指的是翻译的描写性"（转引自谭载喜，1983：51）。这是明显的经验主义的观点，与刘宓庆的"翻译学是一门经验科学"一脉相承。语言学派强调翻译理论的实用性，关注理论与实践的关系。加之国内（主要是大陆）长期以来对马列实践论的认识，"理论从实践中来并指导实践"的观念一直存在于译论学者的头脑中，形成了一种思维定式。以致20世纪90年代末，西方文化学派译论的引进，由于其具有脱离翻译操作实践的理论属性，引发了一场翻译理论与实践关系的大讨论，便在情理之中了。

另外，关于描写性和规定性的关系，双方都认为翻译理论除了描写性外，还有规定性的一面，但描写性是主要的，规定性是次要的。刘宓庆的观点在上文已列出。西方学者如巴尔胡达罗夫认为：

当然，这也并不是说翻译理论中就完全没有规范性的一面。必须看到，翻译理论不单是一门语言学学科，而且是应用语言学的一门学科。任何一门应用学科都与人类实践活动的某个方面联系在一起，并且是后者的科学依据。因此，应用学科中就不可避免地在某种程度上含有规律性或规范性的一面。翻译理论，要想具有某种实际（实用）价值，就必须不只是判明翻译过程中客观存在的规律，而且也应当为翻译工作者提供某些规范或"规定"，在实践活动中遵循它们，就能获得预期的效果。……翻译的语言学理论具有双重性，是一门兼有描写性和规范性的学科，其中以描写性为主，规范性居次，但也起着非常重要的作用。（巴尔胡达罗夫，1985：90-91）

从以上分析可以看出，刘宓庆的描写观与西方语言学派的描写观有许多相似之处，表述方面也存在不少相似的地方。西方语言学派在这方面是否影响了刘宓庆的观点，刘宓庆没有说明，但从新时期初他就对西方翻译理论开始关注并写过关于西方语言学派翻译理论的概评来看，受影响的可能性还是有的。如他的汉英对比与翻译，以及在《现代翻译理论》（1990）一书中论述的翻译理论的职能、翻译学的性质、翻译的实质和任务、翻译的方法论和程序论、可译性问题等都是西方早期语言学派讨论的话题。因此，说《现代翻译理论》是一本语言学翻译理论著作，基本上是正确的。但该著后来的新版本《新编当代翻译理论》（2005a）和《新编当代翻译理论》（第二版）（2012a）增加了不少非语言学派的内容，可以看出刘宓庆研究视角的某种变化，但从整体上看，刘宓庆以语言为主的研究取向没有改变，这与他的经验主义观和以实践为指向的研究宗旨是有关的。

2. 语言哲学描写观

20 世纪 80 年代末期，刘宓庆到欧洲国家游学，开始研究维特根斯坦语言哲学，特别是维特根斯坦后期哲学思想，这对他后期转向语言哲学的描写观起了重要的作用。维特根斯坦认为哲学的首要任务就是对语言的实际使用进行描写，而不以任何方式干预语言的实际使用。后期维特根斯坦认为哲学不是理论，而是活动，这种活动主要不是说明（explanation），而是描述（description）——哲学是一种"纯粹的描述活动"（涂纪亮，2007：1）。刘宓庆的描写观正是受维特根斯坦后期哲学思想描写观的启发。他引用维特根斯坦的《哲学研究》来表达他的描写观：

> 我们可以不提出任何理论。在我们的思考中，一定不可有任何假设成分。我们必须去掉一切解释，而只能用描写来代替它。（刘宓庆，2005c：xxxiii）

与其前期哲学追求语言和世界的本质结构以及事物的明晰性、确定性和普遍性不同，后期维特根斯坦转向反本质主义，认为语言和世界本来就是模糊的、不确定的，哲学不应该片面强调普遍性而忽视个别性。这一点对刘宓庆的启发很大，他的功能观、描写观、特色观以及强调经验都是与后期维特根斯坦的哲学观一脉相承的。在接触维特根斯坦哲学思想之前，刘宓庆已经表现出了这些思想倾向，后来他到欧洲游学，开始学习西方哲学，正是他的这种理解使他很快接受了后期维特根斯坦的哲学观，并将先前的观点进行了强化。这也是我们将其功能观和描写观分为语言学和语言哲学两个视角的原因，从中可以看出两者之间的关联性。

但是，刘宓庆在其研究中也表现出了与后期维特根斯坦哲学精神不相一致之处。其一，后期维特根斯坦的反本质主义倾向使他反对一切体系的东西，即反体系的。刘宓庆一生则致力于构建翻译学的体系，并且这种体系构建是演绎的，框架先行的。刘宓庆对西方当代翻译理论的批评之一就是认为西方"拿不出一本比较有系统的翻译理论著作"（刘宓庆，2005c：xix）。其二，维特根斯坦认为哲学不是理论，而是活动，因此他是反理论的，因为在维氏看来，"理论"代表着一种本质主义。与维氏不同，刘宓庆则致力于理论的研究，他的《现代翻译理论》《当代翻译理论》和《新编当代翻译理论》都是以"翻译理论"命名的。另外，刘宓庆努力使翻译理论体系化，他对翻译基础理论的"整体性整合研究"即可证明。国内有学者意识到"理论"的局限性，如张佩瑶用"翻译话语"代替"翻译理论"或"翻译思想"，体现出了一种维特根斯坦式的思维。不过，汉语的非形态特征使得"理论""研究"等词给人一种本质论的印象，因为无法判断其为单数的还是复数的，这与英语的"theories"和"studies"所表达的明晰性是不同的。其三，后期维特根斯坦反对对事物进行解释，只进行如实的描写。而刘宓庆在研究中西翻译思想时强调区分理论的"源"和"流"，认为只有"沿流讨源"，才能深入把握理论的思想内涵，如他对本杰明翻译思想"源头"的探究。这种对源头的追溯正是一种解释或说明。我们认为，这种研究是必要和重要的。或许问题出在维特根斯坦方面，或许维氏对"解释"或"说明"的理解与刘宓庆的"解释"或"说明"的含义并不一致。如维氏认为，"解释"是自然科学的任务，"描写"则是哲学的任务。

需要说明的是，维特根斯坦虽然从前期的本质主义转向了后期的反本质主义，但他的反本质并没有完全走向解构主义的反本质，这就使他与欧陆语言哲学，特别是现代阐释学有更多的共性，后者走的是现象学的路子：悬置本质，但不完全否定本质。很明显，刘宓庆的理解理论和接受理论正是基于西方现代阐释学的，刘宓庆在 2001 年出版的《翻译与语言哲学》中已涉及意义、理解的多元化和关注读者的问题，但后来的译论观点基本上止于阐释学译论，这是刘宓庆执着于西方语言哲学的意义理论必然导致的结果。而对西方当代后现代主义译论，刘宓庆是反对的，这一点在他的《中西翻译思想比较研究》(2005c)一书中对西方当代译论缺陷的评论中可以看出。

二、译学的规定性与描写性之关系考察

以上主要对刘宓庆的描写观进行了述评，由于翻译理论的描写性和规定性关系极为密切，也是译论界经常争论的话题，因此这里拟结合刘宓庆的描写观从以下五个方面对两者之关系作进一步的简要讨论，以进一步澄清两者的关系，加深对两者的认识。

第一，一般来说，语言学派译论具有较强的实践品格，正因为如此，其描写只是手段，规定才是目的，特别是对于以奈达、纽马克等人为代表的早期语言学派翻译理论更是如此。因此，说其描写性是主要的、第一位的，规定性是次要的、第二位的，是从理论的自身指向的角度讲的。如果从理论的实践指向看，说其规定性是首要的、第一位的，也未尝不可。

第二，描写和规定既有对立，又相互依存。一方面，描写和规定并非相对立而存在的，从辩证的角度看，有描写的地方就会有规定，这是描写的目的使然；反之，有规定的地方也会有描写，这是由人的行为的社会属性决定的。另一方面，描写求"真"，体现一种客观性；规定求"善"，体现一种主观性。但"真"中有"善"，"善"中存"真"，或者说，规定性标准是主观上要求一种客观性；而描写性理论是客观上体现出一种主观性。

第三，不只是语言学派，传统译论和文化学派译论（及其他）都兼具描写性和规定性两面。传统译论的描写性在于它直接来自翻译实践和经验，中国传统译论尤为如此。传统译论的规定性表现在它的伦理性，主要表现在对翻译标准的制定上，不管这种标准是预设的还是后设的。"案本""信达雅""神似""化境"等无不如此。彦琮的"八备说"可能首先是描写性的，然后变成了一种对翻译主体的

伦理要求。如果说传统译论和语言学派译论的描写性和规定性都与翻译操作实践密切相关，因此属于翻译的内部研究，那么，文化学派的描写性和规定性则是指向已发生的翻译事实，属于外部研究，即从社会文化角度对翻译操作过程中或译文传播过程中的各种规范（norms）进行描写。更确切地说，文化学派的规定指的是规范，是描写的对象，而不是指向翻译操作的规定性指令。因此，对规定性理论指导下的翻译实践的描写仍旧是描写学派。国内译学界在两个方面对文化学派存在误解，一是对"文化"的误解，认为文化学派就是对文本中文化因素的翻译的研究，从而得出中国早就在提出"文化与翻译"的问题的结论，因此，西方理论不值得崇拜。二是对该学派"描写"和"规范"的误解。刘宓庆在这两方面对文化学派都存在误解，我们在前文中已经进行过评论。

第四，关于描写性理论，从场外看翻译实践或翻译事件，不作价值判断。但政治、意识形态本身是马克思主义的批判理论，有极强的实践性和介入性。这种"介入性"需要的是规定，而不是描写。举例来说，鲁迅的翻译实践受政治、意识形态的影响较大，其"硬译"说具有较强的规定性和目的性，即翻译实践指向性。但对其"硬译"理论指导下的翻译实践的研究则属于文化学派的描写研究。从意识形态等文化视角对其"硬译"说的研究则属于翻译理论的文化研究，即属于翻译理论的描写研究了。有关翻译的文化视角的分类及其不同，前文已有论述。

第五，规定和描写、解释和判断是有密切关联的。语言学的发展可以出现规定、描写、解释的顺序，如传统语言学、美国描写语言学、转换生成语言学，但这种顺序不是必然的。有时，描写先于规定；有时，描写和解释同时发生，西方描写学派译论在描写翻译事实时也在进行解释。赫尔曼斯就认为描写的目的之一是解释。要解释现象，就需要有系统这一概念，借助"系统"的概念可以较好地总结描写对象之间的关系，做出有说服力的解释和说明。（转引自陈浪，2011：51）另外，规定、描写和解释中也有判断问题，并且判断有主观和客观之分。翻译标准功能之一就是用来进行判断，包括认知判断、伦理判断和审美判断。其实，刘宓庆在这四个方面都有表现。如他的汉英对比、文化翻译倾向于描写，翻译教学、翻译技巧倾向于规定，对中西翻译思想的追根溯源倾向于解释，对西方当代翻译理论的批评倾向于判断。

翻译理论的描写性是翻译研究的重要话题之一，以上对刘宓庆的描写观进行了梳理和评价，并在此基础上简要论述了翻译理论的描写性和规定性的关系。从分析可以看出，刘宓庆的描写观经历了从语言学描写观到语言哲学描写观的转向，这一转向是与他的翻译研究历程紧密关联的。从中也可以看出，分析一个学者的某一理论观点不能简单化、静态化。他的观点的形成往往离不开他的学术背景乃至更大的社会文化背景，从而留下明显的时代烙印。反过来看，也只有通过这样了解一个人的学术观点，才能对这一学术观点形成的学术语境有更全面、更准确、更深入的认识，这一点对反思中国新时期翻译研究的历程无疑是有启发意义的。

第三节　特　色　观

中国对西方翻译理论的大规模引进和学习始于 20 世纪 80 年代，随之而来的就是如何对待西方翻译理论和中国翻译理论的态度问题：是钟情于外国理论，还是坚守本土的理论？抑或在两者之间保持某种张力？刘宓庆是国内著名的翻译理论家，他在近四十年的翻译研究生涯中一直关注中西译论的比较研究，他在那个时候就鲜明地举起了"特色论"的大旗，与其他学者共同掀起了一场颇具中国译论研究特色的特色派和共性派之争，这场争论持续时间较长，参与人数较多，成为中国当代翻译理论研究历史上一道抹不去的风景。本节主要评述刘宓庆的中国译论特色观。作为讨论的背景，对国内译学界的那场"特色论"和"共性论"之争进行梳理是有必要的。

一、国内译学界"特色论"与"共性论"之争管窥

关于译学界的特色派和共性派之争，张柏然（2008）深有感触："在所有有关翻译学的讨论中，这一问题应当说是最具挑战性和理论思辨性的。"更进一步讲，这一争论有着浓厚的学术意识形态的味道，体现的或许不是一个纯学术问题，而是与民族情感密切相关，带有中国现代学术的特征。因此，从中国译论界这场"共性论"和"特色论"之争出发，揭示"特色论"和"共性论"背后的心态，对这一论争本质的认识以及中国当代翻译学的发展是有建设性意义的。

1. 从国内译学界"特色论"与"共性论"之争谈起

先看看特色论与共性论①分别使用的术语有哪些。特色论常用的术语有：中国特色翻译学、中国译学、中国翻译理论、中国特点翻译学、中国翻译学、中国气派翻译学、翻译学的中国学派、自成体系、中国味等。共性论常用的术语有：纯翻译学、世界翻译学、普世翻译学、普通翻译学、世界翻译理论、国际翻译学等。这里所列的术语既有各派对自己的称呼，也有对另一方的称呼。

20 世纪 50 年代，董秋斯在论述翻译理论的建设时，谈到要写两本大书，其中一本就是《中国翻译学》，不管现在这一目标有没有实现，但从书名可以看出，从那时起，译学界就已产生将翻译学"国有化"的想法了，尽管没有明确提出中国特色这一说法。到了 80 年代初，罗新璋(1984)首先在其所编的《翻译论集》的序言中梳理了中国传统译论的线索，即"案本—求信—神似—化境"，并认为，这是"自成体系"的"独具特色的翻译理论体系"。这大概是国内首次提出翻译理论的特色问题。需要一提的是，早于罗新璋三年出版的香港学者刘靖之(1981)所编的《翻译论集》也有一篇序言，名曰《重神似而不重形似》，文中并未提及特色问题。内地学者和香港学者的这两篇几乎同时期的同名论集的序言似乎暗示了内地和香港治学路向方面的某种不同。后来的特色论与共性论的论争中，持特色论的多为内地学者，如刘宓庆②、张柏然、孙致礼等。香港学者多持共性论，如张南峰、朱纯深等，当然，内地方面也有，如谭载喜③、谢天振、王东风等，这只是就大体情况而言。

如果说罗新璋的特色论是基于对中国传统译论的"自成体系"的梳理而"发现"出来的，那么，后来的特色论则转变了特色生成的这一方向，变成需要"发明"的了。从"发现"转向"发明"，虽然只有"一字之差"，但决定了理论性质的转

---

① "特色论"和"共性论"的说法暂取自张南峰(2000)《特性与共性——论中国翻译学与翻译学的关系》一文。其实，"共性论"的说法较为复杂，如在张南峰等学者那里，所谓的"共性论"其实就是"西化论"。谭载喜的共性论则又有不同。

② 刘宓庆的情况比较复杂，他在 20 世纪 90 年代之前基本在国内，后到国外游学，归国后长期在香港工作，目前出版物对他的介绍中一般认为他是中国香港人。但身份并不重要，其基本治学思路还保留着内地的某种风格。

③ 谭载喜的身份类似于刘宓庆，其目前定居香港。

变，即从"后顾式的"变成了"前瞻式的"，从描写性的变成了规定性的，或从"实然"了变成"应然"。标志性文章是 1986 年桂乾元发表的《为确立具有中国特色的翻译学而努力——从国外翻译学谈起》，该文明确提出："我们要确立的是具有中国特色的翻译学。"这里虽然仅使用了较为温和的"确立"而不是"建立"或"建设"，但从文章的口号式题目看，其立意就是要号召建设一种中国特色的翻译学。1987 年召开了中国首届研究生翻译理论研讨会，会后郑伟波（1988）发表会议综述文章《创立具有现代特色的中国翻译理论体系》，强调了中国翻译理论的现代特色。1989 年刘宓庆发表《论中国翻译理论基本模式》一文，强调中国翻译理论的中国特色。

80 年代是中国引进西方语言学派译论并开启译学现代化的时期，总的来说，特色论提出后，虽然相关文章不多，并且淹没在语言学派的大潮中，但仍是主流意见，除了谭载喜在 1988 年发表《试论翻译学》提出疑问，认为"科学是不分国界的，不分民族的"，中国翻译学只是属于翻译学家族中的特殊翻译学外，基本上还未引起争论。真正的争论是从 90 年代后期开始的。争论的发生与 90 年代中期开始引进的西方文化学派翻译理论有关。文化学派的引进激发了国内新一轮的翻译学大讨论。普遍认为，有关中国特色译论的争论是在学者们普遍认为翻译学已经是一门独立学科之后，就建立什么样的翻译学这一问题上产生的不同观点的交锋。从时间上看，从 50 年代到 80 年代，有关翻译学的特色问题几乎是与翻译学的讨论同时进行的，到 90 年代后期和 21 世纪初期两者往往是在一起讨论的，但关于特色的讨论要略早于翻译学的讨论。在翻译学的学科独立问题不再成为问题后，近年似乎还有关于特色问题的讨论见之于学术刊物中，其中不乏译论界的重要人物。发表特色论的学者有刘宓庆、张柏然①、孙致礼、许渊冲、潘文国、方梦之等；持共性论观点的学者有谭载喜、张南峰、王东风、朱纯深、谢天振、穆雷等。

---

① 谈到论争，有必要提一下张柏然和许钧（2002）编的《面向 21 世纪的译学研究》这本书。两位学者长期以来关注中国译学的发展，出版过许多重要的论文集，在翻译学人才培养方面也颇具特色和成就，为中国译学建设作出了贡献。《面向 21 世纪的译学研究》收入了一些争论或争议性文章，如张经浩的《翻译学：未圆且难圆的梦》等，是一本有特色的论文集，在国内的引用率也较高。

中国译学特色观的明确提出引发了译学界的批评，多数学者的批评是隐含的，其中谭载喜的批评和张南峰的批评比较有代表性。这里不妨将两人的批评话语各列出一段，看看他们都是从哪个角度出发进行批评的。谭载喜除了在1987年对中国翻译学的提法提出反对意见外，在1995年发表的《中西现代翻译学概评》一文中提出了尖锐的批评：

> 所谓中国的翻译学和具有中国特色的翻译学，倘若指的是具体涉及中国语言文字的特殊翻译学，那么无可非议。但如果提出这类口号是受了某些非译学因素的影响，那么口号的科学性就值得质疑了。科学是不分国界，不分民族的。正如我们不宜提要建立具有中国特色的数学和化学，或具有美国特色的社会学和语言学之类的口号一样，我们也不宜提要建立具有中国特色的翻译学等口号。否则，我们的译学研究有可能陷入狭隘民族主义的泥坑，而不能产生科学的、具有广泛应用价值的现代译学理论。（谭载喜，1995）

张南峰在《特性与共性——论中国翻译学和翻译学的关系》一文中认为：

> "特色派"所说的翻译理论体系，并非纯理论体系，而大体上是应用理论体系，或起码有很重的应用成分，这从他们都强调理论必须能够指导实践这一点可以看出来。（张南峰，2000）

颇具批判精神的张南峰在文章中多次点名批评刘宓庆的中国译论特色观。因此，这里我们有必要对张南峰和刘宓庆的特色观以及张南峰对刘宓庆的批评作进一步的讨论。刘宓庆明确提出中国翻译理论的特色问题，张南峰虽然名义上坚持译论的共性，但其判断共性的标准是现有译论对翻译现象是否具有普遍的解释性。而且他认为西方的文化学派译论可以解释中国的翻译现象，属于一级理论，因此具有普遍性。他将中国传统译论和西方语言学派译论归结为一系列翻译标准，认为翻译标准虽是应用性理论，但由于过分强调忠实于原文，忽略了其他一些因素，因此往往脱离了翻译的实际，走入了一条死胡同。要走出死胡同，就要走西方文化学派的路。且不说张南峰将文化学派之前的中西译论均归结为翻译标准有片面之嫌，他的矛盾之处在于其判断西方文化学派译论与判断中国传统译论和西方语言学派译论的标准属于双重标准，从而缺乏标准的一致性。他以理论对翻译现象的解释力为标准判断前者，而以理论对翻译实践的指导能力判断后者，认为前者具有普遍性，是纯翻译学，后者不具有普遍性，是应用翻译学，即特色翻译学。显然，这不是在同一个层面上讨论问题。这里也可以看出，张南峰并不反对特色翻译学，而刘宓庆也不反对普通翻译学，只是两人不在一个层面上讨论问题，而是各自的观点有所倾向而已。

从谭载喜和张南峰的批评可以看出，两者虽然都对特色论提出批评，但出发点是不完全相同的。谭载喜将特色翻译学归入他的翻译学框架中的特殊翻译学，它的上位学科是普通翻译学，下位学科是应用翻译学。而张南峰将特色翻译学归入应用翻译学，与他所倡导的纯翻译学相对立。而他的纯翻译学其实是以翻译理论的普适性为判断标准的，与霍尔姆斯的纯翻译学又不尽相同。看来，谭载喜和张南峰对普通翻译学的定位是不同的，前者强调翻译理论的"普世性"，是真正的共性论者；后者强调翻译理论的"普适性"，是"伪共性论者"，实际上持的还是特色论的观点，只不过是指西方翻译理论的特色。

关于双方争论的焦点，可以从魏建刚等人归纳的共性论反对特色论的五个理由看出来：a. 特色派盲目排外；b. 特色派所谈的中西不同仅仅是应用理论上，普通翻译学具有普适性；c. 特色派是民族沙文主义；d. 若提倡中国特色，世界各国译论皆然；e. 科学不分国界。（魏建刚、赵贵旺，2013）这里不拟对这些论争作详细的描述，只是探讨这一论争的本质是什么，以及分析这一争论背后的心态。我们认为，这一论争是个"伪问题"，其背后隐含着一种民族本位心态。

2. 从"家族相似性"看特色论与共性论之争的"伪问题"本质

"伪"者，人为也。"伪问题"就是人为制造的问题。它既指假问题，也指半真半假的问题。在日常生活和学术研究中都会存在"伪问题"，翻译理论研究也不例外。王宏印（2011：435）谈到过翻译研究中的"伪问题"：

> 所谓"伪问题"就是不适当地研究问题，或问题提得不适当。一种是来源于哲学的无法求解的问题，一种是在科学上没有任何根据的问题，或者无

法落实到具体的可以操作的问题；在具体的表现中，也有的把前人的问题或答案改头换面重新推出，作为自己的研究问题的，也有为研究而研究闭门造车生造一些问题的。

我们认为，翻译理论的特色与共性之争，或者说中国翻译理论应该是特色的还是共性的，就是一个永远不可能有结果的"伪问题"。那么，特色论与共性论之争何以成为一个伪问题？这里我们不妨从维特根斯坦的"家族相似性"来回答。

维特根斯坦的哲学思想分成前后两个时期。前期维特根斯坦认为，语言、思想和现实之间具有单值对应关系，称为"指称论"或"图像论"。前者认为一个名称的意义就是它所指称的对象，后者将指称论扩展到句子层面，认为一个命题的意义就是它所描绘的事实。后期维特根斯坦一改其前期哲学"指称论"和"图像论"的不足，放弃了对理想语言的追求，回到了日常语言的"粗糙的地面上"，提出了"语言游戏""生活形式""家族相似性"等紧密联系在一起的概念。其中"家族相似性"认为，一个家族所有的成员都具有相似的特征，如果用1、2、3、4、5、6、7、8、9、…来表示一个家族所有成员的特征的集合，那么，成员甲的特征可能是1、3、4，成员乙的特征可能是2、3、5、7，成员丙的特征可能是2、6、9、10，成员丁的特征可能是3、5、8、9、…。如果你想找出所有的家庭成员都具有的某一或某些特征，就会发现是不可能的。每个成员都与其他成员具有某种程度上的相似性和相异性。在寻找共同点的过程中，相似点会不断地出现和消失，也就是说，只存在流动的相似点，不存在固定的相似点。同样，只存在流动的相异点，不存在固定的相异点。

翻译理论（翻译学）的世界就是这样一个相似和相异共存的家族。也就是说，各个国家的翻译学都是这个大家族中的成员，不同的成员的比较可能产生不同的特色或共性，但这些特色或共性是流动的，不存在绝对的特色或共性。也就是说，特色是比较出来的，当在说本国的特色时，实际上也承认了与之比较的另一方的特色。吕叔湘认为："一种事物的特点，要跟别的事物比较才显出来。拿汉语和英语比较，汉语的特点和英语的特点就都显出来了。"（转引自杨自俭、李瑞华，1990：64）语言如此，理论也是如此。翻译是人类最复杂的活动之一，可变因素太多，对它的研究产生的理论也必然表现出某种复杂性，不可能用绝对的思维来设定其本质。特色派所说的特色现在看来是特色，随着时间的推移，可能就不是特色了；或者与一方比较是特色，与另一方比较就不一定是特色了。甚至从一开始提出就不是特色。对共性论来讲同样如此。

从"家族相似性"视角讨论翻译学的特色和共性，走的是一条现象学的路子，即从现有的翻译理论的事实出发讨论问题，是经验的和归纳的。这也符合维特根斯坦后期哲学反本质主义的思想。特色论和共性论的争论基本上就是在现象学的视角中讨论的，且表现出"伪问题"的本质。以下的事实可以进一步验证这一争论的"伪问题"本质。

从译论界的特色论和共性论之争看，绝对的特色论或绝对的共性论并不多见。其实，论争双方也都不同程度地表现出了特色论和共性论的共存意识。持共性论的学者也被人认为是"西化派"，如张南峰。朱纯深也承认翻译理论的国别特色，但他认为这种特色是必然存在的，但不必要强调。

刘宓庆（1996）认为一门综合性很强的"翻译语言学"将与"普通翻译学"一起在 21 世纪上半期应运而生。针对他人的质疑，他说道："我的一些批评者常常只看到我强调'中国特色'的一面，似乎并不留意我对翻译共性的系统论和认识论的研究。"（刘宓庆，2003：xiv）

孙会军、张柏然在《全球化背景下对普遍性和差异性的诉求》一文中认为："具有中国特色的翻译理论与具有普遍适用性的纯翻译理论是一个问题的两个方面。……重视译论中的中国特色，并不意味着放弃对普遍性的诉求。"（孙会军、张柏然，2002）

张柏然更是强调正确处理共性和个性的关系，通过研究个性来研究共性。他说："我们从来也不反对加强对'普遍翻译学'的研究，但是，我们也必须指出，现在所谓的'普遍翻译理论'实际上并不普遍，那只是在以英语为代表的印欧语言研究的基础上建立起来的，它的'普遍性'实在是应该受到怀疑的。"（张柏然，2008）

以上是从维特根斯坦的"家族相似性"概念对特色论和共性论这一伪问题的论证。看来，特色论和共性论并不是决然对立的，但由于看问题的视角不同，加之预设的前提模糊，对概念的界定不一致，争论的产生就在所难免了。如关于"特色"是什么，论争双方并没有明确的界定，是翻译实践的特色还是翻译理论的特色或是翻译理论研究的特色？是语言的特色还是国别特色？是理论形态的特色还是理论内容的特色？存在种种疑问。总之，从以上分析看，伪问题的共同点就是：前提不设定，概念不界定，条件不固定。

那么，我们是不是不要谈"中国翻译理论"了呢？当然不是。"中国翻译理论"可以指中国人创造的翻译理论，也可以指在中国产生的翻译理论，给一个理论贴上一个地域文化的标签也是无可厚非的，因为毕竟也是事实。我们不是也经常谈美国翻译理论、英国翻译理论、德国功能目的派吗？问题的关键是依据事实，顺其自然。在"知"与"行"的关系上，中国新时期译学界在很大程度上践行的是"先知后行"的策略，现在不妨将这一顺序倒过来，把时间和精力放到更有意义的研究中去，或者努力做到"知行合一"。可喜的是，中国近年来的译学研究有所变化，比较注重实质性研究。

基于本民族语言文化而形成的翻译理论具有本土理论的特色，这是容易理解的，那么，翻译理论的共性将如何体现呢？或者说，所谓的相对普遍翻译学又是怎样的？是如何形成的？本书认为，从理论生成的经验主义途径来看，这个问题可以有两个答案。如果用 A、B、C……代表具体的各种译学（译论），普遍翻译学（普遍翻译理论）用■表示，那么，普遍翻译学的一种情况就是 A、B、C……的交集，用公式表示就是：■＝A∩B∩C……另一种情况就是 A、B、C……的并集，用公式表示就是：■＝A∪B∪C……比较文学中的"世界文学"正是具有世界文学价值的各民族文学的并集。所谓的"民族的就是世界的"的说法也指的是并集的情况。张南峰的观点倾向于第二种情况，强调译论的适用性，而不管理论的出处如何。张柏然的观点倾向于第一种情况，强调共性寓于个性之中。应该说，这两种对理论共性的看法都有其合理性，都是在相对的基础上讨论的。正是译论之间的相似性和相异性为建构普遍翻译理论提供了事实上的基础，如谭载喜就认为翻译学必须重视中西译论的比较研究，并通过研究发现了中西译论的相似性和相异性。

可以说，翻译理论的特色论和共性论之争基本上是在现象学或经验主义基础上进行的。如刘宓庆认为中国翻译理论必然具有鲜明的中国特色的依据是："'翻译学'是一门经验科学，翻译理论是一种与语用经验密不可分的语际应用语言理论。"（刘宓庆，2006d：1）

有些话题今天看来已很"陈旧"，或许只作为翻译理论史的话题进行讨论才有意义。特色论和共性论之争是比较特殊的例子，这涉及如何对待中西译论的态度问题，因此有进一步讨论的必要。其实，特色和共性的争论还只是表面现象，对争论背后的心态进行一番探究，对更深入地了解这场争论，避免类似争论的重复出现，既有学术史的意义，也有现实的意义。

3. "伪问题"背后的真实心态

特色论和共性论按照相对和绝对两个维度可有四种情况：绝对的特色论、相对的特色论、绝对的共性论和相对的共性论。绝对的特色论只承认翻译理论的特色，否认存在共性的译论；绝对的共性论则相反。相对的特色论承认译论存在共性，但倾向于强调译论的特色；相反，相对的共性论承认译论存在特色，但倾向于强调译论的共性。根据译界的争论和发表的观点看，译界极少有绝对的特色论和绝对的共性论，大多数持相对的观点。张南峰承认特色，但坚持共性，是相对的共性派。张柏然、张今和孙致礼倾向于特色论，该派"不反对借鉴外国经验，只是担心生搬硬套"。（张南峰，2004：50）刘宓庆承认中西译论各有特色，只是强调中国译论的特色，不反对借鉴西方的译论，并承认有普通翻译学。看来争论的双方基本上是在相对的意义上进行争论的，甚至所谓的共性论也是一种特色论的观点。既然这样，为什么又有这样的争论呢？看来，问题似乎与纯粹的学术研究关系不大，要把它放到大的社会文化背景中去分析，看看其背后有什么样的心理在起作用。下文就试着对这一"伪问题"背后的真实心态作一分析。

改革开放之初，提出"建设具有中国特色社会主义"的口号，同时，中国的现代化问题也再次被提上日程，这两个方面几乎同时被提出，或许就预示了中国的发展道路必然要在民族性和世界性的张力中进行。一时间，建设各种人文社会科学的中国特色的口号也被提出。中国特色翻译学的提出是否受此影响，无从考证，暂且不论。但一个明显的事实是，这一问题具有一定的意识形态因素，具体来讲，就是翻译学或翻译理论的"国有化"。而这种对翻译理论的"国有化诉求"与"现代化诉求"所形成的张力，牵引着中国新时期的翻译研究一步步向前迈进。

从根本上讲，中国近现代以来中西文化剧烈碰撞后在国人心理上形成的"比较情结"在中国最终体现为一种现代性诉求。西方的早期现代性是在没有自觉性参照目标的执着于求新创造的活动中产生的；与此不同，中国的现代性诉求从一开始就出现了一个具有目标意义的参照体系，就是西方的现代化。这种以西方现代化为坐标的现代性诉求在中国学术界的表现就是形成一种模仿色彩浓厚的学术研究模式——译介模式。这种译介模式又进一步生成了中国现代化进程中的必然结果：现代性焦虑。现代性焦虑是指一种即使不断追求西方的现代性也会时时感到落伍的心态。在中国发展的语境中，这是现代性诉求下产生的必然结果。这种现代性焦虑始于 19 世纪中叶，并伴随着中国现代化的进程逐步强烈起来。如果说这种心态在 20 世纪之前还不是很明显，那么进入 20 世纪，这种心态就一直伴随着中国人走过了一个多世纪，直到今天仍不能摆脱其影响。从早期洋务派的"师夷长技以制夷"，到 50 年代的"赶超英美"，再到 90 年代的"与国际惯例接轨"，无不体现出这一点。这种现代性焦虑表现在中国社会生活的各个方面，自然也包括在中国现代学术中。其表现形式就是模仿和追赶。问题就在于，西方的现代化也在不断的发展中，这导致我们对它的模仿也就处在永远的追赶之中。在这种总是追赶但永远追不上的"无法完成的任务"的游戏中，就容易出现另一种倾向，即由现代性焦虑转变为另一种形式的焦虑——影响的焦虑①。从中国的现代化诉求过程看，这种影响的焦虑有两种类型：一种来自传统，导致对中国传统文化的批判，始于五四运动，在"文革"时期和 80 年代都有明显的表现；另一种来自西方，导致对西方文化的批判，表现在历次的中西文化论争中。由此看来，第一种影响的焦虑导致了现代性焦虑，表现就是反传统和学习西方；而现代性焦虑又导致新的影响的焦虑，结果就是对西方的反抗，要不就是返回传统，要不就是提出中华或中国特色。这一过程形成了一个循环，可以表示为：影响的焦虑→现代性焦虑→影响的焦虑。在中国 20 世纪发展历史上，中西文化的不断论争就是西化和中国化的两条路线之争，而且常常是在强调中国化后接着来一场激进的西化，激进的西化后又接着来一场坚决的中国化。晚清与五四之际、"文革"与

---

① 美国解构主义文艺批评家哈罗德·布鲁姆提出"影响的焦虑"，认为当代诗人就像一个具有俄狄浦斯恋母情结的儿子，面对着"诗的传统"这一父亲形象。两者是绝对的对立，后者企图压抑和毁灭前者，而前者则试图用各种有意和无意识的"误读"方式来贬低前人和否定传统的价值观念，从而达到树立自己的诗人的形象的目的。其实，布鲁姆提出的这种影响的焦虑从本质上看就是对权威的反抗，是弱势对强势的反抗。

80 年代之际较为明显地表现出了这种特征。

按照布鲁姆的看法，影响的焦虑产生的前提是父与子的对立，在这种一个要影响、一个要反影响的关系中，是不可能产生对话的，因为这样只有解构，没有建构。更为关键的是，不管是父亲的影响还是儿子的反抗，两者的目的都是一样的，就是指向权威的位子。同样，在中西文化关系中，不管是西方宣扬普世价值，还是中国倡导中华性或民族特色，都有一种民族本位主义在起作用。不论是学术上所谓的特色派或普遍派，都是影响的焦虑的结果，或者说，是隐藏在背后的真实心态——民族本位心态在起作用。

对西方来说，就是保持住自己的权威，对中国来说，就是重新寻回一个半世纪前失去的、久违的世界中心的位置。刘宓庆在《中西翻译思想比较研究》的序言中说："我的全部努力都以赢回中国的理论话语权为目标。"（刘宓庆，2005c：ix）正是这种思想的一种表现。在这个意义上讲，民族性和世界性就是一对双胞胎，或者更确切地说就是同一件事物在不同语境下的不同表现形态。

如果民族性和世界性只强调对立，不寻求对话，最后只能陷入狭隘的民族主义不能自拔。美国汉学家宇文所安以西方人的眼光敏锐地感受到了中国人的这种心态，他拿中国的文学理论为例，指出："如果和古代文学批评作一个对比，我们会发现，一个惊人的区别是曾经被视为普遍的文学体裁现在变成了'中国文学'"。（宇文所安，2003：346）宇文所安还以唐代诗人杜甫为例作了类似的论述："在他变成一个伟大的中国诗人之前，杜甫仅仅是一个伟大的诗人而已。也许，再过一百年，他又会变成一个伟大的诗人。"（同上，351）因此，所谓的"国有化"和"现代化"正是民族本位心态的不同表现。就中国译论而言，民族本位心态在特色论和共性论上都在起作用，只不过所起作用的方向不同罢了，前者主要是向内的，后者主要是向外的，我们也不妨分别称之为强式型民族本位心态和弱式型民族本位心态。就民族与世界的关系而言，强式型民族本位心态的民族观是"民族的就是民族的"，弱式型民族本位心态的民族观则是"民族的就是世界的"或"世界的可以变成民族的"。这两种类型都是指向翻译研究的共同目的，只不过强式型的民族本位心态似乎更加凸显而已。许渊冲先生是我国著名翻译家，也活跃在国内的翻译理论界，在其发表的关于翻译理论的许多文章和著作中，都较为明显地感受到一种民族本位情感。如他在《译学要敢为天下先》一文中认为：

以实践而论，中国翻译家的水平远远高于西方翻译家。……因此，能解决中英（或中西）互译实践问题的理论，才是目前世界上水平最高的译论。（转引自张柏然、许钧，2002：34-35）

强式型民族本位心态是一种对民族和国家的高度忠诚的心理状态，表现在对本民族传统、历史的向往和维护。其实民族本位心态不只在中国才有，19世纪在欧洲就已出现，"二战"后以及20世纪末在世界许多地区都存在。中国近现代以来一直存在反西方话语、重建华夏中心的民族情怀，主要表现在中西文化比较和论争中。20世纪90年代以来，随着国内意识形态环境的转变，受"国学热"的升温、经济的迅速增长、西方后殖民主义思潮的引进等多种因素的影响，中国学界又出现了新一轮的急于摆脱西方话语在中国的霸权地位，寻求中国理论的民族性的热潮。

需要交代的是，此处所谈的民族本位心态是在价值中立的立场上讨论的，是对中国近现代形成的民族心态的客观分析，并无褒贬在内的价值判断。也正因此，本书区分了这两种类型的民族本位心态，试图超越二元对立的治思模式，达到一种相互包容的融合状态。民族本位心态的这种两面性体现在中国现代学术的各个领域，翻译研究领域也不例外。

事实上，这两种类型的民族本位心态在翻译研究领域也并没有表现出完全的二元对立的关系。如翻译学"国有化"的表现就是对其进行标记，在"翻译学"或"翻译理论"前面加上国名。但一个有趣的现象是，在国内发表的文章中，学者可以讨论中国翻译学或翻译理论如何建构、是否有特色等，但在翻译学或翻译理论著作的命名上，则少有加上"中国"二字的。如黄龙的《翻译学》、刘宓庆的《现代翻译理论》、张今的《文学翻译原理》等。似乎还没有出现《中国翻译理论》或《中国翻译学》这样的著作。① 刘宓庆的《现代翻译理论》后来改为《当代翻译理论》和《新编当代翻译理论》，依然如此。因此，在翻译学著作的命名上是否可以

---

① 李田心（2004）在《增强翻译学科民族性，加强"中国翻译学"学科建设》一文中认为，"中国翻译学"就是"中国的翻译学"，并鼓励译学界力争早日建成"中国翻译学"。

看出这种微妙的心态？西方的翻译学著作也极少冠以国家的名字。倒是在国内，在对已产生的翻译理论的描写上，不管是关于中国的译论还是西方的译论，多以国家名进行标记，如陈福康的《中国译学理论史稿》(1992)、刘军平的《西方翻译理论通史》(2009)、郭建中的《美国翻译理论》(2000a)等。可以看出，在国内翻译学的建构上，不管是特色派还是共性派，都表现出了一种普世性的心态，而在翻译理论史的描述上，又表现出一种民族性的心态。这确实是一种有趣的心理。

由此可见，不管是强式型的民族本位心态，还是弱式型的民族本位心态，最终都是以振兴中华民族的翻译理论为旨趣的。两者应该相互包容，共同为中国的翻译理论研究作出贡献。

上文对国内译学界的共性论和特色论之争的情况进行了简要梳理，运用维特根斯坦的"家族相似性"论证了这一论争的"伪问题"本质，并分析了这一"伪问题"背后的真实心态，即民族本位心态。从这一译学话题的讨论可以看出，其一，共性论和特色论之争是中国翻译理论发展史上一段抹不去的历史，表现出了中国翻译研究者在这段特定的阶段对翻译学的特定认知，本身就具有中国译论研究的特色，也加深了人们对翻译学的认识，但其二元对立的治思模式也严重影响了对译学本质的认识。其二，只有将其放到中国学术发展史的大背景中进行考察和分析，才能更真切地看到其背后的真相，从而为今后的研究提供可资借鉴的参考。其三，当前的中国译学研究已经出现多元化研究的局面，有必要对新时期以来近四十年的翻译研究进行整体反思了。作为译学界的一段历史或一个事件，共性论与特色论之争如同其他论争一样，都是在特定的历史时期发生的，对之进行反思研究，对建构中国新时期翻译理论研究史具有重要的学术史的意义。最后，虽然共性论与特色论之争已成为历史，但其影响不容小觑，对这一论争进行基于哲学和逻辑的反思无疑对时刻警惕当前国内翻译理论研究中存在的问题具有一定的现实意义，也对探讨刘宓庆的译学观点，特别是他的特色观具有学术史的意义。

二、刘宓庆译学特色观的"特色"

中国译论应该有中国特色，这是刘宓庆的一贯主张。2005年刘宓庆出版《中西翻译思想比较研究》一书，总结了他对中西译论的理解和看法。他这本书有较为明显的价值判断倾向，而他对中西译论的比较和评价也必然导致了他对中国翻译理论的态度和倾向。他的态度非常明确，就是中国的翻译理论要有中国的特色。那么，他的中国译论特色观到底是怎样的？他对特色观的表述存在哪些问题？下面拟对他的中国译论特色观进行述评，旨在对其特色观有更深入的了解。

1. 刘宓庆如何看待中国译论的特色问题

中国译论要有中国特色是刘宓庆的一贯主张。他在 20 世纪 80 年代、90 年代和 21 世纪都明确表达过自己的这一观点，虽然在某些时候并没有使用"特色"的字眼。在 1987 年青岛召开的首届全国翻译理论研讨会上，刘宓庆作发言，涉及翻译研究的中国特色以及如何进行翻译研究的问题，同年在香港大学开会时也提到翻译理论的"Chinese touch"。他在其后出版的《现代翻译理论》（1990）重申了这一观点：

> 我们要建设的是中国的翻译理论，是中国的翻译学，这是我们全部研究工作的"主心骨"。（刘宓庆，1990：4）

1996 年发表《翻译理论研究展望》一文，文中没有出现"特色"的字眼，但提出翻译的本位观，认为翻译理论必须本位化，必须根植于民族文化的沃土之中，任何脱离特定民族语言和文化的翻译理论体系都是不存在的。文中的一些观点受到了张南峰等人的质疑。

2005 年出版的《新编当代翻译理论》中将 1990 年出版的《现代翻译理论》中的"我们要建设的是中国的翻译理论，是中国的翻译学，这是我们全部研究工作的'主心骨'"改为："我们要建设的是有汉语参与的双语（多语）转换理论，它是世界翻译科学的重要组成部分。这是我们全部研究工作的'主心骨'。"（刘宓庆，2005a：4）并增加一章专门谈中国翻译理论的特色问题。另外，刘宓庆在访谈和多部著作的序言中都重申了中国翻译理论的特色问题。

如果说在 80 年代和 90 年代刘宓庆对中国翻译理论的特色还只停留在"有特色"和"为什么有特色"的层面上，那么，进入新世纪后，他对中国翻译理论的特色的讨论更多地放在"有什么样的特色"和"为什么有特色"的层面上。

对于"为什么有特色"，刘宓庆的观点非常明确，他从学术和认识两个方面进行了论证。学术方面，他认为：

中国翻译理论必然具有鲜明的中国特色，正如中国的语法理论、中国的修辞学理论乃至中国的文学、美学、哲学理论之具有中国特色一样。这中间，"中国"只是一个地缘文化范畴概念，不是地缘政治概念。中国翻译理论为什么必然具有鲜明的中国特色呢？我们的依据是："翻译学"是一门经验科学，翻译理论是一种与语用经验密不可分的语际应用语言理论。应用语言理论必须以特定语言所由产生的文化母体为生生发展的土壤，不是什么"空中楼阁"。世界上不存在脱离了任何一种具体的、特定的语言文化母体、脱离了任何一种具体的、特定的语言交流经验，纯属空穴来风的"应用语言理论"。目前西方流行的各种应用语言学理论，不论它们自己说明了抑或并没有说明，都是西方语言学家主要基于西方语言文化母体、根据西方语言交流经验提升、推导出来的规律性描写。（刘宓庆，2006d：1-2）

以上论述中有几点可供讨论。第一，刘宓庆对"中国翻译理论"的界定还是比较明确的，显然不是在"中国的翻译理论""中国人的翻译理论""在中国的翻译理论"的意义上讲的，而是指具有中国文化地缘特色的翻译理论。这样的中国翻译理论，必然具有中国特色，这似乎是不言自明的，正如朱纯深所持的"特色抹不掉，特色论不必要"观点。第二，没有将"翻译学"和"翻译理论"区分开来。前者是一门学科，学科的特色问题和理论的特色问题不完全是一回事。第三，把"翻译理论"界定为应用语言理论，仍旧持早年"翻译学是应用语言学的分支学科"的观点。这与他在《翻译美学理论》（2011）一书中的序言中指出的"将翻译学定为应用语言学是一个'历史的误会'"是相矛盾的。根据刘宓庆的这一观点推理，张南峰将刘宓庆的特色翻译理论定位为"应用翻译学"是有一定道理的。

刘宓庆认为，中国的翻译理论要不要有中国特色，除了学术上的因素外，还有认识上的问题，这与如何对待西方译论有密切的联系。他认为对于西方的翻译理论，应该有所区分地"请进来"，并提出了三个问题，我们将这三个问题分别展示出来，并进行评价。

第一个问题是："请进来"的目的是什么？他认为：

　　我们将有益的西方译论"请进来"不正是为了建设我们自己有中国特色的译论吗？汉语是 13 亿人的母语，是全世界最有发展潜力的语言之一。如果我们设想将外国理论"请进来"，自己就省时省劲，可以照抄照搬，那就不对了。（刘宓庆，2006d：5）

　　刘宓庆并不完全排斥对西方译论的学习，只是认为学习的目的是建设我们自己的译论，这一点是无可非议的。但是，按照刘宓庆特色论的观点，西方译论也是在西方的文化地缘中产生的，也具有自己的特色，将具有自身特色的西方译论"请进来"，如何才能有助于建设我们自己有特色的译论呢？两者的可融性如何？这种"有益的西方译论"又如何才能激发中国传统译论的活力呢？值得学者们思考关于为什么强调中国翻译理论的特色问题，他认为还有另一个原因，就是为了回应一种忽视中国特色的倾向性，即照搬西方译论。当然，这种担心是有道理的，译学界在引进西方译论方面确实存在食洋不化的现象，当前跟风意识有所减弱，但依然存在。

　　另外，我们将西方译论引进来的目的是否只是为了建设我们自己的具有中国特色的译论呢？当代西方译论已经摆脱了早期语言学派在翻译操作层面上的关注，转向文化层面，提出了一些比较具有普适性的理论，如文化学派提出的"意识形态、赞助人和诗学"三要素对中国的翻译史的解释性很强，这种"外国理论＋中国材料"式的研究我们难道一定要不加分析直接拒斥吗？从刘宓庆自己的研究看，他既没有通过西方译论对中国传统译论进行现代转换研究，对西方后现代译论，包括文化学派译论也基本上持批评的态度。当然，对本雅明译论思想的肯定是个例外，不过那也是为了用来澄清某些西方学者对本雅明翻译思想的忽视和误解。

　　第二个问题是：怎样做一个"精明的主人"。他说：

　　"精明的主人是最会挑选客人的主人"，绝不会是那种"来者不拒"的主人。在学术上，哪些外国学术观点和成就是对我们有益的，哪些又是无益的，如果我们自己没有知识，不会分析、判断，像古人说的"目不能察色，

舌不能辨味，耳不能识音"，又怎么能够做一个"精明的主人"呢？（刘宓庆，
2006d：5）

　　这个问题与第一个问题相关联，即如何对西方译论进行挑选，但在这里语焉
不详。从其早期的研究看，他受西方早期语言学派译论的影响较大，他的语言对
比研究、翻译理论的描写观等都或多或少地有所体现。对西方其他翻译理论，他
认为，斯坦纳、韦努蒂等人的翻译思想是比较深刻的。对于西方后现代翻译理
论，他的总的态度是批评的。他倒是在别处谈到他认为的可以"请进来"的是西
方现当代的哲学、美学等理论而不是西方当代译论，因为前者对建设中国当代译
论更具有借鉴意义。如在《翻译美学理论》（2011）的序言中他说道：

　　　　西方唯物论哲学和美学经典我大体上很钦佩，就近代、现代和当代而
　　言，我认为维特根斯坦等人的语言观和意义理论、美学理论、功能学派、认
　　知学派乃至结构主义的语言理论，诠释学的一些解释理论，皮尔士等人的符
　　号学理论，当代西方传播学的理解和接受等理论，认知心理学和心理语言学
　　的语言认知图式和思维模式理论、西方有些现当代美学理论和审美主张，对
　　我们建设中国翻译学都具有或多或少的"可取性"或参考价值，我们应当切
　　实加以研究。（刘宓庆，2011：x）

　　从刘宓庆的中国翻译学基础理论的研究，如翻译美学、翻译的意义理论和理
解理论，以及对翻译学的学科框架的建构中，可以看出其运用上述理论的努力，
也体现了其"本位观照、外位参照"的基本研究方法。
　　第三个问题是：中国人的历史使命使然。他说：

　　　　中国人在历史上曾经为世界文明做出过许多贡献，为世人所称道。今
　　天，我们有条件重拾历史荣光了，为什么要推卸中国人义不容辞的国际义务
　　呢？时不我待，义不容辞。愿中国翻译界所有的从业者共同努力肩负起全世
　　界热爱中国、热爱汉语的朋友们寄予我们的崇高使命。（刘宓庆，2006d：5）

这是一种具有爱国主义情感的民族本位思想，是特色论学者普遍具有的心理。刘宓庆认为，中国翻译学要不要有"中国特色"实际上是一个文化价值观取向的问题。特色论的另一代表人物张柏然在《建立中国特色翻译理论》一文中呼吁：

> 我们认为，如果我们还不旗帜鲜明地提出尽快"建立中国特色翻译学"，那么在 21 世纪我们必将永远落后于别人。（张柏然，2008）

2. 刘宓庆的中国翻译理论的特色有哪些？

那么，刘宓庆所指的中国翻译理论的"特色"都有哪些呢？由于他在多处谈到中国翻译理论的特色，所提特色的名称和内容也出现不完全一致的说法，因此，我们不妨将这几处所提的"特色"列出来，然后再进行分析。他比较明确地阐述中国翻译理论特色的地方有：《新编当代翻译理论》（2005a）第十二章、《中西翻译思想比较研究》（2005c）第二、三章、《刘宓庆翻译散论》（2006d）的第一篇文章《中国翻译理论要不要有中国特色》和《中西翻译思想比较研究》（第二版）（2012c）第三章讨论的"翻译理论的中国价值"。

第一，在《新编当代翻译理论》第十二章"建设有中国特色的翻译理论"中第二节"中国翻译理论应有的特色"所列的特色有：

a. 中国翻译理论的文化战略考量；

b. "重描写、重意义、重功能"的基本理论取向；

c. 翻译审美对中国翻译理论的特殊意义；

d. 注重整体性整合研究。（刘宓庆，2012a：286-299）

在本章的结尾，又总结了"中国翻译理论的主要特色"有四：

a. 高度重视翻译作为强国富民方略中的文化战略手段的巨大作用；

b. 高度重视汉语与外语在语言结构、人文地像条件与审美特征三大维度中的差异，同时也不忽视共性；

c. 高度重视在汉外转换中以功能代偿为核心思想的对策论系统研究；

d. 高度重视以基础理论包括翻译思想为核心的整体性整合研究。（刘宓庆，

2012a：300）

第二，在《中西翻译思想比较研究》的第二章"论中国翻译传统"中提出"中国翻译传统"的四个特点：

a. 文化战略考量；

b. "圆满调和，斯道之极轨"；

c. 关注意义，兼及审美；

d. 强调悟性，强化主体。（刘宓庆，2005c：44-55）

在该著第三章"中国翻译理论的特色问题"中提到的特色有：

a. 中国译论具有鲜明的地缘人文、地缘社会和地缘政治特色，以文化战略为第一考量；

b. 中国翻译思想根植于丰厚的中华文化土壤中；

c. 中国翻译理论有其独特的发展渊源、沿革和模式；

d. 中国语言文字自成体系。（刘宓庆，2005c：73-102）

第三，在《刘宓庆翻译散论》第一篇文章"中国翻译理论要不要有'中国特色'"中提到的特色是：

a. 中国译学孕育于丰厚的中华文化母体中，无处不留下中华文化母体的"胎记"；

b. 中国久远的人文-哲学传统历来重"意"（概念、思想、意念等）；

c. 中国的翻译学深受中国传统哲学的影响，中国译学与美学也结下了不解之缘；

d. 从整体看，中国翻译对策论不能立足于寻求广泛的"对应"，只能诉求于高度动态的"功能代偿"。（刘宓庆，2006d：1-5）

第四，在《中西翻译思想比较研究》（第二版）第三章第一部分列出了七条（因篇幅所限，这里只列出每一条的话题部分）：

a. 理论发展的人文、历史定位；

b. 理论发展的当下与传统观照；

c. 理论发展的借鉴与开拓；

d. 关于意义和形式；

e. 关于发展现代美学；

f. 中西翻译对策论与方法论差异；

g. 跨文化研究对中国翻译理论的重要意义。（刘宓庆，2012c：55-56）

三、对刘宓庆中国译论特色观的评论

刘宓庆对中国翻译理论特色的以上表述，存在这样几个问题。

第一，所列"特色"较含糊。体现在所列"特色"的数量和特色本身的身份两个方面。从数量上看，除了 2012 年《刘宓庆翻译论著全集》（第二版）中列了七条特色外，其余均为四条，在所列的四条特色中，除了"文化战略考量"是比较固定的"特色"外，其余的说法均不够统一。从特色本身的身份看，对于何为"特色"，并未作出界定。所列的某些特色，如"中国译学孕育于丰厚的中华文化母体中，无处不留下中华文化母体的'胎记'"，其实是形成特色的原因或背景，并不是特色本身。西方的译学也是孕育在西方文化母体之中，无处不留下西方文化母体的"胎记"，何谈是中国特有的呢？

就"文化战略考量"来讲，刘宓庆一直非常强调这一点，认为这是最基本、最重要的"中国特色"。他通过对中国翻译史上的几大翻译高潮对中国文化发展的影响，认为文化战略正是中华民族生存、发展战略的重要组成部分。应该说，刘宓庆在这里表现出了他一贯关注国家和民族命运的责任感，是值得钦佩的。但是，有三个方面的问题需要考虑。其一，如果说翻译曾经作为文化战略问题对中国的文化发展起到过重要作用，那么，从西方的文化发展史看，翻译是否也起到过类似的作用？西方在中世纪和文艺复兴时期对阿拉伯和古希腊典籍的翻译是不是也体现出一种文化战略？其二，如果过分强调翻译在国家民族命运中的作用，就会忽视其他方面的因素。毕竟现在的中国已不同于以往，国际交流的途径出现多样化趋势。如果说过去翻译在中国文化战略中主要起了外国文化输入的作用，那么，随着当前中国综合国力的日益增强，中国文化的"送出去"战略也应该成为文化战略的重要内容。其三，文化战略问题是否是中国翻译理论的特色，还是可以商榷的。文化战略问题与翻译理论的关联度有多大？前者是一个民族在文化发展方面的考量问题，是关于翻译实践的，后者则是一个学科理论问题。刘宓庆认为中国的翻译理论问题也有一个文化战略考量问题，就是对待外国理论只能借鉴，不能照搬。这一点是无可厚非的。但如何借鉴？如何对待我们已有的传统译论？如何将现有的译论"送出去"与西方进行交流？这些都是需要我们认真考虑并拿出实际行动的。

第二，用词不统一。如"中国翻译理论""中国翻译思想""中国翻译传统""中国翻译学"混用。其中谈到的"中国翻译传统"显然是从翻译史的角度讲的。各个国家的翻译史都是不同的，也必然有各自的特色，这是不言自明的。需要指出的是，刘宓庆在最近出版了他的《新编当代翻译理论》第二版（2012a），该版对原先的第一版进行了补充和修订，其中将第一版中的"建设有中国特色的翻译理论"一章的标题改为"关注翻译理论的中国价值"。他在该著第二版的出版说明中认为，这样做可以避免不必要的片面解读和政治联想。笔者比对了新旧两版的这部分，发现除了名称改了，内容并没有什么变化。关于何为"中国价值"，刘宓庆在该版的出版说明中指出：

> 我认为用"价值"来表示社会科学研究的理念、信仰或倾向性比较恰当，这样可以清楚表明一种理论态度。社会科学研究不能回避本土化价值，翻译理论研究也应该这样。（刘宓庆，2012a：10）

第三，没有区分"翻译理论的特色"和"翻译实践的特色"。如"圆满调和，斯道之极轨"是指翻译实践，而不是翻译理论。这一点是与刘宓庆一直强调的"翻译学是一门经验科学"有关的。但实践与理论毕竟不是一回事。另一方面，他所说的"整体性整合研究"是指向翻译理论的，而不是指向翻译实践的。其实，西方的翻译理论研究也是关注整合研究的，如霍恩比提倡的"综合法"，就是运用格式塔理论试图将语言学派和文化学派进行整合研究。彻斯特曼的"模因"论也有整合的思想。其实，论及中国翻译理论研究的特色，对元翻译理论的讨论，如围绕翻译学的建设问题，倒是中国的一大特色。

第四，没有区分"翻译审美"与"翻译美学"。前者是中国传统译论的一个维度，后者是借鉴作为学科的美学的原理对翻译的跨学科研究。另外，西方传统译论也非常重视审美问题，它何以是中国翻译理论的特色呢？

第五，将语言的特色误解为翻译理论的特色。刘宓庆一直强调汉语（包括汉字）在音、形、意等方面的独特性，认为有汉语参与的双语翻译必定具有中国特色。

但这里的悖论是，翻译的双向性决定了有汉语参与的翻译实践在强调汉语特色的同时也必定承认了另一种语言的特色，那么，从另一种语言的角度看有其参与的同一个翻译实践，是不是可以得出有这种语言参与的翻译理论的另一种特色呢？问题是，同一翻译实践得出了两种翻译理论特色，是不是一个矛盾呢？若不是，有汉语参与的翻译理论的特色又从何而来呢？另外需要提及的是，刘宓庆汉语的特色观是其中国译论特色观的论据之一，这样就把现代汉语和中国语言等同起来了，而忽略了有中国境内的其他少数民族语言参与的翻译的实际。那么，有国内少数民族语言参与的与外国语言互译产生的翻译理论是不是也是中国特色译论呢？

第六，没有区分"已然的特色"和"应然的特色"。这里涉及两个方面的问题。其一，特色是"发现的"还是"发明的"？是要保留还是要建构或建立的？是后顾的还是前瞻的？这些是在谈特色时需要进行区分的。从中国译论特色论的发展来看，似乎有从起初的"发现式"特色向"发明式"特色转向的特点。其二，中国传统译论是用汉语表述的，汉语有特色，那么，中国传统译论在理论形态方面是不是也是有特色的？但译学界似乎对中国传统译论的这种特色一律视为缺陷，但缺陷是特色吗？照此看，刘宓庆的"功能代偿"也不完全是中国的特色，且不说"功能代偿"是从"对应"中衍生出来的概念，与"对应"并无本质上的区别，仅就"功能代偿"的前提"外译汉"来看，说它是中国的特色至少是不全面的。如果从"汉译外"的角度看，何尝不需要进行一种功能上的代偿呢？另外，刘宓庆认为，汉语和西方语言分属不同语系，决定了中国翻译理论必须重视语言文化比较（对比）研究。但是西方语言学派翻译理论早就强调从语言对比的角度进行翻译研究，巴尔胡达罗夫、奈达、卡特福德、彻斯特曼等人无不如此。那么能说它是中国翻译理论的特色吗？

第七，在具体的表述方面有矛盾或不严谨之处。如一方面认为"中国译论具有鲜明的地缘人文、地缘社会和地缘政治特色"，另一方面又认为"'中国'只是一个地缘文化范畴概念，不是地缘政治概念"。（刘宓庆，2006d：1）又如，有时强调中国翻译理论的特色之一是"重描写、重意义、重功能"，有时又只强调"重意义"。那么，"重意义"是中国翻译理论的特色吗？刘宓庆从中国传统译论如"神似"以及西方现代语言学和当代哲学思潮对意义的边缘化来进行论证，应该说是有一定道理的。但是，西方翻译理论并不缺乏对意义的论述，西方现代语言学也是流派纷呈，结构主义语言学之后，语言学研究逐渐向功能、语境、社会等宏观方向发展。奈达、纽马克等人都很重视翻译理论中的意义、语境、文化研究。阐释学派译论也是从文本意义的理解出发来进行研究的。文化学派虽然不直接强调意义，但十分重视文本的功能，并且主要是从社会文化等外部因素来进行研究的，与刘宓庆一直从语言角度研究翻译的途径是不同的，不应放在一个层面上进行比较。

第八，在《新编当代翻译理论》(2005a)的部分章节把《现代翻译理论》(1990)中的"中国"二字进行了删除，以示所论翻译理论的普遍性，但在内容方面没有进行大的改变。如"绪论"中的"翻译学的基本理论原则"，《现代翻译理论》中为"中国翻译学的基本理论原则"等。在《新编当代翻译理论》(2005a)的出版前言中有强调："本书是一本通用的翻译理论引论，更多着眼于翻译的共性，同时也提纲挈领地触及中国翻译理论的特性。"(刘宓庆，2005a：前言)看来，刘宓庆的翻译理论是一种"亦中亦西的理论"，这是中国近现代以来中国学术的共同特征，是民族本位思想与普遍性诉求张力下的必然结果，谁也无法摆脱。

以上对刘宓庆先生的翻译理论中国特色观作了简要的分析。应该说，刘宓庆特色论的出发点是基于中国传统译论和翻译传统的，并且是"发现"和"发明"共举。刘宓庆不但高举特色论的大旗，还比较具体地指出了特色是什么，并随着时间的推移和认识的深入不断完善自己的特色观，尽管对这些特色的表述还不太一致，且所提到的特色是不是真的特色，还有待商榷，但他这些年在这一观点上所表现出的坚持和对观点的不断完善的治学精神，是值得肯定和敬佩的。当然，也有其他特色论的学者谈到了中国译论的具体的特色，如胡德香在《中国翻译》1998年第4期发表《论中国翻译理论研究特色》一文，提到了中国近两千年的翻译理论研究有以下特色：根植于民族文化土壤并一脉相承；许多古代翻译理论家不懂外语；理论家都有着强烈的使命感；中国对翻译人才的培养；翻译理论朝着多元化方向发展。细查这些"特色"，可以发现：所列"特色"其实并非中国独有；古代有没有翻译理论家还待商榷；翻译理论家不懂外语并不是特色，简直就是缺点了。如果说胡德香所提的特色是从已发生的翻译理论事实中"发现"的，属于"实然"的范围，那么张柏然在《建立中国特色翻译理论》一文中提到的几点特色就是致力于建立怎样的特色了，即属于"应然"的范围了。他说：

> 所谓"中国特色"，第一，就是用中国人自己的目光、观点与理解，而非外国人的目光、观点与理解，来阐释中外翻译现象，尤其是文学翻译现象。……第二，就是必须连接被忽视甚至中断了的古代翻译理论传统，从古代译论中吸取丰富的营养……第三，要与当代的中外翻译理论相结合，用以阐释我国与外国的新的翻译现象，形成我国新的翻译理论。第四，有着中国特色的翻译理论有时多种多样的，对精神现象的大一统、单一化的理解一旦破除，翻译理论就显示出其自身的多姿多彩，加上各种学派的理论竞相争妍，就会显得更加绚丽斑斓。（张柏然，2008）

可见，刘宓庆和其他学者对中国翻译理论的特色有着不同的看法，特色确实是个见仁见智的问题，本书对刘宓庆关于翻译理论中国特色的讨论也只是一己之见，希望以此引发对中国译论特色的进一步思考和讨论。

第四节　文化战略观

刘宓庆通过考察中国翻译史上翻译对中国文化发展的作用，认为翻译是中国的文化战略手段，中国译学必须重视文化战略考量，并把它看作中国翻译学的最基本、最重要的特色。他的翻译的文化战略观包括这样几个方面：

第一，从文化战略的高度和自我定位来看待中国的翻译事业，振奋精神，不断进取，高标准从严要求自己，做到心高志远，奋发有为。

第二，继承和发扬译界先驱和前辈心系民族危亡和国运盛衰的崇高精神和心志，将个人的事业与忧国感时之志密切结合，将一词一句、一篇一著之"译"与国家、民族多元文化之"业"密切结合，做到林纾所说的"天下爱国之道，当争有心无心，不争有位无位"。

第三，回应时代的要求，努力钻研理论，发展理论，建设有中国特色的翻译理论和翻译学。按人口计算，汉语言是世界第一大语言，服务于发展潜力极大的中国经济体和中华文化体，学汉语的人与日俱增，中国人应对世界的翻译学作出贡献。

　　第四，积极清理我们自己的发展理念，端正对待西方学术和理论，尤其是端正对待当代西方翻译理论的态度，真正做到知己知彼，提倡创新，力戒盲从。任何社会科学理论都离不开其赖以生存发展的文化母体和特定国情的需要。对待外国的理论，我们可以参照借鉴，但不能抄袭照搬，就是我提出的"本位观照，外位参照"。中国的文化应该源自中华文化母体，紧贴中国历史和现实国情，中国翻译理论界应该掌握理论话语的主导权和自主权。（贺爱军，2007：51-52）

　　以上四点中，前两点是关于对待翻译实践的态度，后两点是关于对待中西翻译理论的态度。在《翻译十答》中，刘宓庆对翻译的文化战略观进行了详细的阐述。翻译实践方面，刘宓庆认为，中国历史上的佛经翻译、明清之际的科技翻译、清末及五四时期的学术翻译、文学翻译都是应当时之需进行的战略选择。而翻译的文化战略应该与时俱进，因此在当前中国，要做出相应的战略调整。他认为，翻译事业的优先次序是：学术翻译、科技翻译、财经贸翻译、文学翻译、文化事业翻译及其他翻译。这里将文学翻译放到了次要的位置，刘宓庆有他的考虑。他认为，当代中国的翻译业应该向实业（industry）发展，即翻译要实现实业化。其实，这是刘宓庆自 20 世纪 80 年代以来就一直坚持的观点。他对翻译技巧、翻译的技能意识的培养和翻译教学的重视正是这方面的体现，他的翻译学经验主义观点也是从此出发的。可以说，他的几乎所有的研究努力都是指向翻译实践的，而翻译实践的主要领域在非文学翻译或实务翻译。他的"翻译实业化"的观点很符合当前中国近几年发展起来的 MTI 的办学理念和宗旨。在翻译理论方面，刘宓庆的文化战略观表现在对西方翻译学的批判性接受和建设中国特色的翻译理论。下面谈谈对文化战略的几点看法。

　　我们认为，翻译作为中国的文化战略手段可以体现在多个维度上，每个维度都有两个方面。对象维度：外国文化、中国文化。方向维度：外国文化引进来、中国文化送出去。翻译主体维度：外国人翻译、中国人翻译。文化影响维度：积极影响、消极影响。翻译策略维度：归化翻译、异化翻译。① 从中国翻译史上的佛经翻译、明清之际和清末民初三大翻译高潮来看，以往的中外文化交流主要是将外国文化向中国输入的过程。翻译主体在前两大高潮经历了外国人主译，到中外合作，再到中国人主译的过程，第三次主要是中国人主译。中国文化的外译所占比例小，且主要是由外国人实施。影响方面，外国文化，特别是佛教文化对中国文化的影响积极而深远。后来的基督教文化对中国的影响较弱，一是影响时间到目前为止还不是很长，二是其在中国的历史发展进程中，特别是近代，扮演了不太积极的角色。但西方的科技文化和其他思想文化对近现代的中国产生了巨大而积极的影响。翻译策略方面，从整体上看，归化和异化策略交替进行，也出现过折中倾向。宗教翻译的"格义"、清末的"意译"风尚(王宏志)基本上属于归化的范畴。道安的"案本"、五四时期周氏兄弟倡导并实践的"直译"基本上属于异化的范畴。进入 21 世纪，随着中国综合国力的增强，中国在国际上地位的不断提高，国人一个多世纪以来的强国之梦再一次被唤起。"中国梦"的实现不仅有赖于继续引进和学习西方文化，更重要的是要把中国文化推向世界，让世界更了解中国，这是中国与世界消除误解、进一步相互理解的基础和前提。如遍布全球的孔子学院为中华文化的对外传播产生了一定的影响。这就是当前中国的文化战略，翻译领域所能做的就是把负载中国文化精髓的中国文化典籍外译出去，这是以前翻译领域的薄弱环节。与中国文化典籍外译有关的问题需要进一步思考：如需要外译的文化典籍的范围是否有轻重缓急？翻译主体是否一定是外国译者或中国译者？从当前的实际情况看，中国译者会成为主力军，这对中国译者的总体素质，特别是翻译能力有怎样的要求？如何保证和评判外译文本的接受效果？外译作品的"出口转内销"的问题如何解决？翻译方法是否一定是有些学者所论证的"异化"或以"异化"为主？典籍文本是否需要进行分类，根据不同的功能或目的采用不同的翻译方法？通过"厚翻译"翻译的文化文本如何保证其接受的效果？当前中国典籍文本的翻译是否需要一种"译经意识"的态度来做？等等。

---

① 国内学者对"归化、异化"和"直译、意译"从文化层面和语言层面进行了区分，认为前者是翻译策略，后者是翻译方法。其实，由于语言本身也是文化的重要组成部分，因此从本质上讲，这两对概念没什么大的区别，不管从殖民视角还是后殖民视角都是如此。如果将中国古代译论中的"文"与"质"看作"意译"和"直译"，便更是一种误解了。这在前文中已有讨论。

第五章　刘宓庆译学思想之宏观层面：译学方法论与范式

第一节　刘宓庆译学研究方法论

工欲善其事，必先利其器。任何研究都需要一定的方法，自然科学如此，人文社会科学亦如此。刘宓庆一直十分重视翻译研究方法，他早年就指出中国传统译论的方法论必须革新，以适应建设现代译论的需求。刘宓庆在具体的翻译研究中，运用了多种研究方法，如比较法、系统论方法、跨学科方法等，这些方法都可以归结到他提出的"本位观照、外位参照"的总方法。这里拟对刘宓庆的研究方法进行简要梳理和评析，以期对他的翻译思想有更全面、更深入的认识，并从个案的视角为国内翻译研究方法论的研究提供借鉴。

1. 比较方法

比较方法是刘宓庆在长期的翻译研究中使用的主要方法之一。首先需要说明两点，其一，为讨论的方便，这里的"比较"和"对比"不作区分，虽然从严格意义上讲两者有区别。其二，汉英对比研究是刘宓庆在 20 世纪 80 年代的主要研究领域之一，他的汉英对比研究虽也涉及了普通对比语言学的问题，如他提出了语言对比的异质性、层面透视法、"汉语本位"等观点，但主要还是指向翻译的对比研究，因此，比较方法在这里仍被看成其翻译研究的方法来讨论。

这里的问题是，刘宓庆何以对比较或对比的方法情有独钟？这里既有内部的原因，也有外部的原因。内部原因来自体现在刘宓庆身上的、中国近现代以来形成的、已经成为一种集体无意识并深深沉淀于中国人的深层心理中的一种"比较情结"，这种比较情结在中国近现代学术研究领域或隐或显都有所表现，具有强烈爱国情怀和民族本位思想的刘宓庆自然不可能摆脱这种心理情结。外部原因有很多，有翻译学学科建设的影响，也有来自家庭和师长的影响。学科影响方面，源于 20 世纪 80 年代中国翻译学学科现代化建设的需要。刘宓庆是中国新时期最早关注中国翻译学学科建设的学者之一，在 1989 年就同时发表关于西方翻译理论和中国翻译理论的两篇重要文章：《西方翻译理论概评》和《论中国翻译理论基本模式问题》。两篇文章的内容和研究主旨已经初步显示出刘宓庆中西译论比较研究和以建构中国翻译理论体系为目的的研究倾向。在师长和家庭影响方面，据刘宓庆回忆，他从事汉英对比研究受王力先生的影响较大。刘宓庆从事翻译理论比较研究，还潜在地受到其他师长的影响。虽然朱光潜先生对刘宓庆的直接影响体现在翻译美学领域，但朱先生的理论比较思想和实践都可能对刘宓庆从事理论比较研究产生间接影响。朱光潜是中国新旧交替时期美学领域的重要代表，受时代影响，他在许多研究领域，如美学和诗论，也不可避免地运用了中西比较的方法。他的《诗论》一书就处处运用了比较的方法，在书的"抗战版序"中阐述了比较研究方法，他认为：

> 一切价值都由比较得来，不比较无由见长短优劣。现在西方诗作品与诗理论开始流传到中国来，我们的比较材料比从前丰富得多，我们应该利用这个机会，研究我们以往在诗创作与理论两方面的长短究竟何在，西方人的成就究竟可否借鉴。……当前有两大问题须特别研究，一是固有的传统究竟有几分可以沿袭，一是外来的影响究竟有几分可以接受。（朱光潜，2008：序）

另外，他的伯父刘永济是我国著名的词学家，也是中国最早运用西方理论对中国传统文学批评进行梳理的学者之一，这种中西视野的治学方式对刘宓庆的影响也是显而易见的。

对于比较法，刘宓庆在著作中进行过直接阐述：

> 比较法在译学研究中不可或缺，我们的工作对象是多语言、多文化。因此一定要慎于比较、善于比较。"比较"可以提供"联系"、提供"差别"、提

供比较客观的"标准"……在深入比较中寻求相似性和非相似性，此其一。其二是在审慎的观察、比较以后进行合理推断。（刘宓庆，2005c：10）

为了强调比较的重要性，在《中西翻译思想比较研究》（2005c）一书的附录中附上了英国历史学家汤因比的《历史研究》的第六章"文明的比较研究"和第七章"希腊模式和中国模式"。这部分内容虽与中西翻译思想无直接的关系，但也体现了刘宓庆对"比较"作为一种研究方法论的重视。

如果对"比较"与"对比"两个概念不作区分，可以说，在刘宓庆的整个学术研究中，比较（对比）方法是其研究方法的一条主线，主要体现在语言对比和理论比较两个方面。不论是在汉英语对比研究领域，还是在文体与翻译、翻译美学、文化翻译等领域，处处可以看到其比较方法的运用。他对汉英语的对比研究是一种比较研究，自不必说；在《文体与翻译》（1986）一书中，刘宓庆十分重视汉英比较研究，将翻译专题的论述放在对比分析的基础上展开，不但使翻译理论的论述有充分的论据，也有助于指导翻译实践，符合此书作为翻译教材的宗旨。《翻译美学导论》（修订本）第三章中作者对中西译论中的美学传统进行了比较分析，认为，西方译论与哲学—美学的依存关系均远远不及中国传统译论（刘宓庆，2005b：48）。在《文化翻译论纲》（1999b）中，刘宓庆选取爱尔兰文化与荆楚文化作为研究对象，运用文化人类学的研究方法，对两种文化进行了比较分析，提出了自己对文化翻译的见解。

2005年，他的《中西翻译思想比较研究》出版，比较的方法在他的学术研究中表现得更为明显，至少从著作的书名看，刘宓庆是通过比较的方法进行研究的。如果将比较放在更宽泛的意义上讲，刘宓庆的翻译学学科框架也是在对霍尔姆斯的翻译学框架图的评判的基础上建构的。另外，刘宓庆的"功能代偿"的翻译策略论也是在与西方的"对应"策略论比较的基础上提出的。

对于"比较法"对中国翻译理论建设的意义，他认为：

中国翻译理论之建设离不开多维的、综合的"比较法"，包括语言比较、文化历史比较、思维方式与风格比较，这些比较都涉及深入的社会历史比较、文化传统比较、价值观论比较，等等；综合比较还包括历时比较和共时

比较，只有在比较中才能找出差异，在比较中显出特色。（刘宓庆，2005c：127）

任何比较方法的运用都要有一定的指向性或目标性，刘宓庆的比较研究也不例外。他的汉英对比有着较为明确的比较研究指向，即为翻译实践服务。他的中西译论比较主要体现在对中西译论的评价上，指向的是强调中国译论的特色。

2. 跨学科方法

现代学科发展的特征之一就是跨学科性，学科之间的互动可以为双方提供方法上的支持，为学科发展拓展研究的思路，开阔研究的视野。从本质上讲，翻译研究具有天生的跨学科性，这是由翻译学不是一门原生性学科的性质决定的。中西传统译论的研究方法就是跨学科的，如中国传统译论与中国传统哲学、美学、文论有着密切的关系。西方传统译论的文艺学路线和语言学路线也都表现出某种程度的跨学科性质。不只传统译论，跨学科方法也是现当代翻译研究的主要方法之一。西方现代翻译理论就是以现代语言学为突破口的。关于翻译研究与其他学科的学科间性关系，李运兴曾分为四类："供体-受体"关系、"理论-应用"关系、类比关系和邂逅关系。（李运兴，2010：284-287）这里我们换个角度来看。

一般来讲，翻译理论的跨学科研究有三种情况。

第一，直接应用某一学科的理论框架。这种情况又可分两种：一是运用学科的分支学派或分支学科框架。如语言学派译论运用结构主义语言学、转换生成语言学、系统功能语言学、语义学、语用学、篇章语言学、心理语言学、社会语言学等。即使在某一分支语言学范围内，也有其分支理论的跨学科研究，如李运兴认为，"借用关联理论研究翻译，从本质上讲仍是用多学科研究方法研究翻译"（李运兴，2001：8）。二是学科的普通框架。如吕俊的传播学框架，许建忠的翻译生态学、翻译地理学等。

第二，利用其他学科作为学科背景或基础进行理论创造。如德国的功能目的派的理论背景是行动理论、交际理论、接受美学和语篇语用学。西方翻译研究学派的理论背景是俄国形式主义、多元系统论、比较文学、文化研究和解构主义思潮等。吕俊的建构主义翻译学的理论背景是实践哲学、哈贝马斯的交往行为理论、言语行为理论等。

第三，将某一学科的理论观点用于翻译研究。如胡庚申将生态学的"选择""适应"等观点用于翻译研究提出了"翻译选择适应论"。顺便提及的是，虽然都与生态学有关，文艺生态学与翻译生态学的理论旨趣是不同的，前者显然具有后现代主义的性质。当然，生态学作为一门自然学科，与翻译结合的合理性到底有多少，还是一个可以讨论的问题。

刘宓庆的翻译研究领域较为广泛，涉及多个学科领域，他一贯重视翻译研究的跨学科研究，强调翻译研究的"工夫在诗外"。他多年来潜心研究哲学、语言学、文化学、思想史、认知科学、美学等，为其翻译理论研究和翻译学学科构建提供了外围学科和方法论的支持。刘宓庆对"跨学科研究"和"多学科研究"进行了区分，认为前者是翻译学与某一学科的相关性研究，后者则是翻译学与其他多学科的相关性整合研究。因此，前者是后者的基础，后者是前者的整体化提升，但二者从本质上都可以归入跨学科研究。因此，刘宓庆的跨学科方法主要体现在其对翻译理论的跨学科研究和对翻译学体系的跨学科-多学科整合研究。

在翻译理论的跨学科研究方面，在他的汉英语对比与翻译研究中，其对语言学理论的借鉴自然是不必说的。他的翻译美学研究表现最为明显，他是从中国传统译论的美学渊源出发，运用现代美学的基本原理对翻译美学的基本框架进行了描述和架构。另外，他对文化翻译的讨论也表现出了一定的跨学科性。刘宓庆一向重视翻译的意义理论的研究，并认为翻译的意义理论是中国翻译理论的特色之一。他是从西方现代语言哲学的视角，特别是从后期维特根斯坦的意义理论获得灵感，对翻译的意义理论进行了阐述。这些都属于他实际运用跨学科研究方法进行的研究。

刘宓庆的跨学科研究方法还体现在他的翻译学学科体系构架中。更确切地说，他对翻译学学科体系框架的研究是一种跨学科-多学科的整合研究，这成为他对翻译学研究方法认识的一部分。刘宓庆认为，西方现代科学和现代语言学的发展为翻译研究提供了多学科的支持，使翻译研究摆脱了传统翻译研究"为翻译论翻译"的束缚。在他的《新编当代翻译理论》（2005a）中最新的翻译学"内部系统"中，"翻译理论"部分下设的"跨学科研究"就涉及语言学"家族"、文化学、美学、传播学、释义学、符号学、认知科学。在其"外部系统"（"翻译学多维共同体"）中，更强调翻译学的参照学科，构成翻译学的横断学科网络。

应该说，翻译学的发展离不开跨学科研究，跨学科研究方法应当成为翻译研究的重要方法并大力提倡。但是，学科间的借鉴或移植是否存在某些条件？是否任何学科都可以用来进行翻译研究？跨学科对翻译学的独立性会造成什么影响？刘宓庆在早期曾对西方现代翻译理论的跨学科研究表达过忧虑，认为翻译学是一门不依赖任何学科的独立学科，这就要求在进行翻译的跨学科研究中，一方面善于借鉴它学科的理论方法和范畴，另一方面也要时刻警惕被其他学科挤占的危险。这实在是一个悖论。刘宓庆也正是在这两方面努力保持一种平衡。他对美学和文化学与翻译研究的结合格外关注，显然仍是在传统学术的范围内讨论问题。另一方面，美学和文化学本身的学科合法性问题尚待论证，执着于这种跨学科的研究便值得怀疑了。另外，跨学科研究是开放性的，刘宓庆翻译学学科体系构架的封闭性实际上在某种程度上限制了他的跨学科研究的广度和视野。他对西方当代翻译理论（如以文化学派为代表的后现代译论等）的排斥和批判表现了这种跨学科研究的某种不彻底性，这也成为他运用跨学科研究方法进行翻译研究的局限性。但瑕不掩瑜，仅就他一直倡导翻译的跨学科研究这一点来说，就足以表现出他作为国内当代老一辈翻译理论家的理论勇气、胆识和视野。

3. 系统论方法

20 世纪初，随着西方自然科学和技术领域的一系列革命，如广义相对论、量子力学、电子计算机，出现了以"三论"，即系统论、控制论和信息论为标志的一批新兴学科，冲击着人类旧有的知识体系，极大地改变了人类的传统思维方式，在人文社会科学领域也引起了运用自然科学方法进行研究的热潮。分析如下。

刘宓庆在翻译研究中表现出了较明显的对系统论方法的运用，影响来自两个方面，一是他对系统论对翻译研究影响的认识，二是其所处时代对系统论研究方法运用的影响。这两个方面关系密切，更确切地说，前者离不开后者的影响。

先看他对系统论对翻译研究影响的认识。他认为，50 年代之前的翻译研究比较封闭，研究者通常把自己局限在传统的就翻译论翻译的研究视野内，因此翻译研究的命题和深度都非常有限，如翻译标准、翻译方法、翻译的创造性、可译性，等等。造成这种局面的主要原因是多方面的，如翻译学科意识的薄弱、传统美学的强大牵引力、现代语言学的研究水平等，这些不可能使翻译理论家突破传统的有限框架。刘宓庆认为，20世纪50年代到60年代以信息论、控制论和系统论为主导的科技发展导致了科学和语言学"家族"的发展，增强了它们与翻译研究的联系，从此，翻译研究从以主体的自我感受为基础或"本源"的研究转向了以客体的能动机制和功能为关注中心的研究，翻译理论研究的意识逐步增强。人们普遍认识到，翻译学必须是一门开放的、综合性的学科。老三论的出现为翻译学的学科现代化提供了契机。这里可以看出，刘宓庆认为现代翻译理论的发展离不开以系统论等为主导的现代科学的发展，而现代科学的发展为现代语言学的产生提供了方法论的支持。进一步讲，现代翻译理论正是在现代语言学的影响下发展起来的。索绪尔开创的现代语言学强调语言的结构和系统，对早期语言学派译论产生的影响较大。

再看刘宓庆所处时代对系统论研究方法的运用情况。

中国传统学术研究方法陈旧，不太重视方法的革新，到了五四时期，新旧交替，中西碰撞，使人们认识到了方法的重要性，"科学主义"风靡一时，科学主义与人文主义之争，前者一时间占据上风。早期的一大批学者正是借鉴了西方的学术研究方法后，才在各自的领域内有大的建树，如王国维、冯友兰等，胡适更是一个方法崇拜者。进入20世纪80年代，出于对学术现代化的诉求，人们纷纷试着运用现代自然科学的方法来进行人文社会科学领域的研究，一时间竟成为一种时髦，形成所谓的"方法论热"，1985年达到高潮，被称为"方法年"。"科学主义"再次压过"人文主义"。其中运用最多的是"三论"，特别是系统论的借鉴和运用。哲学界、历史学界都有运用，最热闹的要数文艺理论界，运用系统论分析文学作品的文章和著作纷沓而来。应该说，中国人对西方的系统论表现出如此热衷的态度，一方面受学科科学性诉求的影响，另一方面也可以从中国传统文化中找到其接受的背景。如中国古代哲学一向有"人与万物为一体"的宇宙意识以及"体用一源""道器不分"的一元哲学，强调事物的整体性和系统性。中国传统的阴阳互动、五行相生相克的哲学思想也表现出一定的整体观和系统观。

在这种学术环境中，翻译研究不可能不受到影响。中国20世纪80年代初的翻译研究，科学主义盛行，主要受到三方面的影响：一是西方语言学派译论，二是哲学方法，三是自然科学方法。其中，西方语言学派译论影响占主流；哲学方法如逻辑方法，阎德胜在这方面做了许多研究，提出建立逻辑翻译学；自然科学方法如模糊数学、系统论方法等，前者有范守义的《模糊数学与译文评价》（1987），后者有吴国恩的《科技外文文献汉译的系统论初步》（1987）。辜正坤的"翻译标准多元互补论"已显出一定的小理论体系形态，可以推测系统论的思维可能在其中起了一定的作用。当然这一时期不只是系统论，信息论也被用于翻译研究中。

受时代的影响，刘宓庆也有意识地用系统论的方法进行翻译研究，这也成为其进行现代翻译理论研究的主要法宝之一。刘宓庆对系统论方法的运用主要体现在对翻译学学科体系的建构上。

基于系统论的翻译学学科体系架构是刘宓庆翻译研究的终生目标。他出版于1990年的《现代翻译理论》就运用系统论方法将翻译学分成两个系统，一个是内部系统，一个是外部系统。在《新编当代翻译理论》（2005a）中，他将内部系统和外部系统进行了改造，并将外部系统改名为"翻译学多维共同体"，但运用的仍旧是系统论的研究方法。另外，刘宓庆提出的翻译基础理论研究的"整体性整合研究"方法，也是其系统论研究方法的表现之一。

应该说刘宓庆翻译研究的系统论方法是为其翻译学的系统构架服务的，因此是合目的的研究行为，但在使用系统论方法追求翻译研究的现代化和科学化以及理论系统的开放性的同时，由于其与结构主义的密切关系，又使他的翻译学体系的建构陷入了封闭的、静止的窠臼，这也成为他的翻译学学科建构难以摆脱的困境。虽然如此，在当前翻译研究方法匮乏的今天，包括新老三论在内的现代科学方法论在翻译研究中的应用还不够，其应用前景还是可以期待的。

4. 本位观照、外位参照

如果说前面三种还是他人从刘宓庆的翻译研究中总结出来的研究方法，那么"本位观照、外位参照"则是刘宓庆明确提出来的翻译研究方法，并且这一方法具有统摄性，可以统摄以上三种方法，即比较方法（"以中国译论为本位、以西方译论为外位"）、跨学科方法（"以翻译学为本位、以他学科为外位"）和系统论方法（"以内部系统为本位、以外部系统为外位"）。如果说前三种方法还是微观方法，那"本位观照、外位参照"就是一种宏观的方法，具有方法论的性质。下面进一步展开讨论。

刘宓庆"本位观照、外位参照"的提出体现了他的"本位观"。他在 1996 年的《翻译理论研究展望》一文中首先提出了翻译研究的"本位观"和"本位观照、外位参照"问题，在 2001 年的专著《翻译与语言哲学》的第一章专门讨论了"本位"和"外位"问题。他认为"位"就是理论研究的基本立足点及理论研究的依据。不同的"本位观"决定不同的价值观和真理观。对翻译理论研究来说，他认为，翻译理论必须本位化，必须根植于民族文化的土壤中，没有"放之四海而皆准"的翻译理论体系。当然，这只是刘宓庆本位观的一个方面。我们认为，刘宓庆的本位观或"本位观照、外位参照"的方法论主要表现在以下几个方面。

第一，汉语本位观照，外语外位参照。刘宓庆的"汉语本位观"主要表现在他的汉英对比研究这个领域。他认为，从不同的语言立足点出发进行对比研究，会得出不同的研究结果。刘宓庆认为，汉英对比研究应该立足于汉语，强调汉语的特色。当然他在汉英对比研究的"汉语本位观"最终指向的是汉外翻译实践中的汉语特色，以及中国译论的特色，这是他一贯坚持的中国译论要有中国特色的主要依据之一。

第二，中国译论本位观照，西方译论外位参照。刘宓庆一贯注重中国的译论研究要以中国译论为本位，西方的译论只能作为参照，更不能将西方译论看作普遍性理论。他在《中西翻译思想比较研究》（2005c）中对西方当代翻译理论的评价集中体现了他的这一观点。他坚持认为，中国的翻译理论应该有中国的特色。这一点和第一点都体现了刘宓庆的比较研究方法。

第三，翻译学本位观照，其他学科外位参照。刘宓庆认为翻译学是一门开放性的综合性学科，他非常重视借鉴其他学科进行翻译研究，他认为，语言学家族、认知科学家族、符号学家族、传播学、美学等都可以作为参照学科参与翻译学的建构。他本人运用美学、语言哲学等学科对翻译理论进行了研究。这一本位观体现了刘宓庆的跨学科思想。

第四，内部系统本位观照，外部系统外位参照。刘宓庆将翻译学分为内部系统和外部系统。他认为，翻译学的本体是内部系统，由翻译理论、翻译史和翻译信息工程三部分组成。外部系统是一个参照系统，又称为横断科学网络。且不论内外系统各自的组成成分合不合理，仅从对内外系统的分类看，这一本位观与他的系统论方法有关。

综上所述，如果把刘宓庆的翻译研究方法论分为四个层面，如图 5.1 所示：

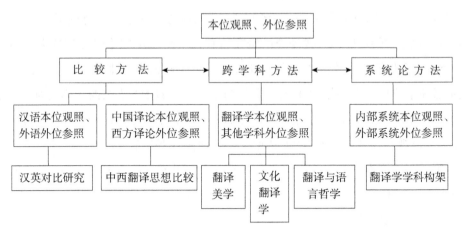

图 5.1 刘宓庆翻译研究方法层次图

从图 5.1 可以看出，第一层面是更具方法论的性质的综合性方法，即"本位观照、外位参照"，可称为广义的方法。第二层面的三个具体的方法，即比较方法、跨学科方法和系统论方法，可称为狭义的方法。第三层面是第一层面在第二层面的具体体现，第四层面是这些方法所涉及刘宓庆的研究领域。其实，所有这些方法都是他的经验主义观的具体呈现，从哲学层面上看，这些方法就是经验主义方法。但同时，刘宓庆也表现出了某种理性主义方法，主要体现在他对翻译学体系框架的建构中。但不管是哪种类型的方法，只要是符合研究对象的方法，就是合适的方法、有效的方法。在这方面，刘宓庆在其多年的翻译研究生涯中体现出来的较强的方法论意识或许会给我们一些启示。

第二节 刘宓庆翻译研究范式的演变

范式（paradigm）是托马斯·库恩（Thomas Kuhn）在《科学革命的结构》一书中提出并进行系统阐述的关键概念，涉及科学发展中学术共同体的阶段性更替。这一概念后来被广泛用于人文社科研究中，并在 20 世纪 90 年代后期引入中国翻译研究领域。国内学者曾由此掀起一场讨论翻译范式研究的热潮，如傅勇林和朱志瑜(1999)、吕俊(2001)、武光军(2006)等。刘宓庆是中国当代著名的翻译理论家，在长期的翻译研究中形成了自己的研究风格，具有个案研究的典型性。他研究的时间长、领域广，而且其近四十年的研究历程正好与中国新时期以来的翻译研究历程同步，他在这一过程中的不同阶段形成了自己的翻译研究范式。因此，有必要将之放到中国新时期翻译研究范式的大背景下，考察其翻译研究范式的演变以及与中国新时期翻译研究范式之间的互动，看看二者是否重合或错位。如果有错位，那么错位的表征及原因有哪些？下文拟从翻译范式的视角讨论这些问题，以期对刘宓庆翻译研究的演变有更深入的理解。

一、中国新时期以来翻译研究范式的演变

从整体上看，翻译研究兼有人文学科和社会学科的特征，而库恩的"范式"概念是针对自然科学提出来的，因此，讨论翻译研究的范式的演变必须首先阐明"范式"概念在人文社会科学领域的变化，以便为后文讨论的合理性提供理论论证的逻辑前提。众所周知，库恩用"范式"来讲述自然科学的"革命"，他本人是明确将社会科学和人文科学排除在范式理论的讨论之外的。因为，自然科学范式之间具有较大的不可通约性，前一范式和后一范式之间是竞争性的、革命性的。然而，"范式"概念一经提出，在人文社会科学领域也受到了广泛的关注，并被纷纷用于这些领域的学科史研究中。事实上，人文社会科学的范式研究取得的丰硕成果已证明了该理论在自然科学哲学之外的强大解释力。这样，在人文社会科学研究中，范式的概念就扩散化了，新旧范式的更迭就从"革命"变成了"演变"或"演化"。"革命"以新范式对旧范式的否定为条件，"演变"则是研究视角或热点的转移或转向。因此，一方面，旧范式仍有继续存在的合理性，继续向前发展；另一方面，新旧范式相容并互补，范式间的界限并非泾渭分明。

以上是对翻译研究范式的界定，下面简要阐述中国新时期以来翻译研究的演变。从时间上看，中国的传统译论始于佛经翻译，止于20世纪80年代之前，形成了独特的传统译论体系。从20世纪80年代初开始，国内开始陆续引进西方的语言学派理论，与此同时，中国传统译论逐渐弱化，工作主要集中在传统译论资料的整理上，如刘靖之(1981)和罗新璋(1984)的同名论文集《翻译论集》以及《翻

译通讯》编辑部编的两卷本《翻译研究论文集》（1984）等。当然也有学者继续做着"接着讲"的工作，如刘重德的"信达切"；或者提出自己的译论，如许渊冲的"美化之艺术"。但整体来看，这段时期对传统译论的研究是逐渐边缘化的，尽管在90年代初期有过中兴，如陈福康的《中国译学理论史稿》（1992）的出版。国内的传统译论研究到90年代后期才重新进入人们的视野，多为对传统译论的现代转换和翻译工作，如王宏印（2003）、张佩瑶（2012）等。对传统译论重新关注的原因是多方面的，如国内民族本位意识的重新觉醒、国内翻译学学科建设的需要、对建立中国特色翻译学的热衷等。我们将建立在传统译论基础上的范式称为"传统译论范式"。

80年代初，随着西方语言学派译论的进入，中国的翻译研究迅速进入了以现代语言学为基础的跨学科研究中，并延续至今。其间可大体分为两代语言学派译论。第一代始于80年代初，引进的代表人物有奈达、纽马克、卡特福德等，整个80年代成为第一代语言学派译论占主流的时期。中国译学界在90年代初期出现短暂的调整期，这段时间对西方第一代语言学派译论的引进趋于尾声，正处在消化、吸收、反思阶段。从90年代中期开始，以篇章语言学译论为代表的语言学派得到进一步发展并被引进中国，谢天振（2008a：前言：6）称之为"第二代语言学派"，代表人物有哈蒂姆、梅森、豪斯等人。第二代语言学派译论以现代最新的语言学成果为出发点，关注翻译伦理、意识形态等翻译话题，已出现与文化学派合流的趋势。我们将以现代语言学为途径的翻译研究称为"语言学范式"。

西方的语言学译学范式开启了中国译学的现代化进程以后，不断有新的西方翻译理论登陆中国，阐释学翻译理论就是一例。西方的阐释学大致分为传统阐释学和现代阐释学，前者关注文本的原意，后者认为阐释者可以根据自己的"前结构"或"期待视野"对文本进行自己的阐释。将阐释学理论用于翻译研究的主要以施莱尔马赫和斯坦纳为代表，特别是后者以海德格尔的现代阐释学思想为基础，提出了"理解即阐释"的观点。西方的阐释学理论早在20世纪80年代左右就已介绍到国内，较早将它用于翻译研究的文献是1987年杨武能的《阐释、接受与创造性的循环》一文。但直到90年代后期国内的阐释学译论才开始走向深入和繁荣，据杨柳的研究，"从1997年开始至2007年，阐释学翻译理论的气势越来越大"（杨柳，2009：110）。随后研究的热度慢慢降低。在此期间，学者们发表了大量研究论文，专著方面，蔡新乐、郁东占的《文学翻译的释义学原理》(1997) 和朱建平的《翻译：跨文化解释》(2007) 可作为代表。基于现代阐释学的翻译理论对语言学范式强调"等值""对等"的译学观进行了颠覆，是一次较大的研究视角的变化，这里将之称为"阐释学范式"。

进入 90 年代中后期，西方现代阐释学译论，与众所周知的产生于西方 70 年代的文化学派译论几乎同时大规模进入中国，中国译学界再次掀起引进西方译论的热潮。不同的是，阐释学译论范式持续的时间较短，而文化学派译论持续时间较长，维度较多，影响甚大，一度被称为翻译研究的"文化转向"，直到当前仍旧是国内翻译研究的热点之一。如果说语言学范式和阐释学范式还属于翻译研究的内部研究，那么，文化转向后的译论更侧重研究与翻译现象和译文本传播、影响等有关的社会文化因素，就属于翻译研究的外部研究，而且这一范式的涵盖较广，多元系统论、翻译研究派、描写学派、操纵学派、后殖民主义译论、女性主义译论等都包括在内。这里称之为翻译研究的"文化范式"。

进入 21 世纪，除了以上各种研究范式不同程度地展开外，其他各种翻译研究范式也接连出现，如语料库范式、认知范式、进化论范式等，使当前整个中国翻译学界出现多元范式共存的状况。与此同时，各种翻译研究"转向"的提出与范式研究混杂在一起，使国内翻译研究呈现出"欣欣向荣"的景象。当然，当前有些所谓的范式或转向存在泛滥的趋势，这是需要引起警惕的。这里暂将当前国内的这种翻译研究现状称为"多元范式"。

通过以上对中国新时期翻译研究范式的历时考察，本研究将中国的翻译研究范式划分为传统译论范式、语言学范式、阐释学范式、文化范式、多元范式五个类型。显然，这几种范式也是一种历时性划分，各范式前后更迭，明显出现了范式的演变。在以上范式阐述和划分的基础上，我们可把这些范式在新时期的演变情况用图 5.2 表示。

关于本研究对中国翻译研究范式类型的划分，需要作以下几点说明。

第一，如前文所言，不同于自然科学范式转换的革命性，人文社科范式的交替是以演变的方式进行的，即新旧范式往往会现共存的局面。这里所划分的范式在演变过程中也多属于这种情况，即范式之间并非泾渭分明，常处于过渡或部分重合的情况，但每一范式的区别性特征还是比较明显的。

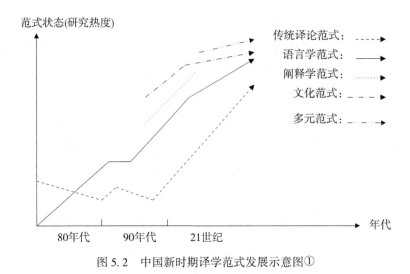

图 5.2　中国新时期译学范式发展示意图①

第二，用"传统译论范式"而不用"语文学范式"，一是因为在中国，"语文学"是指中国传统语言学，而中国传统译论并不基于传统语文学，主要来源于中国古典哲学与美学。二是因为"传统译论"并不完全是时间概念上的，而是理论形态概念上的，即中国传统译论的理论形态趋于零散，不系统、无体系。

第三，使用"语言学范式"而不是"结构主义范式"，是因为 80 年代中国译论发生了语言学转向，而语言学不只局限在结构主义语言学，其他语言学流派也被引入翻译研究，特别是到了 90 年代语言学派译论的影响并未减退，而是向篇章语言学、认知语言学、语用学等方向扩展。

第四，将"阐释学范式"作为一个译学范式提出，主要出于两方面的考虑。一方面，从时间上看，现代阐释学用于翻译研究是语言学派译论向文化学派译论转向的一个过渡，发生在 90 年代初期中国译学的"沉寂期"和 90 年代后期翻译文化转向之间，因此可将它看成是一个过渡范式，但是其影响是巨大的，文化转

①　本研究不完全属于基于数据的实证研究，此图只是对中国新时期译学范式发展的大致示意图。横坐标为国内新时期翻译研究范式发展的时间轴，大体上分为 20 世纪 80 年代、20 世纪 90 年代和 21 世纪至今；纵坐标为各个范式的存在状态，即某一翻译研究范式在时间轴上不同阶段体现出来的不同研究热度。另外，时间轴始于 80 年代，在这之前的中国译论范式应该属于传统译论范式，本研究的讨论限定在 80 年代至今这段时间，主要为配合下文对刘宓庆翻译研究范式的对比研究。

向、解构主义、后殖民主义等译学思潮都与它有关。另一方面，这里提出的"阐释学范式"与下文讨论的刘宓庆翻译研究范式的演变有关。可以看出，译学范式演变类型的提出既可以从全局着眼，也可以在全局分类的基础上作局部的调整，以服务于某一研究目的。

第五，"多元范式"并不是一个真正的研究范式，与其他范式并不在一个层面上，使用"多元范式"意在表明，文化范式之后，国内的范式研究出现了多元化倾向，在较短时间内多种翻译范式轮番登场。当然从中也可以看出当前国内翻译研究的一些困境。

二、刘宓庆的翻译研究范式的演变

上面讨论了中国新时期以来翻译研究范式的演变情况，从提出的初衷看，范式虽是群体性的概念，但同样适用于个体的研究，特别是典型个体的研究。那么，刘宓庆是否形成了自己的翻译研究范式？若是，其翻译研究是否存在范式的演变？他的翻译研究范式的演变与中国新时期的翻译研究范式又是如何互动的？

这首先需要对刘宓庆的翻译研究历程的变化有个大体的认识。我们认为，刘宓庆的功能观是贯穿他的翻译思想的核心线索，在总结自己多年的翻译研究的性质时或所归属的学派时，刘宓庆认为自己属于功能派。前文已对其秉持的功能观进行了梳理，发现他的功能观并非一成不变地贯穿其整个翻译研究，而是从"语言学功能观"演变为"语言哲学功能观"。另外，从开始研究语言哲学的意义理论开始，刘宓庆的翻译观产生了向阐释学译论演变的倾向，因为语言哲学，不管是英美分析哲学还是欧陆语言哲学，关注的焦点都是语言表达式的意义问题。刘宓庆在《翻译与语言哲学》(2001)中就提出了翻译的理解理论，在所强调的翻译基本理论的八个维度(后来改为十个)中就有翻译的理解理论和文本解读理论。在《新编当代翻译理论》(2005a)中，又增加了"翻译的接受理论"一章，也是基于阐释学的研究。因此，对刘宓庆的个人研究情况来说，后期维特根斯坦和欧美语言哲学的主流——现代阐释学可以共同形成一个翻译研究范式，我们不妨称之为"语言哲学范式"。

综合这些情况，我们认为，刘宓庆的翻译研究经历了从语言学范式向语言哲学范式的演变。当然，这一演变是渐进的，正如他的功能观的演变一样。如果并

295

列考察刘宓庆的研究范式和中国新时期译论的研究范式，不难发现两者间的互动。可用图 5.3 表示：

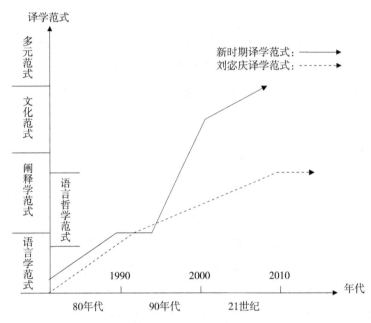

图 5.3　刘宓庆译学范式与中国新时期译学范式对比示意图①

可以看出，在 80 年代的语言学范式时期，刘宓庆基本上与中国译学界同步，当然他的主要工作不是西方的语言学译论的引进，而是《现代翻译理论》（1990）和《汉英对比研究和翻译》（1991）的撰写，这两本开拓性著作充分体现了他的语言学范式。当然，该范式主要与第一代语言学派译论有关，尚未进入到第二代语言学译论中。从 90 年代开始，刘宓庆逐渐向语言哲学范式靠拢，而中国译学界在 90 年代中期开始引进现代阐释学范式，文化范式也随之而来，当前更是出现

① 为了更直观地显示刘宓庆译学范式演变与中国新时期译学范式演变的关系，此图的纵轴左边标示的是中国新时期译学范式，右边标示的是刘宓庆的语言哲学范式，其语言学范式与左边标示的中国新时期的语言学范式是重合的。从图中可以看出两者的某些范式的重合、错位以及刘宓庆的范式未涉及之处。另外，图中刘宓庆对中国传统译论的研究阙如，因为虽然刘宓庆对中国传统译论很熟悉，但没有进行过专门的研究，也没有提出过具有传统译论理论形态的翻译理论。因此新时期的传统译论范式这里暂不考虑。

多元范式并存的局面。而刘宓庆基本止步于语言哲学范式。这与刘宓庆对文化范式和其他范式保持远离的态度是有关系的。他在 2005 年出版的《中西翻译思想比较研究》(2005c)中对西方的当代翻译理论,包括文化学派理论进行了批评,只对少数西方当代翻译理论家赞赏有加,如本雅明的翻译思想。他对当代的其他范式,如进化论范式、基于语料库的范式也是较少涉及的。当然,这里只是尽量客观地描述刘宓庆翻译研究范式的演变与中国整个新时期翻译研究范式演变的互动情况,如果苛求他涉及所有的范式,是不可能的,也是不合理的。

从图 5.3 还可以看出,刘宓庆的语言哲学范式与中国译学的阐释学范式出现了某种程度的重合和错位,即他的语言哲学范式兼有阐释学范式和语言学范式的特征。这是刘宓庆译学范式的独特之处。那么,这一错位何以产生呢? 有必要作进一步的分析。我们认为,主要有以下四点原因。

一是两种不同性质的"语言"观所致。这是关键的一点原因。翻译研究学者王宾在谈到语言时认为:"我们讨论的是语言的翻译。语言,它既是我们认识世界或他者时不可逾越的中介,又是我们自身存在的状态。中介和状态是两种不同性质的问题。坚守中介问题的探讨,是索绪尔以来现代语言学的任务,往上可以追溯到康德和亚里士多德。执着于状态的重大意义,是本雅明和海德格尔的兴趣所在,往上可追溯到黑格尔和柏拉图。"(王宾,2006:13)我们认为,正是"中介"和"状态"这两种不同性质的语言观决定了刘宓庆的翻译观。前者表现为科学的,后者则表现为人文的或审美的。应该说,刘宓庆的翻译研究主要围绕语言展开,且不说汉英对比研究和翻译教学如此,其文化翻译和翻译美学研究也主要是在语言层面上进行。他坚持中国译论要有自己的特色,论据之一就是汉语的特色。图 5.3 显示,刘宓庆的翻译理论没有涉及文化范式和多元范式,而是徘徊在语言学派和阐释学派之间。具体来说,就是刘宓庆一方面站在语言学的平台上,另一方面却试图到达阐释学的高度,结果停留在分别与语言学和阐释学部分重合的语言哲学这一中间状态。

二是刘宓庆所依据的维特根斯坦后期哲学思想在西方语言哲学中的桥梁地位。20 世纪 90 年代,在海外游学期间,他接触到西方语言哲学,并服膺于维特根斯坦的后期哲学思想,这是他翻译研究思想的转折点。可以说,刘宓庆的翻译研究范式的演变与其研习维特根斯坦的后期哲学思想是密切相关的。众所周知,

20 世纪初西方发生了哲学的第二次大的转向，即从认识论转向语言论，狭义上的语言哲学是指英美分析哲学，但广义上的西方语言哲学则是由英美分析哲学和欧陆现代阐释学构成的，因为两者都是从语言角度看哲学问题，也都关注意义问题。不同的是，分析哲学关注的是语言与世界的对应关系，现代阐释学则更关注人如何通过语言来理解世界的问题。前者以弗雷格、前期维特根斯坦、罗素等人为代表，仍旧是"逻各斯中心主义"；后者源自胡塞尔的现象学，以海德格尔、伽达默尔等人为代表，有反"逻各斯中心主义"的倾向。后期的维特根斯坦发生了语言观的革命性变化，转向了对日常语言的分析，强调语境对意义的制约，直接影响了语言学的分支学科——语用学的发展。其语言观与欧陆语言哲学的语言观有合流的趋势，但关注点不同，因此只能说，维特根斯坦后期哲学是连接分析哲学和现代阐释学的桥梁，而不可能真正走向现代阐释学。同时，维特根斯坦的前后期思想分别表现出科学与人文之间的对立。因此，刘宓庆用维特根斯坦的后期哲学观进行翻译研究，已经出现面向现代阐释学的倾向，但就其建构的翻译学意义理论而言，仍旧在分析哲学的框架内，虽然刘宓庆向阐释学靠拢的倾向使他在翻译学的"理解理论"和"接受理论"等方面都有所阐发①。

　　三是刘宓庆的研究从整体上看还是"以语言为中心"的。这涉及是语言维度还是文本维度的问题。一般来讲，"语言"维度的译论有早期语言学派译论及传统译论中的语言维度的译论。"文本"维度的翻译理论有：阐释学派（强调文本的意义）、功能目的派（强调译文的预期功能或目的）、文化学派（以译文本为中心）等。文艺学派译论似乎处在中间，既有语言维度，也有文本维度。20 世纪 90 年代发展起来的第二代语言学派关注语篇层面的研究，语言维度和文本维度兼有。总的来说，现代翻译理论有从语言中心向文本中心流变的倾向。刘宓庆的翻译理论研究也存在从语言中心向文本中心转向的倾向，但趋势并不明显，事实上，他的研究基本上仍关注语言维度，他在英汉对比、翻译美学、翻译教学、翻译与语言哲学等领域的研究都是如此。当然，这里的语言既指语言

---

　　① 刘宓庆在《新编当代翻译理论》（第二版）（中国对外翻译出版公司 2012 年出版）中又加了一章内容，即"翻译学的接受理论"。他对理解理论的阐发主要出现在《翻译与语言哲学》第七章"论翻译思维"中。这也是刘宓庆对西方阐释哲学翻译理论家斯坦纳的理论比较认可的表现之一。但这两个话题在今天看来已不是什么新的话题。

学的"语言",也指语言哲学的"语言"。总之,他的以语言为中心的译论的表现为其语言学译论和语言哲学译论(或可称"语言论译论"),其文本中心的译论就是它的理解理论和接受理论。但是,相比其语言中心译论,他的文本中心译论论述并不充分。

四是刘宓庆对翻译学本质属性的认识与其研究实践之间的悖论。如果说前三个还是较为客观的原因,那么,这一点则是刘宓庆的主观因素造成的。刘宓庆认为,翻译学属经验科学,一切翻译理论都应该是描写的,这就决定了他的理论研究是围绕着翻译经验和翻译实践来进行的,这从他在各种著作中的大量用例可以看出,即使像《翻译与语言哲学》这样较为抽象的理论著作也是如此。这一点体现了他与国内其他学者的不同之处,例如同样是从哲学角度研究翻译,吕俊、蔡新乐等人的著作中则极少有译例出现。然而,刘宓庆立志高远,他并不满足于语言学层面的研究,而是从美学、文化、哲学汲取给养,令其翻译研究思想具有了一定的高度和深度。然而,这种选择也让其实际上处在一种矛盾中:一方面追求理论的思想性和深度,由此必然使其理论带有相当的思辨、理性和逻辑的特征,如他对翻译学框架的构建就是演绎和思辨的;一方面又要时刻想着不能离经验太远,始终被经验这条线牵制着。① 这种矛盾就令其翻译理论研究始终处在感性和理性、归纳和演绎、经验和思辨的张力中。由此产生出某些悖论、矛盾或不一致的说法也就不足为怪了。较为明显的悖论就是,他运用维特根斯坦后期的哲学观对翻译的研究具有相当的抽象性,不免给人留下离翻译实践较远的印象,颇有为理论而理论的味道。这与维特根斯坦后期的哲学观是相悖的。这就如同 90 年代以来我们用来自西方的"后殖民理论"来反拨西方一样,往往陷入一种不能自我觉察的状态。

个人的学术与时代的学术总是密切相连的。从时间上看,刘宓庆与中国新时期译学研究几乎同步,但其翻译研究体现出了理论研究的勇气和智慧,形成独特的研究风格和研究范式。从上文的分析可以看出,刘宓庆的翻译研究范式与中国新时期的翻译研究范式既有重合,也有错位和尚未涉及之处。可以说,刘宓庆的

---

① 刘宓庆本人似乎也承认"翻译所需要的则是'演绎-归纳'系统",但又认为"不切语言实际的纯哲学思辨或纯数理逻辑演绎对翻译而言没有什么意义。"(刘宓庆,1996:2-7.)

翻译研究范式的演变，一方面与其独特的研究风格相适应，另一方面也受制于时代的局限性。因此，我们应该持一种历史主义的观点，辩证地看待其研究，做出公允的评价。

第六章 总结与评价

本章是对刘宓庆译学思想的总评。首先探讨刘宓庆译学理论表述方面的问题，然后对刘宓庆的译学思想作出归纳性总结。

第一节 刘宓庆译论表述评价

理论表述是学术研究的重要方面，体现为理论行文和对研究结果的呈现。刘宓庆在翻译研究的理论表述中有时比较含糊，并表现出某种不一致，这使得他的理论研究从整体上打了一定的折扣，这是很可惜的。如他在《翻译美学导论》（修订本）中谈到翻译的科学性和艺术性时说：

> 翻译具有明显的综合性，它既是一种经验科学，又是交流或传播艺术。其中科学性是其基本属性，艺术性是它的属于第二位的属性；就是说，科学性占主导地位，是翻译学的核心。科学和艺术的结合是翻译学的本质属性。翻译学首先是一门科学，同时又具有明显的艺术特征。（刘宓庆，2005b：2）

这里，刘宓庆似乎意在谈翻译学的科学性和艺术性问题，但很明显他将翻译实践和翻译学混在一起谈论了。

又如他在《新编当代翻译理论》（第二版）（2012a）对翻译学的学科定位是："在语言学家看来，翻译属于应用语言学。"（刘宓庆，2012a：52）翻译一般指涉一种语言转换的活动过程、活动结果或活动的主体，怎么是一种学科呢？这种将翻译（实践）和翻译学（理论）两个不同的概念混在一起讨论的情况在译学界还不少，特别是在当年的关于"翻译是科学还是艺术"的争论中表现得尤为明显。谭载喜提出的"翻译不是科学，翻译学才是科学"，正是针对译学界对以上两个概念的混淆而做的论断。

又如前文中已经讨论过其对中国翻译理论的特色的不同表述，在此不赘。这里只举例谈谈其他几点。

1. 关于翻译思想

（1）翻译思想的特征

在《中西翻译思想比较研究》中所列的翻译思想的特征有五个：高层级性、能产性、模糊性、传承性、迁延性。（刘宓庆，2005c：5-10）在《新编当代翻译理论》中所列只有四个：高层级性、对实践的指引性（即能产性）、传承性、发展性。（刘宓庆，2005a：60-61）《新编当代翻译理论》中最后两个可归为一个，没有了"模糊性"和"迁延性"。

（2）翻译思想的定义

在《中西翻译思想比较研究》中的定义为：

> 所谓"翻译思想"指翻译家对翻译之"道"的经验的高度提升或高层级认知，这种认知又反过来指导他在更高层级上的实践，由此获得新的经验，从此周而复始。（刘宓庆，2005c：2）

在《新编当代翻译理论》中的定义为：

> 翻译思想是指对翻译这一人类跨语言文化的转换、传播、交流行为的基本认识、原则主张和具有指引性的应策之道，涵盖认知和实施方略。（刘宓庆，2005a：59）

对概念或范畴的界定应该具有一定的明晰性和一致性，以上对"翻译思想"的界定不但所用术语繁杂，且表述不一致，难以让人理出头绪。

2. 关于翻译理论的基础理论

早在 1990 年，刘宓庆在《现代翻译理论》中就提到翻译的基本理论包括：

    a. 翻译作为语际交际行为的实质和基本任务

    b. 翻译的基本原理和标准

    c. 双语的对比原则与翻译

    d. 翻译思维与程序论和方法论问题

    e. 可译性和可译性限度问题

    f. 翻译与语言的社会功能(文体)问题

    g. 翻译与文化问题

    h. 对翻译理论基本模式的初步研讨

    (刘宓庆，1990：298)

刘宓庆在《新编当代翻译理论》中谈到中国翻译学理论的基础研究包括的八个维度是：

    a. 意义(及意向)研究

    b. 理解理论(文本解读理论)

    c. 翻译审美及审美表现论

    d. 文化翻译研究(包括可译性研究)

    e. 译文操控理论(对策论系统研究)

    f. 翻译批评的理论原则

    g. 当代中国翻译思想研究

    h. 翻译教学和教学研究

    (刘宓庆，2005a：299-300)

在《刘宓庆翻译散论》中刘宓庆撰写的《四十年学术人生》一文中提到的八大基本理论范畴是：

a. 意义(意向)理论

b. 理解理论(文本解读理论)

c. 翻译传播理论

d. 翻译审美理论

e. 文化翻译研究

f. 翻译对策论(包括译文操控理论和翻译方法论)

g. 翻译教学研究

h. 翻译思想及思想史研究

(刘宓庆，2006d：lv)

很明显，第一种基本上是按照其著作的内容进行表述的，与后两种的内容有很大差异，著者时隔多年观点发生变化，是情理之中的。另外，刘宓庆在1996年的《翻译的美学观》一文中认为："中国翻译理论体系是一个'鼎立结构'，即由翻译语言学、翻译美学和翻译文化学三大支柱形成的结构体。"(刘宓庆，2006d：106)这可能是他当时的认识。但对比后两种表述可以看出，很明显的不同就是，其一，"翻译传播理论"没有出现在《新编当代翻译理论》中，"翻译批评的理论原则"在《刘宓翻译散论》中阙如。其二，有些项用"研究"表达，有些则用"理论"表述。其三，《新编当代翻译理论》中的"翻译教学与教学研究"不知何意。另外，这两处分别表述为"基础研究的八个维度"和"八大基本理论范畴"，"维度"和"范畴"不知有何联系。

需要补充的是，在2012年的第二版《新编当代翻译理论》中又将中国翻译学理论的基础研究归纳为十个维度，增加了"翻译的接受理论"和"翻译信息工程研究(机译研究)"两个维度，将"翻译教学研究"改为"翻译教学理论和教学研究"。看来，刘宓庆的观点一直处在变化中。刘宓庆所服膺的维特根斯坦强调意义来自语言游戏，而语言游戏又是生活形式的重要部分，即在游戏的动态中把握意义。看来，刘宓庆这种对理论的不断修订似乎正体现了这种哲学观，即在理论的游戏中把握和建构理论的意义。但问题在于，维特根斯坦在讨论语言游戏时，同样关注游戏规则的重要作用，没有了规则，游戏将无法进行。理论创生和建构的游戏当然也需要一定的规则，一般来讲，一门成熟学科的基础研究应该有个相对固定的范围，并且要有一定的来自经验和逻辑上的论证。如果对翻译基础研究范围尚未有个大致的认识，而是经常变化，对学科的发展是不利的。

3. 关于翻译思维

思维是个不容易谈清楚的问题，但国人对思维问题总是津津乐道，新时期文学理论界的形象思维讨论便是例子。20 世纪 80 年代的国内翻译理论界，对翻译思维问题也给予了较多的关注，如阎德胜就一直集中于翻译思维的研究。刘宓庆1985 年就在《外国语》上发表文章《论翻译思维》，认为翻译属于抽象思维，并探讨了作为抽象思维的基本特征和机制。在 1990 年的《现代翻译理论》中专辟一章"论翻译思维"讨论抽象思维和形象思维、翻译思维的基本特征、换码的过程、翻译思维发展运动机制和翻译思维中的综合等问题。在 2005 年的《新编当代翻译理论》中保留了这一章，改名为"翻译思维简论"，内容与旧版无大差异。他在这两本书中的主要观点是：

> 从总体上，即思维的全程来说，翻译思维既包括逻辑思维，也包括形象思维。但从主体上分析，翻译属于逻辑思维，不属于以具体形象为核心的形象思维；也不属于以实际动作为支柱的动作思维。（刘宓庆，2005a：91）

对于这一观点，有三点需要讨论。其一，翻译思维如何既包括形象思维，却又不属于形象思维？何为"从主体上分析"？以上表述让人费解。不仅如此，在《翻译与语言哲学》（2001，2007b）又专门拿出一章讨论翻译思维，即第七章"论翻译思维"。但这一章的内容与《现代翻译理论》或《新编当代翻译理论》的内容已不同，甚至是完全不同。其二，该著这一章在讨论了翻译思维的特征后，直接转到了翻译学的"理解理论"，其理论基础是现代西方哲学与文论的"理解理论"，即阐释学理论。人类的理解行为确实与人的思维有一定的关系，不知理解理论与翻译思维有何必然的关联。其三，刘宓庆在该章中谈到人的思维有三种形态——逻辑概念思维、形象思维和直觉思维，认为这三种思维形态全面地表现在翻译思维中。翻译中不仅需要概念思维，还需调动形象思维和直觉思维，翻译需要这三种思维的综合运作。（刘宓庆，2001：376）这就与《新编当代翻译理论》的论述有一定出入。

徐育才（1987）在《论思维与翻译》一文中对刘宓庆强调的翻译理性思维提出不同看法，认为在文学翻译中应该加上一个形象思维，并进一步阐明了自己的观点。对于刘宓庆的"翻译属于逻辑思维"的观点，李运兴（1992）曾撰文进行过商榷。他在《论译者的形象思维》一文中认为刘宓庆提出的"翻译属于抽象思维"的立论稍欠全面。李运兴认为在形象语言的翻译中，形象思维是不可或缺的，形象思维能起到抽象思维所无法起到的作用。此观点与徐育才的观点类似。

4. 关于翻译学的学科归属问题

翻译学的学科归属问题是翻译学的基本问题，涉及翻译学的独立性问题。西方语言学派虽然承认翻译学的建设需要多学科的支持，但仍然认为翻译学属于语言学的一个分支学科，国内长期以来也是将其列为语言学的下属学科。刘宓庆的翻译理论很大一部分是基于语言学，在翻译学的学科归属问题上不可能不受影响。他比较明确地谈到翻译学的归属问题是在其《现代翻译理论》的第五章"论翻译思维"，该章开头一句就是"翻译学属于应用语言学"。（刘宓庆，1990：87）这是刘宓庆1990年的看法。在2005年的《新编当代翻译理论》的同一章中，他将这一句改为"翻译学属于经验科学，在语言学家族中属于应用语言学"。（刘宓庆，2005a：91）而在其第二版的《新编当代翻译理论》中改为："翻译学属于经验科学。在语言学家看来，翻译属于应用语言学。"（刘宓庆，2012a：52）这里的变化是微妙的，在2005年版中，刘宓庆虽一改1990年的绝对说法，仍未能改变他将翻译学放在语言学之下的观点。在2012版中，他好像有意将这种观点推给别人，但由于没有作出任何判断，我们认为他还是认可这种观点的。然而，在2011年出版的《翻译美学理论》的序言中，刘宓庆的观点发生了大的变化，他说："将翻译定位为属于语言学或应用语言学实在是一个'历史的误会'。"（刘宓庆、章艳，2011：vi）他进而认为，"对翻译学而言，它的'本体论归属'（ontological affiliation）不是语言学而是美学"（刘宓庆、章艳，2011：vii）。他在《新编当代翻译理论》第二版的出版说明中又作了进一步的阐述："我们必须摆脱因袭之见，正视翻译学的学科定位：它不属于语言学，也不属于应用语言学，而是属于美学。"(刘宓庆，2012a：10)这种带有"归结论"式的判断不但与上面的观点有冲突，往往也倒向另一个极端，陷入本质论的窠臼中。

除了以上几点，刘宓庆的研究中还表现出了某种悖论。这集中体现在维特根斯坦的经验主义与他用维特根斯坦经验主义进行的理性主义研究，即观点是经验的，方法是理性的。前者导致他的应用研究，后者导致他的理论研究。在借鉴西方理论时，这种典型的"方法和观点的错位"在中国现代学术研究中是经常见到的。如90年代中国国内借用西方的后殖民理论对西方理论进行的反拨，并努力寻求中国传统理论的价值和现代转换。关于这一点，国内有学者进行过这样的阐述：

> 中国的文化认同，主要依据是西方流行的一套理论，如"东方主义""后殖民主义""解构主义"等，如果文化认同不是出于对自己族群的历史、文化、传统、价值等的深刻认识，而主要为西方新兴的理论所激动，这种认同是很脆弱的。无论如何，中国文化认同者似乎在思想上还是认同于西方的文化霸权。这真是一个奇妙的吊诡。(何九盈，2008：764)

对于刘宓庆对西方理论术语的使用和建设中国特色译论的努力之间的矛盾，张南峰进行过批评："刘宓庆本人的翻译研究，又何尝不是这样呢？他用的理论框架，也是从西方借来的，这从他运用的术语就可见一斑，如'基本模式''理论体系''表述规律''功能机制'，等等(1989)。"(张南峰，2004：50)这种理论观点和理论表述本身形成的悖论情况在许多学者的研究中都或多或少地存在，如提倡以"字"为本位进行汉语研究，却在理论行文中处处出现"词"的字眼。谈的是"对比"，却不时出现"比较"与"对比"同指的现象。

以上是对刘宓庆在翻译研究中，特别是在理论表述方面表现出的某些不一致或矛盾的简要分析，旨在从一个侧面窥见其在治学方面表现出的风格。当然，一个学者在不同的研究阶段对自己理论在表述形式和内容等方面都有可能产生某些变化，并进行一定的说明或修订，这是学术研究的正常状态。如果能在理论表述上保持一致性，或有变动时作出说明，会使自己的理论更具自洽性。

第二节　结　　语

如前文章节所述，刘宓庆译学思想的主体可以分为微观、中观和宏观三个层面。这三个层面涵盖了不同层次的内容，构成了一个层次分明的层级结构，但刘宓庆的译学思想离不开跨学科的学科理论和方法做基础，以及中国现代学术、社会、文化等外部因素的影响。因此，宏观意义上的刘宓庆译学思想的整体框架如图 6.1 所示：

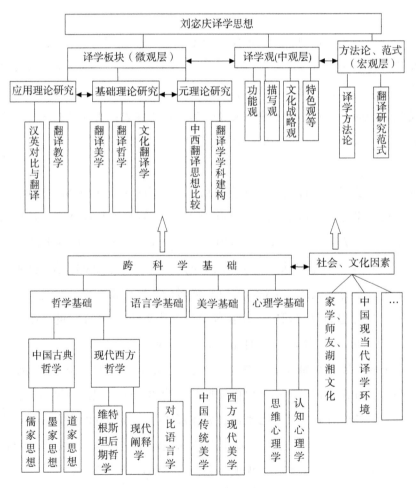

图 6.1　刘宓庆译学思想框架图

对刘宓庆及其译学思想的整体特征可以简要总结如下。

第一，新时期的译学探路者和启蒙者。20 世纪 80 年代是一个新启蒙的时代，时代精神造就了时代的学术。在新时期早期的中国翻译研究领域，刘宓庆就是这样一个启蒙的学者，他的研究更具有开创性意义，曾引领了一个时期的潮流。从刘宓庆的整个翻译研究来看，他对中国翻译研究的影响贯穿几乎整个新时期。如 80 年代和 90 年代初的《文体与翻译》《现代翻译理论》和《汉英对比与翻译》。然而，刘宓庆进入 90 年代后，并没有停止对翻译思考和探索的脚步，研究领域不断扩大，陆续推出《翻译美学导论》《文化翻译论纲》《翻译与语言哲学》《中西翻译思想比较研究》等重要理论著作。这些著作在不同时期都起到了一定的引领学术潮流的作用。

第二，富有国学味道的治学风格。刘宓庆重视对中国传统译论的挖掘，受师承和家学的影响，对中国古典哲学、美学领悟深透，这使得他在运用这些国学思想于翻译研究时能够游刃有余，在这方面当代中国翻译研究学者中鲜有人能出其左右。刘宓庆治学往往能够左右开弓，同时展开多项研究而有所成就，如他在 80 年代进行汉英对比研究的同时也在进行着翻译学学科建设的研究。显然，刘宓庆的翻译研究涉猎面广，跨学科研究的性质明显，这与他深厚而广博的知识储备和"工夫在诗外"的治学理念是有关的，因此多少带有一些国学研究的风格。

第三，开放的治学思路。近现代许多国学大师的治学特点就是学贯中西，对西方的了解更是为了清楚地看清自己，开辟自己的研究天地。刘宓庆对国学的熟悉并没有使他局限于传统的圈子里，相反，他对包括西方翻译理论在内的西方学术也非常熟悉。这一方面使他能够练就一双"火眼金睛"洞察西方翻译理论的优缺点，另一方面积极吸收西方学术的精髓用于翻译研究，在高举中国特色翻译理论不动摇的同时，开创拥有个人特色的功能学派。

第四，聚合式的研究思路。所谓聚合式的研究思路就是所有研究都指向一个中心或几个中心。在刘宓庆身上，主要体现在两个方面。一是研究板块是聚合式的。刘宓庆的研究板块虽然涉及面较广，但都指向翻译学体系建构这一中心，刘宓庆一贯强调翻译研究的整体性整合研究，不管是他对翻译基本理论的实然研究，还是对翻译学学科框架的应然研究，他一直是朝着这个方向努力的。二是研究的目的是聚合式的。从刘宓庆近四十年的翻译研究生涯可以看出，其进行翻译研究的目的性是比较明显的，即应用于翻译实践和翻译教学。因此，他的翻译研究具有较强的应用翻译理论的性质，如其在 80 年代写就的《文体与翻译》以及后来出版的一系列教材性质的著作(如《翻译教学：实务与理论》《英汉翻译技能指引》等)。即使像《翻译美学导论》《文化翻译论纲》等学术性极强的著作也存在较明显的应用指向。其早期的汉英对比研究也是一种指向翻译的语言对比研究。当然，这可能与他早年从事过五年的翻译工作以及在 80 年代受西方早期语言学派译论的应用性思想的影响有关，也可能与其身上带有的湖湘文化的经世致用思想有关。这种聚合式的研究思路在国内某些翻译研究者中也有体现，如吕俊的建构主义翻译学、黄忠廉的变译理论、胡庚申的生态翻译学等。这种研究思路对构建翻译学派是有帮助的，也是应该提倡的。

第五，持久保持的研究热情和坚定的学术观点。在新时期以来短短的近四十年时间里，中国译学界见证了几代人的努力，每一代的研究都有其时代特征。刘宓庆应该属于较早的一代人，在大部分同时代的人都"退居二线"甚或"偃旗息鼓"的当代，他依然坚守在翻译研究的"第一线"，至今仍笔耕不辍，其著作也在不断地修订出版，这种精神难能可贵。可以说，刘宓庆是中国当代翻译理论界为数不多的"常青树"。另外，刘宓庆虽然不断修正和增添自己的内容，但整体上看他对早期形成的某些学术观点并不轻易否定，如他多年来一直坚持自己在 80年代就形成的中国译论特色观，并不断就其具体内涵进行修正和添加，使其日臻完善。

第六，真诚的学者情怀。受湖湘文化熏陶的刘宓庆在治学过程中一直保持着湘人的那种直爽、爱憎分明的爱国主义情怀。他在文章或著作的许多地方都流露出或直接表达过这种情怀，这种看似与学术研究不相关甚至被认为不利于学术研究的学者情怀实际上正是体现了学者的治学态度和治学方向，在人文学者、特别是老一辈学者身上表现尤为明显，在国内的一些翻译研究学者身上也有或多或少的表现，只是刘宓庆表现得更为明显。有人称之为"民族主义"，本书更喜欢用"民族本位"来描述这一情怀，如果不是走极端，这应是一种积极的学术情怀，应该辩证地看待和评价。

当然，任何学术研究都不可能达到完美，刘宓庆也不例外。他的翻译研究也有许多值得商榷的地方，如他对中国特色译论表述的不一致性；在某些领域的浅尝辄止，如他在《新编当代翻译理论》(2012a)中的某些章节如"翻译思维""翻译的接受理论""翻译风格论"等都没有展开探讨；他的翻译学体系建构的可检验性；翻译研究是否需要回归"美学"等，都是可以进一步讨论的。

但瑕不掩瑜，一位思想家的贡献并不在于他解决了多少重大的理论问题，而在于他提出的，并试图尽自己最大能力去解决的问题是否具有拓荒性。也许他自身对这些问题的解决并不成功，但作为拓荒者，对于启迪他人或后人去继续深入、持久地去探讨这些重大问题的贡献却是任何时候都必须承认的。在这个意义上说，刘宓庆可以称为一位翻译思想家，同时也是翻译理论家。称他为翻译思想家在于他的拓荒性，称他为翻译理论家在于他的创新性。

有学者在90年代初就这样评价刘宓庆：

> 诚然，他的理论未必十全十美，也未必使所有的人都信服，这些都是每一位理论工作者在探索过程中难免的，因而也就不足为奇了。我们所看重的，是他不满足、不停步、勇于开拓创新的精神。(雷祎，1993)

应该说，此言用来评价今天的刘宓庆，也是较为合适的。同时，我们期待刘先生对中国译学建设作出更大的贡献。

刘宓庆学术年谱：

1939年11月出生在湖南新宁，父亲刘永湘为古典文字学教授，伯父刘永济为古典文学教授，为其打下了良好的学业基础。

1955年夏至1960年夏在北京大学西方语言文学系学习，专业为英语。接受授业恩师朱光潜先生"先干四五年专业翻译再说"的建议，毕业后在中国中央人民广播电台国际组任专职翻译。

1964年，朱光潜先生来信谈及中国翻译的特点，认为中国语文注重语言审美，鼓励其好好研究翻译与美学的关系；同年来信谈到中国翻译理论应有自己的特色，即应以意义研究为主轴。

60年代(具体年份不详)：经朱光潜先生介绍认识王力先生，王师鼓励其研究汉英比较语言学，并注意比较的"立场"，即比较要有主次，汉语是主，外语是次，要站在汉语的立场和角度观察文体，作出价值判断。

1977 年，朱光潜先生来信建议读一些英语文体方面的书。

1978 年，发表《试论英语与汉语的词类优势》(北二外学报)，开启了自己从事汉英对比研究的先河。

1979 年，发表《文风散论》(北二外学报)。

1980 年，发表《试论英汉词义的差异》[外国语(1)]。

1981 年，发表《20 世纪 70 年代的美国英语》(北二外学报)。

1983 年，发表《英语可读性刍议》[学丛(13)]。

1984 年，开始发表翻译研究方面的文章，如《汉译英教学中的若干问题》[翻译通讯(3)]、《交际语法的意义层次论与翻译理论的探讨》[翻译通讯(7)]、《论翻译的虚实观》[翻译通讯(10)]。

1985 年，发表《论翻译思维》[外国语(2)]。

1986 年，热衷于结构主义的整体观和实用性，出版第一本专著《文体与翻译》，从文本功能展开汉英互译的基本理论探讨，是该时期比较有影响的翻译教学著作。在翻译研究的多个领域展开研究，开始关注翻译美学问题。发表《英语口语语体研究》[北二外学报(1、2)]、《汉英对比研究概论》[北二外学报(4)]、《翻译美学概述》[外国语(2)]、《翻译美学基本理论构想》[中国翻译(4)]。

1987 年，继续关注翻译教学问题，发表《论翻译的技能意识》[中国翻译(5)]。在青岛举行的首届全国翻译理论研讨会上作了《中国翻译理论建设基本原则刍议》的发言，提出翻译理论的三大职能和建立中国翻译学，从此竖起特色论的大旗。

1989 年，发表《论中国翻译理论基本模式》[中国翻译(1)]、《中国翻译理论的基本模式问题》[现代外语(1)]、《中国翻译理论基本原则刍议》[湖南社会科学(2)]、《西方翻译理论概评》[中国翻译(2)]等文章，深入思考了中国翻译理论建设的途径。

1990 年，出版具有时代意义的《现代翻译理论》(江西教育出版社)。1989 年到 1990 年，在法国、比利时等国听哲学课，对维特根斯坦的语言哲学观产生兴趣，并用之于翻译研究。1990 年夏，接受香港中文大学新亚书院翻译系主任卜立德(D. Pollard)之聘到翻译系执教，断断续续构思《翻译学意义理论》，1998

年写成《翻译与语言哲学》。发表文章《翻译的风格论》[外国语(1、2)]。

1991 年，出版国内语言对比研究与翻译相结合的首部著作《汉英对比研究与翻译》(江西教育出版社)。发表文章《汉英对比研究的理论问题(上)》[外国语(4)]和《汉英对比研究的理论问题(下)》[外国语(5)]，对语言对比研究中的理论问题进行了讨论，提出了"语言异质性""层面透视法"等具有较大影响的理论命题和方法。

1992 年，继续从微观方面进行汉英对比研究，发表《汉英句子扩展机制对比研究》[现代外语(1)]，指出了汉英句子的两种不同扩展机制类型，即汉语句子是逆线型延伸，句首是开放的，英语句子是顺线型延伸，句尾是开放的。

1993 年，继续关注中国翻译理论的建设，发表《再论中国翻译理论基本模式问题》[中国翻译(2)]、《中国现代翻译理论的任务》[外国语(2)]、《思维方式、表现法和翻译问题》[现代外语(1)]。

1995 年，经过多年对翻译美学的思考和研究，出版《翻译美学导论》(中国对外翻译出版公司)，对翻译美学的基本理论问题进行了论述。撰写和发表文章：*Aesthetics and Translation*，*Grammar and Translation*，*Translation Theory from/into Chinese*。(以上三篇英文论文均载于 Chan，Sin-wai and David Pollard(eds). 1995. An Encyclopaedia of Translation：Chinese-English/English-Chinese. Hong Kong：Chinese University Press)《关于中国翻译理论的美学思考》[青岛海洋大学学报，1995(1)]。

1996 年，发表文章《翻译的美学观》[外国语(5)]、《翻译理论研究展望》[中国翻译(6)]。其中《翻译理论研究展望》一文开启了刘宓庆翻译研究的新阶段，明确提出了他的"本位观"以及"本位观照、外位参照"的研究思路。

1998 年到 1999 年，在爱尔兰作了一次七个月的文化翻译考察之旅，后开始撰写《文化翻译论纲》，在荆楚文化和爱尔兰文化比较的跨文化大背景中，对翻译中的文化问题进行了深入的思考。

1999 年到 2001 年，在台湾师范大学翻译研究所工作、讲学，结交了一批台湾同行，扩大了自己的学术视野。

2001 年，经过近十年的思考，体现自己对翻译意义理论思考的《翻译与语言哲学》由中国对外翻译出版公司出版，其语言哲学的翻译功能观基本确立。

2003 年，中国对外翻译出版公司出版《翻译教学：实务与理论》，对翻译教学问题进行了总结和集中思考，提出了翻译理论的教学问题；同年发表《中国翻译理论研究的新里程》一文（载刘靖之编《翻译新焦点》），对翻译学体系框架作了进一步的修订。

2004 年，初涉口译理论研究，出版《口笔译理论研究》（中国对外翻译出版公司）。同年，中国对外翻译出版公司决定出版其著作全集，并于 2007 年出齐，《刘宓庆翻译论著全集》除了新增《中西翻译思想比较研究》《刘宓庆翻译散论》，及《文体与翻译》《翻译教学：实务与理论》未作修订外，其余著作均作了一定程度的修订，提出了一些新的主张。

2005 年，发表《从"对应"到"代偿"——中国翻译理论对策论核心思想的发展》[载《刘宓庆翻译散论》（中国对外翻译出版公司）]，明确提出"功能代偿"是中国翻译实践的核心对策，并对之进行了论证。

2006 年，受聘于同济大学。发表文章《中国翻译界要树立文化战略观》、《中国翻译理论要不要有"中国特色"》（载《刘宓庆翻译散论》）、《流派初论——迎接中国译坛流派纷呈的时代》[中国外语（6）]、《中西翻译文化对谈录》（方华文）[兰州大学学报（6）]、《四十年学术人生》（载《刘宓庆翻译散论》）。

2011 年，与章艳合作出版《翻译美学理论》，提出中国翻译教育要"回归美学"，体现了贯穿其翻译研究的翻译美学情结。

2012 年始，陆续由中国出版集团公司和中国对外翻译出版有限公司出版《刘宓庆翻译论著全集》第二版，对其理论观点作了进一步的补充和修订。

2019 年 5 月，中译出版社出版《刘宓庆翻译论著精选集》。

2023 年 5 月，于深圳辞世。

参 考 文 献

[1] Bell, R. T. *Translation and Translating*: *Theory and Practice* [M]. Beijing: Foreign Language Teaching and Research Press, 2001.

[2] Fawcett, P. *Translation and Language*: *Linguistic Theories Explained* [M]. Beijing: Foreign Language Teaching and Research Press, 2007.

[3] Gentzler, E. *Contemporary Translation Theories* [M]. Revised 2nd ed. Shanghai: Shanghai Foreign Language Education Press, 2004.

[4] Gutt, E. *Translation and Relevance*: *Cognition and Context* [M]. Shanghai: Shanghai Foreign Language Education Press, 2004.

[5] Hatim, B. & Mason, I. *Discourse and the Translator* [M]. Shanghai: Shanghai Foreign Language Education Press, 2001.

[6] Homles, James S. *Tanslated Papers on Literary Translation and Translation Studies* [M]. Amsterdam: Rodopi, 1988.

[7] Lefevere, A. *Translation*, *Rewriting and the Manipulation of Literary Fame* [M]. Shanghai: Shanghai Foreign Language Education Press, 2004.

[8] Nida, E. A. *Language and Culture*: *Contexts in Translating* [M]. Shanghai: Shanghai Foreign Language Education Press, 2001.

[9] Nida, E. A. *The Theory and Practice of Translation* [M]. Leiden: EJ. Brill, 1969.

[10] Reiss, K. *Translation Criticism*: *The Potentials and Limitations* [M]. Shanghai: Shanghai Foreign Language Education Press, 2001.

[11] Robinson, D. *The Translator's Turn* [M]. Beijing: Foreign Language Teaching and Research Press, 2007.

[12] Snell-Hornby, M. *The Turns of Translation Studies*: *New Paradigms or Shifting*

Viewpoints？［M］．Amsterdam/Philadelphia：John Benjamins Publishing Company，2006.

［13］Toury，G. *Descriptive Translation Studies and Beyond*［M］．Shanghai：Shanghai Foreign Language Education Press，2001.

［14］Venuti，L. *The Translator's Invisibility：A History of Translation*［M］．Shanghai：Shanghai Foreign Language Education Press，2004.

［15］巴尔胡达罗夫．语言与翻译［M］．蔡毅，虞杰，段京华，编译．北京：中国对外翻译出版公司，1985.

［16］卞建华．传承与超越：功能主义翻译目的论研究［M］．北京：中国社会科学出版社，2008.

［17］蔡新乐，郁东占．文学翻译的释义学原理［M］．开封：河南大学出版社，1997.

［18］曹曦颖．奈达与格特翻译理论比较研究［J］．四川师范大学学报（社会科学版），2007（4）：86-90.

［19］常建．湖南人的性格解读［M］．北京：中国电影出版社，2006.

［20］陈德鸿，张南峰．西方翻译理论精选［M］．香港：香港城市大学出版社，2000.

［21］陈定安．英汉比较与翻译［M］．北京：中国对外翻译出版公司，1991.

［22］陈福康．中国译学理论史稿［M］．上海：上海外语教育出版社，1992.

［23］陈宏薇．从"奈达现象"看中国翻译研究走向成熟［J］．中国翻译，2001（6）：46-49.

［24］陈嘉映．语言哲学［M］．北京：北京大学出版社，2003.

［25］陈建平．一本好书：《汉英对比研究与翻译》［J］．现代外语，1992（2）：49-52.

［26］陈浪．当代语言学途径翻译研究的新进展——语篇·斡旋调解·语境化［M］．天津：南开大学出版社，2011.

［27］陈琳，张春柏．从玄奘与哲罗姆的比较看中西翻译思想之差异［J］．外语研究，2006（1）：61-65+80.

［28］陈永国．翻译与后现代性［M］．北京：中国人民大学出版社，2005.

[29]陈直.《现代翻译理论》试评[J]. 中国翻译, 1991(6): 37-41.

[30]代迅. 西方文论在中国的命运[M]. 北京: 中华书局, 2008.

[31]党圣元. 在传统与现代之间——古代文论的现代遭际[M]. 济南: 山东教育出版社, 2009.

[32]丁金国. 汉英对比研究中的理论原则[J]. 外语教学与研究, 1996(3): 15-20+80.

[33]董史良. 翻译的思维问题[J]. 中国翻译, 1988(3): 2-6.

[34]杜承南, 文军. 中国当代翻译百论[M]. 重庆: 重庆大学出版社, 1994.

[35]《翻译通讯》编辑部. 翻译研究论文集(1894—1948)[C]. 北京: 外语教学与研究出版社, 1984.

[36]《翻译通讯》编辑部. 翻译研究论文集(1949—1983)[C]. 北京: 外语教学与研究出版社, 1984.

[37]范守义. 翻译理论与横断学科: 新的途径[J]. 外交学院学报, 1991(4): 76-82.

[38]范守义. 翻译研究: 另类视野[M]. 北京: 外语教学与研究出版社, 2004.

[39]范守义. 模糊数学与译文评价[J]. 中国翻译, 1987(4): 2-9.

[40]范守义. 评翻译界五十年(1894—1948)的争论[J]. 中国翻译, 1986(1): 2-8.

[41]方梦之. 翻译新论与实践[M]. 青岛: 青岛出版社, 1999.

[42]方梦之. 译论研究的系统和系统性原则——译学方法论思考之二[J]. 中国翻译, 1997(3): 9-12.

[43]方梦之. 译学大辞典[M]. 上海: 上海外语教育出版社, 2011.

[44]方梦之. 应用翻译教程[M]. 上海: 上海外语教育出版社, 2008.

[45]方梦之, 庄智象. 中国翻译家研究[C]. 上海: 上海外语教育出版社, 2017.

[46]费道罗夫. 翻译理论概论[M]. 李流, 等译. 北京: 中华书局, 1955.

[47]费尔迪南·德·索绪尔. 普通语言学教程[M]. 北京: 商务印书馆, 1980.

[48]费小平. 翻译的政治——翻译研究与文化研究[M]. 北京: 中国社会科学出版社, 2005.

[49]冯黎明. 走向全球化[M]. 北京: 中国社会科学出版社, 2009.

[50]冯友兰. 中国哲学简史[M]. 赵复三, 译. 插图珍藏本. 北京: 新世界出版

社，2004.

[51]傅勇林．文化范式——译学研究与比较文学［M］．成都：西南交通大学出版社，2000.

[52]傅仲选．实用翻译美学［M］．上海：上海外语教育出版社，1993.

[53]甘阳．八十年代文化意识［C］．上海：上海人民出版社，2006.

[54]葛校琴．翻译"神似"论的哲学—美学基础［J］．中国翻译，1999(4)：16-18.

[55]龚千炎．中国语法学史［M］．北京：语文出版社，1997.

[56]辜正坤．译学津原［M］．郑州：文心出版社，2005.

[57]桂乾元．为确立具有中国特色的翻译学而努力——从国外翻译学谈起［J］．中国翻译，1986(3)：12-15.

[58]郭建中．当代美国翻译理论［M］．武汉：湖北教育出版社，2000a.

[59]郭建中．文化与翻译［M］．北京：中国对外翻译出版公司，2000b.

[60]郭颖颐．中国现代思想中的唯科学主义［M］．雷颐，译．南京：江苏人民出版社，1989.

[61]哈罗德·布鲁姆．影响的焦虑［M］．徐文博，译．北京：生活·读书·新知三联书店，1989.

[62]汉斯·罗伯特·姚斯，R.C.霍拉勃．接受美学与接受理论［M］．周宁，金元浦，译．沈阳：辽宁人民出版社，1987.

[63]何九盈．中国现代语言学史［M］．修订本．北京：商务印书馆，2008.

[64]贺爱军．翻译文化战略考量——刘宓庆教授访谈录［J］．中国翻译，2007(4)：51-53.

[65]侯林平．翻译世界，建构特色——评刘宓庆先生的《现代翻译理论》［J］．黑龙江史志，2009(14).

[66]胡翠娥．文学翻译与文化参与——晚清小说翻译的文化研究［M］．上海：上海外语教学与研究出版社，2007.

[67]胡德香．论中国翻译理论研究特色［J］．中国翻译，1998(4)：3-7.

[68]胡庚申．翻译适应选择论［M］．武汉：湖北教育出版社，2004.

[69]胡晓姣．对英汉翻译教学的几点思考——刘宓庆先生《翻译教学：实务与理论》再探［J］．牡丹江师范学院学报(哲学社会科学版)，2009(5)：107-109.

[70] 胡壮麟. 功能主义纵横谈[M]. 北京：外语教学与研究出版社，2000.

[71] 黄国文. 翻译研究的语言学探索[M]. 上海：上海外语教学与研究出版社，
2006.

[72] 黄龙. 翻译学[M]. 南京：江苏教育出版社，1988.

[73] 黄振定. 翻译学——艺术论与科学论的统一[M]. 长沙：湖南教育出版社，
1998.

[74] 黄忠廉. 变译理论[M]. 北京：中国对外翻译出版公司，2002.

[75] 黄忠廉. 翻译思想≠翻译理论——以傅雷、严复为例[J]. 解放军外国语学
院学报，2010(5)：77-81+128.

[76] 季羡林. 谈翻译[M]. 北京：当代中国出版社，2007.

[77] 加切奇拉泽. 文艺翻译与文学交流[M]. 蔡毅，虞杰，编译. 北京：中国对
外翻译出版公司，1987.

[78] 姜秋霞. 文学翻译与社会文化的相互作用关系研究[M]. 北京：外语教学与
研究出版社，2009.

[79] 姜秋霞. 文学翻译中的审美过程——格式塔意象再造[M]. 北京：商务印书
馆，2002.

[80] 姜治文，文军. 翻译批评论[M]. 重庆：重庆大学出版社，1999.

[81] 蒋国辉. "汉英句子扩展机制"管见[J]. 现代外语，1993(1)：38-44，72.

[82] 蒋济永. 文本解读与意义生成[M]. 武汉：华中科技大学出版社，2007.

[83] 蒋童. 中国传统译论的分期与分类[J]. 中国翻译，1999(6)：11-14.

[84] 金堤. 等效翻译探索[M]. 北京：中国对外翻译出版公司，1989.

[85] 金元浦. 接受反应文论[M]. 济南：山东教育出版社，1998.

[86] 卡特福德. 翻译的语言学问题[M]. 穆雷，译. 北京：旅游教育出版社，
1991.

[87] 珂云. 评《文体与翻译》[J]. 现代外语，1989(1)：67-68.

[88] 孔慧怡. 重写翻译史[M]. 香港：香港中文大学翻译研究中心，2005.

[89] 孔慧怡. 翻译·文学·文化[M]. 北京：北京大学出版社，1999.

[90] 劳陇. 丢掉幻想联系实践——揭破"翻译（科）学"的迷梦[J]. 中国翻译，
1996(2)：38-41.

[91]劳陇. 试论现代翻译理论研究的探索途径——兼评《中国现代翻译理论的任务》[J]. 外国语，1994(4)：29-35，80.

[92]雷祎. 开拓与创新——刘宓庆的翻译理论研究述评[J]. 中国翻译，1993(3)：46-58.

[93]黎难秋. 中国科学翻译史[M]. 合肥：中国科学技术大学出版社，2006.

[94]李春青，赵勇. 反思文艺学[M]. 北京：北京师范大学出版社，2009.

[95]李建盛. 理解事件与文本意义[M]. 上海：上海译文出版社，2002.

[96]李林波. 中国新时期翻译研究考察：1981—2003[M]. 西安：西北工业大学出版社，2007.

[97]李明山，左玉河. 当代中国学术思想史[M]. 开封：河南大学出版社，1999.

[98]李世涛. 知识分子立场：激进与保守之间的动荡[M]. 长春：时代文艺出版社，1999.

[99]李勇梅，张华成. 评刘宓庆著《翻译与语言哲学》[J]. 湖南医科大学学报(社会科学版)，2006，8(4)：167-169.

[100]李运兴. 翻译研究中的跨学科移植[J]. 外国语，1999(1)：56-62.

[101]李运兴. 翻译语境描写论纲[M]. 北京：清华大学出版社，2010.

[102]李运兴. 论译者的形象思维[J]. 天津师范大学学报(社会科学版)，1992(3)：45-48.

[103]李运兴. 英汉语篇翻译[M]. 2版. 北京：清华大学出版社，2003.

[104]李运兴. 语篇翻译引论[M]. 北京：中国对外翻译出版公司，2001.

[105]李泽厚. 美学三书[M]. 合肥：安徽文艺出版社，1999.

[106]李泽厚. 批判哲学的批判——康德述评[M]. 修订本. 北京：人民出版社，1984.

[107]连淑能. 评刘宓庆著《文体与翻译》——兼论翻译教学问题[J]. 中国翻译，1990(1)：49-52.

[108]连淑能. 英汉对比研究[M]. 北京：高等教育出版社，1993.

[109]梁漱溟. 东西文化及其哲学[M]. 北京：商务印书馆，2000.

[110]廖七一. 当代西方翻译理论探索[M]. 南京：译林出版社，2000.

[111]廖七一. 当代英国翻译理论[M]. 武汉：湖北教育出版社，2001.

[112]林辉．中国翻译家辞典［C］．北京：中国对外翻译出版公司，1988．

[113]林克难．从信达雅、看易写到模仿-借用-创新——必须重视实用翻译理论建设［J］．上海翻译，2007(3)：5-8．

[114]林克难．翻译理论教学：母论与系统性［M］//杨自俭．英汉语比较与翻译（7）．上海：上海外语教育出版社，2010．

[115]林克难．解读"norm"［J］．中国翻译，2006(1)：15-18．

[116]林克难．外国翻译理论之适用性研究［J］．中国翻译，2003(4)：46-48．

[117]林毓生．中国传统的创造性转化［M］．北京：生活·读书·新知三联书店，1988．

[118]林璋．论翻译学的基础研究［J］．外国语，1999(6)：61-66，80．

[119]刘靖之．翻译论集［M］．香港：三联书店，1981．

[120]刘军平．西方翻译理论通史［M］．武汉：武汉大学出版社，2009．

[121]刘梦溪．中国现代学术要略［M］．北京：生活·读书·新知三联书店，2008．

[122]刘宓庆．当代翻译理论［M］．北京：中国对外翻译出版公司，1999a．

[123]刘宓庆．当代翻译理论［M］．台北：书林出版社，1993．

[124]刘宓庆．翻译教学：实务与理论［M］．北京：中国对外翻译出版公司，2003．

[125]刘宓庆．翻译教学：实务与理论［M］．修订本．北京：中国对外翻译出版公司，2007d．

[126]刘宓庆．翻译理论研究展望［J］．中国翻译，1996(6)：2-7．

[127]刘宓庆．翻译美学导论［M］．2版．北京：中国出版集团公司/中国对外翻译出版有限公司，2012b．

[128]刘宓庆．翻译美学导论［M］．修订本．北京：中国对外翻译出版公司，2005b．

[129]刘宓庆．翻译与语言哲学［M］．北京：中国对外翻译出版公司，2001．

[130]刘宓庆．翻译与语言哲学［M］．修订本．北京：中国对外翻译出版公司，2007b．

[131]刘宓庆．汉英对比研究与翻译［M］．南昌：江西教育出版社，1991．

［132］刘宓庆．汉英对比与翻译［M］．修订本．南昌：江西教育出版社，1992．

［133］刘宓庆．口笔译理论研究［M］．北京：中国对外翻译出版公司，2006c．

［134］刘宓庆．刘宓庆翻译散论［M］．王建国，编．北京：中国对外翻译出版公司，2006d．

［135］刘宓庆．流派初论——迎接中国译坛流派纷呈的时代［J］．中国外语，2006（6）：72-76．

［136］刘宓庆．论中国翻译理论基本模式［J］．中国翻译，1989（1）：12-16．

［137］刘宓庆．文化翻译论纲［M］．武汉：湖北教育出版社，1999b．

［138］刘宓庆．文化翻译论纲［M］．修订本．北京：中国对外翻译出版公司，2007c．

［139］刘宓庆．文体与翻译［M］．2 版．北京：中国出版集团公司/中国对外翻译出版有限公司，2012d．

［140］刘宓庆．文体与翻译［M］．北京：中国对外翻译出版公司，1986．

［141］刘宓庆．文体与翻译［M］．北京：中国对外翻译出版公司，2007a．

［142］刘宓庆．文体与翻译［M］．增订本．北京：中国对外翻译出版公司，1998．

［143］刘宓庆．西方翻译理论概评［J］．中国翻译，1989（2）：2-6．

［144］刘宓庆．现代翻译理论［M］．南昌：江西教育出版社，1990．

［145］刘宓庆．新编当代翻译理论［M］．2 版．北京：中国出版集团公司/中国对外翻译出版有限公司，2012a．

［146］刘宓庆．新编当代翻译理论［M］．北京：中国对外翻译出版公司，2005a．

［147］刘宓庆．新编汉英对比与翻译［M］．北京：中国对外翻译出版公司，2006b．

［148］刘宓庆．英汉翻译技能指引［M］．北京：中国对外翻译出版公司，2006a．

［149］刘宓庆．中国现代翻译理论的任务［J］．外国语，1993（2）：4-8．

［150］刘宓庆．中西翻译思想比较研究［M］．2 版．北京：中国出版集团公司/中国对外翻译出版有限公司，2012c．

［151］刘宓庆．中西翻译思想比较研究［M］．北京：中国对外翻译出版公司，2005c．

［152］刘宓庆，方华文．中西翻译文化对谈录［J］．兰州大学学报，2006（5）：118-124．

[153]刘宓庆，胡卫平，赵卫．翻译基础[M]．上海：华东师范大学出版社，2008.

[154]刘宓庆，章艳．翻译美学教程[M]．北京：中国出版集团/中译出版社，2016.

[155]刘宓庆，章艳．翻译美学理论[M]．北京：外语教学与研究出版社，2011.

[156]刘士聪．英汉汉英美文翻译与鉴赏[M]．南京：译林出版社，2010.

[157]刘万勇．西方形式主义溯源[M]．北京：昆仑出版社，2006.

[158]刘小枫．接受美学译文集[M]．北京：生活·读书·新知三联书店，1989.

[159]刘晓南．第四种批评[M]．北京：北京大学出版社，2008.

[160]刘雅峰．译者的适应选择论——外宣翻译过程研究[M]．北京：人民出版社，2010.

[161]刘英凯．论中国译论的潜科学现状[J]．外语与外语教学，2002(1)：49-53.

[162]刘再复．李泽厚美学概论[M]．北京：生活·读书·新知三联书店，2009.

[163]刘重德．西方译论研究[M]．北京：对外翻译出版公司，2003.

[164]刘重德．英汉语比较研究与翻译[M]．青岛：青岛出版社，1998.

[165]刘重德．英汉语比较与翻译：1[M]．上海：上海外语教育出版社，2006.

[166]鲁伟，李德凤．中国特色的翻译学：误区还是必然？——兼评《中西翻译思想比较研究》[J]．中国科技翻译，2010，23(2)：11-14，29.

[167]陆海明．古代文论的现代思考[M]．太原：北岳文艺出版社，1988.

[168]吕俊．跨越文化障碍——巴比塔的重建[M]．南京：东南大学出版社，2001.

[169]吕俊．也谈翻译中的语言对比问题[J]．山东外语教学，1991(2)：23-27.

[170]吕俊，侯向群．翻译学——一个建构主义的视角[M]．上海：上海外语教育出版社，2006.

[171]吕俊，侯向群．英汉翻译教程[M]．上海：上海外语教育出版社，2001.

[172]罗曼·英伽登．文学的艺术作品的认识[M]．陈燕谷，译．北京：中国文联出版公司，1988.

[173]罗新璋．翻译论集[M]．北京：商务印书馆，1984.

[174]罗新璋，陈应年．翻译论集[M]．北京：商务印书馆，2009．

[175]罗选民．结构·解构·建构——翻译理论研究[M]．上海：上海外语教育出版社，2009．

[176]马会娟．霍译《红楼梦》中美学价值的再现[J]．外语与翻译，1999(3)．

[177]马会娟．奈达翻译理论研究[M]．北京：外语教学与研究出版社，2003．

[178]马祖毅．中国翻译通史[M]．武汉：湖北教育出版社，2006．

[179]毛荣贵．翻译美学[M]．上海：上海交通大学出版社，2005．

[180]孟凡君．论西方译学发展的文化传统[J]．中国翻译，2005(3)：8-13．

[181]穆雷．翻译教学：翻译学建设的重要组成部分——兼评刘宓庆《翻译教学：实务与理论》[J]．中国翻译，2004(4)：59-63．

[182]穆雷．翻译学专著述评[J]．外语与外语教学，2001(8)：38-40．

[183]穆雷．接受理论与习语翻译[J]．外语研究，1990(1)：61-65．

[184]穆雷．锐意创新　立志开拓——评介《现代翻译理论》[J]．中国科技翻译，1992(1)：55-57．

[185]潘文国．对比研究与对外汉语教学——兼论对比研究的三个时期、三个目标和三个层面[J]．暨南大学华文学院学报，2003(1)：5-7，52．

[186]潘文国．翻译与对比语言学[J]．上海大学学报(社会科学版)，2007(1)：114-117．

[187]潘文国．英汉语对比纲要[M]．北京：北京语言文化大学出版社，1997．

[188]潘文国．字本位与汉语研究[M]．上海：华东师范大学出版社，2002．

[189]潘文国，谭慧敏．对比语言学：历史与哲学思考[M]．上海：上海教育出版社，2006．

[190]潘知常．中西比较美学论稿[M]．南昌：百花洲文艺出版社，1999．

[191]彭利元．翻译语境化论稿[M]．长沙：湖南人民出版社，2008．

[192]彭卓吾．翻译学：一门新兴学科的创立[M]．北京：北京图书馆出版社，2000．

[193]皮亚杰．发生认识论原理[M]．王宪钿，等译．北京：商务印书馆，1981．

[194]皮亚杰．结构主义[M]．倪连生，王琳，译．北京：商务印书馆，1984．

[195]钱冠连．美学语言学：语言美和言语美[M]．北京：高等教育出版社，

2004.

[196]钱穆.中国文化史导论[M].北京:商务印书馆,1994.

[197]热扎克·买提尼牙孜.西域翻译史[M].乌鲁木齐:新疆大学出版社,
1994.

[198]任淑坤.鲁迅、钱钟书翻译思想比较[J].河北大学学报(哲学社会科学
版),2003(4):135-137.

[199]任学良.汉英比较语法[M].北京:中国社会科学出版社,1981.

[200]单继刚.翻译的哲学方面[M].北京:中国社会科学出版社,2007.

[201]邵志洪.结构·语义·关系——英汉微观对比研究[M].上海:上海外语
教育出版社,2008.

[202]孙会军,张柏然.全球化背景下对普遍性和差异性的诉求——中国当代译
学研究走向[J].中国翻译,2002(2):3-6.

[203]孙艺风.视角·阐释·文化——文学翻译与翻译理论[M].北京:清华大
学出版社,2004.

[204]孙致礼.文化与翻译[J].外语与外语教学,1999(11):41-42.

[205]谭载喜.必须建立翻译学[J].中国翻译,1987(3):2-7.

[206]谭载喜.翻译学[M].武汉:湖北教育出版社,2000a.

[207]谭载喜.翻译学必须重视中西译论比较研究[J].中国翻译,1998(2):11-
15.

[208]谭载喜.奈达论翻译[M].北京:中国对外翻译出版社,1984.

[209]谭载喜.试论翻译学[J].外国语,1988(3):24-29.

[210]谭载喜.西方翻译简史[M].北京:商务印书馆,1992.

[211]谭载喜.新编奈达论翻译[M].北京:中国对外翻译出版公司,1999.

[212]谭载喜.中西翻译传统的社会文化烙印[J].中国翻译,2000b(2):14-18.

[213]谭载喜.中西现代翻译学概评[J].外国语,1995(3):12-16.

[214]谭载喜.中西译论的相异性[J].中国翻译,2000c(1):15-21.

[215]涂纪亮.维特根斯坦后期哲学思想研究;英美语言哲学概论[M].武汉:
武汉大学出版社,2007a.

[216]涂纪亮.现代欧洲大陆语言哲学;现代西方语言哲学比较研究[M].武汉:

武汉大学出版社，2007b.

[217]汪东萍.《法句经序》文质争论的解读[J].学术研究，2012(7)：141-146，160.

[218]汪丽，贺爱军.翻译教学理论与实务的整合研究——《翻译基础》述评[J].译林(学术版)，2012(4)：155-160.

[219]王宾.翻译与诠释[M].上海：上海外语教育出版社，2006.

[220]王宾.论不可译性——理论反思与个案分析[J].中国翻译，2001(3)：8-16.

[221]王东风.功能语言学与翻译研究[M].广州：中山大学出版社，2006.

[222]王汎森.中国近代思想与学术的谱系[M].长春：吉林出版集团有限责任公司，2010.

[223]王宏印.文学翻译批评论稿[M].上海：上海外语教育出版社，2006.

[224]王宏印.新译学论稿[M].北京：中国人民大学出版社，2011.

[225]王宏印.英汉翻译综合教程[M].修订版.大连：辽宁师范大学出版社，2007.

[226]王宏印.中国传统译论经典诠释——从道安到傅雷[M].武汉：湖北教育出版社，2003.

[227]王宏印，刘士聪.中国传统译论经典的现代诠释——作为建立翻译学的一种努力[J].中国翻译，2002(2)：8-10.

[228]王宏志.重释"信达雅"——二十世纪中国翻译研究[M].上海：东方出版中心，1999.

[229]王洪涛.翻译学的学科建构与文化转向[M].上海：上海译文出版社，2008.

[230]王建国.翻译研究需要辩证思维——评《翻译教学：实务与理论》[J].外语与翻译，2005(2)：77-80.

[231]王建国.简评《中西翻译思想比较研究》——兼评学术创新[J].中国翻译，2006a，27(3)：36-38.

[232]王建国.简述中国翻译理论中的翻译意义论和翻译意图论[J].英语研究，2003，2(2)：57-62.

[233] 王建国 . 《口笔译理论研究》介评[J] . 语言与翻译(汉文) , 2008a(2) : 76-79.

[234] 王建国 . 刘宓庆的翻译意义观述评[J] . 北京第二外国语学院学报, 2013(8) : 23-27.

[235] 王建国 . 刘宓庆翻译思想研究——《刘宓庆翻译论著全集》内容概要[J] . 英语研究, 2006b(2) : 33-42.

[236] 王建国 . 刘宓庆文化翻译理论简评[J] . 外语研究, 2010(2) : 74-76, 112.

[237] 王建国 . 刘宓庆著《翻译美学导论》(修订本)述评[J] . 民族翻译, 2009b(1) : 87-90.

[238] 王建国 . 刘宓庆著《新编汉英对比与翻译》述评[J] . 中国科技翻译, 2009a(1) : 64+66+65+63.

[239] 王建国 . 《新编当代翻译理论》述评[J] . 外语研究, 2008b(3) : 109-111.

[240] 王菊泉 . 关于英汉语法比较的几个问题——评最近出版的几本英汉对比语法著作[J] . 外语教学与研究, 1982(4) : 1-9, 62.

[241] 王克非 . 翻译文化史论[M] . 上海 : 上海外语教育出版社, 1997.

[242] 王力 . 王力文集 : 第一卷[M] . 济南 : 山东教育出版社, 1984.

[243] 王宁 . 全球化时代下的文化研究和翻译研究[J] . 中国翻译, 2001(1) : 10-14.

[244] 王向远, 陈言 . 二十世纪中国文学翻译之争[M] . 南昌 : 百花洲文艺出版社, 2006.

[245] 王晓明 . 人文精神寻思录[M] . 上海 : 文汇出版社, 1996.

[246] 王晓元 . 意识形态与文学翻译的互动关系[J] . 中国翻译, 1999(2) : 10-14.

[247] 王一川 . 语言乌托邦——20 世纪西方语言论美学探究[M] . 昆明 : 云南人民出版社, 1994.

[248] 王寅 . 认知语言学[M] . 上海 : 上海外语教育出版社, 2007.

[249] 王友贵 . 中国翻译的赞助问题[J] . 中国翻译, 2006(3) : 15-20.

[250] 王元化 . 九十年代反思录[M] . 上海 : 上海古籍出版社, 2000.

[251] 王岳川 . 现象学与解释学文论[M] . 济南 : 山东教育出版社, 1999.

[252]王佐良．翻译与试笔[M]．北京：外语教学与研究出版社，1989．

[253]魏建刚，赵贵旺．为中国特色翻译学辩护[J]．燕山大学学报（哲学社会科学版），2013(2)：88-92．

[254]文军．中国翻译技巧研究百年回眸[M]．北京：北京航空航天大学出版社，2007．

[255]文军．中国翻译理论百年回眸[M]．北京：北京航空航天大学出版社，2007．

[256]沃尔夫拉姆·威尔斯．翻译学——问题与方法[M]．祝珏，周智谟，节译．北京：中国对外翻译出版公司，1989．

[257]吴国恩．科技外文文献汉译的系统论初步[J]．上海科技翻译，1987(5)：34-36．

[258]吴洁敏．汉英语法手册[M]．北京：知识出版社，1982．

[259]吴志杰．中国传统译论专题研究[M]．上海：上海译文出版社，2009．

[260]夏伟兰，文军．打开口译理论的大门——评介刘宓庆的《口笔译理论研究》[J]．外国语言文学研究，2006(1)：66-69．

[261]夏中义．新潮学案[M]．上海：上海三联书店，1996．

[262]肖俊明．文化转向的由来[M]．北京：社会科学文献出版社，2004．

[263]谢天振．比较文学和翻译研究[M]．台北：业强出版社，1994．

[264]谢天振．当代国外翻译理论导读[M]．天津：南开大学出版社，2008a．

[265]谢天振．翻译本体研究与翻译研究本体[J]．中国翻译，2008b(5)：6-10．

[266]谢天振．翻译的理论建构与文化透视[M]．上海：上海外语教育出版社，2000．

[267]谢天振．翻译研究新视野[M]．青岛：青岛出版社，2003．

[268]谢天振．译介学[M]．上海：上海外语教育出版社，1999．

[269]谢天振．隐身与现身：从传统译论到现代译论[M]．北京：北京大学出版社，2014．

[270]谢天振．中西翻译简史[M]．北京：外语教学与研究出版社，2009．

[271]邢建昌．理论是什么——文学理论反思研究[M]．北京：人民出版社，2011．

［272］徐盛桓．关于翻译学的研究［J］．现代外语，1989（1）：10-16.

［273］徐友渔，周国平，陈嘉映，等．语言与哲学——当代英美与德法传统比较研究［M］．北京：生活·读书·新知三联书店，1996.

［274］徐育才．论思维与翻译［J］．山东外语教学，1987（3）：41-45.

［275］许钧．当代法国翻译理论［M］．武汉：湖北教育出版社，2004.

［276］许钧．翻译论［M］．武汉：湖北教育出版社，2003.

［277］许钧．翻译思考录［M］．武汉：湖北教育出版社，1998.

［278］许钧．改革开放以来中国翻译研究概论（1978—2018）［M］．武汉：湖北教育出版社，2018.

［279］许钧．论翻译活动的三个层面［J］．外语教学与研究，1998（3）：49-54.

［280］许钧．文学翻译批评研究［M］．南京：译林出版社，1992.

［281］许钧．文字·文学·文化——《红与黑》汉译研究［M］．增订本．南京：译林出版社，2011.

［282］许钧．一门正在探索中的科学［J］．中国翻译，1996（1）：3-5+9.

［283］许钧等．文学翻译的理论与实践——翻译对话录［M］．南京：译林出版社，2001.

［284］许钧，穆雷．中国翻译研究（1949—2009）［M］．上海：上海外语教育出版社，2009.

［285］许钧，袁筱一等．当代法国翻译理论［M］．武汉：湖北教育出版社，2001.

［286］许余龙．对比语言学概论［M］．上海：上海外语教育出版社，1992.

［287］许渊冲．翻译的艺术［M］．北京：中国对外翻译出版公司，1984.

［288］许渊冲．文学与翻译［M］．北京：北京大学出版社，2003.

［289］严辰松．中国翻译研究论文精选［M］．上海：上海外语教育出版社，2006.

［290］阎德胜．翻译过程是思维活动的过程［J］．中国翻译，1989（2）：22-27.

［291］杨柳．20世纪西方翻译理论在中国的接受史［M］．上海：上海外语教育出版社，2009.

［292］杨全红．翻译史另写［M］．武汉：武汉大学出版社，2010.

［293］杨仕章．语言翻译学［M］．上海：上海外语教育出版社，2006.

［294］杨武能．阐释、接受和创造性的循环［J］．中国翻译，1987（6）：3-6.

[295]杨晓荣．二元·多元·综合[M]．上海：上海外语教育出版社，2012．

[296]杨晓荣．略谈我国翻译研究中为什么没有流派[J]．外语与外语教学，2004
（2）：39-42.

[297]杨义．现代中国学术方法通论[M]．济南：山东教育出版社，2009．

[298]杨自俭．对比语言学的理论建设问题[J]．四川外语学院学报，2004（9）：
123-127+133.

[299]杨自俭．我国近10年来的翻译研究[J]．中国翻译，1993（6）：11-15.

[300]杨自俭．译学新探[M]．青岛：青岛出版社，2002．

[301]杨自俭，李瑞华．英汉对比研究论文集[M]．上海：上海外语教育出版社，
1990．

[302]杨自俭，刘学云．翻译新论[M]．2版．武汉：湖北教育出版社，2003．

[303]于德英．中西译论比较：在异同间寻求文化对话互动空间[J]．外语与外语
教学，2008（1）：56-59.

[304]余虹．中国文论与西方诗学[M]．北京：生活·读书·新知三联书店，
1999．

[305]余三定．新时期学术发展的回瞻[M]．北京：北京大学出版社，2005．

[306]余英时．中国思想传统的现代诠释[M]．南京：江苏人民出版社，1995．

[307]宇文所安．他山的石头记[M]．田晓菲，译．南京：江苏人民出版社，
2003．

[308]臧仲伦．中国翻译史话[M]．济南：山东教育出版社，1991．

[309]曾力子．刘宓庆中国特色翻译理论评析[J]．赤峰学院学报（汉文哲学社会
科学版），2009（8）：99-100.

[310]曾力子，范武邱．刘宓庆翻译思想探析[J]．民族翻译，2013（1）：31-38.

[311]查建英．八十年代：访谈录[M]．北京：生活·读书·新知三联书店，
2006．

[312]张柏然．当代翻译美学的反思[J]．外语与外语教学，2001（8）：1+33.

[313]张柏然．建立中国特色翻译理论[J]．常州工学院学报，2008（3）：79-83.

[314]张柏然．译学卮言[M]．南京：南京大学出版社，2012．

[315]张柏然，许钧．面向21世纪的译学研究[M]．北京：商务印书馆，2002．

[316]张柏然，许钧．译学论集[M]．南京：译林出版社，1997．

[317]张柏然，许钧．总序[M]//译学新论丛书．上海：上海译文出版社，2008．

[318]张柏然，张思洁．翻译学的建设：传统的定位与选择[J]．南京大学学报（哲学·人文科学·社会科学版），2001(4)：87-94．

[319]张柏然，张思洁．中国传统译论的美学辨[J]．现代外语，1997(2)：26-30．

[320]张柏然，刘华文，张思洁．中国译学：传承与创新[M]．上海：上海外语教育出版社，2008．

[321]张秉楠，邵汉明．中国新时期学术思潮：文化卷[M]．长春：吉林教育出版社，1996．

[322]张春柏，陈舒．从"文质之争"看佛经翻译的传统[J]．国外外语教学，2006(1)：51-56．

[323]张春柏，吴波．从佛经与圣经翻译看中西方翻译传统的相似性[J]．上海翻译，2005(2)：161-165．

[324]张法．跨文化的学与思[M]．重庆：重庆出版社，2006．

[325]张国刚，乔治忠等．中国学术史[M]．2版．上海：东方出版社，2006．

[326]张今．文学翻译原理[M]．开封：河南大学出版社，1987．

[327]张今，陈云清．英汉比较语法纲要[M]．北京：商务印书馆，1981．

[328]张今，张宁．文学翻译原理[M]．北京：清华大学出版社，2005．

[329]张经浩．翻译学：一个未圆且难圆的梦[J]．外语与外语教学，1999(10)：44-48．

[330]张经浩．主次颠倒的翻译研究和翻译理论[J]．中国翻译，2006，27(5)：59-61．

[331]张美芳．翻译研究的功能途径[M]．上海：上海外语教育出版社，2005．

[332]张南峰．从边缘走向中心(?)——从多元系统论的角度看中国翻译研究的过去与未来[J]．外国语，2001(4)：61-69．

[333]张南峰．多元系统翻译研究[M]．长沙：湖南人民出版社，2012．

[334]张南峰．特性与共性——论中国翻译学与翻译学的关系[J]．中国翻译，2000(2)：2-7．

［335］张南峰．中西译学批评［M］．北京：清华大学出版社，2004.

［336］张南峰．走出死胡同，建立翻译学［J］．外国语，1995（3）：1-3.

［337］张培基，喻云根．英汉翻译教程［M］．上海：上海外语教育出版社，1980.

［338］张佩瑶．传统与现代之间——中国译学研究新途径［M］．长沙：湖南人民出版社，2012.

［339］张佩瑶．重读传统译论——目的与课题［J］．中国翻译，2008（6）：5-10.

［340］张佩瑶．对中国译学理论建设的几点建议［J］．中国翻译，2004（5）：3-9.

［341］张佩瑶．中国翻译话语英译选集上册：从早期到佛典翻译［M］．上海：上海外语教育出版社，2010.

［342］张汝伦．意义的探究：当代西方释义学［M］．沈阳：辽宁人民出版社，1986.

［343］张思洁．中国传统译论范畴及其体系［M］．上海：上海译文出版社，2006.

［344］张思永．刘宓庆翻译学体系建构述评［J］．北京第二外国语学院学报，2017（6）：82-100.

［345］张思永．刘宓庆译学思想的哲学之"源"探析［J］．中国翻译，2020（1）：111-121.

［346］张泽乾．现代系统科学与翻译学［J］．外语研究，1987（3）：56-61.

［347］张振玉．译学概论［M］．南京：译林出版社，1992.

［348］章艳．淡泊人生中的执着追求——刘宓庆教授访谈录［J］．山东外语教学，2013，34（2）：3-7.

［349］章艳．探索文化翻译的奥秘——评刘宓庆著《文化翻译论纲》［J］．中国翻译，2008（1）：38-40.

［350］赵世开．汉英对比语法论集［M］．上海：上海外语教育出版社，1999.

［351］赵世开．英汉对比中微观和宏观的研究［J］．外国语文教学，1985（Z1）：34-41.

［352］赵宪章．文体与形式［M］．北京：人民文学出版社，2004.

［353］赵秀明．中国翻译美学初探［J］．福建外语，1998（2）：36-39，43.

［354］赵彦春．翻译学归结论［M］．上海：上海外语教育出版社，2005.

［355］赵艳芳．认知语言学概论［M］．上海：上海外语教育出版社，2001.

[356]赵志毅.英汉语法比较[M].西安：陕西人民出版社，1981.

[357]郑海凌.翻译标准新说：和谐说[J].中国翻译，1999(4)：3-7.

[358]郑海凌.译理浅说[M].郑州：文心出版社，2005.

[359]郑伟波.创立具有现代特色的中国翻译理论体系——首届研究生翻译理论研讨会综述[J].教学研究(外语学报)，1988(1)：35-40.

[360]中国对外翻译出版公司编印.外国翻译理论评介文集[M].北京：中国对外翻译出版公司，1983.

[361]朱纯深.翻译探微[M].南京：译林出版社，2008.

[362]朱纯深."特色"抹不掉，"特色论"不必要——读孙会军、张柏然论文有感[J].中国翻译，2002(6)：36-39.

[363]朱光潜.诗论[M].南京：江苏文艺出版社，2008.

[364]朱健平.翻译：跨文化解释[M].长沙：湖南人民出版社，2007.

[365]朱志瑜.中国传统翻译思想："神化说"[J].中国翻译，2001(2)：3-8.

[366]朱志瑜，徐敏慧.当代翻译研究论集[M].成都：四川人民出版社，2015.

[367]朱志瑜，朱晓农.中国佛籍译论选辑评注[M].北京：清华大学出版社，2006.

[368]邹振环.影响中国近代社会的一百种译作[M].北京：中国对外翻译出版公司，1996.

后　记

本书是在我的博士论文基础上修改而成的，从 2014 年南开大学博士毕业至今已有十年，其间虽然以此获批教育部人文社科项目并借此作了一些修改，但由于本人的懈怠，论文的基本框架和观点没有大的变化，现在以一个仍旧不太成熟的面貌面世，算是给自己和各位关心我的师友的一个勉强而惭愧的交代。

博士论文是在王宏印教授的指导下完成的。2009 年承蒙王老师不弃，我有幸入其门下学习翻译，开始了我们近十年的师生情。从上课、讨论，再到论文的选题、定题、写作、修改、完成，整个过程都凝聚了王老师的心血。禅门有个话头："鸳鸯绣出从君看，不把金针度与人。"然而，王老师不但乐于把金针度与人，而且善于把金针度与人。从初入校时对如何读书的迷茫，到后来渐渐进入状态，再到稍微摸到了一点读书的门道，都离不开王老师的点拨和引导。王老师还善于因材施教，针对各个学生的特点采用不同方式进行培养。指导我这样天生愚钝的学生，王老师没少费心思。对我而言，恩师就是一道光，他的治学思想、治学精神及对待学术、对待生命的态度将继续指引我前行，激励我奋进。

刘宓庆的译学思想是我博士论文的研究对象。王宏印老师与刘宓庆先生在2002 年上海举行的中国英汉语比较研究会全国研讨会上有过一面之缘，但两位学者惺惺相惜。刘先生赞同王老师会上所讲的"文质"不同于"直译意译"的观点。王老师对刘先生极为敬佩，对学生多次提到这次见面，认为刘先生的译学思想具有开创性、系统性、前瞻性，具有个案研究的典型性，并希望有弟子以刘先生的译学思想为题做博士论文。在王老师的鼓励下，我决定以此作为博士论文选题。我对这一选题虽感兴趣，但更多的是惶恐，因为刘先生的译学思想博大精深，又有极强的跨学科性，对研究者的学养要求很高，担心做不好，但在王老师的指导下，最终克服困难做了下来，对我来说，算是一场艰辛而有益的学术历练了。现在看来，对刘先生的译学思想也只是作了点皮毛研究，深度和广度都尚嫌不够。研究过程中，我对刘先生的译学思想既有敬畏之心，也尽量抱着同情之理解，但受自身眼界和功力所限，某些阐发和评价难免出现有失客观和公允之处，"我罪我知"。

因种种原因，论文写作期间一直未与刘先生取得联系，毕业后有了联系，对于我对他译学思想的研究，他总是给予热情的鼓励，并在研究方法和学术态度等方面给了我许多建议和教诲。与刘先生为数不多的交流使我更了解他的为人为学，也更了解他"坚如磐石的翻译人生"（王建国教授语）。本打算找时间拜访刘先生，遗憾的是，由于疫情和我的拖延，直到2023年刘先生在深圳辞世，我终未能与刘先生见上一面。疫情期间，刘先生根据我的读书旨趣将他读过的一些相关学术书籍寄赠给我，我一直珍藏在书房，如今睹物思人，不免伤感。斯人已逝，我只能通过继续研读刘先生的著作，继承并发扬光大他的译学思想，延续我们的"神交"。相信刘先生的译学思想必定泽被后学，对当前以及未来的中国译学研究带来更多的启示。

刘士聪教授儒雅的长者风范和对翻译审美的孜孜追求，永远是我们后生学习的榜样。上学期间，多次聆听刘老师的教诲，难忘博士预答辩和答辩时刘老师对我的鼓励。感谢崔永禄教授、苗菊教授、胡翠娥教授、林克难教授、李运兴教授、文军教授等在我求学期间和博士论文答辩中给我的启迪、关心和帮助。

师母刘黎燕老师不但是王宏印老师的坚强后盾，也是我们博士生的主心骨。她善解人意、关心体贴，为我们紧张的学习生活平添了几分暖暖的、柔柔的色调。她是"'博导'后"，也是我们这一帮学生的"'博士'后"。

三十年前，蒋坚松老师引领我走上翻译研究的道路，我永远难忘岳麓山下蒋老师的耐心指点和谆谆教导。我依然记得在任职中国海洋大学期间，杨自俭老师对我的热情鼓励，随堂跟他听的"翻译学"和"对比语言学"两门课开阔了我的视野，他对学术的执着态度更深深影响了我。任东升教授的学术开拓精神是我学习的榜样，感谢他在我求学、工作期间给予的鼓励和帮助。冯全功教授是"80后"，读书勤奋，思维敏捷，涉猎范围广，是"全攻全能型"的中国当代译学界新生代代表。我在南开求学期间有幸与其同居一室，随时随地的讨论每每能碰撞出思想的火花。也难忘读书期间的各位同门、师友的友情。

父亲和母亲无私的爱激励我不畏艰难一路走来，妻子和女儿的默默付出和支持是我在学术道路上前行的动力。

本书的部分章节已在刊物上发表过，感谢《中国翻译》《北京第二外国语学院学报》《外语与翻译》《外国语文研究》《外文研究》《民族翻译》《语言教育》《广译》《燕山大学学报(哲学社会科学版)》《天津职业技术师范大学学报》等刊物的厚爱。

感谢这些年就刘宓庆译学思想这一课题给予我帮助和关心的各位师友。感谢武汉大学出版社编辑老师的辛勤劳动，使得拙著得以顺利出版。

由于笔者水平有限，书中必有不足和不当之处，敬请学界同仁批评指正。

本书出版之际，谨以此书缅怀对中国译学事业作出突出贡献的王宏印先生和刘宓庆先生。

张思永

2024 年 12 月 22 日于天津